Kognitive Politisierung bei Studierenden mit türkischer Migrationsgeschichte

Zum Einfluss von politischem Interesse
und politischen Kompetenzen auf politisches
Handeln sowie zur Rolle kollektiver
Identitäten im Prozess kognitiver Politisierung

von
Frank Reichert

Oldenbourg Verlag München

Bibliografische Information der Deutschen Nationalbibliothek

Die Deutsche Nationalbibliothek verzeichnet diese Publikation in der Deutschen Nationalbibliografie; detaillierte bibliografische Daten sind im Internet über http://dnb.d-nb.de abrufbar.

© 2013 Oldenbourg Wissenschaftsverlag GmbH
Rosenheimer Straße 145, D-81671 München
Telefon: (089) 45051-0
www.oldenbourg-verlag.de

Das Werk einschließlich aller Abbildungen ist urheberrechtlich geschützt. Jede Verwertung außerhalb der Grenzen des Urheberrechtsgesetzes ist ohne Zustimmung des Verlages unzulässig und strafbar. Das gilt insbesondere für Vervielfältigungen, Übersetzungen, Mikroverfilmungen und die Einspeicherung und Bearbeitung in elektronischen Systemen.

Lektorat: Anne Lennartz
Herstellung: Constanze Müller
Titelbild: thinkstockphotos.de
Einbandgestaltung: hauser lacour
Gesamtherstellung: Books on Demand GmbH, Norderstedt

Dieses Papier ist alterungsbeständig nach DIN/ISO 9706.

ISBN 978-3-486-72040-2
eISBN 978-3-486-72113-3

Leuchtturm

*Ich möchte Leuchtturm sein
in Nacht und Wind,
für Dorsch und Stint,
für jedes Boot –
und bin doch selbst
ein Schiff in Not.*

– Wolfgang Borchert –

Für Tom.

Geliebter Bruder.

*1996 | †2012

Vorwort

> *„Erzeigte Wohltat wird zum schweren Unrecht, wenn man sie wiedererstatten soll."*
> – Marina, in: *Demetrius* (Friedrich Schiller) –

Zwei Bemerkungen seien dieser Schrift vorangestellt: Erstens ist es uns Menschen nicht vergönnt, unvorhersehbare Ereignisse in der eigenen Lebensplanung zu berücksichtigen. Dies habe ich in den unmittelbaren Wochen vor endgültiger Fertigstellung meiner Dissertation schmerzlich erfahren müssen, wodurch die für die Kontroll- bzw. Korrekturphase der offiziellen Abgabeversion vorab eingeplante Aufmerksamkeit litt und mit ihr der nötige Feinschliff. Dennoch war über knapp drei Jahre, in denen Literatur gewälzt wurde, mühselig Daten zusammengetragen werden mussten und schließlich auszuwerten waren, eine lesenswerte Schrift entstanden, welche – dank der begleitenden Unterstützung vieler lieber Menschen – hier in abschließender, leicht überarbeiteter Form vorliegt.

Es ist zweitens üblich, an dieser Stelle all jenen Menschen zu danken, welche die Anfertigung einer Doktorarbeit begleitet und selbst Kraft wie Mühe geopfert haben, um zum Erfolg des Promotionsvorhabens beizutragen, Steine aus dem Weg zu räumen oder einfach nur da zu sein. Mir ist jedoch deutlich ins Bewusstsein gerückt, wie unmöglich es ist, beim Festhalten jener Menschen, denen man Dank sagen möchte, die Unterstützung jedes Einzelnen gebührend zu würdigen sowie jedem die verdiente Anerkennung zukommen zu lassen; man wird stets jemanden benachteiligen oder gar vergessen. Obwohl es also nur möglich ist, die Unterstützung mancher Personen nicht ausreichend zu würdigen, weil nach drei Jahren doch nicht jedes Detail, nicht jede kleine Hilfe mehr präsent ist, möchte ich an dieser Stelle dennoch versuchen, jenen Menschen namentlich zu danken, von denen ich glaube, ganz besonders unterstützt und gefördert worden zu sein; unbenamt danke ich daneben allen anderen, die darüber hinaus lobenswert zur Vollendung meiner Dissertation beigetragen haben, die mich vorwärtstrieben und mir Kraft gaben, bis zuletzt fortzufahren.

Diese Schrift wäre nicht entstanden ohne die Zuwendungen durch die Deutsche Forschungsgemeinschaft; sie wäre nicht möglich gewesen ohne die Hochschulvertreter und Mittelspersonen zwischen Forscher und Beforschten sowie ohne die Studierenden, welche zur Datenakkumulation beigetragen haben. All diesen Menschen gebührt daher sehr großer Dank!

Ich danke ebenfalls meinem Betreuer Prof. Dr. Uwe Sielert, dass er oft aufmunternde Worte fand und meine Promotion insbesondere im letzten Jahr auf unkomplizierte Weise begleitete, sodass formelle Hürden leicht zu nehmen waren. Besonders dankbar bin ich zudem Joanna Zygo vom Prüfungsamt für die reibungslose Abwicklung meiner Promotion sowie die gute Beratung in Fragen der Promotionsvorbereitung und -durchführung.

Meinem Mentor Alexander Robitzsch danke ich für eine hervorragende Statistikausbildung. Ihm verdanke ich ferner den Hinweis auf Frau Dr. Anke Greve, welche mir mit Ratschlägen half, als ein Test auf politisches Wissen bei Studierenden entwickeln war. Externe Anstöße kamen außerdem von Prof. Dr. Helen Haste, Prof. Dr. Kent Jennings und David Johann: Sie ließen sich bereitwillig auf die Diskussion ein, gaben methodische sowie Literaturhinweise oder halfen auf andere Art, Denkblockaden zu durchbrechen.

Während dieser drei Jahre haben mir ferner, sei es bei der Probandenrekrutierung, bei der Literaturbeschaffung oder anderen Tätigkeiten, studentische Hilfskräfte zur Seite gestanden. Für ihre Dienste namentlich hervorzuheben sind vor allem Anna Basis als auch Susanne Prüß. Ebenfalls danke ich Sarah Trehern, die mir eine wichtige Stütze gewesen ist und durch ihr aktives Mitdenken half, die eigenen Gedankengänge sowie Vorhaben kritisch zu prüfen.

Unter meinen Kolleginnen und Kollegen, welche mir zum Teil während oder außerhalb des Kolloquiums Kritik wie auch Anregungen gaben, hat sich insbesondere Dr. Daniel Wollschläger bei der technischen Umsetzung der Fragebogenstudie hervorgetan; auch nahm er sich vertiefender methodischer Fragen ernsthaft an. Namentlich danke ich zudem Olga Grabow, denn obschon im Forschungsprojekt zahlreiche Hürden zu nehmen waren, habe ich unsere Zusammenarbeit als sehr fruchtbar und bereichernd erlebt – diesen Weg gemeinsam mit Erfolg vollendet zu haben, erfüllt mich mit Freude! Außerdem bin ich ihr zutiefst dankbar, mir in einer sehr schweren Zeit Trost gespendet und Kraft gegeben zu haben.

Ebenso bedanke ich mich bei meinen Eltern Jürgen sowie Ute Reichert für die erhaltene Förderung und die Anerkennung meines Weges. Meinen Geschwistern Peter, Christian, Michel, Tom (†), Jonas Reichert als auch meinem Großvater Rudolf Reichert danke ich für ihre Geduld mit mir. Ferner danke ich ihnen dafür, meinen Sorgen stets ein offenes Ohr gewidmet zu haben, obwohl ihnen viele Probleme eines Promovenden völlig fremd sind.

Schließlich hat mich Sarah Anna Busch trotz eigener Zeitknappheit als kritische Leserin sowie bei Formatierungsschwierigkeiten beraten. Wie Ivonne Köhler, Matthias Krüger, Colette Markus, Barbara Schmidt sowie Heribert Hörner, Susanne Luderer und Cameron Tanner konnte ich mich an sie wenden, wenn ich aufmunternde Worte, (außer)fachlichen Rat oder einen Menschen zum Reden brauchte – auf diese Weise haben auch sie zur erfolgreichen Beendigung meiner Promotion beigetragen. Allen verbleibenden, unbenannten Verwandten, Freunden und Freundinnen, die sich um meine Doktorarbeit verdient gemacht haben, sei ein undifferenzierter, nichtsdestotrotz ehrlicher Dank ausgesprochen.

Vielen herzlichen Dank!

Inhaltsverzeichnis

Vorwort		**VII**
Abbildungsverzeichnis		**XIII**
Tabellenverzeichnis		**XV**

1	**Anstelle einer Einleitung: Skizzierung der Situation von Menschen mit türkischer Migrationsgeschichte in Deutschland**	**1**
1.1	Gesellschaftliche Rahmenbedingungen und Lebenslagen	1
1.2	Politisierung von Menschen mit (türkischer) Migrationsgeschichte	4
1.3	Gang der Untersuchung: Ein kurzer Überblick	5
2	**Theoretische und begriffliche Grundlagen sowie Forschungsüberblick**	**9**
2.1	Begriffliche Klärungen: Behaviorale und kognitive Politisierung	9
2.1.1	Kognitive Politisierung	10
2.1.1.1	Politisches Interesse	11
2.1.2	Behaviorale Politisierung	17
2.2	Theoretische Erklärungsversuche und Zusammenhänge zwischen kognitiver sowie behavioraler Politisierung	20
2.2.1	Klassische Prädiktoren politischen Handelns	20
2.2.2	Zusammenhang von kognitiver und behavioraler Politisierung	23
2.3	Sozialpsychologische Erklärungsmöglichkeiten für Politisierung	26
2.3.1	Affektiv oder reflexiv? – Spontanes versus „rationales" Handeln	26
2.3.2	„Psychologisches Sozialkapital"? – Kollektive Identitäten und Politisierung	32
2.4	Synthese: Zusammenfassung der Fragestellungen und Hypothesen	41
3	**Methodisches Vorgehen**	**45**
3.1	Rahmenforschungsprojekt und internetbasierte Datenerhebung	45
3.1.1	Zielpopulation	45
3.1.2	Stichprobenrekrutierung	46
3.1.3	Vorteile, Nachteile und kritische Punkte der Onlinemethode	47
3.2	Messung zentraler soziodemografischer Variablen	48
3.3	Datenerhebungen, Stichprobenzusammensetzungen und Operationalisierungen der abhängigen und unabhängigen Variablen	49
3.3.1	Erster Erhebungszeitpunkt: Messung der Prädiktorvariablen (t_1: 2009)	49

3.3.2	Zweiter Erhebungszeitpunkt: Messung erster Kriteriumsvariablen (t_2: 2010)	53
3.3.3	Dritter Erhebungszeitpunkt: Wiederholte Messung der Kriterien (t_3: 2011)	55
3.3.4	Vorläufige Analysen zur Stichprobenbeschreibung	57
3.3.5	Ergänzende Datenerhebungen	61
3.4	Auswertungsverfahren	76
3.4.1	Auswertung der quantitativen Daten	76
3.4.2	Auswertung der qualitativen Interviews	77
4	**Ergebnisse**	**79**
4.1	Exkurs: Objektive politische Kompetenzen und behaviorale Politisierung	79
4.1.1	Zielstellung	79
4.1.2	Handlungsintentionen (Querschnittanalysen)	79
4.1.3	Politisches Handeln (Längsschnittanalysen)	83
4.1.4	Ergänzungen	87
4.1.5	Diskussion und Einordnung der Befunde	87
4.1.6	Zusammenfassung der Befunde	89
4.2	Zur unterschiedlichen Bedeutung von politischem Interesse und subjektiver politischer Kompetenz für politisches Handeln	89
4.2.1	Zielstellung	89
4.2.2	Bivariate Zusammenhänge	90
4.2.3	Multiple Regressionsanalysen	91
4.2.4	Mediationsanalysen	95
4.2.5	Exkurs: Zielspezifisches politisches Handeln (t_3-Kriterien)	104
4.2.6	Zusammenfassung, Diskussion und Zwischenfazit	107
4.3	Ergänzende Befunde einer qualitativen Interviewstudie: Politisierung aus Sicht der Studierenden mit türkischer Migrationsgeschichte	110
4.3.1	Zielstellung	110
4.3.2	Falldarstellungen und Bezüge zu quantitativen Daten	111
4.3.3	Zusammenfassung der explorierten Interviewbefunde	120
4.4	Der Einfluss kollektiver Identitäten auf kognitive Politisierung	122
4.4.1	Zielstellung	122
4.4.2	Bivariate Zusammenhänge	122
4.4.3	Multiple Regressionsanalysen	123
4.4.4	Mediator- und Moderatoranalysen	129
4.4.5	Exkurs: Kollektive Identitäten und inhaltsspezifische kognitive Politisierung	138
4.4.6	Zusammenfassung und Zwischenfazit	141
4.5	Vergleichende Analysen für Studierende ohne Migrationsgeschichte	145
4.5.1	Zielstellung	145
4.5.2	Die Bedeutung kognitiver Politisierung für politisches Handeln bei Studierenden ohne Migrationsgeschichte	145
4.5.3	Identifikation mit Deutschland und kognitive Politisierung bei Studierenden ohne Migrationsgeschichte	158

5	**Ausblick: Ergebnisse, ihre Praxisrelevanz und offene Fragen**	**167**
Literatur		**173**
Anlagen		**203**
A	Erhebungsinstrumente	203
A–1	Fragebogen t_1 (Version für türkische Migrationsgeschichte)	203
A–2	Fragebogen t_2 (Version für türkische Migrationsgeschichte)	203
A–3	Fragebogen t_3 (Version für türkische Migrationsgeschichte)	203
A–4	Fragebogen t_W (Version für türkische Migrationsgeschichte)	203
A–5	Testbogen der Teilstudie zu politischem Wissen	203
A–6	Interviewleitfaden	203
A–7	Datenschutzbrief	203
A–8	Postskript zum Interview (Muster)	203
B	Tabellenanhang	203

Anlage A ist abrufbar auf www.oldenbourg-verlag.de und nicht im Buch abgedruckt.

Abbildungsverzeichnis

Abbildung 1: Konfirmatorische Faktorenanalyse für subjektive politische Kompetenz _ 65

Abbildung 2: Item-Charakteristische-Kurven (ICC) der 14 ausgewählten Testitems unter Verwendung eines 2PL-Birnbaum-Modells _____ 66

Abbildung 3: Subjektive politische Kompetenz als Mediator politischen Wissens ____ 86

Abbildung 4: Schematische Darstellung des Mediationsmodells mit politischem Interesse sowie subjektiver politischer Kompetenz als unabhängigen Variablen, politischem Handeln als abhängiger Variable und Handlungsbereitschaft als Mediator _____ 97

Abbildung 5: Empirisches Modell für den Einfluss kognitiver Politisierung auf behaviorale Politisierung ($t_1 \rightarrow t_{2+3}$) _____ 103

Abbildung 6: Zusammenspiel von psychologischem Sozialkapital mit soziologischem Sozialkapital, kollektiver Marginalisierung sowie kollektiver Effektivität und Effekte auf kognitive Politisierung ($t_1 \rightarrow t_{2+3}$) _____ 137

Abbildung 7: Empirische Modelle für den Einfluss kognitiver Politisierung auf behaviorale Politisierung ($t_1 \rightarrow t_{2+3}$) _____ 151

Tabellenverzeichnis

Tabelle 1:	Zusammengefasste Indizes für vergangene politische Aktivitäten	60
Tabelle 2:	Zusammengefasste Indizes für kognitive Politisierung	61
Tabelle 3:	Zusammengefasste Indizes für politisches Handeln (Vergleichsgruppe)	72
Tabelle 4:	Zusammengefasste Indizes für kognitive Politisierung (Vergleichsgruppe)	72
Tabelle 5:	Merkmale der Interviewpersonen	74
Tabelle 6:	Politische Kompetenzen und politisches Handeln – Mittelwerte, Standardabweichungen und Interkorrelationen (Querschnitt)	80
Tabelle 7:	Lineare Regressionsanalyse für *Bereitschaft zu konventionellem Handeln*	82
Tabelle 8:	Lineare Regressionsanalyse für *Bereitschaft zu unkonventionellem Handeln*	83
Tabelle 9:	Politische Kompetenzen und politisches Handeln im Panel	83
Tabelle 10:	Bivariate Korrelationen zwischen kognitiver und behavioraler Politisierung	90
Tabelle 11:	Mediationsanalysen für die um t_2 erweiterte Stichprobe aus t_3 mit den Kriterien behavioraler Politisierung ($t_1 \rightarrow t_{2+3}$)	99
Tabelle 12:	Punktbiseriale Korrelationen mit den Kriterien zielspezifischen Handelns	105
Tabelle 13:	Korrelationen zwischen kognitiver Politisierung und kollektiven Identitäten	123
Tabelle 14:	Ergebnisse der multiplen Regressionsanalysen für das Kriterium *Politisches Interesse*	125
Tabelle 15:	Ergebnisse der multiplen Regressionsanalysen für das Kriterium *Subjektive politische Kompetenz*	126
Tabelle 16:	Korrelationen der kollektiven Identitäten mit inhaltsspezifischer Politisierung	138
Tabelle 17:	Ergebnisse der multiplen Regressionsanalysen für die Kriterien inhaltsspezifischer kognitiver Politisierung	139
Tabelle 18:	Bivariate Korrelationen zwischen kognitiver und behavioraler Politisierung (Studierende ohne Migrationsgeschichte)	146
Tabelle 19:	Mediationsanalysen für die um t_2 erweiterte Stichprobe aus t_3 mit den Kriterien behavioraler Politisierung für Befragte ohne Migrationsgeschichte ($t_1 \rightarrow t_{2+3}$)	150
Tabelle 20:	Produkt-Moment-Korrelationen zwischen Identifikation mit Deutschland und kognitiver Politisierung (nichtmigrantische Stichprobe)	159
Tabelle 21:	Multiple Regressionsanalysen für Befragte ohne Migrationsgeschichte (Kriterium: *Politisches Interesse*)	160

Tabelle 22:	Multiple Regressionsanalysen für Befragte ohne Migrationsgeschichte (Kriterium: Subjektive politische Kompetenz)	161
Tabelle 23:	Mittelwerte, Standardabweichungen, Fallanzahl und Cronbachs Alpha der zentralen Indizes (t_1)	204
Tabelle 24:	Mittelwerte, Standardabweichungen, Fallanzahl und Cronbachs Alpha der zentralen Indizes (t_2)	205
Tabelle 25:	Mittelwerte, Standardabweichungen, Fallanzahl und Cronbachs Alpha der zentralen Indizes (t_3)	206
Tabelle 26:	Interkorrelationen der Indizes für Studierende mit türkischer und ohne Migrationsgeschichte im Querschnitt (t_1)	207
Tabelle 27:	Interkorrelationen der Indizes für Studierende mit türkischer und ohne Migrationsgeschichte im Querschnitt (t_2)	209
Tabelle 28:	Bivariate Korrelationen der potenziellen Prädiktoren/Mediatoren mit den Kriterien behavioraler Politisierung	211
Tabelle 29:	Ergebnisse der Mediationsanalysen für das Kriterium *Wahlbeteiligung*	212
Tabelle 30:	Ergebnisse der Mediationsanalysen für das Kriterium *Konventionelles politisches Handeln*	213
Tabelle 31:	Ergebnisse der Mediationsanalysen für das Kriterium *Unkonventionelles politisches Handeln*	214
Tabelle 32:	Ergebnisse der Mediationsanalysen für das Kriterium *Nichtlegales politisches Handeln*	215
Tabelle 33:	Mediationsanalysen für das Kriterium *Konventionelles politisches Handeln* (unter Kontrolle auf vorangegangenes Verhalten)	216
Tabelle 34:	Mediationsanalysen für das Kriterium *Unkonventionelles politisches Handeln* (unter Kontrolle auf vorangegangenes Verhalten)	217
Tabelle 35:	Multivariates Modell zur Erklärung politischen Handelns ($t_1 \rightarrow t_{2+3}$)	218
Tabelle 36:	Mediationsanalysen für zielspezifische Wahlbeteiligung als Kriterium	219
Tabelle 37:	Mediationsanalysen für zielspezifisches, konventionelles politisches Handeln als Kriterium	220
Tabelle 38:	Mediationsanalysen für zielspezifisches, unkonventionelles politisches Handeln als Kriterium	221
Tabelle 39:	Bivariate Korrelationen der (potenziellen) Prädiktoren, Mediatoren und Moderatoren mit den Kriterien kognitiver Politisierung	222
Tabelle 40:	Multivariates Modell zur Erklärung kognitiver Politisierung ($t_1 \rightarrow t_{2+3}$)	223
Tabelle 41:	Korrelationen der Prädiktoren/Mediatoren mit den Kriterien behavioraler Politisierung (Befragte ohne Migrationsgeschichte)	224
Tabelle 42:	Mediationsanalysen für die Vergleichsgruppe ohne Migrationsgeschichte für das Kriterium *Wahlbeteiligung*	225
Tabelle 43:	Mediationsanalysen für die Vergleichsgruppe ohne Migrationsgeschichte für das Kriterium *Konventionelles politisches Handeln*	226

Tabelle 44:	Mediationsanalysen für die Vergleichsgruppe ohne Migrationsgeschichte für das Kriterium *Unkonventionelles politisches Handeln*	227
Tabelle 45:	Mediationsanalysen für die Vergleichsgruppe ohne Migrationsgeschichte für das Kriterium *Nichtlegales politisches Handeln*	228
Tabelle 46:	Modelle zur Erklärung politischen Handelns durch kognitive Politisierung für Studierende ohne Migrationsgeschichte ($t_1 \rightarrow t_{2+3}$)	229
Tabelle 47:	Bivariate Korrelationen der Prädiktoren, Mediatoren und Moderatoren mit den Kriterien kognitiver Politisierung für Befragte ohne Migrationsgeschichte	230

1 Anstelle einer Einleitung: Skizzierung der Situation von Menschen mit türkischer Migrationsgeschichte[1] in Deutschland

1.1 Gesellschaftliche Rahmenbedingungen und Lebenslagen

> While Germany is not alone in Europe in not defining itself as a nation of immigrants, it is the only country that has not become tired of repeating it, elevating the no-immigration maxim to a first principle of public policy and national self-definition. (Joppke 1999, 62)

Türkische Immigranten[2] in Deutschland. Lange Zeit hat sich Deutschland nicht als Einwanderungsland begriffen (siehe auch Bommes 2010; Ireland 2000; Santel 2006; White 1997). Dies wandelt sich gegenwärtig, was angesichts von über 15.7 Millionen Menschen mit Migrationsgeschichte in Deutschland auch notwendig scheint (ca. 19.3% der Gesamtbevölkerung; vgl. im Folgenden: Statistisches Bundesamt 2011a). Unter diesen stellen Personen mit türkischer Migrationsgeschichte mit zirka 2.49 Millionen Personen die größte Gruppe[3]. Wenngleich türkische Immigranten nach dem Zweiten Weltkrieg nicht die ersten Einwanderer in die Bundesrepublik Deutschland waren, handelt es sich bei Personen mit türkischer Migrationsgeschichte folglich um eine sehr bedeutende Minderheit in Deutschland, die historisch bedingt zu 99 Prozent auf dem Gebiet der alten Bundesrepublik, einschließlich Berlin, lebt. Etwas mehr als die Hälfte von ihnen sind Männer, ebenfalls gut die Hälfte ist zwischen 25 und 55 Jahren alt. Ein großer Teil besitzt zudem nur die türkische Staatsbürgerschaft (ca. 1.7 Mio.), etwas über zwei Prozent hat die doppelte (deutsche und türkische) und der Rest mehrheitlich nur die deutsche Staatsbürgerschaft.

Historisch beginnt die erste Phase der Einwanderung in die Bundesrepublik Deutschland schon in den 1950er Jahren (vgl. im Folgenden v. a. Böcker/Groenendijk 2006; Joppke 1999; Meier-Braun 2007; Şen 2002). Doch erst mit dem Anwerberabkommen mit der Türkei 1961 wurden insbesondere junge, gering qualifizierte, männliche Personen aus der Türkei ange-

---

[1] Als (in Deutschland lebende) Personen mit Migrationsgeschichte werden jene Menschen bezeichnet, die selbst oder von denen mindestens ein Eltern- bzw. Großelternteil (ursprünglich) nicht in Deutschland lebten sowie keine deutsche Staatsbürgerschaft besaßen, aber nach Deutschland eingewandert sind (siehe auch Santel 2008). Sie besitzen eine türkische Migrationsgeschichte, wenn es sich bei ihrem ursprünglichen Herkunftsland um die Türkei handelt. Menschen ohne Migrationsgeschichte sind Personen, welche ausschließlich die deutsche Staatsbürgerschaft besitzen und die selbst, deren Eltern und Großeltern alle in Deutschland geboren wurden (einschließlich ehemaliger Ostgebiete, z. B. in Ostpreußen geborene Großeltern oder ehemalige DDR-Bürger). Zur sprachlichen Verkürzung sowie der Heterogenisierung des Sprachgebrauchs werden mitunter die Adjektive „migrantisch" bzw. „nichtmigrantisch" verwendet (passend zu „ausländisch" für „Ausländer").

[2] Soweit dies möglich ist, werden geschlechtsneutrale Begriffe verwendet. Leider lässt es sich trotz der sprachlichen Vielfalt nicht vermeiden, manchmal auf geschlechtsspezifische Begriffe zurückzugreifen. In solchen Fällen wird die männliche Geschlechtsbezeichnung verwendet, ohne Frauen jedoch auszuschließen.

[3] Die genaue Zahl der Menschen mit türkischer Migrationsgeschichte dürfte größer sein, da die amtliche Statistik nicht eindeutig identifizierbare Personen als Menschen ohne Migrationsgeschichte berücksichtigt.

worben, um in Deutschland zu arbeiten. Nach der Ölkrise 1973 und einem offiziellen Anwerbestopp trat jedoch kein nennenswerter Rückgang der Einwanderung ein, sondern wurden Familienmitglieder der bereits eingewanderten Arbeitskräfte vermehrt nachgeholt. So verlagerte sich der Lebensmittelpunkt vieler „Gastarbeiter" immer mehr nach Deutschland.

> Nach einer ruhigen und erfolgreichen ersten Phase fiel die zweite Phase der Einwanderung aus der Türkei mit der Zuspitzung der innenpolitischen Konflikte zusammen, die in den Militärputsch 1980 [in der Türkei] mündete. Zugleich wurde die Repression gegen die kurdische Bevölkerung fortgeführt. Dies hatte zur Folge, daß Deutschland zum Austragungsort von in der Türkei unterdrückten Konflikten und zum Ruhe- und Finanzierungsraum für politische Organisationen wurde. (Thränhardt 2000, 44; Einfügung: F. R.)

Bemühungen der Politik, die Zuwanderung über Anreize zu begrenzen, waren insgesamt betrachtet zwar erfolglos. Wenngleich zudem relativ wenige der rechtlichen Maßnahmen speziell auf die Gruppe der türkischen Migranten gerichtet waren, so wurden doch gerade die türkischen Immigranten von Politik und Gesellschaft als Problem betrachtet und allgemeine Maßnahmen oft mit Blick auf die türkische Minderheit eingeführt (vgl. Böcker/Groenendijk 2006; Thränhardt 2004). Dies hing auch mit der Unterstellung zusammenhing, Türken seien unfähig, sich in ein christlich geprägtes Land zu integrieren (vgl. Şen 2002).

Im Laufe des letzten Jahrzehnts des 20. Jahrhunderts nahm die Zahl der Einbürgerungen von türkischen Immigranten deutlich zu, und im Januar 2000 traten Einbürgerungsbestimmungen in Kraft, die eine Abkehr vom *ius sanguinis* (Abstammungsprinzip: Kinder erhalten die Staatsbürgerschaft der Eltern) zum *ius solis* (Geburtsortsprinzip: Kinder bekommen die Staatsbürgerschaft des Landes, auf dessen Boden sie geboren wurden, sofern wenigstens ein Elternteil seit mindestens acht Jahren in Deutschland lebt). Diese wurden jedoch ernüchtert aufgenommen, da nach wie vor etwa die doppelte Staatsbürgerschaft ausgeschlossen war.

Seit 2005 gilt es zudem, einen Einbürgerungstest zu absolvieren, um die deutsche Staatsbürgerschaft zu erwerben. Allerdings wurden gleichzeitig die Zuzugsmöglichkeiten gerade für Geringqualifizierte verschlechtert und besitzen Türken in Deutschland auch bei langer Aufenthaltsdauer selbst auf kommunaler Ebene kein Wahlrecht, während die Ausländerbeiräte (oder Integrationsräte) als wenig einflussreich gelten. Häufig wurde auch übersehen, dass die Mitmenschen mit türkischer Migrationsgeschichte keine homogene Gruppe darstellen (vgl. Şen 2002): Viele gehören zwar dem Islam an (ca. 81 Prozent; vgl. Haug/Müssig/Stichs 2009), doch gibt es unter ihnen neben einem großen Teil sunnitischer Muslime auch etwa ein Drittel Aleviten[4]. Außerdem gibt es neben den „Türken" noch kurdische Immigranten, welche allerdings nicht ausschließlich aus der Türkei eingewandert sind. Dementsprechend hat sich ein vielfältiges türkisches Vereinsleben in Deutschland ausgebildet, zumal knapp zwei Drittel der Türken bereits seit über 20 Jahren in Deutschland leben (vgl. Babka von Gostomski 2008).

Bildungsbeteiligung und gesellschaftliche Benachteiligung. Menschen mit türkischer Migrationsgeschichte schneiden hinsichtlich Bildungserfolg und wirtschaftlichem Aufstieg besonders schlecht ab (vgl. Statistisches Bundesamt 2011a; Thränhardt 2004): „In keiner anderen Herkunftsgruppe finden sich mehr Menschen ohne Bildungsabschluss (30%) und weniger mit einer Hochschulberechtigung (14%)." (Woellert et al. 2009, 36) Dieses ungleiche Verhältnis kann man auch an der relativ geringen Zahl türkischer Studierender in Deutschland wiedererkennen: Von den knapp 2.22 Millionen im Wintersemester 2010/2011 an deutschen

---

[4] Die genauen Zahlen der in Deutschland lebenden Muslime sind nicht genau bestimmbar.

1.1 Gesellschaftliche Rahmenbedingungen und Lebenslagen

Hochschulen immatrikulierten Studierenden waren 89 Prozent deutsche Staatsbürger (vgl. im Folgenden Statistisches Bundesamt 2011b)[5]. Von den elf Prozent, welche keine deutsche Staatsbürgerschaft besaßen, waren 19514 türkische Bildungsinländer und 6575 türkische Bildungsausländer[6] (insgesamt: 26089 Studierende mit türkischer Staatsbürgerschaft). Damit stellen Türken den größten Anteil der studierenden Bildungsinländer in Deutschland und die sechstmeisten Bildungsausländer. Allerdings sind türkische im Vergleich zu deutschen Staatsbürgen mit etwa anderthalb Prozent ihres Bevölkerungsanteils vertreten (Vergleich über Staatsbürgerschaft; Grundgesamtheit: 1.8 Mio. Türken in Deutschland), während es unter Letzteren mit drei Prozent doppelt so viele Studierende gibt (eigene Berechnungen; Basis: Statistisches Bundesamt 2011a; 2011b; vgl. auch DAAD 2010; Isserstedt/Kandulla 2010).

Zum Übergang von Studierenden mit Migrationsgeschichte ins Berufsleben gibt es bislang kaum nennenswerte Untersuchungen, doch handelt es sich hierbei offensichtlich um eine deutlich benachteiligte Gruppe (vgl. Bakshi-Hamm/Lind 2008, 14ff.). Hinsichtlich der Gruppe aller Migranten lässt sich aber festhalten, dass Angehörige der zweiten Generation – bei geringer Aufwärtsmobilität – häufiger und für länger andauernde Zeiträume arbeitslos sind, es „gestaltet sich die Stellensuche und die Etablierung im Beruf für Ausländer der zweiten Generation schwieriger als für gleichaltrige Deutsche" (Seifert 1992, 687; 2000). Eine niedrigere Positionierung der Migranten auf dem deutschen Arbeitsmarkt lässt sich nur bei den Türken, die vor allem „harte" sowie un- und angelernte Tätigkeiten ausführen (vgl. Bender/Seifert 1996; 2000; Ergi 2000, 35; Woellert et al. 2009, 36f.), *nicht* nahezu ausschließlich durch Bildungsunterschiede begründen (vgl. Granato/Kalter 2001). Trotz gleichwertiger Schulabschlüsse sind Jugendliche aus (türkischen) Migrantenfamilien bei der Ausbildungs- und Stellensuche im Vergleich zu ihren deutschen Altersgenossen deutlich benachteiligt und oft weniger erfolgreich dabei, eine Ausbildung abzuschließen (vgl. Goldberg/Mourinho 1995; Granato 2003; Kaas/Manger 2010). Den Weg zu höherer Bildung (Abitur, Hochschulstudium) finden diese Jugendlichen aufgrund institutioneller sowie direkter Diskriminierung zudem häufig erst über „verschlungene Pfade" anstatt auf direktem Weg (vgl. Schulze/Soja 2003). Eine derartige Form der Diskriminierung trifft jedoch auch Hochqualifizierte (vgl. Nohl/Weiß 2009).

Es ist also nicht verwunderlich, dass Menschen mit türkischer Migrationsgeschichte in Deutschland am häufigsten über Benachteiligungserfahrungen berichten und sich in verschiedenen Bereichen, wie zum Beispiel in der Ausbildung, bei der Arbeitsplatzsuche, in Behörden oder durch die Nachbarschaft, stärker benachteiligt fühlen, als andere Migrantengruppen (vgl. SVR 2010; Weidacher 2000). Die erlebte Benachteiligung bezieht sich in besonderem Ausmaß auf den Arbeitsplatz sowie die Arbeitsplatz- oder Wohnungssuche (vgl. Boos-Nünning 2000; Gestring/Janßen/Polat 2006; Kühnel/Leibold 2000; Sauer 2007). Allerdings erfahren besonders Menschen mit türkischer Migrationsgeschichte auch im Alltag Ablehnung und müssen damit leben, dass ihnen Politik als auch Mitmenschen eine Gleichstellung sowie Gleichbehandlung verwehren (vgl. Böltken 2000; Wasmer/Koch 2000) –

---

[5] Das Statistische Bundesamt trennt in seinem Bericht nicht zwischen Studierenden mit versus ohne Migrationsgeschichte; Universitäten erfassen lediglich, welche Staatsbürgerschaft die Studierenden besitzen.

[6] *Bildungsinländer* sind Personen, welche zwar nicht die deutsche Staatsangehörigkeit besitzen, jedoch in Deutschland leben sowie ihren Schulabschluss in Deutschland erworben haben. *Bildungsausländer* dagegen leben zwar in Deutschland, haben allerdings ihre Hochschulzugangsberechtigung im Ausland erworben.

insbesondere, wenn es sich zudem um Muslime handelt (vgl. Brettfeld/Wetzels 2008). Die grundlegende Voraussetzung, sich über Missstände zu beklagen und politische Veränderungen einzufordern, mithin sich selbst in den politischen Prozess einzubringen, ist somit offenkundig vorhanden.

1.2 Politisierung von Menschen mit (türkischer) Migrationsgeschichte

Zur politischen Beteiligung von in Deutschland lebenden Menschen mit Migrationsgeschichte ist die Forschungslage defizitär, denn einerseits ist Migration lange Zeit in Deutschland nicht als ein Kernthema der sozialwissenschaftlichen Disziplinen betrachtet worden (vgl. Bommes 2010). Obschon andererseits „migration studies" Hochkonjunktur haben, bleibt der Aspekt der politischen Beteiligung bislang eher ausgespart (vgl. Jungk 2002; Santel 2002; Wiedemann 2006). Die wenigen vorhandenen Studien weisen allerdings darauf hin, dass die rechtlich gegebenen Möglichkeiten zur politischen Beteiligung mit einer ineffektiven Interessenvertretung der Migranten einhergehen (z. B. Diehl 2002; Ergi 2000; Wiedemann 2006). Dementsprechend sind es politische, kulturelle und soziale Rechte, für welche sich Migranten überhaupt einsetzen (vgl. Rucht/Heitmeyer 2008).

Obwohl Nichtdeutschen, von der Wahlbeteiligung abgesehen, prinzipiell umfassende Beteiligungsmöglichkeiten offen stehen (vgl. Diehl 2002), spielt gerade in Deutschland die Staatsangehörigkeit für die Ausrichtung der politischen Beteiligung von Migranten und den damit verbundenen, (dominierenden) herkunftslandbezogenen Zielstellungen eine entscheidende Rolle (vgl. Koopmans/Statham 1999; Duyvené de Wit/Koopmans 2005; siehe aber Halm/Sauer 2005), es existiert eine „enge Verzahnung von Staatsangehörigkeit und politischer Partizipation" (Santel 2002, 20; siehe auch Gille/Krüger 2000; Kastoryano 1991). Demgemäß stellt Schubert (2006) fest, dass Studierende türkischer Herkunft die deutsche Staatsbürgerschaft unter anderem deswegen annehmen, um politische Pflichten sowie Rechte wahrnehmen und sich aktiv am politischen Geschehen beteiligen zu können.

Mit den fehlenden rechtlichen Voraussetzungen verbunden ist ein deutlich geringeres politisches Interesse von Menschen mit Migrationsgeschichte, welches bei Türken allerdings vergleichsweise höher ausgeprägt ist, als bei manchen anderen Migrantengruppen (vgl. Diehl/Urbahn 1999; Diehl/Blohm 2001; Santel 2002; Wächter 2005; Wüst 2003). Tendenziell nimmt dieses Interesse mit dem Alter sowie insbesondere mit höherer Bildung und der Identifikation mit der Aufnahmegesellschaft zu und sind Männer stärker an Politik interessiert als Frauen (vgl. Diehl/Urbahn 1999; Gille/Krüger 2000; Glatzer 2004; keinen Alterseffekt bei Migranten finden Diehl/Blohm 2001).

Insbesondere „Dualisten" bzw. Menschen, welche sich sowohl mit der Herkunfts- als auch mit der Aufnahmegesellschaft identifizieren, zeigen ein besonderes Interesse an Medienberichten über Politik sowie das kulturelle Geschehen – und zwar über Politik und Kultur in beiden Ländern (vgl. Bonfadelli/Bucher 2008). Wenngleich Personen mit ehemals türkischer (jetzt deutscher) Staatsbürgerschaft zudem die auf Bundesebene bedeutsamen politischen Parteien in Deutschland im Vergleich relativ oft zumindest dem Namen nach kennen, so ist ihnen ein vergleichsweise größerer Teil der Politiker Deutschlands unbekannt (vgl. Wüst 2003). Darüber hinaus sind Sprachkompetenzen sowie höhere Bildung für Leistungen im

Einbürgerungstest bedeutsam und schneiden Menschen mit türkischer Migrationsgeschichte im Vergleich mit anderen Bevölkerungsgruppen besonders schlecht ab (vgl. Greve et al. 2009).

Obwohl Türken in Ausländerbeiräten im Vergleich zu anderen Migrantengruppen außerdem überrepräsentiert sind (vgl. Santel 2002) und zahlreiche türkische Migrantenvereine auf lokaler Ebene existieren, fehlt es an einer (deutschlandorientierten) Interessenvertretung der Menschen mit türkischer Migrationsgeschichte und somit an eigener politischer Lobbyarbeit im kommunalen Kreis – vielmehr sind die Aktivitäten der Vereine für türkische Immigranten stark herkunftsorientiert (vgl. Diehl 2001; Diehl/Blohm 2001; Ireland 2000).

Was die genuin politischen Aktivitäten von Minoritäten, bezogen auf die Bundesrepublik, betrifft, liegt deren tatsächliche Beteiligung – ähnlich wie die Bereitschaft zur Teilnahme an solchen Aktivitäten – unter jener der Deutschen, gerade im Bereich unkonventioneller politischer Tätigkeiten, obschon sich Migranten an sozialen und informellen Aktivitäten in ähnlichem Ausmaß beteiligen (vgl. Bertelsmann Stiftung 2009; Ergi 2000; Gaiser/de Rijke 2006; Gille/Krüger 2000; Glatzer 2004; Halm/Sauer 2005; Kober 2009; Kornelius 2009). Die Beteiligungsraten sind bei Männern größer als bei Frauen, nehmen mit höherer Bildung wie auch längerer Verweildauer in Deutschland zu und steigen ebenfalls mit der sprachlichen und rechtlichen Integration sowie einer Einbürgerung (vgl. Galonska/Berger/Koopmans 2004; Gaiser/de Rijke 2006; Gille/Krüger 2000; Glatzer 2004; Halm/Sauer 2005; Roth 2009; Wüst 2003; 2007). Allerdings sind es Menschen aus türkischem Kontext, die am schlechtesten mit der deutschen Gesellschaft vernetzt sind, welche die geringste Bereitschaft zur politischen Beteiligung aufweisen und die am seltensten politische Aktivität zeigen (vgl. Glatzer 2004; Wiedemann 2006). Dies trifft auch auf die Wahlbeteiligung eingebürgerter Türken zu, welche im Vergleich mit beinahe allen anderen Eingebürgerten die geringsten Wählerquoten aufweisen (vgl. Wüst 2007).

Die konkreten Beteiligungsmuster jugendlicher Migranten unterscheiden sich, berücksichtigt man die rechtlichen Rahmenbedingungen für einzelne Handlungsmöglichkeiten, dennoch kaum von denen deutscher Jugendlicher; die Beteiligungsraten befinden sich lediglich auf einem geringeren Niveau – jedoch verschwinden diese Unterschiede oft vollständig, wenn auf den Bildungsgrad kontrolliert wird (vgl. Gaiser/de Rijke 2006; Gille/Krüger 2000; Heß-Meining 2000; Wiedemann 2006). Partizipation in ethnischen Vereinen führt darüber hinaus nicht zu Segregation, sondern „geht zusammen mit besserer Sozialvernetzung, höherer Problemlösefähigkeit, besserem Zugang zum öffentlich-politischen Leben in der Aufnahmegesellschaft" (Fijalkowski/Gillmeister 1997, 294; siehe auch Gaitanides 2003). Aspekte des Sozialkapitals sowie von Status sind also förderlich, denn Migranten sind beispielsweise eher politisch aktiv, wenn sie bereits im Herkunftsland entsprechende Erfahrungen gesammelt haben oder wenn sie sich in sozialen Vereinen in Deutschland beteiligen (z. B. Diehl 2002; Fennema/Tillie 2001; Glatzer 2004). Radikale Formen politischen Handelns werden von Menschen mit türkischer Migrationsgeschichte kaum genutzt (vgl. Wiedemann 2006, 283).

1.3 Gang der Untersuchung: Ein kurzer Überblick

Es ist somit offensichtlich, dass gerade Studierende mit türkischer Migrationsgeschichte eine wissenschaftlich besonders interessante sowie relevante Untersuchungsgruppe darstellen. Sie dürfen gewissermaßen als kleine „Elite" von potenziellen Interessenvertretern einer großen, objektiv wie subjektiv benachteiligten Minderheit in Deutschland betrachtet werden und können vermutlich am ehesten zu gesellschaftlichen oder politischen Veränderungen zugunsten der Eigengruppe beitragen (vgl. Hartmann 2004; Hoffmann-Lange 1992; Simon 2007). Demgegenüber ist jedoch auch das Verfolgen einer individualisierten statt politisierten Zukunftsstrategie denkbar, da Studierende sowie Akademiker möglicherweise davon ausgehen können, eher als andere Personen mit türkischer Migrationsgeschichte Anerkennung zu erfahren – was sie als Untersuchungsgruppe nicht minder bedeutsam erscheinen lässt. Doch bevor dem genauer nachgegangen wird, stellt sich die Herausforderung der Klärung einiger Begriffe, welche bisher zunächst ohne inhaltliche Erläuterungen verwendet wurden.

Zunächst werden daher in Kapitel 2.1 die Begriffe behaviorale und kognitive Politisierung umrissen, die zugehörigen Variablen politisches Interesse, subjektive politische Kompetenz und politisches Wissen, als auch verschiedene Formen politischen Handelns herausgearbeitet sowie deren Korrelate thematisiert. Anschließend wird in Abschnitt 1.1 auf übergreifende, primär politikwissenschaftlich oder soziologisch geprägte, theoretische Erklärungsmöglichkeiten von Politisierung und auf Beziehungen zwischen kognitiver sowie behavioraler Politisierung eingegangen. Diese „klassischen" Erklärungsweisen werden in Kapitel 1.1 ergänzt um eine sozialpsychologische Sicht, welche in der Formulierung gerichteter und ungerichteter Hypothesen mündet (Kap. 1.1): Zum einen wird postuliert, dass politisches Interesse einem affektiv-impulsiv gesteuerten Handlungspfad zuzurechnen ist und daher die Ausübung mindestens legaler politischer Verhaltensweisen begünstigen sollte. Politische Kompetenzen hingegen werden als Bestandteil eines reflexiven Handlungs- und Entscheidungssystems betrachtet, wodurch objektive wie subjektive politische Kompetenzen ausschließlich konventionelle politische Beteiligung fördern sollte, allerdings ergänzt um politisches Interesse. Andererseits wird, in Anlehnung an Forschungen zu sozialen Bewegungen sowie zu kollektiven Identitäten, ungerichtet vermutet, dass kollektive Identifikationen psychologisches Sozialkapital darstellen und nicht nur Bewegungsbeteiligung oder soziopolitisches Handeln begünstigen, sondern auch auf die kognitiven Vorbedingungen politischen Handelns Effekte haben dürften.

Daraufhin wird in Kapitel 1 eine multimethodische Vorgehensweise präsentiert, welche zur Prüfung der aufgestellten Hypothesen dient. Die Rekrutierung einer Panelstichprobe sowie die Erhebung von Daten weiterer Stichproben wird detailliert beschrieben. Dies umfasst die Darstellung der gemessenen Variablen sowie die jeweilige Stichprobendeskription. Bevor die primären Hypothesen geprüft werden, wird zunächst in Abschnitt 4.1 eine kleine Teilstudie mit einer Stichprobe von Psychologiestudierenden unabhängig von dem Vorhandensein einer Migrationsgeschichte vorgestellt, welche zeigt, dass sich politisches Wissen zu großen Teilen in subjektiver politischer Kompetenz widerspiegelt und nur vermittelt über diese konventionelles politisches Handeln beeinflusst. Da politisches Wissen unter Berücksichtigung der sich subjektiv zugeschriebenen politischen Kompetenz keine direkte Bedeutung für politisches Handeln hat, kann somit im weiteren Verlauf das subjektive Kompetenzmaß als Stellvertreter/Proxy für objektives politisches Wissen verwendet werden. Allerdings zeigt sich auch, dass politische Analysefähigkeit nicht ausreichend über subjektive politische erfasst wird und jene eigenständige Effekte auf politisches Handeln behält.

Bezogen auf die ersten Hypothesen wird in Kapitel 4.2 gezeigt, dass politisches Interesse bei Studierenden mit türkischer Migrationsgeschichte in der Tat alle politischen Beteiligungsweisen fördert, während subjektive politische Kompetenz lediglich sichtbar zur Vorhersage konventionellen politischen Handelns beiträgt. Allerdings muss sich kognitive Politisierung

1.3 Gang der Untersuchung: Ein kurzer Überblick

In Bezug auf konventionelles Handeln sowie für die Beteiligung an Wahlen zunächst in die Bereitschaft zu entsprechendem Verhalten übertragen. Außerdem ist subjektive politische Kompetenz an anderen Formen politischen Handelns ebenfalls dann beteiligt, wenn es sich in politisches Interesse übersetzt oder in diesem widerspiegelt.

Diese Befunde lassen sich zu Teilen mit einer qualitativen Interviewstudie bekräftigen (Kap. 4.3), in welcher herausgearbeitet wird, dass Interesse an Politik eher zu spontaner, unkonventioneller Beteiligung beizutragen scheint. Allerdings ist politisches Interesse offenbar keine hinreichende Bedingung politischen Handelns, sondern es muss ergänzt sein durch beispielsweise Misstrauen in konventionelle Politik. Zur Ausführung konventioneller politischer Aktivitäten sind dagegen ergänzend eine bewusste Handlungsabsicht, politische Kompetenzen als auch Wissen über Beteiligungsmöglichkeiten vonnöten, sodass bezüglich konventioneller Beteiligung von einem reflexiven Entscheidungspfad gesprochen werden kann und politisches Interesse den überlagernden, impulsiven Pfad darstellt.

Statistische Analysen zur Klärung der Rolle verschiedener kollektiver Identitäten für kognitive Politisierung bei Studierenden mit türkischer Migrationsgeschichte führen in Kapitel 4.4 zu der Erkenntnis, dass soziologisches und psychologisches Sozialkapital oftmals zusammenwirkend kognitive Politisierung beeinflussen. In der Summe zeigt sich, dass eine Identifikation mit der übergeordneten sozialen Einheit Deutschland von Nachteil für kognitive Politisierung ist. Dasselbe gilt für eine separatistische Identifikation, während eine ethnisch-kulturelle Identifikation mit der Eigengruppe der Türken potenziell positive Effekte hat, in ganz spezifischer Kombination mit soziologischem Sozialkapital aber unter Umständen negativ auf politisches Interesse und subjektive politische Kompetenz wirkt. Eine duale Identifikation mit der übergeordneten sozialen Entität und der ethnisch-kulturellen Eigengruppe zugleich führt dagegen zum Zuwachs der wahrgenommenen politischen Kompetenz, sofern bei Menschen mit türkischer Migrationsgeschichte ein Mindestmaß an Kontakten zu Personen besteht, welche sich in deutschen Vereinen engagieren.

Abschließend wird der Versuch unternommen, die Befunde für die migrantische Stichprobe mit einer Vergleichsgruppe von Studierenden ohne Migrationsgeschichte in Beziehung zu setzen (Kap. 4.5). Zunächst zeigt sich, dass die gemessenen Variablen kognitiver Politisierung kaum zur Erklärung unkonventionellen politischen Handelns beitragen, während sich der reflexive Pfad subjektiver politischer Kompetenz zu konventionellem Handeln ebenfalls, jedoch unvermittelt zeigt. Politisches Interesse begünstigt nichtelektorale politische Aktivitäten im Gegensatz zur migrantischen Stichprobe nur, wenn es sich in subjektive politische Kompetenz übersetzt. Hinsichtlich einer Identifikation mit Deutschland zeigt sich ebenfalls ein negativer Effekt auf subjektive politische Kompetenz, während politisches Interesse durch eine solche Identifikation eher gefördert wird.

Ein Ausblick (Kap. 5) rundet diese Arbeit ab, indem einige Schwierigkeiten und Grenzen der vorgestellten Studien zusammengestellt werden. Außerdem werden Anknüpfungspunkte für weitere Forschung und ausgewählte, offene Fragen thematisiert sowie mögliche praktische Implikationen kurz umrissen. Dabei wird auf pädagogische und politische Praxis als auch die Integrationsthematik Bezug genommen.

2 Theoretische und begriffliche Grundlagen sowie Forschungsüberblick

Das Ziel politischer Bildung, der Zweck politischer Sozialisation ist der „Erwerb jener Werthaltungen, Einstellungen, Überzeugungen, Wissensbestände und Handlungsdispositionen [sowie -kompetenzen], die für die Stabilität der politischen Ordnung einer Gesellschaft als erforderlich betrachtet werden" (Sander 2005, 13; Einfügung: F. R.), faktisch aber im Widerspruch zur je gültigen Gesellschaftsordnung stehen können. Dieser Prozess der politischen Sozialisation wird als *Politisierung des Menschen* (Claußen 1996; Claußen/Geißler 1996) bezeichnet: ‚Politisierung' kann folglich als der Weg, als bewusst oder unbewusst ablaufender Prozess definiert werden, welcher das Individuum zur aktiven Auseinandersetzung mit Politik – dem Raum der Regelung öffentlicher Angelegenheiten (vgl. Claußen 1996, 15) – führt. Politik kann hierbei empirisch-analytisch als menschliches Handeln verstanden werden, welches in und zwischen Gruppen von Menschen darauf abzielt, allgemein verbindliche Regelungen und Entscheidungen herzustellen sowie durchzusetzen (vgl. Patzelt 2003, 23). Als Folge von Politisierung setzt sich das Individuum folglich aktiv mit politischen Strukturen (*polity*), Inhalten (*policy*) oder Vorgängen (*politics*) auseinander.

Da für das hier zentrale Konzept der Politisierung eine Begriffsvielfalt existiert, welche zahlreiche konzeptuelle Überschneidungen birgt, wird zunächst der Rahmen für die hier verwendeten Begriffe gefertigt. Im Fokus stehen kognitive und behaviorale Politisierung: Diese Unterscheidung ist bedeutsam, da Verhalten und Kognition verschiedene Facetten von Politisierung darstellen und im Folgenden die Vorhersage kognitiver Politisierung sowie das differenzierte Verhältnis verschiedener Formen kognitiver Politisierung zu unterschiedlichen politischen Verhaltensweisen im Mittelpunkt steht. Dementsprechend werden theoretische Erklärungsversuche für Politisierung vorgestellt, mithin das Verhältnis der beiden Politisierungsfacetten thematisiert. Anschließend wird auf sozialpsychologische Erklärungsansätze geblickt und der Fokus auf kollektive Identitäten eingeengt.

2.1 Begriffliche Klärungen: Behaviorale und kognitive Politisierung

Das gewählte Politisierungskonzept weist einen prozessualen Charakter auf: Es geht darum, *wie und wodurch* Menschen politisiert werden. Weil im Folgenden Ursachen und Bedingungen des Politisiertwerdens zu beleuchten sind, wird dem Begriff der Politisierung anderen Begriffen, wie jenem der politischen Involvierung, der Vorzug gegeben, obschon beide als Oberbegriffe für das Eingebundensein in die politische Sphäre zu betrachten sind.

Sprachlich problematischer ist die Unterscheidung zwischen politischer Partizipation und politischem Engagement. Im Deutschen werden beide Begriffe häufig synonym für politisches Handeln verwendet, wobei der Partizipationsbegriff teilweise umfassender begriffen und beispielsweise auch auf das Ausmaß politischen Interesses bezogen wird. Im Englischen dagegen wird bewusst zwischen *political engagement* und *political participation* unterschieden (vgl. Barrett 2011): Jenes wird als grundlegend psychologische Dimension betrachtet und umfasst insbesondere Interesse an sowie Wissen über Politik, politische Meinungen und Einstellungen. Partizipation wird demgegenüber als behaviorale Dimension umschrieben und dreht sich um Handeln, welches im weitesten Sinne auf die Beeinflussung der Herstellung und Durchsetzung allgemeiner Verbindlichkeit abzielt, sprich: politisches Handeln[7]. Diese Unterscheidung ist prinzipiell anschlussfähig. Aufgrund der im Deutschen und Englischen aber offensichtlich nicht identischen Begriffe Engagement und *engagement* bzw. Partizipation sowie *participation* wird jedoch davon abgesehen, beide als distinkte Begriffe zu definieren. Stattdessen wird zwischen behavioraler sowie kognitiver Politisierung unterschieden, wobei die Begriffe Partizipation und Engagement, sofern sie Verwendung finden, synonym zu behavioraler Politisierung oder politischem Handeln gebraucht werden.

2.1.1 Kognitive Politisierung

Beim Konzept der Kognition stehen internale, mentale Prozesse wie Denken, Überlegen, Entscheidungsfindung im Mittelpunkt: Es geht vor allen Dingen um geistige Aktivitäten und um mentale Vorgänge, teilweise werden aber auch persönliche Gedanken oder bestimmte Wissensbestandteile als kognitiv bezeichnet (vgl. Reber/Reber 2001, 128). Die von Zaller (1992, 21) erläuterte *political awareness* entspricht in wesentlichen Zügen einer kognitiven Politisierung, allerdings geht Zaller (1992) noch weiter und fasst zugleich – entgegen dem hier verstandenen Begriff kognitiver Politisierung – Aspekte von Handeln ebenfalls darunter. Hoffmann-Lange, Krebs und de Rijke (1995) ordnen ihrem Konzept einer *kognitiven politischen Mobilisierung* ein (weit gefasstes) politisches Interesse sowie subjektive politische Kompetenz zu; politisches Interesse sowie zudem subjektives als auch objektives politisches Wissen werden von Niedermayer (2001) der kognitiven Politisierung zugewiesen, von ihm allerdings als kognitive politische Orientierungen bezeichnet.

In Anlehnung an sozialpsychologische Einstellungsforschung[8] (z. B. Ajzen 2001; Bohner 2003; Fishbein/Ajzen 1975) werden neben einer kognitiven Dimension eine affektive sowie eine behaviorale Dimension von Politisierung differenziert (vgl. zur behavioralen Politisierung Kap. 2.1.2). Auf die affektive Dimension (Gefühle gegenüber politischen Einstellungsobjekten, z. B. Nationalstolz) wird nicht näher eingegangen, da sie nicht zentraler Bestandteil dieser Untersuchung ist und affektbezogene Aspekte der kognitiven Dimension weiter unten diskutiert werden. Die hier bevorzugte Begriffswahl unterscheidet sich von Niedermayer (2001), da nicht zwischen evaluativen Orientierungen getrennt und von einer Überlappung zwischen Affekt, Kognition und Evaluation ausgegangen wird (siehe auch Schmid 2004), sodass die vorgeschlagene Zweiteilung ausreichend erscheint. Zur kognitiven Dimension von Politisierung zählen dementsprechend vor allem politisches Interesse, politisches Selbstbe-

---

[7] Auch Brady (1999) begreift *political participation* als Handlungsbegriff, *engagement with politics* umfasst bei ihm insbesondere Variablen kognitiver Politisierung (siehe ebenso z. B. Jennings et al. [1990], welche *political participation* und *political action* als äquivalent betrachten, oder Barnes et al. [1979; dort v. a. Kaase/Marsh 1979], die allerdings den Begriff *political action* bevorzugen; vgl. auch Verba/Schlozman/Brady 1995).

[8] Politische Einstellungen sind relativ überdauernde, nur mittelbar beobachtbare Prädispositionen, deren Kerneigenschaft die Bewertung von Objekten ist (vgl. Rattinger 2009, 180). Um politische Einstellungsobjekte handelt es sich beispielsweise bei politischen Zielen, politischen Institutionen, politischen Ordnungen, politischen Akteuren oder politischen Fakten (vgl. Niedermayer 2001; Rattinger 2009).

2.1 Begriffliche Klärungen: Behaviorale und kognitive Politisierung

wusstsein respektive subjektive politische Kompetenz als auch objektive politische Kompetenzen (ausgenommen motorische bzw. genuine Handlungskompetenzen).

2.1.1.1 Politisches Interesse

Interessensbegriff. Interesse und Motivation sind eng miteinander verbunden (vgl. Deci/Ryan 1985; Hidi/Renninger 2006; Ryan/Deci 2000); dasselbe trifft auf das Verhältnis von Motivation und Volition zu, sodass Interesse in vielen Definitionen einen Handlungsbezug aufweist. Der Begriff des Interesses wird allerdings selten eindeutig definiert und zum Teil synonym für Konzepte wie Aufmerksamkeit, Neugier, Motivation oder Zielgerichtetheit gebraucht (vgl. Reber/Reber 2001). Schon Immanuel Kant betrachtet Interesse als „eine den Willen bestimmende Ursache" (Kant 1998 [zuerst 1785], 97), und für Max Weber (1947 [zuerst 1921]) ist Interesse eine Voraussetzung für (zweckrationales) menschliches Handeln. Bei Herbart (1806) tritt Interesse als motivationale Variable auf, welche uns die Objekte erst vollständig und wirklichkeitsangemessen erkennen lässt als auch sinnhaftes (Weiter-)Lernen sowie Wissensaufbau begünstigt. Interesse ordnet Herbart zufolge unsere Impulse, weckt Begehren und motiviert zur Tat, wobei Handeln selbst für ihn noch nicht Bestandteil des Interesses ist. Dewey bekräftigt den Objektbezug von Interesse und weist dieses als aktiven, selbstexpressiven, psychischen Zustand aus: „Every interest [...] attaches itself to an object. [...] An interest is primarily a form of self-expressive activity [...]." (Dewey 1913, 19/21; Auslassungen: F. R.) Dewey stellt einen Bezug zwischen natürlichem Interesse und der Ausführung spontaner, impulsiver Handlungen her und verweist auf eine emotionale Seite von Interesse. Genuines Interesse bedeutet für ihn zwangsläufig, dass eine Person auf eine bestimmte Art und Weise handeln wird oder dies zumindest intendiert. Schließlich vertritt James (1950 [zuerst 1890], v. a. Kap. XI) die Ansicht, dass Interesse zunächst passiv und willenlos in impulsgesteuerter, habitueller Form auftritt (*momentary interest*). *Selective interest* dagegen muss sich erst entwickeln und ist mit kognitivem Aufwand und individueller Anstrengung verbunden: Diese aktive Form von Interesse hängt zusammen mit willentlicher Aufmerksamkeitssteuerung; es handelt sich dabei um die einem Objekt aus freien Zügen entgegengebrachte Aufmerksamkeit.

An diese Ausführungen anknüpfend kann Interesse definiert werden als „psychological state of engaging or the predisposition to reengage with particular classes of objects, events, or ideas over time" (Hidi/Renninger 2006, 112). Interessen sind *inhaltsbezogen* sowie *spezifisch* (z. B. *politisches* Interesse bzw. Interesse *an* oder *für* Politik) und umfassen sowohl eine affektive (positive Emotionen gegenüber dem Interessensobjekt) als auch eine kognitive Komponente (Wahrnehmung und Repräsentation von mit dem Objekt des Interesses verbundenen Aktivitäten) (vgl. Hidi/Renninger 2006; Renninger 2009; U. Schiefele 1991).

Begriff und Dimensionen politischen Interesses. Wie der Interessensbegriff im Allgemeinen ist auch der Begriff des politischen Interesses schillernd (vgl. Neller 2002b; van Deth 1990), umschreibt im Wesentlichen jedoch eine Vorliebe für Politik mithin Neugier am Politischen: Die mittlerweile klassische Definition von politischem Interesse als „degree to which politics arouses a citizen's curiosity" (van Deth 1990, 278) versteht dieses als Aufmerksamkeit (bzw. *awareness* oder *attentiveness*; vgl. Zaller 1992, 21) im Sinne von Neugierde, die das Individuum dem Gegenstandsbereich Politik entgegenbringt. Zu diesem Verständnis von politischem Interesse als „a type of political commitment" (van Deth 2000b, 119) gehört zugleich die in dieser Form noch diffuse, dennoch prinzipiell vorhandene Bereitschaft, selbst politisch aktiv zu werden.

In dieser Konzeption wird politisches Interesse als *subjektives politisches Interesse* verstanden (z. B. van Deth 1990) und als Voraussetzung für politisches Handeln aufgefasst. Subjektives politisches Interesse gehört damit zwar zu einem *aktiv-zugewandten Umgangsstil mit Politik und politischen Problemen* (z. B. Sohr/Boehnke/Stromberg 1997; Fuß/Boehnke 2003). Doch es ist nicht Bestandteil behavioraler Politisierung, da Handeln an sich kein Element, sondern eine Ausdrucksform politischen Interesses ist (vgl. van Deth 2004; siehe dagegen z. B. Boehnke/Boehnke 2005; Fuß/Boehnke 2003; Zaller 1992). Politisches Interesse ist zu begreifen als *Bestandteil einer kognitiven politischen Mobilisierung* (vgl. Hoffmann-Lange/Krebs/de Rijke 1995), welche selbst noch kein Handeln umfasst, durchaus aber eine konative Komponente aufweist (vgl. Hadjar/Becker 2006a; 2006b).

Neben dieser Spielart politischen Interesses als *political attention* kann politisches Interesse zweitens auch als Einschätzung der Wichtigkeit von Politik (*importance of politics*) für das eigene Leben konzipiert werden kann (vgl. van Deth 1990; 2000b; Gille/Krüger/de Rijke 2000). Wird diese Bedeutsamkeit von Politik mit der persönlichen Wichtigkeit anderer Interessens- und Lebensbereiche verglichen, so lässt sich politisches Interesse drittens schließlich als *political saliency* bestimmen (vgl. Neller 2002b; van Deth 2000a; 2000b). Hier wird jedoch der Argumentation von van Deth (1990) gefolgt und politisches Interesse im beschriebenen, restringierten, erstgenannten Begriffsverständnis konzipiert.

2.1.1.2 Politische Kompetenzen und politisches Wissen

Das dieser Arbeit zugrunde liegende Verständnis von Kompetenz ist insbesondere auf Chomsky (1965) zurückzuführen, welcher sprachliche Kompetenz als ein kognitives System von (Sprach-)Regeln versteht, die zur Generierung von Sprache nötig sind. *Allgemein* formuliert sind Kompetenzen das nicht beobachtbare Leistungspotenzial einer Person und folglich noch *kein* Handeln, wohl aber die Grundlage von Handlungen. Darüber hinaus ist der Begriff der Kompetenz jedoch keineswegs allgemeingültig definiert. Einigkeit besteht lediglich darin, dass sich Kompetenz – im Gegensatz zu Performanz, welche das konkrete, beobachtbare Leistungsvermögen einer Person in einer spezifischen Situation bezeichnet – auf relativ überdauernde, situationsunabhängige Fähigkeiten im Umgang mit bestimmten Anforderungen bezieht: Kompetenzen als interne, oft mentale (aber nicht zwingend kognitive) Strukturen oder Dispositionen, die zur Befriedigung *komplexer* Bedürfnisse oder als Grundlage zur erfolgreichen Ausführung von (komplexen) Tätigkeiten benötigt werden (vgl. Carle 2007; Rychen/Salganik 2003; Tiana 2004; Weinert 2001). Bei *politischer Kompetenz* handelt es sich folglich um die *Fähigkeit, politische Sachverhalte und Prozesse verstehen sowie beeinflussen zu können* (vgl. Gabriel 2008, 201; Vetter 2002, 379) – politisch kompetent zu sein bedeutet, „Politik im weiteren Sinne beurteilen zu können und politisch handlungsfähig zu sein" (Sander 2008, 73). Politische Kompetenz kann dabei in verschiedenen Bereichen sowie objektiv als auch subjektiv vorhanden sein.

Objektive politische Kompetenzen

Zentrale objektive politische Kompetenzen sind die Fähigkeit, politische Sachverhalte, Vorgänge und Entscheidungen selbständig analysieren sowie reflektiert beurteilen zu können (*politische Analyse- und Urteilsfähigkeit*), eigene politische Positionen, Überzeugungen und

Ansichten zu formulieren sowie in politischen Aushandlungsprozessen zu vertreten (*politische Handlungsfähigkeit*), als auch *methodische Fertigkeiten* zur eigenständigen Bearbeitung politischer Themen, zur politischen Urteilsfindung und zur Initiierung politischen Handelns sowie Lernens (vgl. Detjen 2007; GPJE 2004; Krammer 2008; Sander 2008).

Da sich diese Arbeit einerseits mit *kognitiver* Politisierung beschäftigt, Handlungs- sowie methodische Kompetenzen dagegen nicht im Mittelpunkt dieser Arbeit stehen, werden Letztere nicht weiter berücksichtigt. Weil sich des Weiteren die benannten (objektiven) politischen Kompetenzen nur schwer messen lassen, was vor allem im Kontext von Fragebogenuntersuchungen sowie für anspruchsvollere Aspekte der Handlungskompetenzen zutrifft (vgl. Detjen 2008; Hoskins et al. 2008; Klieme/Hartig 2008; Widmaier 2011), wird das Hauptaugenmerk der empirischen Arbeit auf der subjektiven politischen Kompetenz als einem Stellvertreter („Proxy") für objektive politische Kompetenzen liegen und dieser vermuteten Beziehung in einer kleinen Nebenuntersuchung nachgegangen (Kap. 4.1).

Subjektive politische Kompetenz

Das Konzept der *Selbstwirksamkeit* (*self-efficacy*) basiert auf der Unterscheidung zwischen *Ergebniserwartungen* (*outcome expectations*: „a person's estimate that a given behavior will lead to certain outcomes") und *Wirksamkeitserwartungen* (*efficacy expectations*: „the conviction that one can successfully execute the behavior required to produce the outcomes"; Bandura 1977, 193). Letztere umschreiben die subjektive Einschätzung, selbst in der Lage und fähig zu sein, erfolgreich zu handeln sowie das anvisierte Ziel zu erreichen. Folglich lassen sich Wirksamkeitserwartungen auch als *subjektive Kompetenz* oder *internale Effektivität* (bzw. *internal efficacy*) benennen. Mit Blick auf den Bereich der Politik sowie mit Bezug auf Almond und Verba (1965) beschreibt dieses Konzept, in welchem Maß das Individuum glaubt, selbst ausreichend fähig und kompetent genug zu sein, den Gang des politischen Geschehens verstehen als auch beeinflussen und somit *selbst* politisch etwas bewirken zu können (vgl. auch Balch 1974). Es ist die *Wahrnehmung subjektiver politischer Kompetenz* und demnach das Gegenteil politischer Machtlosigkeitserfahrung (vgl. Reef/Knoke 1999). Diese „Input"-Dimension (vgl. Gamson 1968, 42) wird oft als *political efficacy* oder internale politische Effektivität bezeichnet (vgl. auch Campbell et al. 1960; Campbell/Gurin/Miller 1954). Diese wird von externaler politischer Effektivität, der Wahrnehmung politischer Responsivität, unterschieden (vgl. Gabriel 2008; Gamson 1968; Gabriel/Vetter 1999; Vetter 1997), welche wenig mit subjektiver politischer *Kompetenz* zu tun hat (siehe auch Converse 1972; Shingles 1987; Vetter/Maier 2005).

Zugleich existieren weitere Begriffe zur Umschreibung dessen, was im Folgenden als subjektive politische Kompetenz benannt wird (etwa Selbstkonzept politischer Kompetenz; vgl. Krampen 1986). Da diese inhaltlich zumeist identisch sind, wird dem Begriff der subjektiven politischen Kompetenz als Gefühl, ausreichend fähig und kompetent zum Verstehen und Beeinflussen von Politik zu sein, der Vorzug gegeben, zumal dieser ebenfalls in der fachlichen Diskussion geläufig ist (z. B. Koch 1993; Pickel 2002; Vetter/Maier 2005).

Politisches Wissen als Bestandteil politischer Kompetenzen

Die Debatte darüber, wie Wissen zu definieren sei, wird in der Erkenntnisphilosophie seit jeher geführt (z. B. Gettier 1963; Platon 1999 [zuerst um 415 v. Chr.]; Russell 1912) – letztlich ohne das Ergebnis einer ausreichend genauen Definition; und auch die Kognitionspsychologie befasst sich mit Wissensstrukturen und Gedächtnisinhalten (vgl. Anderson 1995; Eysenck 1984; Tulving 2000). Ohne auf diese Diskussionen detailliert einzugehen, wird politisches Wissen im Folgenden definiert „as the range of factual information about politics that is stored in long-term memory" (Delli Carpini/Keeter 1996, 10). Politisches Wissen, insbesondere konzeptuelles politisches Wissen – das heißt Wissen über politische Konzepte und Prozeduren –, gilt dabei als grundlegende Voraussetzung für den Erwerb der oben genannten politischen Kompetenzen (vgl. Detjen 2008; GPJE 2004; Hoskins et al. 2008; Krammer 2008; Kühberger 2009; Richter 2008; Sander 2008; Widmaier 2011). Daher kann der Besitz politischen Wissens sowie dessen Abruf als eine Teilkomponente von objektiver politischer Kompetenz betrachtet werden: Politisches Wissen ist eine inhaltsbezogene Kompetenz (vgl. Weißeno 2009; siehe auch Achtenhagen/Baethge 2008; Hoskins et al. 2008; Richter 2008; Weißeno 2008; siehe dagegen Detjen 2008).

Diese Auffassung erlangt Nachdruck dadurch, dass Torney-Purta (1995) das Politische als eine spezifische, vierte grundlegende Wissensdomäne neben den Wissensdomänen Biologie, Physik sowie Psychologie ausmacht und Politik demnach ein inhaltsspezifisches Denken als auch Problemlösen auf Grundlage domänenspezifischen Wissens erfordert. Auch mit Blick auf stärker erziehungswissenschaftlich orientierte Konzeptionen kann Wissen als Kompetenz betrachtet werden: Rychen (2004; Rychen/Salganik 2003) versteht *Kompetenz* als *holistic concept* und trennt *competence* als komplexes Handlungssystem von *skills* (Fertigkeiten, um bestimmte motorische oder kognitive Aktivitäten auszuführen). Kompetenz in diesem holistischen Sinne umfasst neben kognitiven Fähigkeiten auch Wissen, Handlungsfertigkeiten sowie affektive oder motivationale Aspekte und Werte sowie Einstellungen (vgl. Rychen 2004, 21f.). Politisches Wissen kann daher ebenfalls als (politische Teil-)Kompetenz bezeichnet werden und sowohl objektiv als auch subjektiv vorhanden sein (z. B. Maier 2000; Vetter/Maier 2005; Westle 2005).

Ergänzend dazu kann politisches Wissen in verschiedene Inhaltsbereiche eingeteilt werden (z. B. Delli Carpini/Keeter 1996; Jennings 1996; Johann 2012; Reichert 2010; Westle 2005). Allerdings werden derartige Unterscheidungen eher selten getroffen und sind empirisch von untergeordneter Bedeutung, sodass hierauf nicht näher eingegangen wird.

2.1.1.3 Korrelate kognitiver Politisierung

Politisches Interesse. Bei Studierenden ist das Interesse am politischen Geschehen zwar deutlich höher ausgeprägt als bei Jugendlichen mit anderen Bildungsabschlüssen oder der sonstigen Bevölkerung (z. B. Dippelhofer 2008; Kroh 2006; Schneekloth 2010; van Deth/Elff 2004; Welker 2007). Allerdings stellt Bargel (2008) auch für Studierende im Zeitvergleich einen deutlichen Rückgang des politischen Interesses fest. Dennoch hängen (höhere) Bildung und politisches Interesse positiv miteinander zusammen (vgl. van Deth 2000b; van Deth/Elff 2004; Gaiser/de Rijke/Wächter 2009; Grob 2007; Hadjar/Becker 2006a; Niedermayer 2001; Verba/Schlozman/Brady 1995). Ebenfalls sind Studentinnen bzw. Mädchen zumeist weniger an Politik interessiert als männliche Altersgenossen[9], wobei dieses Interesse mit zunehmendem Alter ansteigt und im Alter wieder abnimmt (vgl. Arnold et al. 2011; Bargel 2008; Dippelhofer 2008; Does 1978; Fend 1991; Gaiser/de Rijke/Wächter 2009; Grob

---

[9] Politisches Interesse von Mädchen ist allerdings *qualitativ* unterschiedlich zu deuten, zumal Mädchen bzgl. weniger konventioneller Politik ein größeres Interesse aufweisen dürften (z. B. Ebner/Wächter/Zierold 2008).

2006; Ingrisch 1997; Kroh 2006; Maier 2000; Niedermayer 2001; Schmid 2004; Schneekloth 2006; 2010; van Deth 2000b; 2004; Weiss/Rebenstorf 2003; Welker 2007; Westle 2001; siehe dagegen Krampen 1990; 1991a).

Mit spezifischem Blick auf Immigranten lässt sich festhalten, dass Zuwanderer und Jugendliche mit Migrationsgeschichte in Deutschland ein geringeres durchschnittliches Interesse an Politik und der Ausführung politischer Handlungen aufweisen als deutsche Nichtmigranten (vgl. Diehl/Urbahn 1999; Gille/Krüger 2000; Heß-Meining 2000; Santel 2002; Wächter 2005; Wüst 2003). Eine Erhebung des Deutschen Jugendinstituts wies zudem nach, dass der Geschlechtereffekt besonders bei türkischen Jugendlichen deutlich ausgeprägt ist (Gille/Krüger 2000). Für Immigranten spielt allerdings neben den zentralen Variablen Geschlecht und Alter auch die deutsche Staatsbürgerschaft eine bedeutsame Rolle für die Ausprägung ihres politischen Interesses (vgl. Gille/Krüger 2000; Gaiser/Gille/de Rijke 2006; Gaiser/de Rijke/Wächter 2009): Der Wunsch nach Erwerb der deutschen Staatsbürgerschaft hängt positiv mit politischem Interesse zusammen, allerdings ist die deutsche Staatsangehörigkeit von geringerer Bedeutung für politisches Interesse als die Aufenthaltsdauer in Deutschland[10]. Zudem sind persönliche Betroffenheit und Interesse an politischen Themen aneinander gekoppelt (vgl. Arnold et al. 2011; Burdewick 2003).

Obwohl es sich bei den meisten Studien um Querschnittanalysen handelt, kann man festhalten, dass vor allem soziodemografische Variablen (Alter, Bildung, Geschlecht; zudem deutsche Staatsbürgerschaft und Aufenthaltsdauer in Deutschland sowie mitunter Einkommen) bedeutsam für politisches Interesse sind (vgl. auch Milbrath/Goel 1977; van Deth 1990; 2000b; 2004; Verba/Schlozman/Brady 1995). Außerdem ist das Vertrauen in Politik und Politiker bedeutsam für subjektives politisches Interesse und auch die Mitgliedschaft in Vereinen ist relevant für dessen Ausbildung (vgl. Putnam 2000; van Deth 2000b; 2004; Verba/Schlozman/Brady 1995; vgl. auch Kap. 1.1).

Darüber hinaus existieren Wechselwirkungen zwischen politischem Interesse und der (subjektiven) politischen Kompetenz sowie politischem Wissen (z. B. Schmid 2004; van Deth 1990; Vetter/Maier 2005). Schließlich gilt das Interesse an Politik gemeinhin als bedeutsame Determinante für politisches Handeln (z. B. Biedermann 2006; Fischer 1997; Gaiser/de Rijke/Wächter 2009; Hadjar/Becker 2006b; Ingrisch 1997; Jugert et al. 2011; Schmid 2004; Torney/Oppenheim/Farnen 1975; van Deth 2001; Verba/Schlozman/Brady 1995).

Politische Kompetenzen. Erste nennenswerte Anstrengungen, objektives Wissen bei Jugendlichen zu erfassen sowie international zu vergleichen, gehen auf Torney, Oppenheim und Farnen (1975) zurück; Nachfolgestudien wurden im vergangenen Jahrzehnt veröffentlicht (Torney-Purta et al. 2001; Amadeo et al. 2002; Schulz et al. 2010a). Torney-Purta et al. (2001) zeigen beispielsweise, dass bei 14-Jährigen zwar politisches Wissen vorhanden ist, jedoch kaum ein tieferes politisches Verständnis (vgl. auch Fend 1991). Jugendliche scheinen insbesondere bei der politischen Urteilsfähigkeit und in der Begründung ihrer politischen Ansichten Schwierigkeiten zu haben (vgl. Massing/Schattschneider 2005; Weißeno 2005).

Für die subjektive politische Kompetenz ermitteln Görl und Holtmann (2007) für den Zeitraum von 1999 bis 2005 zwar eine positive Entwicklung bei Jugendlichen. Andere Studien weisen jedoch eher darauf hin, dass sich Jugendliche und junge Erwachsene heute insgesamt

---

[10] Interessant ist der Befund von Diehl und Blohm (2008, 458), dass „*nur* bei den Türken ein hohes politisches Interesse mit einer höheren Einbürgerungsabsicht einhergeht."

weniger politisch kompetent fühlen als früher und tatsächlich weniger politisches Wissen aufweisen, als es in früheren Generationen der Fall war (vgl. Burdewick 2003; Gaiser et al. 2005; Kerr et al. 2010; Spannring 2008a; 2008b; Schulz et al. 2010a; 2010b; Vetter 2006). Dies trifft ebenfalls auf Studierende zu, wenngleich diese im Vergleich zur Gesamtbevölkerung ein erhöhtes politisches Kompetenzbewusstsein haben (vgl. Bargel 2008; Bargel/Sandberger 1981; Does 1975).

Hinsichtlich politischer Kompetenz und politischen Wissens von Immigranten liegen nur rudimentäre Kenntnisse vor. Doch in Anlehnung an Erkenntnisse zu politischem Interesse sind politische Kompetenzen abhängig von sozialem Status oder einer Migrationsgeschichte (vgl. Gille/Krüger 2000; Weidacher 2000). Darüber hinaus hat die Pilotierung des Einbürgerungstests für die Bundesrepublik Deutschland gezeigt, dass ein „Migrationshintergrund" einen substanziellen Varianzanteil der Testleistungen (von Orientierungskursteilnehmenden am Test zu politischem Wissen) aufklärt, wobei Sprachkompetenzen ebenfalls nicht unbedeutend sind (vgl. Greve et al. 2009). Zudem bestätigt sich der Zusammenhang zwischen Bildungsnähe bzw. höchstem Bildungsabschluss und politischem Wissen. Erstaunlich ist, dass Zuwanderer aus der Türkei die zweitschlechtesten Testergebnisse im Vergleich zu anderen Teilnehmendengruppen erzielen und in dieser Studie bezüglich des auf Deutschland bezogenen politischen Wissens keine Zusammenhänge mit dem Geschlecht, der Aufenthaltsdauer in Deutschland oder dem Alter der Kursteilnehmenden auftreten.

Damit sind die wichtigsten Einflussvariablen auf politisches Wissen und subjektive politische Kompetenz thematisiert: In aller Regel nehmen politische Kompetenzen mit dem Älterwerden (kurvilinear) zu, sind es höher Gebildete sowie männliche Personen, welche mehr politisches Wissen haben und sich politisch kompetenter einschätzen (vgl. Delli Carpini/Keeter 1991; Fend 1991; Fischer 1997; Gaiser/Gille/de Rijke 2010; Gidengil et al. 2004; Grönlund/Milner 2006; Ingrisch 1997; Krampen 1990; 1991a; 2000b; Kuhn 2006; Lambert et al. 1988; Maier 2000; Vetter 2006; Westle 2001; 2005; 2006)[11] – wenngleich Schulz et al. (2010a; 2010b) bei objektivem Wissen keinen Geschlechtseffekt feststellen.

Außerdem zeigen sich zwar positive korrelative Zusammenhänge zwischen objektiven und subjektiven Kompetenzmaßen, doch sind diese nur von mäßigem Ausmaß (vgl. Fischer 1997; Maier 2000; Westle 2005; 2006; ergänzend Cacioppo et al. 1986). Somit schätzen junge Menschen ihre politischen Kompetenzen zwar subjektiv einigermaßen angemessen ein, doch sind die gefundenen Zusammenhänge keineswegs perfekt und wird objektives Wissen tendenziell überschätzt (vgl. Westle 2005). Zudem gilt, wie für politisches Interesse, dass politische Kompetenzen Vorbedingungen politischen Handelns sind (z. B. Almond/Verba 1965; Brady/Verba/Schlozman 1995; Delli Carpini/Keeter 1996; Gaiser/de Rijke/Wächter 2009; Galston 2001; Krampen 2000b; Pickel 2002; Steinbrecher 2009).

Fazit. Es dürfte deutlich geworden sein, dass politische Kompetenzen die behaviorale und die kognitive Dimension von Politisierung überlappen können. Die verschiedenen Variablen kognitiver Politisierung gelten als bedeutsame Bedingungen politischen Handelns und hängen mit der behavioralen Politisierung zusammen. Da die relevanten Korrelate einander ähneln und die allgemeineren Erklärungsmodelle für Politisierung sowohl auf die kognitive

---

[11] Im Übrigen variiert das Antwortmuster (falsche, richtige sowie „weiß nicht"-Antworten) in Abhängigkeit vom Geschlecht (vgl. Vetter/Maier 2005; Westle 2005; 2006; 2009; Westle/Johann 2010). Zudem besitzen Frauen offenbar weniger „konventionelles" politisches Wissen als Männer, schneiden demgegenüber aber besser in der inhaltsbezogenen Policy-Dimension von Politik ab (Stolle/Gidengil 2010).

als auch auf die behaviorale Dimension übertragbar sind, werden diese in Kapitel 2.2.2 diskutiert. Weil Handlungskompetenzen zudem nur schwer messbar sind, sich aber in (erfolgreichem) politischem Handeln widerspiegeln sollten, wird die objektive politische Handlungskompetenz vernachlässigt und reales Handeln in den Mittelpunkt gerückt.

2.1.2 Behaviorale Politisierung

Wer Politik betreibt, *handelt* definitionsgemäß mit der Absicht der Herstellung allgemeiner Verbindlichkeit. Behaviorale Politisierung umfasst somit *politisches Handeln* einerseits sowie im weiteren Sinne *politische Verhaltensorientierungen* andererseits, zumal Verhaltensorientierungen oder Verhaltensabsichten wichtige Vorbedingungen von tatsächlichem Handeln sind (z. B. Ajzen 2001; Westholm/Montero/van Deth 2007) – die bewusste Handlungsabsicht gehört direkt zum (zielgerichteten) Handeln (vgl. Weber 1976 [zuerst 1922]; siehe auch Esser 1999). Dennoch gibt es zwischen tatsächlichem Verhalten und der Absicht, etwas zu tun, keine perfekten korrelativen Zusammenhänge (z. B. Ajzen 1991; Ajzen/Fishbein 1980; Ajzen/Madden 1986; Bauer 1993; Fishbein/Ajzen 1981; Gaiser/de Rijke 2010; Kaase 1990; Steinbrecher 2009).

2.1.2.1 Begriff des politischen Handelns

Als *politisches Handeln* wird die manifeste Ausdrucksform der Auseinandersetzung von Menschen mit Politik bezeichnet, welche jede unmittelbar beobachtbare Reaktion eines Individuums auf politisch relevante Ereignisse oder Objekte umfasst (vgl. Niedermayer 2001, 131). *Partizipatives politisches Handeln* kann mit Kaase (1992, 339) definiert werden als Aktivitäten, „die Bürger freiwillig mit dem Ziel unternehmen, Entscheidungen auf den verschiedenen Ebenen des politischen Systems zu beeinflussen" – wobei prinzipiell auch „Nichtbürger" eines bestimmten Staates politische Handlungen ausführen können.

Von dem *partizipativen politischen Handeln* unterscheidet Niedermayer (2001, 131) ferner *kommunikatives politisches Handeln* als „Aufnahme und diskursive Verwendung politischer Informationen" (Gespräche über Politik, Mediennutzung), *entscheidungskonformes politisches Handeln* (Gesetzestreue vs. Kriminalität) sowie *Handeln in Entscheidungsrollen*: „Treffen und Durchsetzen politischer Entscheidungen in eigener Kompetenz". Mit der Rezeption des Sozialkapitalansatzes werden zudem politisches und soziales Handeln häufig als „bürgerschaftliches Engagement" bezeichnet (vgl. Gabriel/Maier 2009, 522), wobei eine weiter gefasste soziale Beteiligung nicht ausschließlich auf den Bereich des Politischen zielt, sondern stärker auf gesellschaftliche Integration (Gabriel/Völkl 2008, 271; Hervorhebungen aus dem Original entfernt). Im Kontext vorliegender Schrift wird allerdings (auch im Gegensatz zu Simon/Ruhs 2008; Simon/Grabow 2010) ein eng gefasster Begriff von behavioraler Politisierung bevorzugt, mithin politisches Handeln im partizipativen Sinn verstanden als der Versuch, durch eigenes Handeln allgemein verbindliche Regelungen und Entscheidungen auf einer oder mehreren der Ebenen politischer Systeme zu beeinflussen.

2.1.2.2 Dimensionalisierung: Arten politischen Handelns

Partizipatives politisches Handeln kann ferner entlang diverser Dimensionen analysiert werden (z. B. Gabriel/Völkl 2008; Steinbrecher 2009; Westle 1994). Obschon zahlreiche Vorschläge zur Strukturierung der mannigfachen Möglichkeiten politischen Handelns existieren, werden politische Verhaltensweisen im Weiteren – in Anlehnung an beispielsweise Gaiser, de Rijke und Spannring (2010), Heß-Meining (2000) oder van Deth (2003) – auf der Ebene der politischen Mittel theoriebasiert in vier verschiedene Handlungsformen eingeteilt (Grundlage ist eine umfassende Auseinandersetzung mit der Fachliteratur; vgl. Barnes et al. 1979; Brady 1999; Fuchs 1995; Gabriel/Völkl 2008; Hoecker 2006; Kaase 1990; Krimmel 2000; Lane 1969; Milbrath/Goel 1977; Newton/Giebler 2008; Norris 2007; Steinbrecher 2009; Uehlinger 1988; van Deth 2003; Verba/Nie 1972; Verba/Nie/Kim 1978; Westle 1994):

Wahlbeteiligung. Die Beteiligung an Wahlen (elektorales politisches Handeln) auf den verschiedenen Ebenen des politischen Systems ist zwar häufig an formale Voraussetzungen gebunden. Andererseits handelt es sich um eine Beteiligungsform, welche mit relativ wenig Aufwand sowie einem geringen Maß an Verpflichtung verbunden ist. Da diese Beteiligungsmöglichkeit von einer großen Zahl der Staatsbürger wahrgenommen wird, kommt dem Wählen sowohl in theoretischer als auch empirischer Sicht eine Sonderrolle zu.

Konventionelles politisches Handeln. „Klassische" politische Verhaltensweisen werden als konventionelles politisches Handeln bezeichnet. Es handelt sich um eher traditionelle, verfasste und primär parteibezogene oder institutionalisierte politische Aktivitäten (z. B. Unterstützung der Wahlkampagne einer politischen Partei).

Unkonventionelles politisches Handeln. Seit Mitte des vergangenen Jahrhunderts hat sich das politische Verhaltensrepertoire der Bürger stetig vergrößert. Dies trifft insbesondere auf die sogenannten unkonventionellen politischen Handlungen zu, welche heute ein breites Spektrum weniger verbindlicher und weniger zeitintensiver politischer Aktivitäten umfassen (z. B. Unterzeichnen einer Petition, Teilnahme an genehmigten Demonstrationen).

Nichtnormatives politisches Handeln. Nonnormative politische Verhaltensweisen sind Handlungen, welche außerhalb des gesetzlichen Rahmens stehen. Sie können als nichtlegale politische Aktivitäten bezeichnet werden, sind aber nicht zwingend illegitim – sie verstoßen lediglich gegen den Verfassungskonsens, stehen nicht im Einklang mit geltendem Recht und können gewaltfrei sein (z. B. Teilnahme an einer ungenehmigten Demonstration) oder gewaltsamen Charakter haben (z. B. Protestaktionen, bei denen es zu Sachschäden kommt).

Ferner ist neben dieser Unterscheidung verschiedener politischer Verhaltensweisen auf der Dimension politischer Mittel zusätzlich eine Unterscheidung politischer Ziele auf einem Kontinuum von normativen bis nonnormativen Zielen möglich (z. B. Klingemann/Pappi 1972; Simon 2007), welche im Folgenden aber nicht von Bedeutung ist.

2.1.2.3 Korrelate politischen Handelns

Blickt man auf den Stand der politischen Beteiligung von Jugendlichen und jungen Erwachsenen, so sind diese keineswegs als „politikverdrossen" zu bezeichnen, wenngleich sich ihr gesellschaftliches Engagement zunehmend auf den sozialen Nahbereich anstelle von spezifisch politischen Institutionen konzentriert (vgl. Burdewick 2003; Engels 2004; Gaiser/Gille/de Rijke 2006; 2010; Pickel 2002; Schneekloth 2006). Konventionelle Beteiligungsformen, wie Parteiarbeit, werden seltener und eher von politisch Interessierten genutzt, während die Bereitschaft zu sozialem Engagement in Vereinen, informellen politischen Gruppierungen oder die Beteiligung an Demonstrationen respektive themenspezifisches Partizipationsverhalten vergleichsweise häufige Aktivitäten sind (vgl. Gaiser/Gille/de Rijke

2.1 Begriffliche Klärungen: Behaviorale und kognitive Politisierung

2006; 2010; Torney-Purta et al. 2001; Klein 2006; Schneekloth 2006; 2010; Spannring 2008a). Insbesondere die Ergebnisse des Deutschen Jugendinstituts belegen, dass sich junge Menschen eher spontan und für begrenzte Zeit gesellschaftlich oder politisch betätigen, statt auf konventionelle Weise aktiv zu werden (vgl. Gaiser/Gille/de Rijke 2010).

Junge Frauen sind etwas häufiger als Männer in informellen Gruppierungen aktiv (vgl. Gaiser/de Rijke 2010). Außerdem zeigt sich, dass männliches Geschlecht sowie höhere Bildung positiv mit traditioneller politischer Aktivität zusammenhängen (vgl. Gaiser/Gille/de Rijke 2010; Gaiser/de Rijke 2010), wobei Frauen in vielen Handlungsbereichen in geringerem Umfang politisch aktiv sind oder seltener dazu tendieren, aktiv zu werden (z. B. Westle 2001; Engels 2004). Allerdings sind geschlechtsspezifische Unterschiede im Bereich unkonventionellen Handelns eher gering (vgl. Gaiser/de Rijke/Wächter 2009). Wählen stellt für junge Menschen die bedeutsamste politische Aktivität dar (vgl. Gaiser/de Rijke 2010; Torney-Purta et al. 2001), während illegale politische Aktivitäten sehr selten und etwas häufiger von Männern erwogen werden (vgl. Gaiser/de Rijke 2010). Eine vorhandene Migrationsgeschichte stellt, ebenso wie geringe Bildung, oft einen Hemmfaktor dar (vgl. Engels 2004; Gaiser/de Rijke 2010), es sind die höher Gebildeten mithin Studierende, welche häufiger als andere Jugendliche gesellschaftlich oder politisch aktiv sind (vgl. Schneekloth 2006; 2010; van Deth 2001). Das Alter zeigt ebenfalls einen kurvilinearen Zusammenhang zu politischem Handeln (z. B. Engels 2004).

Studierende sind zwar keineswegs unpolitisch und partizipieren in größerem Ausmaß als ihre Altersgenossen. Doch das einst vorhandene Partizipations- und Protestpotenzial (z. B. Wildenmann/Kaase 1968; Glotz/Malanowski 1982) scheint nunmehr verringert zu sein (vgl. Bargel 2008; siehe auch Demirović/Paul 1996): Studierende beziehen ihr gesellschaftliches Engagement zunehmend auf den privaten Bereich und wenden sich von (politischen) Organisationen und Initiativen ab – wobei Studierende sozialwissenschaftlicher Fächer sowie männliche Studierende am ehesten politisch handeln oder sich an der Hochschule engagieren (vgl. auch Dippelhofer 2004; Welker 2007). Bei gleichzeitiger Gewaltablehnung ist eine latente Protestbereitschaft weiterhin vorhanden (vgl. Bargel 2008; Welker 2007).

Insbesondere in Deutschland spielt zudem die nationale Herkunft bzw. die Nationalität für die Ausrichtung der politischen Beteiligung von Migranten eine entscheidende Rolle (vgl. Gaiser/de Rijke/Wächter 2009; Koopmans/Statham 1999; Duyvené de Wit/Koopmans 2005; siehe aber Halm/Sauer 2005), es existiert eine „enge Verzahnung von Staatsangehörigkeit und politischer Partizipation" (Santel 2002, 20; vgl. auch Gille/Krüger 2000; Kastoryano 1991). Wenngleich es bezüglich politischer Beteiligung insgesamt nur vergleichsweise geringe Unterschiede zwischen migrantischen und nichtmigrantischen Stichproben gibt und Menschen mit Migrationsgeschichte unter Kontrolle auf den Bildungsgrad nur marginal weniger politisch aktiv sind als andere Menschen (vgl. Kornelius 2009; Ergi 2000; Gaiser/de Rijke 2006; Gille/Krüger 2000; Heß-Meining 2000; Glatzer 2004; Halm/Sauer 2005; Wiedemann 2006), sind Immigranten – und insbesondere türkischstämmige Jugendliche – mit ihren eigenen Möglichkeiten, das politische Geschehen beeinflussen zu können, eher unzufrieden (vgl. Gille/Krüger 2000; Sener 2008; Weidacher 2000).

Partizipation in ethnischen Vereinen führt darüber hinaus nicht zu Segregation, sondern „geht zusammen mit besserer Sozialvernetzung, höherer Problemlösefähigkeit, besserem Zugang zum öffentlich-politischen Leben in der Aufnahmegesellschaft" (Fijalkowski/Gillmeister 1997, 294; siehe auch Gaitanides 2003), was zu einer positiven Korreliertheit sozialer und politischer Beteiligung passt (z. B. van Deth 2001).

2.2 Theoretische Erklärungsversuche und Zusammenhänge zwischen kognitiver sowie behavioraler Politisierung

2.2.1 Klassische Prädiktoren politischen Handelns

Anknüpfend an das vorangegangene Kapitel 2.1 können auf der Mikro-Ebene, auf welcher sowohl mit politischem Interesse und (kognitiven) politischen Kompetenzen als auch dem politischen Handeln im oben erläuterten Verständnis alle hier relevanten Variablen zu verorten sind, drei bedeutsame Erklärungsansätze für Politisierung expliziert werden (z. B. Gabriel 2004; Kaase 1992; Steinbrecher 2009; Verba/Schlozman/Brady 1995). Darüber hinaus sind auf der Makro-Ebene weitere Einflussfaktoren relevant (z. B. die Gesetzeslage, politische Großereignisse), welche behaviorale und kognitive Politisierung tangieren, die jedoch für vorliegende Studie von nachrangiger Bedeutung sind. Selbstverständlich haben auch Sozialisationsinstanzen wie Schule, Medien, Peers oder Eltern Bedeutung: Entsprechende Anregungsmilieus, welche politische Informationen bereitstellen und Handlungsmöglichkeiten anbieten, können sich förderlich auf die Entwicklung politischen Interesses und politischer Kompetenzen auswirken als auch politisches Handeln initiieren (z. B. Fend 1991; Schmid 2004; Wi. Schulz 2001; Watermann/Buhl 2003); politische Kompetenzen – insbesondere Wissen über politische Strukturen (vgl. Jennings 1996) – werden primär in der Schule erworben. Da im Folgenden jedoch psychologische Prozesse im Vordergrund stehen, werden auch diese Instanzen ausgespart (vgl. zur politischen Sozialisation etwa Claußen/Geißler 1996; Hopf/Hopf 1997; Reinders 2001; 2003; Schneewind/Pekrun 1994; Rippl 2008), wenngleich die Rolle von Gruppenzugehörigkeiten und kollektiven Identitäten Berücksichtigung findet (siehe Kap. 2.3.2).

2.2.1.1 Die Bedeutung von Ressourcen

Das sogenannte sozioökonomische Standardmodell (z. B. Verba/Nie 1972; Verba/Nie/Kim 1978; siehe auch Brady/Verba/Schlozman 1995; Verba/Schlozman/Brady 1995), welches für alle Formen legaler politischer Beteiligung Geltung hat (vgl. Kaase 1990), kann als *Ressourcen-Ansatz* bezeichnet werden, denn diesem zufolge spielen sozialstrukturelle Faktoren eine bedeutsame Rolle für (behaviorale) Politisierung. Mit zunehmender Ressourcenausstattung eines Individuums vergrößert sich danach die Chance politischen Handelns. Das trifft vor allen Dingen auf (höhere) Bildung, (höheres) Einkommen sowie (höheren) Berufsstatus zu.

Weiterhin sind Frauen in vielen Handlungsbereichen – insbesondere hinsichtlich der Wahlbeteiligung, des konventionellen politischen Handelns sowie illegaler politischer Beteiligung – weniger aktiv als Männer (z. B. Engels 2004; Gaiser/Gille/de Rijke 2010; Gaiser/de Rijke 2010; Kaase 1990; Westle 2001). Wie beim Geschlecht ist die Bedeutung des Alters ebenfalls abhängig von der Art des politischen Handelns: Für elektorale sowie konventionelle Beteiligungsformen findet sich ein kurvilinearer Zusammenhang („start-up-slow-down"; Verba/Nie 1972, 138ff.); andere Formen politischen Handelns werden mit zunehmendem Alter seltener eingesetzt (z. B. Krimmel 2000; Watts 2001; Westle 1994).

2.2.1.2 Motive als Erklärungsfaktoren

Einen weiteren Bereich potenzieller Prädiktoren stellen politische und soziale Werte sowie Wertvorstellungen, Normen, Interessen als auch politische Einstellungen im engeren Sinn dar. Daneben gehören auch (subjektive) politische Kompetenz sowie externale politische Effektivität und politisches Vertrauen zu politischen *Motiven* und Motivationen, wobei die Bedeutung der letztgenannten beiden Variablen in der Forschung nicht eindeutig ist (z. B. Balch 1974; Steinbrecher 2009; siehe auch Gamson 1971; Watts 1973). Die hier benannten Erklärungsfaktoren werden vor allem von der politischen Kulturforschung beansprucht und umfassen einen breiten Fundus an Studien, welche an dieser Stelle nicht von Bedeutung sind.

Als besonders erklärungskräftige Variablen verbleiben politisches Interesse sowie subjektive politische Kompetenz (vgl. Kap. 2.2.2): Beide weisen deutliche, positive Zusammenhänge zu politischem Handeln auf. Mit größerem Interesse an Politik steigt das Ausmaß politischer Aktivität, ebenso betätigen sich Personen eher politisch, je politisch kompetenter sie sich einschätzen oder es tatsächlich sind (z. B. Delli Carpini/Keeter 1996; Finkel 1985; Galston 2001; Krampen 1991a; 2000b; Krimmel 2000; van Deth 2001; Verba/Schlozman/Brady 1995). Hierbei ist objektives politisches Wissen insbesondere mit der Bereitschaft zur Wahlbeteiligung bedeutsam positiv assoziiert (z. B. Schulz/Ainley/van de gaer 2010).

2.2.1.3 Sozialkapital

Begriff. In den vergangenen Jahrzehnten hat der Begriff *Sozialkapital* in wissenschaftlichen Veröffentlichungen Konjunktur. Der Grundgedanke lautet: „*investment in social relations with expected returns.*" (Lin 1999, 30; Hervorhebung im Original)

> Das Sozialkapital ist die Gesamtheit der aktuellen und potentiellen Ressourcen, die mit dem Besitz eines dauerhaften Netzes von mehr oder weniger institutionalisierten *Beziehungen* gegenseitigen Kennens oder Anerkennens verbunden sind; oder anders ausgedrückt, es handelt sich dabei um Ressourcen, die auf der *Zugehörigkeit zu einer Gruppe* beruhen. (Bourdieu 1983, 190f.; Hervorhebungen im Original; Schreibfehler korrigiert durch F. R.)

Das soziale Kapital wird hinsichtlich der Größe des sozialen Netzes sowie in Bezug auf die Kapitalausstattung der Gruppenmitglieder unterschieden (vgl. Bourdieu 1983, 191). Sozialkapital beruht auf einer Austauschbeziehung sowie gegenseitiger Anerkennung der Zugehörigkeit anderer Mitglieder zur eigenen Gruppe – und folglich auf der Anerkennung der Gruppenidentität (auch der eigenen; vgl. Bourdieu 1983, 191ff.). Dieser relationale Charakter des Sozialkapitals findet sich auch bei Coleman (1988; 1994), für welchen soziales Kapital Bestandteil der Strukturen interpersonaler Beziehungen ist und bestimmte Handlungen ermöglicht oder erleichtert.

Populär geworden ist der Sozialkapitalansatz durch die Arbeiten von Putnam (1993; 2000):

> Social capital refers to features of social organizations, such as trust, norms, and networks, that can improve the efficiency of society by facilitating coordinated actions. (Putnam 1993, 167)

> By 'social capital,' I mean features of social life—networks, norms, and trust—that enable participants to act together more effectively to pursue shared objectives. (Putnam 1995, 664f.)

Für Putnam setzt sich Sozialkapital zusammen aus sozialen Netzwerken, sozialen Normen (bzw. Reziprozitätsnormen) sowie wechselseitigem/sozialem Vertrauen; es hilft, Kollektivgüter- und Kooperationsprobleme zu überwinden und ist förderlich für soziale sowie politische Beteiligung (vgl. Putnam 1993; 2000; ergänzend Roßteutscher/Westle/Kunz 2008; Stolle 2007). Auch Putnam betrachtet Sozialkapital als Beziehungskapital.

Esser (2000b) systematisiert die Sozialkapitalansätze und trennt individuelles *Beziehungskapital* (z. B. soziales Vertrauen) von *Systemkapital* als Kollektivgut (z. B. Systemvertrauen). Ferner weist soziales Kapital einen „doppelten Doppelcharakter" auf, wenn es in die beiden Dimensionen kulturelles (z. B. in Form von Vertrauen) versus strukturelles Sozialkapital (z. B. Netzwerkstrukturen) ausdifferenziert wird (vgl. Gabriel et al. 2002; Kunz/Westle/Roßteutscher 2008a). Als individuelle Ressourcen werden zumeist soziale Beziehungen und freiwillige Aktivitäten in nichtpolitischen Organisationen, interpersonales bzw. soziales Vertrauen den eigenen Mitmenschen gegenüber sowie die Internalisierung gemeinschaftsbezogener Werte und Normen analysiert (vgl. Gabriel et al. 2002, Kap. 2).

Sozialkapital und politische Beteiligung. Zahlreiche Studien zeigen einen (mäßigen) positiven Zusammenhang zwischen dem Ausmaß sozialer und politischer Beteiligung, das heißt die Einbindung und Aktivität in sozialen Vereinen oder Organisationen hängt mit politischer Aktivität positiv zusammen (z. B. Gabriel 2004; Gabriel et al. 2002; Gabriel/Völkl 2008; Kunz/Westle/Roßteutscher 2008b; Lüdemann 2001; Parry/Moyser/Day 1992; Steinbrecher 2009; van Deth 2001; Westle/Kunz/Roßteutscher 2008). Allerdings gelten diese Zusammenhänge mehrheitlich nur, wenn man selbst in einer sozialen Organisation aktiv ist oder sich Freunde darin engagieren (vgl. Gabriel 2004). Zudem werden durch die Einbindung in Netzwerke nicht-konventionelle politische Handlungen weniger gut „erklärt", als konventionelle oder elektorale politische Beteiligung und sind die Zusammenhänge zwischen sozialer und politischer Beteiligung auch von der Art der sozialen Organisation abhängig (vgl. Gabriel 2004; Gabriel et al. 2002; van Deth 2001; 2002; Verba/Schlozman/Brady 1995). Für die kulturelle Ebene sozialen Kapitals sind die Zusammenhänge zu politischer Beteiligung durchgehend schwächer, teilweise finden sich sogar negative Korrelationen für politisches Handeln und die Anerkennung sozialer Normen (vgl. Gabriel et al. 2002; van Deth 2002; Westle/Kunz/Roßteutscher 2008).

Darüber hinaus hängen alle Formen sozialen Kapitals positiv mit dem subjektiven politischen Interesse zusammen (vgl. Gabriel et al. 2002; Westle/Kunz/Roßteutscher 2008; van Deth 2000b; 2002; 2004). Die Einbindung in soziale und politische Netzwerke korreliert außerdem positiv mit der subjektiven politischen Kompetenz (vgl. Almond/Verba 1965; Vetter 2006) – allerdings sind die Zusammenhänge in aller Regel schwach (vgl. Vetter/Maier 2005). Letztlich ist erneut die Vereins- oder Organisationsart bedeutsam für Art und Stärke des Zusammenhangs zu kognitiver Politisierung (vgl. van Deth 2002). In der Summe sind die Beziehungen zwischen sozialem Kapital und Politisierung zudem insgesamt eher moderat (vgl. Gabriel et al. 2002; van Deth 2002).

2.2.1.4 Rationale Erklärungsversuche

Quer zu den beschriebenen Erklärungsversuchen liegen Ansätze, Politisierung über rationale Akteursentscheidungen zu interpretieren. *Rationale Erklärungsansätze* nehmen an, dass Individuen dann politisch aktiv werden, wenn sie es für wahrscheinlich halten, dadurch ihre eigenen Bedürfnisse im höchstmöglichen Ausmaß befriedigen zu können. Grundlegend sind nach Opp (1989, 7f.; 2009, 2ff.) drei Annahmen: Politisches Handeln dient als Mittel dazu, eigene Bedürfnisse oder Vorlieben befriedigen zu können (*preference hypothesis*). Die Wahrscheinlichkeit, dass derartige Bedürfnisse befriedigt werden können, ist allerdings kontextabhängig, womit auch die Entscheidung für eine bestimmte Handlungsalternative von externen Faktoren beeinträchtigt wird (*constraint hypothesis*). Schließlich versuchen rationale Akteure stets, den eigenen Nutzen zu maximieren, sprich: die eigenen Bedürfnisse unter Berücksichtigung der Kontextfaktoren in größtmöglicher Weise zu befriedigen (*maximization hypothesis*). Ein Spezialfall dieses allgemeinen *Rational Choice-Modells* stellen Wert-Erwartung-Theorien dar, deren Kerngedanke sich wie folgt zusammenfassen lässt: Unter den in einer spezifischen Situation vorhandenen Handlungsalternativen wird – unter Berücksichtigung der angenommenen Verhaltenskonsequenzen sowie deren subjektiver Eintretensgewissheit – diejenige Handlung mit dem größten subjektiv erwarteten Nutzen ausgewählt, wobei eine positive Bewertung der Konsequenzen die entsprechende Verhaltenswahrscheinlichkeit erhöht (vgl. Opp 1989, 12ff.).

Bekanntermaßen ist es aus rationaler Perspektive allerdings ein Paradoxon, dass sich Menschen überhaupt politisch engagieren, da die Kosten politischer Beteiligung in aller Regel den (individuellen) Nutzen übersteigen und die Gefahr von Trittbrettfahrern, welche ohne eigene politische Beteiligung von politischen Ergebnissen profitieren, groß ist (vgl. Brady/Verba/Schlozman 1995; Olson 1968). Politisches Handeln jedoch ist aus dieser Perspektive nur gerechtfertigt, wenn die Kosten geringer sind, als der erwartete Nutzen – wenn das politische Handeln eine erkennbare Wirkung erzielt (vgl. auch Downs 1957). Jene Engagierten, die sich dennoch an (kollektiven) politischen Aktivitäten beteiligen, neigen dementsprechend dazu, ihren eigenen Beitrag zu einer Politik innerhalb einer Gemeinschaft zu überschätzen (z. B. Opp 1989; siehe auch Finkel/Muller 1998; Finkel/Muller/Opp 1989).

Die empirische Prüfung rationaler Erklärungsansätze für politisches Handeln wurde vergleichsweise selten realisiert; sie ist schwierig, da zumeist keine Variablen für Handlungskosten, Ergebniserwartungen oder Nutzen der Handlungsfolgen verfügbar sind (vgl. Lüdemann 2001). Oft werden daher Werte, Normen oder Einstellungen zur Operationalisierung der Variablen in rationalen Erklärungsmodellen verwendet (vgl. Leighley 1995, 193; Steinbrecher 2009, 67) – Variablen, welche oben bereits thematisiert wurden. Schließlich findet Lüdemann (2001), dass Ressourcenmodelle größere Varianzanteile erklären als rationale Handlungsmodelle, wobei allerdings die subjektive politische Kompetenz innerhalb von Rational Choice-Modellen eine besonders erklärungskräftige Variable darstellt (vgl. auch Diener/Noack/Gniewosz 2011; Krampen 2000b).

2.2.2 Zusammenhang von kognitiver und behavioraler Politisierung

Wie die Zusammenfassungen des Forschungsstandes zu kognitiver als auch zu behavioraler Politisierung deutlich machen, handelt es sich bei den Prädiktoren für politisches Handeln im Wesentlichen um die gleichen Variablen, welche politisches Interesse und politische Kompetenzen beeinflussen. Die soeben präsentierten klassischen Ansätze zur Erklärung politischen Handelns lassen sich folglich auf kognitive Politisierung übertragen (siehe auch Delli Carpini/Keeter 1996; Vetter/Maier 2005). Somit sind (positive) Wechselbeziehungen zwischen behavioraler und kognitiver Politisierung zu erwarten, wobei allerdings Variablen kognitiver Politisierung einen größeren prädiktiven Wert für politisches Handeln haben als umgekehrt politisches Handeln für kognitive Politisierung (z. B. Finkel 1985; Vetter/Maier 2005). Auch bestehen Wechselbeziehungen zwischen kognitiven Variablen einerseits sowie unter den Verhaltensmaßen andererseits. Allerdings sind longitudinale Studien selten und Kausalaussagen somit kaum zuverlässig vorzunehmen.

„Civic knowledge promotes political participation" (Galston 2001, 224); „Politische Kompetenz bildet eine Vorbedingung der Involvierung in das politische Geschehen " (Pickel 2002, 71). Diese beiden Stellungnahmen fassen den derzeitigen Forschungsstand prägnant zusammen: Ein höheres Denkniveau, umfangreicheres politisches Wissen sowie andere politische Kompetenzen tragen zum besseren Verständnis politischer Sachverhalte bei, sie befähigen und motivieren stärker zu politischem Handeln, als dies bei anderen Menschen der Fall ist (z. B. Gille/Krüger 2000; Görl/Holtmann 2007; Neller 2002a; Widmaier 2009). (Subjektive) politische Kompetenz gilt als wichtige kognitive Voraussetzung für die aktive Beteiligung am politischen Geschehen (vgl. Fischer 1997; Gaiser et al. 2005; Kuhn 2006).

Vor allem Delli Carpini und Keeter (1996) behaupten, politisches Wissen beeinflusse andere politische Kompetenzen und begünstige somit behaviorale Politisierung. Politisches Wissen ist für diese Autoren „the currency of citizenship" (Delli Carpini/Keeter 1996, 8). Ihre eigenen Analysen bestätigen dies für die Beteiligung an Wahlen, doch zeigen sich positive statistische Zusammenhänge auch zwischen objektivem Wissen über Politik und anderen Formen politischen Handelns (vgl. Johann 2012). Torney, Oppenheim und Farnen (1975) finden zwar nur einen geringen prädiktiven Wert von „civic knowledge" für die Partizipation in politischen Diskussionen. Andere und aktuelle Studien stellen dagegen erkennbare Zusammenhänge zwischen politischem Wissen im weiten Sinn sowie der Bereitschaft zu gesellschaftlichem und politischem Handeln fest – insbesondere für die Intention, zukünftig wählen zu gehen, stellt sich gesellschaftspolitisches Wissen als wichtigster Prädiktor heraus (vgl. Amadeo et al. 2002; Torney-Purta et al. 2001; Schulz et al. 2010a).

Johann (2012) findet oft sogar unter Kontrolle auf politisches Interesse und subjektive politische Kompetenz signifikante, zumeist positive Zusammenhänge zwischen politischem Wissen und diversen politischen Aktivitäten. Politisches Interesse weist bei ihm zugleich durchgehend deutliche korrelative Zusammenhänge zu politischem Handeln auf, während subjektive politische Kompetenz für einige Aktivitäten unbedeutend ist und durchgehend schwächere Regressionskoeffizienten hat. Allerdings zeigt sich auch, dass (teils illegale) politische Protestaktivitäten im Wesentlichen unabhängig von subjektiver politischer Kompetenz sind, während elektorale Aktivitäten mit allen kognitiven Politisierungsvariablen bedeutsam korrelieren. In jedem Fall untermauern wissenschaftliche Studien somit die förderliche Rolle politischen Wissens als Prädiktor für zumindest die Wahlbeteiligung sowie teilweise auch weitere (konventionelle) politische Aktivitäten (Amadeo et al. 2002; Hoskins et al. 2008; Krampen 2000b; Oesterreich 2003; Torney-Purta et al. 2001; Schulz et al. 2010a; Schulz/Ainley/van de gaer 2010). Für andere objektive politische Kompetenzen ist die empirische Befundlage dagegen unbefriedigend.

Wie ebenfalls bereits angeführt, zeigt sich in zahlreichen Studien, dass subjektive politische Kompetenz (oder internale politische Effektivität, Selbstkonzept politischer Kompetenz) eine signifikante, positive Rolle für die Beteiligung an politischen Aktivitäten spielt (z. B. Abravanel/Busch 1975; Almond/Verba 1965; Balch 1974; Hoskins et al. 2008; Janas/Preiser 1999; Krampen 1990; 1991a; 1991b; 2000b; Pickel 2002; Preiser/Krause 2003; Schmidt 1999; Schulz/Ainley/van de gaer 2010; Spannring 2008b; Steinbrecher 2009; Verba/Schlozman/Brady 1995). Insbesondere Krampen (1990; 1991a; 2000b) weist die Bedeutung subjektiver politischer Kompetenz für politische (Alltags-)Aktivitäten nach und stellt fest: „the variables of frequency of political activity in everyday life, self-concept of political competence, and political knowledge in adolescence are the most significant discriminators for voting versus nonvoting behavior of young adults" (Krampen 2000b, 290). Zahlreiche

Studien anderer Forscher untermauern die Bedeutung des Selbstkonzepts eigener politischer Fähigkeiten nach Krampen (1986) für behaviorale Politisierung (z. B. Biedermann 2006; Janas/Preiser 1999; Preiser/Krause 2003). Zudem ist auch für studentische Stichproben der positive Effekt subjektiver politischer Kompetenz auf politisches Handeln nachgewiesen (vgl. Abravanel/Busch 1975; Bargel 2008; Schmidt 1999).

Bezüglich politischer Kompetenzen lässt sich damit zusammenfassend festhalten, dass politisches Wissen insbesondere für die Wahlbeteiligung und konventionelle politische Aktivitäten nachweislich Bedeutung hat (z. B. Amadeo et al. 2002; Hoskins et al. 2008; Howe 2003; Oesterreich 2003; Torney-Purta et al. 2001; Schulz et al. 2010b), während das subjektive politische Kompetenzgefühl vor allem für nichtelektorale Beteiligung bedeutsam sein dürfte (vgl. Abravanel/Busch 1975; Fend 1991; Kuhn 2006; Lüdemann 2001; Muller 1982; Pickel 2002; Schulz/Ainley/van de gaer 2010; Spannring 2008a; Steinbrecher 2009). Ebenfalls bereits erwähnt wurden positive korrelative Zusammenhänge zwischen objektiven und subjektiven Kompetenzmaßen, welche jedoch oft nur von mäßigem Ausmaß sind (vgl. Fischer 1997; Maier 2000; Westle 2005; 2006). Darüber hinaus hängen politisches Interesse und sowohl objektive als auch subjektive politische Kompetenzen wechselseitig und zumeist positiv miteinander zusammen (vgl. insbesondere Vetter/Maier 2005). Jedoch ist nicht geklärt, was dabei „auslösende" Ursache ist und was Folge, doch nähren (primär querschnittliche) Analysen die Vermutung, dass die Effekte von subjektiver politischer Kompetenz auf politisches Interesse etwas stärker ausfallen, als die umgekehrten Effekte (vgl. Hadjar/Becker 2006b; 2007; Vetter/Maier 2005).

Hadjar und Becker (2006b; 2007) postulieren zudem eine Mediation des Einflusses von politischer Effektivität (d. i. internale und externale politische Effektivität als ein Index) über politisches Interesse auf politisches Verhalten, wobei sich für die „Vorhersage" politischer Beteiligung für beide Variablen etwa gleich große, mäßige und direkte, positive Effekte ergeben, welche in Bezug auf konventionelles (inkl. elektorales) politisches Handeln größer sind als hinsichtlich unkonventionellen Handelns. Steinbrecher (2009) modelliert politisches Interesse demgegenüber überwiegend als Prädiktor für subjektive politische Kompetenz (bzw. interne Effektivität), was dem Vorgehen von Maier (2000) entspricht, welcher politisches Interesse als Prädiktor für subjektives wie objektives politisches Wissen sowie subjektives Wissen als vollständig endogene Variable und abhängig von objektivem Wissen, betrachtet. Dagegen ergeben sich bei Vetter und Maier (2005) für subjektive politische Kompetenz größere, positive Regressionskoeffizienten bezüglich der Kriterien politisches Interesse sowie politisches Wissen als für den Prädiktor politisches Wissen bezogen auf Interesse und subjektive Kompetenz; politisches Interesse ist allerdings ein besserer Prädiktor für subjektive politische Kompetenz als politisches Wissen. Dass politisches Interesse in jedem Fall eine wichtige Determinante behavioraler Politisierung darstellt, wird dabei durchgängig bestätigt (z. B. Biedermann 2006; Fischer 1997; Gaiser/de Rijke/Wächter 2009; Hadjar/Becker 2006b; Ingrisch 1997; Jugert et al. 2011; Muller/Godwin 1984; Schmid 2004; Schulz et al. 2010a; Schulz/Ainley/van de gaer 2010; Steinbrecher 2009; Torney/Oppenheim/Farnen 1975; van Deth 2001; van Egmond/de Graaf/van der Eijk 1998; Verba/Schlozman/Brady 1995).

Gabriel (2004) zeigt zudem, dass politisches Interesse ein Prädiktor für Wahlbeteiligung und unkonventionelle politische Aktivitäten ist, während subjektive politische Kompetenz eher unbedeutend für elektorale Aktivitäten, dagegen vor allem in Bezug auf konventionelle politische Beteiligung von besonderer statistischer Bedeutung ist. Als Fazit zur empirischen Befundlage kann somit das Resümee von Gabriel (2004, 333; Einfügungen: F. R.) gelten:

Ressourcen und partizipationsrelevante Motive [z. B. politisches Interesse] fördern die Wahlbeteiligung, die Einbindung in mobilisierende Netzwerke [d. h. Sozialkapital] und Motive [wie subjektive politische Kompetenz] ist für partei- und themenbezogene Aktivitäten besonders relevant, und politischer Protest [i. S. nichtnormativen Handelns] schließlich stellt sich als ein typisches Verhaltensmuster der jüngeren Bevölkerungsgruppen dar.

2.3 Sozialpsychologische Erklärungsmöglichkeiten für Politisierung

2.3.1 Affektiv oder reflexiv? – Spontanes versus „rationales" Handeln

Sogenannte *Rational Choice*-Modelle menschlichen (politischen) Handelns wurden bereits in Kapitel 2.2.1.4 thematisiert und Wert-Erwartung-Theorien als Erscheinungsformen genannt. Deren Kerngedanke ist, dass Individuen sich für diejenige verfügbare Handlungsalternative entscheiden, welche – unter Berücksichtigung der subjektiven Wahrscheinlichkeit des Eintretens spezifischer Handlungskonsequenzen sowie der Bewertung dieser Konsequenzen – die meisten individuellen Vorteile mit sich bringt (vgl. auch Esser 1999, Kap. 7). Wert-Erwartung-Theorien nehmen hierbei eine multiplikative Verknüpfung zwischen subjektiv erwarteten Handlungsfolgen und dem (positiven oder negativen) Wert dieser Folgen für die handelnde Person an. Eine der einflussreichsten Theorien dieser Art ist die Theorie des überlegten Handelns (Fishbein/Ajzen 1975) sowie deren Erweiterung, die Theorie des geplanten Verhaltens (Ajzen/Madden 1986; Ajzen 1991).

2.3.1.1 Theorie des überlegten Handelns und Theorie des geplanten Verhaltens

Theorie des überlegten Handelns. Fishbein und Ajzen (1975) nehmen an, dass Handlungsabsichten tatsächliches Handeln umso stärker bestimmen, je stärker die Handlungsintentionen sind. Handlungsabsichten sind folglich proximale Variablen und dem realen Handeln vorgelagert. In der Theorie des überlegten Handelns gehen Fishbein und Ajzen (1975; siehe auch Ajzen/Fishbein 1980) davon aus, dass eine Handlungsabsicht einerseits von der Einstellung dem entsprechenden Verhalten gegenüber beeinflusst wird, dass andererseits die subjektive Norm ebenfalls die Handlungsabsicht mitbestimmt. Die Einstellung zu einer Handlung, also ihre positive oder negative Bewertung durch den Akteur, setzt sich zusammen als Summe der Produkte der subjektiven Erwartung bestimmter Handlungsfolgen und dem Wert dieser Folgen für den Akteur: Je wahrscheinlicher beispielsweise eine Handlung in den Augen des Ausführenden eine bestimmte *erwünschte* Konsequenz nach sich zieht, desto positiver ist die Einstellung zum Handeln.

Die subjektive Norm setzt sich als Summe der Produkte der Erwartungen oder Meinungen wichtiger anderer Personen in Bezug darauf, ob der Akteur eine bestimmte Handlung ausführen sollte, sowie der Bedeutsamkeit der Meinung dieser anderen Personen für den Akteur bzw. der Bereitschaft des Akteurs, den Erwartungen dieser anderen Personen nachzukommen, zusammen. Eine subjektive Norm ist umso stärker, je mehr eine andere Person erwartet, dass eine Handlung vom Akteur ausgeführt wird und umso wichtiger die Meinung dieser anderen Person für den Handelnden ist.

Theorie des geplanten Verhaltens. Die subjektiv wahrgenommene Verhaltenskontrolle als erwartete Mühelosigkeit bei der Handlungsausführung ergänzt dieses Modell um die Summe der Produkte der subjektiven Erwartung von Hindernissen und der vermuteten Stärke dieser Widerstände (vgl. Ajzen 1991; Ajzen/Madden 1986). Die subjektive Verhaltenskontrolle basiert auf der Wahrnehmung von vorhandenen oder nicht vorhandenen Fähigkeiten, Selbstdisziplin, Gewohnheiten sowie situativen Einschränkungen (vgl. Gollwitzer/Schmitt 2006, 99). Definiert wird diese Variable in Anlehnung an das Konzept der Selbstwirksamkeitswahrnehmung von Bandura (1977; 1997); sie hat über die Handlungsabsicht einen indirekten Effekt sowie ergänzend einen direkten Effekt auf tatsächliches Verhalten (vgl. Ajzen 1991).

Insbesondere diese dritte Komponente, für welche mehr oder minder zahlreiche vergleichbare Begriffe existieren (siehe etwa Krampen 2000a), kann in Bezug auf politisches Handeln mit der subjektiven politischen Kompetenz verglichen werden (vgl. Diener/Noack/Gniewosz 2011), da die subjektive Verhaltenskontrolle unter anderem auf der Einschätzung eigener Fähigkeiten basiert. Zudem wird subjektive politische Kompetenz oft in rationalen Modellen politischen Handelns gemessen, zumal Ajzen (1991) subjektive Verhaltenskontrolle im Sinne von subjektiver Kompetenz begreift.

Empirisch lassen sich beide Modelle in zahlreichen Kontexten insbesondere für bewusstes, intendiertes Handeln bestätigen (vgl. Ajzen/Fishbein 1980; u. a. hinsichtlich politischer Wahlen: Fishbein/Ajzen 1981; Fishbein et al. 1980), wobei die Berücksichtigung der subjektiven Verhaltenskontrolle die Prognosekraft erhöht (vgl. Ajzen 1991; Ajzen/Madden 1986; Frey/Stahlberg/Gollwitzer 1993). Problematisch sind beide Theorien jedoch in Bezug auf die Vorhersage unbeabsichtigter oder wenig geplanter Handlungen: Insbesondere bei fehlender Gelegenheit, über die Ausführung einer Handlung nachzudenken, dürfte Verhalten mehr oder weniger unbewusst sowie automatisch gesteuert werden (vgl. Bargh 1997; Fazio 1990; Kahneman 2003; Strack/Deutsch/Krieglmeyer 2009).

2.3.1.2 Grenzen der rationalen Nutzen-Maximierungs-Annahme

Bounded rationality und satisficing. Eine Schwierigkeit von Nutzen-Maximierungs-Modellen liegt darin, dass Menschen keineswegs alle ihre Handlungsalternativen ausgiebig bedenken sowie reflektiert handeln – sie verhalten sich keineswegs immer nutzenmaximierend, sondern sind „kognitive Geizkragen" (vgl. Wyer/Srull 1986), die mit einem möglichst begrenzten kognitiven Aufwand Entscheidungen treffen. Diese Kritik an der Vorstellung, Menschen würden ihre Handlungsalternativen stets abwägen und sich dann für die für sie beste Option entscheiden, hat besonders Herbert A. Simon mit Nachdruck vertreten. Er weist darauf hin, dass Menschen in aller Regel nicht jene Berechnungskünste sowie kognitiven Fähigkeiten besitzen, welche zu einer vollständig informierten und reflektierten Handlungsentscheidung vonnöten wären (z. B. H. Simon 1959). Vielmehr verfügen Individuen nur über eine begrenzte oder eingeschränkte Rationalität (*bounded rationality*) und brechen die Suche nach Handlungsalternativen ab, sobald sie eine (realisierbare) Handlungsoption gefunden haben, welche subjektiv zu einem zufriedenstellenden (und nicht zu einem optimalen) Handlungsergebnis führt (*satisficing*; vgl. H. Simon 1959; 1986). Dabei spielen der Aufmerksamkeitsfokus, die Verfügbarkeit von Handlungsalternativen sowie die Zugänglichkeit von Einstellungen und automatisierte Informationsverarbeitungsprozesse oder die Identifikation mit bestimmten Gruppen eine besonders wichtige Rolle (vgl. H. Simon 1986; 1995; Thaler 1986). Menschen sind demnach insofern rational, als sie mit möglichst geringem Aufwand ein akzeptables Ergebnis erzielen möchten. Aktuelle Wahrnehmungen, Emotionen oder Motivationen als auch die Komplexität der Entscheidungssituation beeinflussen eine Vielzahl von Handlungsentscheidungen (vgl. H. Simon 1986).

Mit Bezug auf die Arbeiten von Herbert A. Simon stellt Kahneman (2003), in Anlehnung an Stanovich und West (2000), ein Modell aus drei kognitiven Systemen vor (siehe auch Kahneman 2011): Ein reflexives, langsames Entscheidungssystem, in welchem Überlegung, kognitive Anstrengung sowie Selbstkontrolle bedeutsam sind (*reasoning*) sowie ein auf Intuition und Spontaneität basierendes, automatisiertes und ohne größere kognitive Anstrengung, stattdessen von Emotionen beeinflusstes System (*intuition*). Dieses basiert auf den gleichen Prozessen wie das dritte kognitive System der Wahrnehmung (*perception*). Die Zugänglichkeit (*accessibility*) von Gedächtnisinhalten beeinflusst dabei Handlungsentscheidungen: Leicht zugängliche Einstellungen, Gedanken oder Handlungsmuster beeinflussen, welches System aktiviert wird, haben somit größeren Einfluss auf Entscheidungen („choosing by liking"), als unzugängliche Gedanken und können in automatisierte Handlungsentscheidungen übergehen oder, etwa in Form von Heuristiken, das reflexive System überlagern. Das reflexive System wird nur aktiv, wenn ungewöhnliche, nicht alltägliche Umstände vorliegen sowie ausreichend Aufmerksamkeit und Einstellungszugänglichkeit vorhanden sind („choosing by rule").

Reflexive und impulsive Verhaltenskontrolle. Explizit zwischen reflektiertem sowie affektiv determiniertem *Verhalten* unterscheiden auch Strack und Deutsch (2004) in ihrem *Reflective Impulsive Model* (RIM): „The reflective system generates behavioral decisions that are based on knowledge about facts and values, whereas the impulsive system elicits behavior through associative links and motivational orientations." (Strack/Deutsch 2004, 220) Diese „dual-systems perspective of impulse and self-control" (Hofmann/Friese/Strack 2009, 164) geht davon aus, dass Selbstkontrolle – und damit Verhalten – einerseits impulsive Vorläufer hat, wie affektive oder automatisierte Reaktionen. Andererseits beeinflussen Nachdenken und reflektierte Bewertungen unsere Selbstkontrolle und Handlungsentscheidungen. Strack und Deutsch (2004) gehen davon aus, dass beide Systeme parallel operieren, wobei das impulsive System stets aktiv ist, reflexive Prozesse dagegen nur in Ergänzung zum stets beteiligten, impulsiv gesteuerten Pfad der Verhaltensdetermination aktiviert werden. Das reflexive System erfordert ein hohes Ausmaß kognitiver Kapazität, kann Ziel- oder Handlungsstrategien entwickeln und führt zu intendierten, planvollen Handlungen:

> In the reflective system, behavior is the consequence of a decision that is guided by the assessment of a future state in terms of its value and the probability of attaining it through this behavior. In the impulsive system, a behavior is elicited through the spread of activation to behavioral schemata. (Strack/Deutsch 2004, 229)

Das reflexive System hat somit Vorläufer, wie sie bereits in Wert-Erwartung-Theorien thematisiert wurden, nämlich die subjektive Verhaltenskontrolle sowie die Wünschbarkeit einer bestimmten Handlung bzw. ihrer Folgen. Es ist allerdings zugleich anfälliger für Störungen als das impulsive System, da Letzteres als Langzeitgedächtnis angesehen werden kann, wohingegen das reflexive System auf die aktuell verfügbare Kapazität des Arbeitsgedächtnisses angewiesen ist. Der impulsgesteuerte Pfad hängt insbesondere von Gewohnheiten als auch der Befriedigung von Grundbedürfnissen ab sowie von motivationalen Orientierungen, welche Informationsverarbeitung, Affekterleben sowie Handlungsausführung erleichtern[12].

---

[12] Ähnliche Differenzierungen in eher affektgesteuertes versus reflektiertes Handeln oder Entscheiden finden sich vielfach in der Literatur (z. B. Bargh 1997; Bargh/Chartrand 1999; Chaiken 1980; Epstein et al. 1996; Fa-

2.3.1.3 Interesse und Kompetenz als Bestandteile unterschiedlicher Handlungspfade?

Auf diesen Erkenntnissen aufbauend kann politisches Interesse als spontaner, impulsiv gesteuerter (eher *handlungs*orientierter) Pfad zu politischem Handeln betrachtet werden, während dieses Interesse für stärker *ziel*orientierte politische Handlungen mit erhöhtem Planungs- und Reflexionsbedarf nicht ausreichend ist, stattdessen kognitiver Aufwand betrieben werden muss, „to *turn his energy from blind, or thoughtless, struggle into reflective judgement.*" (Dewey 1913, 53; Hervorhebung im Original).

Subjektive politische Kompetenz als reflexives Entscheidungssystem?

Die Theorie des geplanten Verhaltens (Ajzen 1991; Ajzen/Madden 1986) verdeutlicht, dass die subjektiv wahrgenommene Verhaltenskontrolle konzeptuell der subjektiven Selbstwirksamkeit entspricht. Diese wurde von Bandura (1977, 193) definiert als „the conviction that one can successfully execute the behavior required to produce the outcomes", und wird im Bereich des Politischen als subjektive politische Kompetenz bezeichnet. Somit sollte subjektive politische Kompetenz besonders für kognitiv anspruchsvollere, Planung und Koordination fordernde sowie mit einem größeren Maß an Verpflichtung einhergehende politische Handlungen notwendig sein als für weniger verpflichtende politische Aktivitäten.

Diese kognitive Variable dürfte sich insbesondere zur Prädiktion konventioneller politischer Tätigkeiten eignen, während die Prognosekraft subjektiver politischer Kompetenz für die oft weniger institutionell regulierten, unkonventionellen politischen Aktivitäten geringer oder nicht vorhanden sein sollte. Dies ist auch mit ökonomisch-soziologischen Wert-Erwartung-Modellen kompatibel, wonach Aufgaben umso eher das reflexive Entscheidungssystem beanspruchen, je mehr Koordinierung eine Handlung erfordert und desto stärker eine Handlung in einen strukturierten bzw. institutionalisierten Handlungskontext eingebettet ist (vgl. Elias 1969; Esser 1999; 2000a). Welche Bedeutung allerdings objektive Kompetenzen und tatsächliches Wissen für die Handlungsprognose haben, ist in diesen Modellen nicht eindeutig geklärt. Allerdings dürften auch sie dem reflexiven System zuzurechnen sein. Wie oben bereits zusammengefasst, zeigen empirische Studien zudem, dass politisches Wissen insbesondere für die Wahlbeteiligung und konventionelle politische Aktivitäten Erklärungswert hat, während das subjektive politische Kompetenzgefühl vor allem für nichtelektorale Beteiligung bedeutsam ist – und hier in größerem Maße für konventionelle politische Handlungen (vgl. Gabriel 2004; siehe Kap. 2.2.2).

Impulsgesteuertes politisches Handeln: Ausdruck politischen Interesses?

Eine leicht zugängliche Einstellung zum Gegenstandsbereich der Politik ist das politische Interesse, welches zugleich als motivationale Variable gilt und folglich Bestandteil eines impulsgesteuerten Pfades zu politischem Handeln sein sollte (vgl. Deci/Ryan 1985;

---

zio 1990; Metcalfe/Mischel 1999; Petty/Cacioppo 1986; Sloman 1996), sollen an dieser Stelle jedoch nicht betrachtet werden. Dasselbe trifft zu auf motivationspsychologische sowie interessenpädagogische Ansätze (z. B. Deci/Ryan 1985; Krapp 2004; Krapp/Ryan 2002; Norman/Shallice 1986; Ryan/Deci 2004; Schiefele et al. 1983), welche letztendlich alle auf eine unterschiedliche Relevanz von „emotional-spontanem" gegenüber „berechnend-strategischem", affektkontrolliertem Handeln hinweisen (vgl. auch Esser 1999; 2000a). Diese Differenzierung kann letztlich bis in die Antike zurückverfolgt werden und findet sich bereits in Aristoteles' *Nikomachische Ethik* (vgl. Aristoteles 2008 [zuerst vor 322 v. Chr.]).

Strack/Deutsch 2004). Wie bereits Herbart (1806) erläutert, ordnet Interesse die Leidenschaften (bzw. Impulse), es ist insofern den menschlichen Impulsen und Affekten offensichtlich nahe und näher als (subjektive) Kompetenzen: „Die Interessen sind es, die die Leidenschaften der Menschen in strukturierte Bahnen lenken." (Esser 1999, 135)[13]

Politisches Interesse ist zugleich „a type of political commitment" (van Deth 2000b, 119) und als affektives Verhaltensmotiv anzusehen (vgl. Koestner/Losier 2004; Krapp/Ryan 2002; Ryan/Deci 2004). Politisches Interesse kann somit als eine derjenigen motivationalen Variablen betrachtet werden, welche das impulsive System der Handlungsselektion zu aktivieren vermag. Zwar handelt es sich bei politischem Interesse um eine Variable aus dem Bereich der kognitiven Politisierung. Interesse hat aber zugleich eine bedeutsame affektive Komponente und verbindet daher Emotion und Kognition (vgl. Hidi/Renninger/Krapp 2004; Krapp/Ryan 2002). Möglicherweise stellt politisches Interesse also den impulsiven Gegenpart zur reflexiven politischen Kompetenzwahrnehmung dar.

Zwar ist politisches Interesse für nahezu alle legalen politischen Handlungsformen ein positiver Prädiktor – im Vergleich zur subjektiven politischen Kompetenz zeigt jene Variable hinsichtlich unkonventioneller politischer Handlungen jedoch stärkere korrelative Zusammenhänge (vgl. Gabriel 2004). Dieser Befund ist kompatibel mit den Annahmen von Strack und Deutsch (2004), wonach eine impulsive Handlungskontrolle stets aktiv ist, während die reflexive Handlungsselektion höchstens ergänzend aktiviert wird. Ähnliches stellen Visser, Holbrook und Krosnick (2008) heraus, indem sie zeigen, dass (politisches) Wissen bzw. Fähigkeiten keineswegs notwendige Handlungsbedingungen sind. Vielmehr nehmen bei der Handlungsselektion zugleich motivationale Variablen eine wichtige Rolle ein.

Im Sinne des *satisficing* kann ebenfalls plausibel angenommen werden, dass der Einfluss impulsiver Variablen, wie politisches Interesse, auf unkonventionelle politische Tätigkeiten größer ist als auf konventionelles politisches Handeln, denn viele Menschen begnügen sich mit leicht realisierbaren und wenig verpflichtenden (politischen) Handlungen, um zu akzeptablen Ergebnissen zu gelangen. Zudem ist Interesse eine zugänglichere Einstellung als die eigene Kompetenzwahrnehmung und somit einflussreicher in Situationen, in welchen entschieden werden muss, welche Handlung hinsichtlich eines politischen Problems zu einem akzeptablen Ergebnis führt. Klassische oder konventionelle Politik, wie die Arbeit in einem Ausschuss oder einer politischen Partei, stellt dagegen höhere Anforderungen an planvolles und wirksames politisches Handeln. Da das Wissen über Politik und politische Strukturen in der Bevölkerung allerdings für gewöhnlich beschränkt ist (z. B. Amadeo et al. 2002; Bieri/Forrer 2003; Delli Carpini 2009; Delli Carpini/Keeter 1996; Fend 1991; Jennings 1996; Kerr et al. 2010; Schulz et al. 2010a; Torney-Purta et al. 2001), dürfte „klassische", konventionelle Politik eher als intransparent und komplex erscheinen und mit einem Gang durch die Institutionen, Bürokratie, oder „Hinterstubenpolitik" assoziiert werden. Demgegenüber sollten, gerade bei fehlender (subjektiver) politischer Kompetenz, öffentlich sichtbare, leicht ausführbare politische Handlungsweisen ohne den Charakter langfristiger Verpflichtung, wie etwa Demonstrationen oder das Verteilen von Flugblättern, eher in den Sinn kommen, um bestimmte politische Resultate zu erzielen.

---

[13] Siehe James (1950 [zuerst 1890], 320 [Hervorhebung so nicht im Original]): „Our interest in things means the attention and *emotion* which the thought of them will excite, and the actions which their presence will evoke."

Und objektive politische Kompetenzen?

Die Existenz objektiver politischer Kompetenzen ist gewiss ebenfalls nötig, um (erfolgreich) handeln sowie anvisierte Ziele erreichen zu können. Zur Handlungsmotivation und *Initiierung von Handeln* ist allerdings in aller Regel die *subjektiv wahrgenommene* Kompetenz des Akteurs entscheidend; objektive Kompetenzen sind hierzu möglicherweise nachrangig. Wie bereits Thomas und Thomas (1928) bemerken, handeln Menschen aufgrund subjektiver Situationsdefinitionen. Folglich sollte die Existenz objektiver Kompetenzen nicht zwingend erforderlich sein, um Handeln zu initiieren, da dieses zumeist auf der Basis einer subjektiven Einschätzung der eigenen Fähigkeiten und Kompetenzen initiiert wird (vgl. auch Opp 2009).

Dennoch finden einige Studien positive statistische Zusammenhänge zwischen politischem Wissen und diversen politischen Beteiligungsformen (z. B. Johann 2012). Allerdings zeigen sich positive Korrelationen insbesondere in Bezug auf die Wahlbeteiligung als der am ausgiebigsten studierten Beteiligungsform am politischen Geschehen (z. B. Delli Carpini/Keeter 1996; Howe 2003; 2006). Auch hinsichtlich der Bereitschaft, sich in Zukunft an politischen Wahlen zu beteiligen, scheint politisches Wissen bedeutsam zu sein (vgl. Amadeo et al. 2002; Torney-Purta et al. 2001; Schulz et al. 2010a; Schulz/Ainley/van de gaer 2010). Jedoch hat politisches Wissen für die Bereitschaft zur Ausführung anderer politischer Aktivitäten in einigen Studien uneindeutige Relevanz (z. B. Schulz 2005; Schulz/Ainley/van de gaer 2010; Torney-Purta 2002).

Da sich zugleich nur mäßige, positive korrelative Zusammenhänge zwischen objektiven und subjektiven Kompetenzmaßen zeigen (vgl. Fischer 1997; Maier 2000; Westle 2005; 2006), stellt sich die Frage, ob objektive politische Kompetenzen nicht doch auf verschiedene politische Handlungen eigenständige Effekte haben neben subjektiver politischer Kompetenz und politischem Interesse, ob derartige Zusammenhänge nur für die Wahlbeteiligung existieren, oder ob die Einflüsse objektiver Kompetenzen auf behaviorale Politisierung möglicherweise über subjektive Kompetenzmaße mediert werden, stattdessen also im Sinne handlungstheoretischer Modelle lediglich die subjektive Kompetenzwahrnehmung, nicht aber deren objektives Vorhandensein, handlungsentscheidend ist.

Zusammenschau

Zusammenfassend scheint somit erstens plausibel, dass subjektive politische Kompetenz als Teil eines reflexiven Prozesses überwiegend konventionelles politisches Handeln erklärt. Zweitens ist politisches Interesse vermutlich einerseits für alle politischen Handlungen bedeutsam, weist andererseits aber eventuell insbesondere hinsichtlich unkonventioneller politischer Aktivitäten positive Effekte auf. Drittens könnte es sein, dass objektive politische Kompetenzen lediglich elektorale politische Beteiligung beeinflussen, andere Handlungsformen hingegen besser über subjektive politische Kompetenz aufgeklärt werden – wobei eine Mediation des Einflusses objektiven Wissens auf andere Handlungsformen möglich scheint. Diese Fragen sollen empirisch überprüft werden, doch zunächst ist die Bedeutung kollektiver Identitäten als Bedingungen kognitiver Politisierung zu beleuchten.

2.3.2 „Psychologisches Sozialkapital"? – Kollektive Identitäten und Politisierung

Während klassische Arbeiten zu Sozialkapital in soziologischer Orientierung auf *reales Sozialkapital* (bzw. „soziologisches Sozialkapital") blicken, das heißt die tatsächlich vorhandenen sozialen Beziehungen und Netzwerke analysieren, werden die psychologischen Bedingungen oder Aspekte der Zugehörigkeit zu bestimmten Netzwerken oder Gruppierungen höchstens erwähnt. Eine *psychologische Basis* realen Sozialkapitals wird also durchaus beiläufig thematisiert, doch – abgesehen von generalisiertem Vertrauen – nicht zum Forschungsgegenstand. Folglich wird vernachlässigt, dass der reale Nutzen sozialer Beziehungs*netze* bzw. *Gruppen* auch auf erfolgreichen Identifikationsprozessen beruht, mithin soziale und kollektive Identitäten ebenfalls politisierende Effekte haben könnten.

2.3.2.1 Soziale und kollektive Identitäten: Begriffe und Theorie

Begriff und theoretische Grundlagen

Begriff. Unser Selbstkonzept beinhaltet unsere Vorstellung davon, wer wir sind. In ihm sind Wahrnehmungen, Gedanken, Überzeugungen über die eigene Person sowie deren innere Einstellungen repräsentiert (z. B. Esser 1999, 56). Es erfüllt die eigenen Erfahrungen mit Sinn und ordnet diese zu einem kohärenten Bild – einschließlich unserer sozialen Beziehungen (vgl. Simon/Trötschel 2007, 152). Für diese kognitive Repräsentation wird der Begriff des *Selbst* verwendet, wohingegen der Begriff der *Identität* bevorzugt Verwendung findet, wenn das Selbst in seinem gesellschaftlichen Kontext betrachtet wird (vgl. Simon 2004, 49).

Während die personale Identität bzw. unser Selbst auf die Selbstdefinitionen von Menschen als unverwechselbaren Individuen basiert, leitet sich die soziale Identität von unserer (wahrgenommenen) Zugehörigkeit zu sozialen Gruppen ab (z. B. Oakes/Haslam/Turner 1994; Reicher/Spears/Haslam 2010; Simon 2004; Tajfel/Turner 1986; Turner et al. 1987). Als Gruppe bezeichnen Tajfel und Turner (1986, 15)

> a collection of individuals who perceive themselves to be members of the same social category, share some emotional involvement in this common definition of themselves, and achieve some degree of social consensus about the evaluation of their group and of their membership in it.

Der Begriff ‚soziale Identität' wird definiert als „that part of an individual's self-concept which derives from his knowledge of his membership of a social group (or groups) together with the value and emotional significance attached to that membership" (Tajfel 1981, 255).

Reicher, Spears und Haslam (2010, 44; Hervorhebungen: F. R.) weisen darauf hin, dass das Konzept der sozialen Identität in mindestens dreierlei Hinsicht „sozial" ist:

> First, social identity is a *relational* term, defining who we are as a function of our *similarities and differences with others*. Second, social identity is *shared with others* and provides a basis for shared social action. Third, the meanings associated with any social identity are products of our *collective history and present*. Social identity is therefore something that links us to the social world. It provides the pivot between the individual and society.

Dieses an Tajfel (1978a) angelehnte Verständnis von sozialer Identität als einem handlungsrelevanten Konstrukt kann analog auch bei Esser (1999, 56; Hervorhebungen im Original; Auslassungen: F. R.) identifiziert werden, wenn er schreibt:

2.3 Sozialpsychologische Erklärungsmöglichkeiten für Politisierung

> Von besonderer Bedeutung für das Handeln [...] ist die *soziale* Identität des Akteurs. Das ist das gesamte *organisierte* Repertoire an Wissen und an Bewertungen für *sozial* typisierte und in systematischer Weise mit signifikanten Symbolen ausstaffierten Situationen, über das dort angemessene Handeln und, insbesondere, über die Art der Beziehung des Akteurs zu seiner Umgebung – aus der vom Akteur vermuteten Sicht der Umgebung. Die soziale Identität ist [...] das Ergebnis einer – letztlich vom Akteur selbst vorgenommenen – vereinfachenden *Zuschreibung* von Eigenschaften zu sich selbst, insbesondere seiner Beziehung zur *sozialen* Umgebung.

Wie man schließlich der Erläuterung des Begriffes kollektive Identität durch Polletta und Jasper (2001, 298; Hervorhebungen: F. R.) entnehmen kann, handelt es sich offenbar bei kollektiver und sozialer Identität um die gleichen Konzepte:

> Collective identity describes *imagined as well as concrete communities*, involves an act of perception and construction as well as the discovery of preexisting bonds, interests, and boundaries. It is fluid and relational, *emerging out of interactions* with a number of different audiences (bystanders, allies, opponents, news media, state authorities), rather than fixed. It channels words and actions, enabling some claims and deeds but delegitimating others. *It provides categories by which individuals divide up and make sense of the social world.*

Dementsprechend verwendet Simon (2004) soziale Identität und kollektive Identität synonym, präferiert aber den Begriff der kollektiven Identität. Als kollektive Identität wird somit verstanden ein Selbstkonzept, welches auf der Wahrnehmung von Merkmalen, Eigenschaften, Interessen etc. basiert, welche mit anderen Individuen oder Gruppenmitgliedern geteilt werden oder von anderen Personen unterscheiden. Dieses Selbstkonzept ist nicht unabhängig von Gegenwart und Vergangenheit des Kollektivs, welchem man zugehört; es entsteht durch soziale Interaktion (innerhalb des Kollektivs sowie zwischen Gruppen), strukturiert Denken sowie Wahrnehmung und motiviert zu (gemeinschaftlichem) Handeln.

Zwar ist die persönliche Identität nicht denkbar ohne das Soziale (vgl. Simon 2004; C. Taylor 1995; Turner et al. 1987). Doch gemeinsames, kooperatives, *kollektives* Handeln wird nur durch eine gemeinsame, *kollektive* Identität möglich. Kollektive Identitäten haben folglich Handlungsrelevanz, denn neben anderen Aspekten haben sie die Funktion, Menschen eine Perspektive zu bieten, von welcher aus diese Welt als auch das eigene Dasein sinnhaft verstanden sowie interpretiert werden kann, und sie erlauben es, uns selbst als aktiv sowie wirksam handelnde Subjekte zu erfahren (vgl. Simon 2004, 66ff.).

Sozialer Identitätsansatz. Grundlegend für viele Arbeiten zu kollektiven Identitäten sind die Theorie der sozialen Identität von Intergruppenverhalten (SIT; Tajfel/Turner 1979; 1986) sowie ihre Erweiterung, die Selbstkategorisierungstheorie (SKT; Turner et al. 1987). Die SIT unterscheidet zwischen Eigengruppen, welchen man selbst angehört, und Fremdgruppen, denen man selbst nicht zugehört. Sie basiert auf der Grundannahme, dass sich die soziale Identität über die Mitgliedschaft zu einer bestimmten Gruppe, dem Wert dieser Mitgliedschaft für das Subjekt sowie der emotionalen Bedeutsamkeit dieser Zugehörigkeit entwickelt. Entscheidend sind der soziale Vergleich und die Feststellung, dass Individuen nach positiver sozialer Identität streben: Führt ein Vergleich mit einer relevanten Fremdgruppe auf individuell bedeutsamen Vergleichsdimensionen zu einem negativen Ergebnis, so kann das Individuum entweder versuchen, die Eigengruppe zu verlassen, um eine im Vergleich positiv bewertete Gruppe aufzusuchen (soziale Mobilität), oder Anstrengungen unternehmen, damit die eigene Gruppe „besser" abschneidet. Letzteres kann durch den Wechsel der Vergleichsgruppe (d. h. durch die Wahl einer anderen, weniger privilegierten Fremdgruppe, mit welcher die eigene Gruppe verglichen wird), die Verlagerung des Vergleichs auf andere Vergleichsdimensionen oder die Umbewertung der Bedeutung der eigenen Gruppenzugehörigkeit geschehen (siehe auch Reicher/Spears/Haslam 2010; ergänzend Mummendey et al. 1999). Neben Intergruppenkonflikten und sozialem Wettbewerb als möglichen Folgen sozialer Identität kann diese letztlich kollektives Handeln (z. B. kollektiven Protest) initiieren sowie realen gesellschaftlichen Wandel anstoßen (vgl. Tajfel 1978b).

Die SKT (Turner et al. 1987) berücksichtigt unter anderem, dass Selbstdefinitionen auch auf höheren, inklusiveren Abstraktionsebenen möglich sind (z. B. „Mensch" vs. „Tier" oder „Lebewesen" vs. „Nicht-Lebewesen"). Bereits bei Turner (1982) angelegt, wird die Gruppe nun über die Bildung kognitiver Gruppen, welche die eigene und andere Personen in Abgrenzung zu anderen Gruppen beinhalten, definiert (Selbstkategorisierung), das heißt soziale Kategorisierung reduziert die Komplexität der sozialen Welt. Menschen kategorisieren sich und andere in Abhängigkeit ihrer Gruppenzugehörigkeiten (Depersonalisierung) und versuchen, über soziale Vergleiche möglichst viel Wissen über ihre eigene Gruppe sowie deren Besonderheiten im Vergleich zu anderen Gruppen zu erwerben (Turner et al. 1987). Außerdem geht die SKT davon aus, dass die Zugänglichkeit sozialer Kategorien, das heißt die Leichtigkeit, mit welcher bestimmte Kategorien in den Sinn kommen und folglich handlungsrelevant werden können, abhängig ist von der Passung einer Kategorie zum sozialen Kontext einer Situation sowie von der Bedeutung, die eine Kategorie für das Individuum hat und somit auch der Bereitschaft des Individuums, eine bestimmte Identität zu übernehmen (Salienz einer Identität). Insbesondere wahrgenommene Nähe, sozialer Kontakt, ein gemeinsam geteiltes Schicksal bzw. eine kollektive Bedrohung, Ähnlichkeiten von Einstellungen oder Werten tragen dazu bei, dass Menschen eine gemeinsame Identität annehmen und zu kollektivem Handeln bereit sind.

Soziale Identität und Sozialkapital

In den Ansätzen zu realem Sozialkapital „funktioniert" soziales Kapital, ist dieses nur dadurch eine Ressource und ermöglicht „Profit", weil

> social relations are expected to reinforce identity and recognition. Being assured and recognized of one's worthiness as an individual and a member of a social group sharing similar interests and resources not only provides emotional support but also public acknowledgment of one's claim to certain resources. (Lin 1999, 31)

Somit ist die Mitgliedschaft und Gruppenidentität ein wichtiger Bestandteil sozialen Kapitals und die Erneuerung oder Verstärkung der Identität zugleich eine Folge von Sozialkapital.

Sich mit einer Gruppe zu identifizieren bedeutet letztlich, sich innerhalb eines übergeordneten sozialen Rahmens konkret zu positionieren (vgl. Berger/Luckmann 1967, 132), denn „social worlds exist to the extent that individuals see themselves as members of a grouping." (Fine/Kleinmann 1979, 14) Nur durch kollektive Identifikation wird es möglich, bestimmte soziale Beziehungen, und somit die Basis von Sozialkapital, aufrechtzuerhalten. Werte, Normen, Moral innerhalb von Gruppen gehören zu den Leistungen und Ressourcen, die Sozialkapital ausmachen, aber genauso sind wechselseitiges Vertrauen, Solidarität und Mitgefühl mit den Gruppenmitgliedern sowie ein gewisses Interesse an deren Schicksal wichtig (vgl. Esser 2000b) – all dies sind Bestandteile kollektiver Identitäten.

Folgt man etwa Granovetter (1973; 1983), dann kann Sozialkapital durch die Stärke von sozialen Bindungen oder Beziehungen gemessen werden: „the strength of a tie is a (probably linear) combination of the amount of time, the emotional intensity, the intimacy (mutual confiding), and the reciprocal services which characterize the tie" (Granovetter 1973, 1361). Hier wird die (emotionale) Bindung, welche ebenfalls zur kollektiven Identifikation mit einer Gruppe oder sozialen Struktur gehört (z. B. Cameron 2004), als Basis für eine starke Bindung definiert und zugleich Vertrauen mit (emotionaler) Identifikation in Verbindung gebracht.

Unabhängig davon, ob reale Sozialbeziehungen nun Folge oder Konsequenz sozialer oder kollektiver Identitäten sind: Sie stehen in einem Abhängigkeitsverhältnis; kollektive Identität und reale Gruppenmitgliedschaft sind wechselseitig aufeinander bezogen. (Stabile) Sozialbeziehungen können nur auf der Basis eines Mindestmaßes an gegenseitigem Vertrauen entstehen, Kooperation ist ohne Vertrauen kaum möglich und die Existenz sowie Aufrechterhaltung von realem Sozialkapital erfordert folglich eine wechselseitige Selbstverpflichtung, ein Gefühl der Zusammengehörigkeit und des Füreinander-Da-Seins (*commitment*) – also eine kollektive Identität (vgl. auch Brewer/Silver 2000).

In diesem Sinn kann der explizite Hinweis von Huddy (2001; 2003) gedeutet werden, dass nicht allein die objektive Zugehörigkeit zu einer Gruppe oder einem Kollektiv entscheidend für das Verständnis sozialer Identitäten ist, sondern dass sich die Bedeutung von Gruppenzugehörigkeiten maßgeblich von der subjektiven Identifikation mit den Gruppen, denen man angehört oder sich zugehörig fühlt, ableitet. Diese Sichtweise ist bereits in der Definition sozialer Identität durch Tajfel (1978a) angelegt, aber in der Bezugsgruppentheorie (z. B. Dahrendorf 2006 [zuerst 1965]; Hyman 1968; Hyman/Singer 1968; Merton/Lazarsfeld 1950) rückt die subjektive Zugehörigkeit stärker in den Mittelpunkt.

Multiple Identitäten und Bikulturalität

Wie bereits der soziale Identitätsansatz herausstellt, gehören Individuen in aller Regel verschiedenen sozialen Kategorien gleichzeitig an. Welche soziale Identität in einer bestimmten Situation aktuell ist, ergibt sich aus der jeweils salienten Kategorie. Die Existenz solcher multiplen Identitäten ist insbesondere im Kontext von Migration und Immigration anzutreffen, wenn Identitäten von „Einheimischen" mit den Identitäten von Immigranten aufeinandertreffen, denn Minoritäten und Majoritäten müssen nun versuchen, ihre Identitäten zu überdenken und möglicherweise das eigene Identitätsverständnis an den neuen Kontext anpassen oder unter Umständen auch das Ausmaß der eigenen Identifikation verändern (z. B. Chryssochoou 2004). Hierbei ist es keineswegs erforderlich, eine bestimmte Identität abzulegen, sondern „alte" und „neue" Identitäten können miteinander verbunden werden. Solche Identitäten erhalten vielfältige Namen (z. B. „hybride Identität", „Bindestrich-Identität", „bikulturelle Identität" oder „duale Identität"; vgl. Badea et al. 2011; Bélanger/Verkuyten 2010; Benet-Martínez/Haritatos 2005; Birman 1994; Caglar 1997; Foroutan/Schäfer 2009; Fürstenau/Niedrig 2007; Hopkins 2011; Luke/Luke 1999; Phinney/Devich-Navarro 1997; Roccas/Brewer 2002; Simon/Ruhs 2008; Verkuyten 2005; Verkuyten/Yildiz 2007) und werden im Folgenden als *duale Identität* bezeichnet.

Die Zugehörigkeit zu verschiedenen Gruppen kann allerdings Loyalitäts- oder Identitätskonflikte hervorrufen (z. B. Cheng/Lee/Benet-Martínez 2006; Chryssochoou/Lyons 2011; Haritatos/Benet-Martínez 2002; Hornsey/Hogg 2000; LaFromboise/Coleman/Gerton 1993; Park 1928; Rudmin/Ahmadzadeh 2001; Stonequist 1935; Wiley/Deaux 2011), denn: „Der Fremde ist ein Element der Gruppe selbst, [...] ein Element, dessen immanente und Gliedstellung zugleich ein Außerhalb und Gegenüber einschließen." (Simmel 1908, 509; Auslassung:

F. R.) Bezogen auf den Migrationskontext ist es daher wenig verwunderlich, dass verschiedene Formen ethnisch-kultureller Identitäten existieren (vgl. zu Konzeptualisierungen Phinney 1990), welche auf wahrgenommener Gemeinschaftlichkeit und gemeinsamen kulturellen Hintergründen einer Gruppe innerhalb eines spezifischen gesellschaftlichen Kontextes beruhen (vgl. Phinney/Ong 2007) und die oft Parallelen zu verschiedenen Strategien der Integration aufweisen (vgl. genauer Nauck 2008; siehe auch Zick 2010).

Akkulturationsstrategien wiederum setzen Identifikationsprozesse voraus sowie in Gang, das heißt auf welche Weise sich Einwanderer akkulturieren bzw. integrieren, hängt auch vom Ausmaß ab, in welchem sie mit der Aufnahme- respektive Herkunftsgesellschaft (bezüglich Einstellungen, Werten, Überzeugungen, Zielen usw.) übereinstimmen. Dementsprechend kann die Akkulturation von gesellschaftlichen Minoritäten unterschiedliche Formen annehmen (vgl. Berry 1997; 2001; 2011; Esser 1999; 2001): Einwanderer können sich vollständig an die Aufnahmegesellschaft anpassen sowie zugleich ihre Herkunftsgesellschaft und deren Mitglieder meiden, die Loyalität zu dieser Gruppe gewissermaßen aufgeben sowie auf diese Weise eine neue ethnisch-kulturelle Identität entwickeln (Assimilation). Zweitens ist es möglich, dass sich Migranten komplett von der aufnehmenden Gesellschaft abgrenzen und unter sich bleiben (Separation/Segmentation). Isolation (Marginalisierung/Marginalität) liegt vor, wenn Einwanderern nichts an ihrem kulturellen Erbe liegt, sie aber zugleich den Kontakt zur Aufnahmegesellschaft meiden. Von (Mehrfach-)Integration hingegen ist die Rede, wenn sowohl der Kontakt zu Mitgliedern der aufnehmenden Gesellschaft angestrebt wird als auch ein Interesse daran besteht, nicht mit der Kultur des Herkunftslandes zu brechen.

Obschon weitere Konzeptualisierungen existieren (z. B. LaFromboise/Coleman/Gerton 1993; Roccas/Brewer 2002), sei vielmehr darauf hingewiesen, dass – bezogen auf den Kontext Deutschland – neben einer *dualen Identifikation* sowohl mit Deutschland als auch gleichzeitig mit der ethnisch-kulturellen Minorität, im Kontext der eigenen Forschungen in Anlehnung an Ruhs (2009), Simon und Ruhs (2008) sowie Simon und Grabow (2010) drei weitere kollektive Identitäten zu unterscheiden sind: eine „einfache" *ethnisch-kulturelle Identifikation* mit anderen Mitgliedern der Minorität (ohne Berücksichtigung der inklusiveren Gruppe der „Deutschen"), eine „einfache" *Identifikation mit* der übergeordneten soziopolitischen Einheit *Deutschland* (ohne Berücksichtigung der ethnisch-kulturellen Eigengruppe) sowie – als Gegenstück zur dualen Identität – eine *separatistische Identifikation* mit anderen Mitgliedern der ethnisch-kulturellen Minorität bei synchroner Nichtidentifikation mit Deutschland. Ferner kann Religiosität (teilweise bezeichnet als religiöse Identifikation) – insbesondere bei türkischen Migranten – eng mit der ethnisch-kulturellen oder der Identifikation mit der Aufnahmegesellschaft verwoben sein (vgl. Foner/Alba 2008; Saroglou/Galand 2004).

2.3.2.2 Mobilisierungs- und Politisierungspotenziale kollektiver Identitäten

> Tajfel's theory of social identity and its recent extensions [...] is, above all, a theory of *how cognitive representations of the self provide the critical link between individual and collective behavior.* (Brewer/Silver 2000, 153; Auslassung und Hervorhebung: F. R.)

Kollektiven Identitäten ist schon deswegen Verhaltenspotenzial inhärent, weil Menschen nach positiver Identität streben und sich für das Ausscheiden aus einer Gruppe („exit") oder die Veränderung der Eigengruppenposition im gesellschaftlichen Umfeld („voice") bemühen müssen (vgl. Hirschman 1970; 1993; Tajfel/Turner 1986). Schwache kollektive Identitäten verhindern demnach (gemeinschaftliches) Handeln (im Sinne der Aufrechterhaltung oder

Emporhebung der Eigengruppe), wohingegen starke kollektive Identitäten zu kollektivem Handeln beitragen können, um den Status der Eigengruppe im gesellschaftlichen Kräfteverhältnis zu erhöhen. Kollektive Identitäten haben also Bedeutung für gruppendienliches, kollektives Handeln: „In sum, social identity is a representation of *one's position in a set of categorical social relations along with the possible and proper actions* that flow from that position." (Reicher/Drury 2011, 167; Hervorhebung so nicht im Original)

Bedingungen kollektiven Handelns

Obwohl die korrelativen Zusammenhänge zwischen kollektiven Identitäten und kollektivem, auf das Gruppenziel orientiertem Handeln nur mäßig positiv sind, wie van Stekelenburg und Klandermans (2007) darlegen, existiert somit Evidenz dafür, dass kollektive Identitäten in der Tat eigenständige Determinanten gesellschaftlichen und politischen Engagements sind (z. B. Brewer/Silver 2000; Hopkins/Kahani-Hopkins 2004; Kelly 1993; Klandermans/de Weerd 2000; Klandermans/van der Toorn/van Stekelenburg 2008; Lowrance 2006; Ruhs 2009; Simon 2004; 2011; Simon/Grabow 2010; Simon/Ruhs 2008; Simon/Stürmer 2003; Simon et al. 1998; Simon/Stürmer/Steffens 2000; Stürmer/Simon 2004a; 2004b; Stürmer et al. 2003; van Zomeren/Postmes/Spears 2008; Verkuyten 2011; Verkuyten/Yildiz 2010). Über kollektive Identitäten hinaus sind jedoch weitere, teils notwendige oder hinreichende Bedingungen zu erfüllen, damit sich jene in kollektives Handeln übersetzen (vgl. Finkel 2008; Gamson 1992; Klandermans 1997; Klandermans/van der Toorn/van Stekelenburg 2008; van Stekelenburg/Klandermans 2010; van Zomeren/Postmes/Spears 2008). Diese weiteren Prädiktoren werden teilweise als ergänzender Pfad neben kollektiver Identifikation betrachtet, teils als deren Mediatoren oder Moderatoren. Einerseits handelt es sich hierbei um empfundene gesellschaftliche Benachteiligung der eigenen Gruppe, das Zuschreiben von Verantwortung für diese Benachteiligung zu einer Fremdgruppe sowie wahrgenommene kollektive Effektivität als Bewusstsein dafür, die subjektive Ungerechtigkeit durch kollektives Handeln erfolgreich angehen zu können. Neben der außerdem möglichen Einbindung in soziale Netzwerke handelt es sich bei diesen ergänzenden Prädiktoren andererseits primär um Emotionen: „Group-based anger is mainly observed in normative actions where efficacious people protest." (van Stekelenburg/Klandermans 2010, 6) Diese Variable hat dabei offensichtlich einen eigenständigen Effekt in Ergänzung zu der erwarteten, kollektiven Wirksamkeit (vgl. van Zomeren et al. 2004). Schlägt einem Kollektiv bzw. dessen Mitgliedern demgegenüber Verachtung durch Fremdgruppenmitglieder entgegen (oder verachtet man selbst die Mitglieder einer Fremdgruppe) und/oder werden die legitimen Wege, Veränderungen zu erreichen, als der eigenen Gruppe verschlossen betrachtet, so führt dies eher zu nichtlegalem Protestverhalten (vgl. Tausch et al. 2011; Wright/Taylor/Moghaddam 1990). Schließlich müssen die potenziellen Teilnehmenden kollektiver Aktivitäten ein gemeinsames Interesse haben oder eine Ideologie miteinander teilen als auch zum Handeln mobilisiert werden (siehe auch Klandermans/Oegema 1987): „people need to *sympathize* with the cause, need to *know* about the upcoming event, must *want* to participate and they must be *able* to participate" (2010, 7; Hervorhebungen im Original).

Zur Bedeutung kollektiver Identitäten für (kollektives) Handeln

Dual-pathway model of collective action. Mit spezifischem Blick auf kollektive Identitäten sollen zwei empirisch bewährte Modelle kurz umrissen werden. Dabei handelt es sich zunächst um das *dual-pathway model of collective action* (Stürmer/Simon 2004a). In soziologischen Untersuchungen sozialer Bewegungen wird hauptsächlich auf selektive Anreize fokussiert, um das Kollektivgüterproblem zu überwinden. Kollektive Identitäten stehen dabei oft nur bedingt im Fokus der Aufmerksamkeit. Doch bereits Simon und Kollegen (1998) stellen fest, dass neben kollektiven, normativen sowie Belohnungsmotiven kollektive Identifikationsprozesse einen unabhängigen Pfad zur Beteiligung an der entsprechenden sozialen Bewegung darstellen. Stürmer und Simon (2004a) fassen schließlich den Forschungsstand zusammen und arbeiten Kosten-Nutzen-Kalkulationen auf der einen sowie kollektive Identifikationen auf der anderen Seite als zwei voneinander unabhängige Wege zu kollektivem Handeln heraus (vgl. auch Simon 2004, Kap. 7). Opp (2009) wiederum betrachtet kollektive Identitäten als selektive Anreize in einem rationalen Modell kollektiven Protests.

Mehrere Feld- und Experimentalstudien konnten letztlich zeigen, dass selektive Anreize einen Pfad zum kollektiven Handeln darstellen, welcher ergänzt wird durch einen zweiten Pfad über die kollektive Identifikation – und zwar die Identifikation mit einer spezifischen Bewegung. Eine weniger spezifische Identifikation mit der benachteiligten Gruppe im Allgemeinen hatte dagegen keine unmittelbare Bedeutung für die Bereitschaft zu sowie für tatsächliches kollektives Handeln, wurde allerdings über die Identifikation mit der konkreten Bewegung auf die Handlungsbereitschaft *mediiert* und ist somit nicht als unbedeutend anzusehen (vgl. Simon et al. 1998; Stürmer/Simon 2009). Diese Befunde wurden mehrfach sowie in inhaltlich voneinander verschiedenen Bereichen bestätigt (zusammenfassend Simon 2004).

Politicized collective identity. Ein anderes, insbesondere im Migrationskontext relevantes Modell, ist jenes der *politicized collective identity* (PCI; Simon/Klandermans 2001), welches die Rolle dualer Identitäten beachtet. Im PCI-Modell wird nicht von einer bipolaren Struktur ausgegangen, in welcher lediglich Eigen- und Fremdgruppen von Bedeutung sind. Vielmehr nehmen die Autoren eine triadische Struktur an, in welcher drei Elemente zentral sind: Erstens erfordert diese Form der Identität die Zugehörigkeit zu und Identifikation mit einer bestimmten Gruppe. Weiterhin muss eine (subjektive) Benachteiligung dieser Gruppe empfunden werden. Darüber hinaus kann eine PCI nur entstehen, wenn zugleich eine Fremdgruppe existiert, welche für diese unfaire Behandlung der Eigengruppe verantwortlich gemacht und dafür beschuldigt wird. Diese konflikthafte Beziehung zwischen Eigen- und Fremdgruppe ist in einen umfassenderen, soziopolitischen Kontext eingebettet, welcher die Regeln und Institutionen vorgibt, innerhalb welcher Konflikte auszutragen sind. Werden diese Regeln von den Mitgliedern der Eigengruppe akzeptiert, dann können Drittparteien (Gruppen, welche ursprünglich nichts mit diesem Konflikt zu tun haben; z. B. Öffentlichkeit, Medien) einbezogen und für die Position der eigenen Gruppe gewonnen werden, weil man auf einer inklusiveren Ebene „gleich" ist respektive derselben Gruppe angehört. Die Politisierung einer vorhandenen kollektiven Identität setzt demnach ein Mindestmaß an Identifikation mit der übergeordneten Gesellschaft voraus. Folglich handelt es sich bei einer politisierten kollektiven Identität um eine auf verschiedene Abstraktionsebenen eingebettete, *duale Identität*, deren Effekt auf soziopolitisches Handeln gegebenenfalls über ein kollektiv geteiltes Leid oder gemeinsamen Groll, kollektive Verärgerung sowie eine Fremdgruppenbeschuldigung mediiert wird. Außerdem postulieren Simon und Klandermans (2001), eine duale Identifikation führe zu Politisierung, nicht aber zu Radikalisierung (siehe dagegen Simon/Reichert/Grabow, under review).

Empirisch geprüft wurde das PCI-Modell in mehreren Studien. Zunächst konnten Simon und Ruhs (2008) in einer Fragebogenstudie mit Personen mit türkischer Migrationsgeschichte in

Deutschland zeigen, dass eine duale Identifikation sowohl mit Deutschland als auch gleichzeitig mit anderen Türken behaviorale Politisierung vorhersagt. Während in Querschnittanalysen gleichzeitig eine separatistische Identifikation signifikant und positiv mit der Bereitschaft zu soziopolitischer Aktivität zusammenhing, behielt in longitudinaler Perspektive ausschließlich eine duale Identifikation prognostischen Wert.

Auf ähnliche Weise konnten auch Simon und Grabow (2010) am Beispiel einer russlandstämmigen Stichprobe die positive Bedeutung dualer Identität nachweisen, welche jedoch nur Bestand hatte für Befragte, die ein hohes Maß geteilter Benachteiligung wahrnahmen. In einer weiteren Studie haben Simon und Reichert (2010) zeigen können, dass eine duale Identität bei Studierenden mit türkischer Migrationsgeschichte soziopolitisches Handeln vorhersagt. Allerdings ließ sich dieses Muster nicht für Studierende mit russischer Migrationsgeschichte nachweisen. Für diese fand sich dagegen ein negativer Zusammenhang zwischen dualer Identität und soziopolitischem Handeln bei Fehlen von geteiltem Groll. Dies ist durchaus modellkonform, da türkische Studierende generell eine signifikant höhere Benachteiligung wahrnehmen (siehe auch Simon/Ruhs 2008). Die theoretische Bedeutung von Wut oder Ärger als Pfad zu kollektivem Handeln hingegen konnte von dieser Forschergruppe bislang nicht empirisch belegt werden (vgl. Stürmer/Simon 2009).

Ruhs (2009) konnte in einer experimentellen Studie zeigen, dass Studierende, welche eine duale Identifikation sowohl mit dem eigenen Studienfach als auch mit der entsprechenden Hochschule aufwiesen, eher bereit waren, konstruktiv über ein Problem zu diskutieren, nichtnormativen Protest abzulehnen sowie sich mit Fremdgruppenmitgliedern auszutauschen (in einem zweiten Experiment ließ sich dies statistisch nicht absichern). In einem ergänzenden Feldexperiment fand Ruhs (2009) außerdem eine höhere Bereitschaft zur Beteiligung an kollektiven Protestaktionen sowie zum Einbezug von Drittparteien bei Studierenden, welche sich gleichzeitig mit der Eigengruppe (Studierende des gleichen Studienfachs) und einer übergeordneten sozialen Einheit (Studierende der Universität Kiel) identifizierten. Schließlich fand sie in der bei Simon und Ruhs (2008) beschriebenen Stichprobe einen positiven Effekt dualer Identität für die Bereitschaft, moderate Eigengruppen zu unterstützen (z. B. Türkische Gemeinde in Deutschland). Bezüglich der Unterstützung radikaler Organisationen der eigenen Gruppe ermittelte Ruhs (2009) dagegen lediglich für die Identifikation mit Deutschland einen negativen Zusammenhang. Gewalttätiger politischer Protest wurde ebenfalls nur über die Identifikation mit der übergeordneten sozialen Einheit (negativ) vorhergesagt.

Weitere Befunde zur Rolle ethnisch-kultureller und nationaler Identitäten. Zumeist werden jedoch lediglich nationale Identitäten, im Migrationskontext teilweise ergänzt um ethnisch-kulturelle Identitäten, in der Forschung berücksichtigt. Diesbezüglich finden Verba, Schlozman und Brady (1995) zwar keinen Zusammenhang zwischen der Zugehörigkeit zu einer ethnischen Gruppe und politischer Beteiligung. Verba und Nie (1972) dagegen können in ihrer Untersuchung zeigen, dass schwarze Amerikaner sich umso eher politisch beteiligen, je höher ihr Bewusstsein ist, der Gruppe der Schwarzen anzugehören. Obwohl beide Autoren argumentieren, dieser Zusammenhang beschränke sich auf kollektives Handeln, trifft dies nicht ausschließlich auf Aktionen zur Verbesserung der Lage der Schwarzen zu. Allerdings zeigt sich für die schwarze Minderheit eher im Bereich zivilen oder sozialen Engagements Aktivität, während sich Weiße eher im spezifisch politischen Bereich engagieren.

Shingles (1981) findet heraus, dass ein „schwarzes Bewusstsein" zu politischem Misstrauen beiträgt sowie subjektive politische Kompetenz fördert und auf diesem Weg politikbezogenes Handeln stärkt. Für benachteiligte weiße Amerikaner (z. D. Arbeitslose) findet sich ein analoger Zusammenhang nicht:

> The realization that the reason for black deprivation does not lie squarely on them has allowed many poor blacks to transfer the responsibility for poverty from themselves to society and to the most visible symbol of society, government. The result is a mentally healthier and politically more active black citizenry. (Shingles 1981, 89)

Durch die Möglichkeit, die Gesellschaft für die Misslage der Schwarzen verantwortlich zu machen, sind die Voraussetzungen für eine (normative) Politisierung gegeben.

Ähnlich können die oben angesprochenen Studien zusammengefasst werden: Die Identifikation mit der eigenen ethnisch-kulturellen Gruppe erhöht die (Bereitschaft zur) Beteiligung an (kollektiven) Protestaktionen (z. B. Klandermans/van der Toorn/van Stekelenburg 2008). Wahrgenommene Benachteiligung moderiert oder mediiert dabei teilweise die Bedeutung einer solchen Identifikation. Für Deutschland existieren zudem Befunde, wonach politisches Interesse mit zunehmender Identifikation mit der Aufnahmegesellschaft, vor allem aber mit einer dualen Identifikation bzw. einer bikulturellen Orientierung, zunimmt (vgl. Diehl/Urbahn 1999; Gille/Krüger 2000; Glatzer 2004).

In Bezug auf die Identifikation mit der übergeordneten Einheit (nationale Identifikation) liegen Studien vor, welche zugleich die Bedeutung von Patriotismus untersuchen (zusammenfassend Cohrs 2003, Kap. 3; 2005). So hängen etwa Aufmerksamkeit gegenüber bzw. Interesse für Politik als auch Wissen über aktuelle politische Themen positiv mit nationaler Identifikation oder „konstruktivem Patriotismus" zusammen (z. B. Huddy/Khatib 2007; Schatz/Staub/Lavine 1999). Dies ist konform zu den Annahmen von Visser, Holbrook und Krosnick (2008), eine soziale Identität präge die Einstellungen zu bestimmten Themen- oder Wissensbereichen und trage auf diesem Weg zum Erwerb einstellungsrelevanten Wissens bei, womit kognitive Politisierung und kollektive Identitäten zusammenhängen. Die Beteiligung an Wahlen (Huddy/Khatib 2007) sowie die Durchführung nichtelektoraler, legaler politischer Aktivitäten korreliert ebenfalls positiv mit nationaler Identifikation (vgl. Schatz/Staub/Lavine 1999). Die subjektiv wahrgenommene politische Selbstwirksamkeit (d. i. subjektive politische Kompetenz) hängt ebenfalls positiv mit nationaler Identifikation und konstruktivem Patriotismus zusammen (vgl. Cohrs 2003).

In einem konfliktbeladenen Kontext – Israelis bzw. Palästinenser in Israel – zeigt sich allerdings eine umso geringere Protestbereitschaft, je stärker die staatsbezogene Identifikation mit Israel ausgeprägt ist (vgl. Lowrance 2006). Je stärker dagegen eine oppositionelle Identifikation (d. h. je stärker palästinensisch statt israelisch), desto größer ist die Bereitschaft zum Protest. Auch in dieser Untersuchung hat das Ausmaß wahrgenommener Benachteiligung sowie Verärgerung der Eigengruppe Bedeutung im Prozess der Politisierung.

Chryssochoou und Lyons (2011) berichten, dass eine nationale Identifikation in Griechenland mit höherer Protestbeteiligung von Personen mit Migrationsgeschichte einhergeht; auch sind Diskriminierungswahrnehmung und die wahrgenommene Effektivität der Protestgruppierung bedeutsam. Allerdings finden die Autorinnen dieses Ergebnis nicht in Spanien, wo stattdessen eine ethnisch-kulturelle Identifikation die Bereitschaft zu politischem Handeln voraussagt. Für die Niederlande zeigt keine der gemessenen kollektiven Identifikationen einen statistisch bedeutsamen Effekt, doch spielt in allen Fällen die Wahrnehmung, zur Gesamtgesellschaft dazuzugehören, eine positive Rolle für die Beteiligungsbereitschaft.

Zusammenfassung

Es wurde deutlich, dass kollektive Identifikationen dann einen Vorhersagewert für (kollektives) Handeln haben, wenn es sich um die Identifikation mit einer subjektiv benachteiligten Gruppe handelt und diese Benachteiligung als ungerecht empfunden wird. Zudem ist es von Vorteil, wenn (kollektive) Beteiligungsformen als wirkungsvoll empfunden werden und das Gefühl besteht, auf diesem Weg die Situation der eigenen Gruppe tatsächlich zu verbessern. Es wurde weiter gezeigt, dass kollektive Identitäten einen eigenständigen, von Kosten-Nutzen-Kalkulationen sowie diversen Anreizen unabhängigen Pfad zu Politisierung darstellen. Außerdem kann eine duale Identifikation als politisierte kollektive Identität angesehen werden.

Ebenfalls interessant ist, dass kollektive Identitäten offenbar auch kognitive Politisierung begünstigen können. Oft wird jedoch nur auf nationale Identifikation sowie gegebenenfalls eine ethnisch-kulturelle Identifikation geblickt. Empirische Befunde legen nahe, dass durch eine nationale Identifikation ein allgemeines politisches Interesse gefördert wird. Dennoch ist anzunehmen, dass Interesse an politischen Themen mit konkretem Bezug zur ethnisch-kulturellen Eigengruppe bei Menschen mit Migrationsgeschichte ebenfalls das Interesse an derartigen Politiken fördert. Zudem begünstigen beide Formen anscheinend subjektive politische Kompetenz – bei ethnisch-kulturellen Minderheiten allerdings unter der Bedingung empfundener Benachteiligung.

Ein Ziel vorliegender Arbeit wird daher sein, verschiedene kollektive Identitäten hinsichtlich ihres prognostischen Wertes für politisches Interesse und subjektive politische Kompetenz zu untersuchen. Aufgrund rarer Forschung zu dieser Thematik werden ungerichtete Hypothesen geprüft und ganz allgemein angenommen, dass kollektive Identitäten kognitive Politisierung beeinflussen, ohne zu spezifizieren, welche kollektive Identifikation welchen Einfluss zeitigt. In Anlehnung an das Zweiwegemodell von Stürmer und Simon (2004a) sowie unter Berücksichtigung der obigen Ausführungen zu reflexiven versus affektiven Pfaden zu politischem Handeln liegt die Vermutung nahe, dass kollektive Identitäten ebenfalls einen automatisierten Prozess in Gang setzen. Möglicherweise hängen diese Identitäten folglich stärker mit politischem Interesse zusammen als mit subjektiver politischer Kompetenz.

2.4 Synthese: Zusammenfassung der Fragestellungen und Hypothesen

Im Sinne eines Handlungsmodells, welches zwischen spontan oder impulsiv ablaufenden Entscheidungsprozessen sowie reflektierten Entscheidungen unterscheidet, wird argumentiert, dass politisches Interesse als impulsiver Entscheidungspfad betrachtet werden kann, denn unsere Interessen strukturieren ohne großes Nachdenken den uns zur Verfügung stehenden Handlungsraum. Demgemäß sollte politisches Interesse bei weniger planungsintensiven Aufgaben oder Handlungen positiv entscheidend sein. Dagegen scheint es plausibel, subjektive politische Kompetenz als positive Determinante einer reflexiven Handlungsentscheidung anzusehen. Folglich kann subjektive politische Kompetenz als notwendig für solche Handlungen betrachtet werden, welche mehr Planung bzw. zeitlichen oder kognitiven

Aufwand erfordern. Allerdings sollte auch in diesem Fall politisches Interesse eine für politisches Handeln notwendige, nicht aber hinreichende Bedingung darstellen. Daher wird die Hypothese aufgestellt, dass politisches Interesse insbesondere unkonventionelle politische Handlungen vorhersagt, wohingegen die Beteiligung an konventionellen politischen Handlungen ergänzend umso wahrscheinlicher sein sollte, je höher die subjektive politische Kompetenz ausfällt.

Da allerdings politisches Wissen bzw. objektive politische Kompetenzen gleichfalls eine förderliche Rolle für behaviorale Politisierung spielen könnten, jene jedoch in einer Onlinestudie nicht valide messbar sind, soll eine ergänzende Studie erfassen, ob nicht die subjektive Kompetenz ein ausreichend guter Prädiktor politischen Handelns ist. Die Arbeitshypothese geht daher zunächst davon aus, objektives politisches Wissen hänge zwar positiv mit (intendiertem) politischem Handeln zusammen. Andererseits wird vermutet, dass dieser Zusammenhang unter Kontrolle auf das subjektive Kompetenzmaß verschwindet und der Beitrag objektiver Kompetenz(en) über die subjektive Einschätzung eigener politischer Kompetenz auf politisches Handeln mediiert wird. Da subjektive Einschätzungen aber offenbar nicht die Gesamtvarianz der objektiven Kompetenzen aufklären, scheint es allerdings durchaus möglich, dass subjektive und objektive Kompetenzen unabhängige Effekte auf behaviorale Politisierung haben.

Schließlich ist ein Anliegen, ergänzend zu den klassischen Prädiktoren von politischem Interesse und politischer Kompetenz auch sozialpsychologische Forschung zu berücksichtigen. Da jedoch für kognitive Politisierung kaum Befunde aus der sozialpsychologischen Identitätsforschung vorliegen, muss auf die Forschung zu politischem Handeln sowie der Beteiligung an sozialen Bewegungen zurückgegriffen werden. Dementsprechend ist anzunehmen, dass kollektive Identitäten auch auf kognitive Politisierung wirken und auf diesem Weg auch einen indirekten Einfluss auf politisches Handeln haben.

Allerdings ist nicht eindeutig zu klären, welche spezifischen Zusammenhänge zu erwarten sind, denn es gibt viele Befunde, wonach die Identifikation mit der benachteiligten Eigengruppe Politisierung begünstigt. Dementsprechend sollte eine ethnisch-kulturelle Identifikation mit Türken positiv mit kognitiver Politisierung zusammenhängen. Andererseits stellen einige Studien heraus, dass eine nationale Identifikation politisches Interesse begünstigt, teilweise auch politisches Wissen oder die wahrgenommene politische Kompetenz erhöht. Ob dies im Migrationskontext ebenfalls Geltung hat, ist ungewiss. Drittens kann mit dem Modell politisierter kollektiver Identität (Simon/Klandermans 2001) angenommen werden, dass es nicht eine nationale *oder* ethnisch-kulturelle Identifikation ist, welche (normative) Politisierung begünstigt. Vielmehr sollte eine gleichzeitige Identifikation mit der benachteiligten Eigengruppe sowie der übergeordneten gesellschaftlichen Gruppierung zu Politisierung beitragen. Da politisches Interesse und subjektive politische Kompetenz jeweils legales politisches Handeln vorhersagen, nicht jedoch illegale politische Beteiligung, wäre demnach eine dergestalt vorliegende Identität ebenfalls günstig für beide Variablen kognitiver Politisierung. Allerdings stellt sich auch die Frage, welche Bedeutung eine separatistische Identifikation mit der Eigengruppe in Abgrenzung zur Identifikation mit der inklusiveren Kategorie hat. Einerseits könnte Depolitisierung folgen – dies würde auf einen negativen Zusammenhang zwischen separatistischer Identifikation und kognitiver Politisierung hinweisen. Andererseits könnte eine starke Identifikation mit der benachteiligten Eigengruppe bei zugleich vorhandener Nichtidentifikation mit der übergeordneten Kategorie eine erhöhte Aufmerksamkeit für die politischen Prozesse, Strukturen oder Inhalte nach sich ziehen, weil diese relevant für die wahrgenommene Benachteiligung der eigenen Gruppe sind. Aus dieser Schwierigkeit, gerichtete Hypothesen für die verschiedenen kollektiven Identitäten aufzustellen, sollen ungerichtete Hypothesen von explorierendem Charakter genügen: Es wird lediglich unspezifisch behauptet, dass kollektive Identitäten politisches Interesse und subjektive politische Kompetenz signifikant beeinflussen.

3 Methodisches Vorgehen

3.1 Rahmenforschungsprojekt und internetbasierte Datenerhebung

Das eigene Dissertationsvorhaben wurde im Kontext eines durch eine Einzelförderung der Deutschen Forschungsgemeinschaft (DFG) an Prof. Dr. Bernd Simon ermöglichten Forschungsprojektes realisiert (SI 428/13-3 und SI 428/13-4; siehe auch Grabow, in Vorbereitung; Simon/Reichert 2010; Simon/Reichert/Grabow, under review). Die Projektstudie war von Anbeginn als Onlinebefragung von Studierenden mit türkischer Migrationsgeschichte konzipiert (vgl. Simon 2007). Dementsprechend wurden Onlinefragebogen in Anlehnung an Simon und Ruhs (2008) sowie Simon und Grabow (2010) entwickelt und um Items ergänzt, welche für die eigenen Fragestellungen erforderlich waren, sodass die Datenerhebungen primär über internetbasierte, mit dem kostenfreien Programm LimeSurvey erstellten Fragebogen erfolgten (siehe Anlage A).

3.1.1 Zielpopulation

Im Rahmen dieses größeren Projektes „Sozialpsychologische Determinanten kollektiver Politisierung: Zur Rolle dualer Identifikation" stehen Studierende mit türkischer (als auch Studierende mit russischer) Migrationsgeschichte im Fokus, um die Befunde aus Simon und Ruhs (2008) sowie Simon und Grabow (2010) für die Subpopulation Studierender zu überprüfen. Die eigene Grundgesamtheit bilden demnach Studierende einer deutschen Hochschule, welche in der Türkei geboren wurden, die türkische Staatsbürgerschaft besitzen oder von denen mindestens ein Eltern- bzw. Großelternteil in der Türkei geboren wurde.

Studierende wurden als Untersuchungsgruppe ausgewählt, weil das universitäre Umfeld sowie das Studierendenleben eine Vielzahl von Gelegenheiten zu politischer Beteiligung bieten und Studierende gegenüber der Gesamtbevölkerung eine stärker politisch interessierte als auch engagierte Teilpopulation darstellen (z. B. Bargel 1994; Dippelhofer 2004; 2008; Glotz/Malanowski 1982; Peisert et al. 1981). Außerdem handelt es sich bei Studierenden innerhalb der Population von Menschen mit türkischer Migrationsgeschichte um eine überdurchschnittlich gebildete Teilgruppe. Sie können mit großer Wahrscheinlichkeit als die künftigen (sozioökonomischen wie politischen) Repräsentanten oder „Eliten" ihrer ethnischen Eigengruppe betrachtet werden (z. B. Dippelhofer 2008; Hartmann 2004; Hoffmann-Lange 1992; Simon 2007). Der damit verbundene, potenzielle Einfluss macht sie zu einer bedeutsamen Untersuchungsgruppe, da sie die Interessen ihrer Eigengruppe besonders effektiv vertreten als auch durchsetzen könnten und demnach Einsichten in Prozesse der Politisierung von Studierenden mit türkischer Migrationsgeschichte von großer gesellschaftlicher Relevanz sind. Wenngleich demgegenüber auch eine individualisierte statt politisierte Zukunftsstrategie verfolgt werden könnte, spricht dies für die Bedeutsamkeit der gewählten Untersuchungsgruppe, zumal gerade Menschen mit türkischer Migrationsgeschichte in

Deutschland nur unzureichend in Bereiche der höheren Bildung integriert sind, was ein möglicher Anstoß von Politisierungsprozessen sein dürfte.

3.1.2 Stichprobenrekrutierung

Die Rekrutierung von Teilnehmenden für die longitudinale Projektstudie erfolgte auf vielfältigen Wegen über das gesamte Bundesgebiet. Hierzu wurden passive und aktive sowie Offline-Auswahlverfahren miteinander verbunden (siehe auch Kap. 3.1.3). Einbezogen wurden *Bildungsausländer* (d. h. an deutschen Hochschulen studierende Personen mit türkischer Staatsbürgerschaft, aber ohne deutschen Pass und ohne deutsche Hochschulzugangsberechtigung), *Bildungsinländer* (d. h. an deutschen Hochschulen Studierende mit türkischer Staatsbürgerschaft und ohne deutschen Pass, aber mit deutscher Hochschulzugangsberechtigung) sowie *Deutsche mit Migrationsgeschichte im weiteren Sinne* (d. h. Studierende mit doppelter [deutscher sowie türkischer] Staatsbürgerschaft bzw. eingebürgerte deutsche Studierende mit vormals türkischer Staatsbürgerschaft oder Studierende mit deutschem Pass, aber eingewanderten [Groß-]Eltern). Zur Erreichung der Population wurden vor allem jene Studienorte fixiert, an welchen gemäß den Angaben der jeweiligen Hochschulen (via Webseite ermittelt oder über Telefonate erfragt) besonders viele Studierende mit türkischer Migrationsgeschichte studierten.

Einige der auf diese Weise kontaktierten Universitäten sowie zwei Fachhochschulen waren bereit, per Email oder via Briefpost einen Link auf unseren ersten Onlinefragebogen zu versenden. Teilweise wurden alle Studierenden der betreffenden Hochschulen angeschrieben, während andernteils ausschließlich Studierende mit einer projektrelevanten Staatsbürgerschaft kontaktiert wurden. Da es nicht überall möglich war, die Studierenden über einen Email-Verteiler zu erreichen, wurden mancherorts in Lehrveranstaltungen Email-Adressen von untersuchungsrelevanten Studierenden gesammelt und diese Personen anschließend kontaktiert. Ebenfalls wurde der Link von einigen Migrantenorganisationen weitergeleitet, es wurde über Aushänge auf die Studie aufmerksam gemacht und es konnten die Teilnehmenden den Link zur ersten Befragung an relevante Personen weiterleiten (Schneeballsystem).

Allen Studierenden wurde stets volle Anonymität sowie die Einhaltung des Datenschutzes zugesichert. Die Teilnahme war vollständig freiwillig, wobei verschiedene Anreizformen zur Teilnahmegewinnung eingesetzt wurden und den Studierenden zugesichert wurde, auf Wunsch nach Projektabschluss einen Ergebnisbericht zu erhalten. Während der Beantwortung konnte der Fragebogen jederzeit abgebrochen oder zwischenzeitlich unterbrochen werden. Am Ende und getrennt von der ersten Datenerhebung hatten die Befragten zudem die Möglichkeit, in einem Formular ihre Kontaktdaten zu hinterlassen. Auf diese Weise entstand ein Onlinepanel und es wurde möglich, einen Teil der Befragten in Form eines geschlossenen Kreises von Teilnehmenden für weitere Messungen zu kontaktieren. Von derselben Person zu verschiedenen Messzeitpunkten bearbeitete Fragebogen wurden einander über einen personalisierten Code, bestehend aus drei Buchstaben und zwei Ziffern, zugeordnet[14].

Nicht in der Stichprobe berücksichtigt wurden Personen, welche sich explizit als Angehörige der kurdischen Minderheit zu erkennen gaben, da diese Teilgruppe gegenüber Menschen mit

---

[14] Dieser setzte sich zusammen aus dem zweiten Buchstaben des eigenen Vornamens, dem zweiten Buchstaben des Vornamens der Mutter, dem zweiten Buchstaben des Vornamens des Vaters und dem Kalendertag der eigenen Geburt. Zur korrekten Fallzuordnung wurden zudem soziodemografische Angaben berücksichtigt.

türkischer Migrationsgeschichte als different zu betrachten ist. Weiterhin ausgeschlossen wurden Nichtstudierende und Personen, die nachweislich vor der ersten Datenerhebung ein erstes Studium abgeschlossen hatten (z. D. Promovenden) sowie Studierende, welche sich während der ersten Messung in einem Auslandssemester oder -studium befanden.

3.1.3 Vorteile, Nachteile und kritische Punkte der Onlinemethode

Vorteile von Onlinestudien. Einige Facetten der Datenerhebung, die vorwiegend mit dem Onlineaspekt des Erhebungsinstrumentes zusammenhängen, sollen kurz diskutiert werden, da Onlineforschung zwar immer geläufiger wird, dennoch aber nicht unkritisch zu betrachten ist (vgl. im Folgenden Döring 2003; Dzeyk 2001; Gosling et al. 2004; Reips 2002; Thielsch 2008). Die Vorteile des gewählten Onlineverfahrens liegen zunächst in geringeren finanziellen Kosten (Druck- und Portokosten) als auch einem geringeren zeitlichen Aufwand (keine Kodierung der Fragebogen nötig, manuelle Dateneingaben entfallen). Ebenfalls können Versuchsleitereffekte (wie etwa bei telefonischen Befragungen) oder Fehlerquellen bei der Dateneingabe ausgeschlossen werden, was für eine große Objektivität sowie Datenqualität spricht. Durch Freiwilligkeit und raumzeitliche Flexibilität der Teilnahme sowie die empfundene Anonymität dürfte eine höhere Akzeptanz der Studie bei den Befragten eintreten. Zudem können auf diese Weise gerade junge Menschen sowie schwer erreichbare Personenkreise angesprochen, somit die Heterogenität der Stichprobe erhöht und zügiger größere Stichproben erreicht werden, als in offline durchgeführten Befragungen, in welchen es auch nicht möglich ist, bestimmte, besonders forschungsrelevante Fragen als verpflichtend vorzugeben. Ferner unterscheiden sich an Befragungen teilnehmende Internetnutzer kaum von solchen, die nicht das Internet nutzen, zumal das Internet unter Studierenden heute zum Alltag gehört. Eine vergleichsweise größere ökologische Validität ist außerdem zu erwarten.

Nachteile und Repräsentativitätsproblematik. Diesen Vorteilen stehen jedoch auch Nachteile gegenüber. Dies betrifft zunächst die technische Ausstattung der Teilnehmenden, welche unter Umständen zu Problemen bei der Bearbeitung führen kann (fehlende Aktualität der Software, langsame Internetverbindung). Kritisch sind insbesondere Stichprobenauswahl und -zusammensetzung, da kaum kontrollierbar ist, wer an einer Onlinebefragung teilnimmt, weil kein Gesamtverzeichnis aller offiziell Studierenden existiert. Doch obwohl sich weniger als bei postalischen oder Telefonbefragungen kontrollieren lässt, dass Personen mehrfach an der Befragung teilnehmen[15], kommt dies in der Praxis offenbar kaum vor (vgl. Birnbaum 2004). Mehrfachteilnahmen scheinen zudem für die Qualität der Daten sowie die Befunde insgesamt ohne Bedeutung zu sein (vgl. Gosling et al. 2004; Srivastava et al. 2003). Das Problem der Mehrfachteilnahme sowie der unberechtigten Teilnahme wurde zudem durch intensive Nachbetrachtung der Daten mit großem Aufwand auf ein Minimum reduziert (bei Nacherhebungen zudem teilweise über personalisierte Links und einen geschlossenen Teilnahmekreis). Alles in allem sind Befunde aus Internetbefragungen daher mindestens genauso valide und belastbar, wie über traditionelle Verfahren gewonnene Daten (vgl. Gosling et al. 2004; Thielsch 2008; vgl. dagegen auch die Kritik von Baker et al. 2010).

---

[15] Daher wird als Bezeichner für die Stichprobengröße von Onlinestudien ein kleines n (Anzahl der Datensätze) anstatt eines großen N (Anzahl der Personen) verwendet (vgl. Thielsch 2008) und diese Bezeichnungsweise hier durchgehend angewandt; Variablen, Kennziffern und Fit-Maße sind zur Abhebung vom Text kursiv dargestellt.

Mängel in der Repräsentativität dürften außerdem aufgrund des Stichprobenverfahrens vorliegen, doch im Vergleich zur Gesamtbevölkerung ist für Studierende eine Repräsentativität (und damit externe Validität) erreichbar und sind die Verzerrungen, welche mit Nichtrepräsentativität einhergehen, für viele wissenschaftliche (insbesondere sozialpsychologische) Untersuchungen typisch. Dieses Problem trat vor allem wegen datenschutzrechtlicher sowie anderer Bedenken vieler Hochschulen auf. Dem konnte allerdings insoweit begegnet werden, als teilweise ganze „Klumpen" berücksichtigt wurden, da einige Universitäten allen Studierenden oder mindestens allen Studierenden mit türkischer Staatsbürgerschaft einen Link auf unsere Befragung zukommen ließen.

Der Einwand, mit dieser willkürlichen Stichprobe gehe eine fehlende Repräsentativität einher, kann weiter dadurch entkräftet werden, als dass das eigene Forschungsvorhaben nicht primär auf die populationsangemessene *Nachzeichnung* der Ausprägung von Einstellungen unter den Studierenden zielte, sondern auf das *Testen theoretischer Annahmen* in Bezug auf *Zusammenhänge* zwischen einzelnen Konstrukten sowie um die Exploration der diesen Beziehungen zugrunde liegenden *Mechanismen* (vgl. Brewer 2000; Zagefka/Nigbur 2009; siehe auch Baker et al. 2010; Reips 2002; Turner 1981; Visser/Krosnick/Lavrakas 2000). Wie bereits erwähnt, wurde außerdem viel getan, um möglichst alle relevanten Studierenden einzelner Hochschulen zu erreichen. Ferner lag im Panel ein geschlossener Kreis von Teilnehmenden vor und war die Beantwortung bestimmter Fragen obligatorisch.

Ethische Aspekte. Alle relevanten ethischen Standards wissenschaftlicher Forschung wurden eingehalten (vgl. im Folgenden Dzeyk 2001). Insbesondere wurde die essenzielle *juristische Norm* beachtet, da die Daten vollständig anonymisiert erhoben, der Datenschutz zugesichert als auch technisch und methodisch gewährleistet wurden. Ferner wurden die *konsensfähigen Normen* eingehalten, indem auf Freiwilligkeit der Teilnahme geachtet, die wissenschaftlichen Organisatoren namentlich ausgewiesen, einführende Hintergrundinformationen mitgeteilt sowie Angaben zu ungefährer Zeitdauer und Laufzeit der Untersuchung gegeben wurden. Außerdem war am Ende des Fragebogens eine Dankesformel enthalten und bestand die Möglichkeit, Kontakt zu den Organisatoren aufzunehmen. Über Pretests wurde abgesichert, dass Anweisungen im Fragebogen sowie Fragebogenitems verständlich formuliert waren. Die *kontroversen Normen* wurden insoweit beachtet, als über den Status der Autoren sowie über Geldgeber informiert und den Teilnehmenden angeboten wurde, einen Ergebnisbericht zu erhalten; Hintergrunddaten (z. B. über Cookies) wurden nicht aufgezeichnet.

3.2 Messung zentraler soziodemografischer Variablen

In allen Studien wurden soziodemografische Daten erhoben, welche teilweise durch Mehrfachmessungen miteinander verglichen sowie dadurch korrigiert werden konnten. Sofern nicht anders angegeben, lagen die im Folgenden benannten soziodemografischen Variablen für alle Haupterhebungen vor (vgl. Anlage A). Erfasst wurde neben dem Alter (über das Geburtsjahr) das Geschlecht (0 = weiblich/1 = männlich) sowie über Checkboxen, welche Staatsbürgerschaft(en) die Studierenden besaßen (0 = Staatsbürgerschaft nicht vorhanden/1 = Staatsbürgerschaft vorhanden). Ebenfalls wurden die Studierenden zur ersten Messung gefragt, ob sie bereits seit ihrer Geburt in Deutschland lebten (ja/nein). Bei Verneinung war auf einer 30-stufigen Skala (von „vor 1980" bis „2009") anzugeben, seit wann man bereits in Deutschland lebte. Auf der Basis dieser Antworten sowie des Lebensalters wurde die prozentual in Deutschland verbrachte Lebenszeit berechnet.

Die Einnahmen der Studierenden wurden in den ersten beiden Erhebungen über eine 41-stufige Skala erfasst, welche in 50-Euro-Schritten von „0 bis 50 Euro" bis „mehr als 2000 Euro" reichte. Allerdings variierte die Frageformulierung leicht, wie aus Anlage A ersichtlich wird. Schließlich wurden die Teilnehmenden zur ersten und zur dritten Messung gebeten anzugeben, wie gut sie die deutsche Sprache beherrschen (fünfstufige Skala: 0 = sehr schlecht … 4 = sehr gut). Darüber hinaus erfasste soziodemografische Informationen waren im Rahmen der eigenen Untersuchung von nachgeordneter Bedeutung.

3.3 Datenerhebungen, Stichprobenzusammensetzungen und Operationalisierungen der abhängigen und unabhängigen Variablen

3.3.1 Erster Erhebungszeitpunkt: Messung der Prädiktorvariablen (t_1: 2009)

Die erste Datenerhebung t_1 (Fragebogen in Anlage A–1) wurde am 8. Juli 2009 aktiviert und am 15. Januar 2010 deaktiviert. Unter allen Teilnehmenden wurden 30mal 50 Euro verlost.

3.3.1.1 Soziodemografische Merkmale

Insgesamt konnten über die in Abschnitt 3.1.2 geschilderten Vorgehensweisen $n = 463$ Studierende mit türkischer Migrationsgeschichte zur Teilnahme motiviert werden[16]. Im Mittel waren die Teilnehmenden zum Zeitpunkt der ersten Befragung 25 Jahre alt ($SD = 4.57$), wobei die Altersspanne von 18 bis 50 Jahre reichte[17]. Mehrheitlich waren die Befragten weiblich (59% gegenüber 41% männlichen Studierenden)[18]. Die durchschnittlich zur Verfügung stehenden monatlichen Einnahmen beliefen sich auf 452 Euro ($SD = 396$). Von den Befragten verfügten 55 Prozent ausschließlich über die türkische Staatsbürgerschaft, 35 Prozent hatten nur die deutsche Staatsbürgerschaft und ein kleiner Teil von 10 Prozent war im Besitz der doppelten Staatsbürgerschaft. In der Stichprobe befanden sich sowohl Personen, die erst 2009 nach Deutschland gekommen waren, als auch Studierende, welche bereits das gesamte Leben in Deutschland verbracht hatten, wobei die Befragten durchschnittlich 84 Prozent ihres Lebens in Deutschland lebten ($SD = 30$). Die subjektiven deutschen Sprachkenntnisse waren mit einem Mittelwert von 3.72 ($SD = 0.64$) sehr gut, wenngleich eine Min-

---

[16] Nicht berücksichtigt wurden nicht abgeschlossene Fragebogen, da die zugehörigen Personen nicht zu ergänzenden Befragungen kontaktiert werden konnten und deren Daten somit für longitudinale Analysen nicht brauchbar waren. Außerdem wurde eine dieser 463 Personen erst im Frühjahr 2010 zur Teilnahme gewonnen.

[17] Im Übrigen befand sich mindestens die Hälfte der Befragten noch vor dem fünften Studiensemester des (ersten) Hauptfaches ($Mdn = 4$) bei einer Spannweite vom ersten bis achtzehnten Studiensemester; die meisten Befragten waren Studienanfänger (22%), im dritten (17%) oder im fünften Semester (11%).

[18] Aufgrund fehlender oder widersprüchlicher Angaben kann es vorkommen, dass sich die berichteten Anteile nicht auf 100 Prozent summieren – fehlende Werte werden im Folgenden nicht explizit ausgewiesen. Außerdem können Summen rundungsbedingt mitunter auch mehr als 100 Prozent betragen.

derheit von fünf Prozent einen Wert kleiner oder gleich dem Skalenmittelpunkt von zwei und folglich angab, über höchstens durchschnittliche deutsche Sprachkenntnisse zu verfügen.

3.3.1.2   Prädiktoren und Kontrollen zu t_1

Unter Verwendung einer fünfstufigen Skala und der Frage: „Wie stark interessieren Sie sich für Politik?" (0 = überhaupt nicht ... 4 = sehr stark), wurde das *politische Interesse* gemessen (z. B. Maier 2000). Wenngleich ein einziges Item zur Messung einer zentralen Variablen bedenklich scheinen mag, so ist es doch üblich, dieses Item als einzigen Indikator für politisches Interesse zu erfassen (vgl. Steinbrecher 2009, Anlage B; siehe aber auch die Diskussion bei van Deth 1990). Dieses Einzelitem ist einerseits umfassend erprobt und validiert (vgl. Grob/Maag Merki 2001). Andererseits konnten Otto und Bacherle (2011) für einen Kurzindex zur Messung politischen Interesses im Vergleich zu der Ein-Item-Messung feststellen, dass beide Maße zu gleichen Ergebnissen führen. Der einzige Vorteil eines Mehr-Item-Indexes für politisches Interesse scheint darin zu liegen, aufgrund der reduzierten Messfehlervariabilität minimal größere Effektstärken zu erzielen. Aus ökonomischen Gründen war es allerdings sinnvoll, sich auf das eine, bereits bewährte Item zu stützen.

Subjektive politische Kompetenz wurde mit drei Items erhoben, welche anschließend zu einem Mittelwertindex zusammengefasst wurden (Cronbachs α = .85): „Wichtige politische Fragen kann ich gut verstehen und einschätzen.", „Ich weiß viel über Politik und politische Themen.", und „Ich traue mir zu, mich aktiv am politischen Geschehen zu beteiligen." Bei diesen Items handelte es sich um einen verkürzten Index aus der Teilstudie zu politischem Wissen (siehe Kap. 3.3.5.2). Die Befragten konnten ihre Antworten auf einer fünfstufigen Skala abstufen (0 = stimmt überhaupt nicht ... 4 = stimmt völlig). Sofern im Folgenden nichts anderes vermerkt wird, lag dieses Antwortformat zugrunde und wurde bei mehreren Items stets ein ungewichteter Mittelwertindex gebildet. Alle Mittelwerte, Standardabweichungen sowie Gütemaße können ferner *Tabelle 23* (Anlage B) entnommen werden.

Behaviorale Politisierungsmaße wurden entsprechend der in Kapitel 2.1.2.2 vorgeschlagenen Kategorisierung politischer Handlungen in verschiedenen Indizes zusammengefasst. Dabei wurde zunächst erfragt, ob die Teilnehmenden in der Vergangenheit an politischen Wahlen in Deutschland teilgenommen hatten (*Wahlbeteiligung*[19]; außerdem wurden alle Personen, welche nach dem 27. September 2009 teilnahmen, separat zu ihrer Beteiligung an dieser Bundestagswahl befragt). Darüber hinaus wurde den Befragten eine Liste mit politischen Aktivitäten präsentiert und sie sollten diejenigen Handlungen anklicken, welche sie bereits selbst ausgeführt hatten. Orientiert war die Auswahl der verschiedenen Beteiligungsformen an Items, wie sie in entsprechenden Erhebungen und Surveys geläufig sind (z. B. DJI/infas 2004; Shell Deutschland Holding 2006; 2010; Steinbrecher 2009, Anlage B). Es handelte sich um *konventionelle politische Handlungen* (einen Politiker kontaktieren, eine Wahlkampagne einer politischen Partei aktiv unterstützen, Aktivität in einer politischen Partei), *unkonventionelle politische Handlungen* (Beteiligung an einer Unterschriftenaktion, Engagement in einer Bürgerinitiative, Verteilung von Flugblättern mit politischem Inhalt, Produkt-

---

[19] Die erfasste Teilnahme an Wahlen bezog sich zwar nicht ausschließlich auf solche Wahlen, für welche der Besitz der deutschen Staatsbürgerschaft erforderlich ist. Da jedoch eine deutliche Diskrepanz zwischen Personen mit deutscher Staatsangehörigkeit und solchen ohne deutsche Staatsbürgerschaft bzgl. der Wahlbeteiligung existierte, wurden alle Analysen mit diesem Item für Personen durchgeführt, welche zu t_1 die deutsche Staatsbürgerschaft besaßen.

3.3 Datenerhebungen, Stichprobenzusammensetzungen und Operationalisierungen 51

boykott aus politischen oder ethischen Gründen, Teilnahme an einer genehmigten Demonstration) sowie *nichtlegale politische Handlungen* (politische Botschaften oder Graffiti auf Wände schreiben, an einer ungenehmigten Demonstration teilnehmen, eine Straße blockieren oder den öffentlichen Verkehr aufhalten, Besetzung von Häusern, Fabriken, Ämtern oder anderen Gebäuden, an einer gewaltsamen Demonstration teilnehmen, Beschädigung fremden Eigentums aus Protest). Aufgrund der Seltenheit nichtlegaler sowie konventioneller politischer Handlungen wurden für diese beiden Konstrukte dichotome Variablen gebildet (0 = keine Aktivität ausgeführt vs. 1 = mindestens eine der genannten Aktivitäten durchgeführt), sodass zusammen mit der Wahlbeteiligung insgesamt drei binäre Variablen für vergangene politische Beteiligung vorlagen. Die etwas häufigeren unkonventionellen Aktivitäten wurden aufsummiert zu einem (ordinalen) Summenindex, welcher in multiplen Regressionsanalysen trotzdem als Prädiktor verwendet werden konnte. Da Cronbachs Alpha bei dichotomen Items nicht einschlägig ist und es sich bei den theorieorientiert gebildeten Indizes nicht zwingend um homogene Konstrukte handeln musste, die Konstruktvalidität also keineswegs dadurch beeinflusst wurde, wird darauf nicht näher eingegangen (siehe auch Cronbach/Meehl 1955; Simon et al. 1998).

Darüber hinaus wurden die bereits erwähnten kollektiven Identitäten gemessen. Die Itemauswahl basierte auf den Vorarbeiten von Simon und Ruhs (2008) sowie Simon und Grabow (2010), in welchen sich die entsprechenden Items und Indizes bewährt hatten. Eine *Identifikation mit Deutschland* wurde über fünf Items erfasst: „Ich fühle mich stark mit Deutschland verbunden.", „In Deutschland zu leben ist ein wichtiger Bestandteil meiner Person.", „Im Allgemeinen bin ich froh darüber, in Deutschland zu leben.", „Ich identifiziere mich mit Deutschland.", sowie „Ich fühle mich als Teil der deutschen Gesellschaft." (Cronbachs α = .85). Die ethnisch-kulturelle *Identifikation mit Türken* wurde mithilfe von vier Items gemessen (Cronbachs α = .82): „Ich fühle mich stark mit anderen Türken verbunden.", „Türkischer Herkunft zu sein ist ein wichtiger Bestandteil meiner Person.", „Im Allgemeinen bin ich froh darüber, dass ich türkischer Herkunft bin.", und „Ich identifiziere mich mit anderen Türken." Zudem wurde eine *separatistische Identifikation* mit Türken in Abgrenzung zu Deutschland erhoben (Cronbachs α = .89). Dieser aus drei Items zusammengesetzte Index basierte auf zwei Items mit der üblichen Skalierung: „Ich fühle mich oft mehr türkisch als deutsch.", „Alles in allem fühle ich mich mehr türkisch als deutsch." Ein drittes Item wurde auf einer elfstufigen Skala erfasst, indem die Befragten angeben sollten: „Zu wie viel Prozent fühlen Sie sich türkisch, zu wie viel Prozent deutsch?" Ihnen wurde die Möglichkeit gegeben, ihre Antwort in Zehner-Schritten abzustufen, beginnend bei 100 Prozent türkisch und 0 Prozent deutsch bis hin zu 0 Prozent türkisch und 100 Prozent deutsch. Dieses Item wurde für die Indexbildung rekodiert und auf den entsprechenden Skalenbereich (0 bis 4) angepasst. Schließlich wurde eine *duale Identifikation* gemessen (Cronbachs α = .72). Die Items lauteten: „Ich fühle mich sowohl zu den Türken als auch zu den Deutschen zugehörig.", „Manchmal fühle ich mich mehr als Deutscher und manchmal mehr als Türke – das hängt von der Situation ab.", „Ich habe viele Ähnlichkeiten sowohl mit Deutschen als auch mit Türken.", und „Ich fühle mich sowohl in der türkischen als auch in der deutschen Kultur wohl."

3.3.1.3 Ergänzende Maße

Handlungsbereitschaften

Wie im theoretischen Teil bereits erwähnt, gelten Verhaltensintentionen als bedeutsame Prädiktoren tatsächlichen Verhaltens. Daher wurden Handlungsbereitschaften als potenzielle Mediatoren erfasst. Mit Ausnahme des Engagements in einer politischen Partei sowie den nichtlegalen Aktivitäten wurde für alle Handlungen nach der Bereitschaft gefragt, diese künftig auszuführen: „Welche dieser Möglichkeiten, in Deutschland politisch aktiv zu werden, werden Sie in der Zukunft vielleicht noch nutzen?" (fünfstufige Antwortskala: 0 = sicher nicht ... 4 = sicher) Die *Wahlbereitschaft*[20] wurde mit nur einem Item gemessen und für die *Bereitschaft zu konventionellen Handlungen* lagen zwei Items vor, welche hoch miteinander korrelierten ($r = .61$, $p < .001$). Der Index *Bereitschaft zu unkonventionellen Handlungen* mit fünf Items war als reliabel zu betrachten (Cronbachs $\alpha = .81$), sodass für die beiden letztgenannten Konstrukte jeweils Mittelwertindizes gebildet wurden.

Hinsichtlich der verbleibenden Aktivitäten wurde nach dem *Verständnis für nichtlegale politische Handlungen* gefragt: „Wie groß ist Ihr Verständnis dafür, dass Menschen so etwas tun?" (Antwortskala: 0 = habe dafür gar kein Verständnis ... 4 = habe dafür völliges Verständnis) Dieses Vorgehen wurde gewählt, weil Menschen nur eine geringe Bereitschaft aufweisen, nichtlegale Verhaltensweisen auszuführen, oder eine vorhandene Bereitschaft vermutlich eher nicht bekennen (vgl. Becker et al. 2011; Moskalenko/McCauley 2009). Auf diese Weise sollte eine Verzerrung zu sozial erwünschten Antworten reduziert werden. Der so gebildete Index wies ebenfalls eine hohe Messgüte auf (Cronbachs $\alpha = .87$).

Zudem wurde für die Handlungsintentionen einschließlich des Verständnisses für nichtlegale Aktivitäten eine Hauptkomponentenanalyse durchgeführt (aufgrund fehlender Intervallskalierung wurde eine solche Analyse nicht für die Vergangenheitsmaße politischen Handelns realisiert). Mit $KMO = .86$ eigneten sich die vorliegenden Variablen „meritorious" für eine Faktorenanalyse (Kaiser/Rice 1974, 112), sodass diese Analyse bedenkenlos realisiert werden konnte. Der „Knick" im Screeplot war dem dritten Eigenwert zuzuordnen, drei Eigenwerte waren zudem größer als eins ($\lambda_1 = 4.83$, $\lambda_2 = 2.66$, $\lambda_3 = 1.17$). Ein Drei-Faktoren-Modell erklärte 62 Prozent der Varianz aller Variablen. Ein Vier-Faktoren-Modell erklärte dagegen zwei Drittel der Gesamtvariabilität (68%, $\lambda_4 = 0.88$). Da die auf diese Weise mittels Varimax-Rotation explorierten Komponenten exakt der theoretisch abgeleiteten Dimensionalisierung entsprachen (Wahlbereitschaft, Bereitschaft zu konventionellem Handeln, Bereitschaft zu unkonventionellem Handeln, Verständnis für nichtlegales Handeln) – das heißt alle Items wurden exakt so auf vier Komponenten verteilt, wie theoriebasiert postuliert (mit starken Faktorladungen: $as \geq .54$) –, konnte dieses Vier-Faktoren-Modell als empirisch zutreffend betrachtet werden[21]. Dies deutete aus empirischer Sicht ebenfalls auf die Sonderstellung elektoraler Beteiligung hin, zumal nicht alle Befragten das Wahlrecht hatten und andere

---

[20] Gefragt wurde hinsichtlich der Bereitschaft zur Teilnahme an politischen Wahlen mit dem Hinweis, diese Frage unter der Annahme zu beantworten, man besitze das Wahlrecht in Deutschland.

[21] Der Ausschluss der Wahlbereitschaft – welche auch deswegen eine Sonderstellung einnimmt, weil Menschen mit türkischer Migrationsgeschichte von vielen elektoralen Beteiligungsmöglichkeiten ausgeschlossen sind – führte dagegen zu einem Drei-Faktoren-Modell ($KMO = .86$, 65% Varianzaufklärung durch Komponenten mit einem Eigenwert $\lambda_i > 1$). Der Screeplot ließ eine Entscheidung sowohl für zwei als auch für drei Faktoren zu.

politische Wahlen (z. B. Wahlen zu Ausländerbeiräten) vermutlich weniger bekannt sind und seltener genutzt werden.

Weitere Variablen

Es wurde bereits erwähnt, dass Religiosität und kollektive Identitäten Überschneidungspunkte haben können. Diese Annahme ist insbesondere bei Personen mit türkischer Migrationsgeschichte plausibel, da ein großer Teil dieser Menschen Muslime sind. Daher wurde das Ausmaß an *Religiosität* als Kontrollvariable erhoben. Verwendung fanden zwei Items, welche in Vorgängerstudien erprobt wurden (siehe Simon/Grabow 2010; Simon/Ruhs 2008): „Ich bin ein religiöser Mensch.", „Mein Glaube ist mir wichtig." ($r = .82, p < .001$)

Entsprechend der theoretischen Hintergrundannahme, dass die Wahrnehmung kollektiver Benachteiligung, Verärgerung über diese Ungerechtigkeit sowie die Attribuierung der Schuld zu einer Fremdgruppe (im vorliegenden Fall: den Deutschen) wichtig für das Zustandekommen des Zusammenhangs zwischen kollektiver Identifikation und Politisierung sind, wurden diese ebenfalls gemessen (vgl. Simon/Grabow 2010; Simon/Ruhs 2008). Es lagen vier Items vor, welche aus pragmatischen Gründen zu einem Index *kollektive Marginalisierung* zusammengefasst wurden (Cronbachs $\alpha = .85$): „Ich bin über die Behandlung der Türken in Deutschland verärgert.", „Die Benachteiligung der hier lebenden Türken macht mich oft wütend.", „Wenn es nach einigen Deutschen ginge, würden die Rechte der hier lebenden Türken weiter eingeschränkt.", sowie „Türken werden in Deutschland oft schlecht behandelt." Ebenfalls gemessen wurde *kollektive Effektivität* über die Items „Ich glaube, dass die hier lebenden Türken Einfluss auf politische Entscheidungen in Deutschland nehmen können.", und „Wenn die in Deutschland lebenden Türken als Gruppe auftreten, können sie ihre Benachteiligung erfolgreich bekämpfen." ($r = .33, p < .001$; vgl. Simon/Grabow 2010; Simon/Ruhs 2008).

In Anlehnung an die klassischen Sozialkapitalansätze wurde schließlich erfragt, wie viele *Bekannte in deutschen Vereinen* („Gibt es in Ihrem Umfeld – unter Ihren Verwandten, Freunden und guten Bekannten – Personen, die sich in deutschen Vereinen oder Organisationen engagieren?") beziehungsweise wie viele *Bekannte in türkischen Vereinen* („Gibt es in Ihrem Umfeld – unter Ihren Verwandten, Freunden und guten Bekannten – Personen, die sich in türkischen Vereinen oder Organisationen engagieren?") aktiv waren (fünf Antwortmöglichkeiten, skaliert von 0 bis 4: keine – wenige – einige – viele – sehr viele; vgl. Galonska/Berger/Koopmans 2004).

3.3.2 Zweiter Erhebungszeitpunkt: Messung erster Kriteriumsvariablen (t_2: 2010)

Viereinhalb Monate nach Beendigung der ersten Datenerhebung wurden 2010 erste Kriterien gemessen (t_2; Fragebogen in Anlage A–2). Hierzu wurden am 1. Juni 2010 an alle Personen, welche nach Erhebung der Prädiktoren ihre Kontaktdaten hinterlassen hatten, Emails mit je einem personalisierten Link auf die Onlinebefragung verschickt. Personalisierte Links heben keineswegs die Anonymität der Befragten auf, sondern sie verhindern, dass ein Link mehrfach verwendet wird, und bleiben nur so lange gültig, wie eine Befragung offen ist und der Fragebogen nicht vollständig ausgefüllt wurde. Alle Teilnehmenden der Zielgruppen erhielten einen Amazon-Gutschein über 15 Euro. Um möglichst viele Studierende zur Wiederteilnahme zu bewegen, wurden mehrfach Erinnerungsmails an Adressen mit noch nicht deaktivierten Links verschickt. Außerdem wurden zusätzliche zwischenzeitliche Anreize geboten: Unter einem Teil der Befragten wurden ergänzend 15mal 100 Euro verlost; telefonisch kontaktierte Personen erhielten für Ihre Teilnahme einen Gutschein über 20 Euro.

Abgeschlossen wurde diese Datenerhebung am 16. August 2010. Insgesamt nahmen $n = 181$ Befragte aus t_1 an der Befragung zu t_2 teil. Dies entsprach einer Wiederbeteiligungsrate von 39 Prozent, welche als akzeptabel betrachtet werden konnte, zumal sie beispielsweise höher ausfiel als die Rücklaufquote von 32 Prozent, welche bei der 19. Sozialerhebung des Deutschen Studentenwerkes erzielt wurde (vgl. Isserstedt et al. 2010, 43f.). Die minimale Zeitspanne zwischen erster und zweiter Messung lag bei 158 Tagen, während die maximal vergangene Zeit zwischen beiden Datenerhebungen 386 Tage betrug ($M = 270$, $SD = 51$).

3.3.2.1 Soziodemografische Merkmale

Zur zweiten Datenerhebung waren die Studierenden im Mittel 25 Jahre alt ($SD = 4.18$), wobei die Altersspanne ein Jahr nach der ersten Befragung von 19 bis 47 Jahre reichte. Der Frauenanteil war mit 61 Prozent minimal höher als zu t_1 (39% Männer). Durchschnittlich standen den Befragten 565 Euro monatlich zur Verfügung ($SD = 390$). Die Hälfte der Teilnehmenden besaß 2010 nur die türkische Staatsbürgerschaft (51%), 42 Prozent verfügten nur über die deutsche Staatsbürgerschaft und ein geringer Anteil von sieben Prozent hatte sowohl die deutsche als auch die türkische Staatsbürgerschaft inne. Zu dieser Befragung hatten die Beteiligten im Durchschnitt 87 Prozent ihres Lebens in Deutschland verbracht ($SD = 28$), wobei die Spanne von einem Jahr Aufenthalt bis zum gesamten Leben reichte. Die zu t_1 gemessenen, subjektiven deutschen Sprachkenntnisse waren erneut sehr gut ($M = 3.80$, $SD = 0.52$), allerdings zeigte sich auch, dass – bezogen auf die Maße der ersten Datenerhebung – ausschließlich diese Variable mit der Wiederbeteiligungsentscheidung der Befragten zusammenhing: Teilnehmende an t_2 hatten zu t_1 eine signifikant bessere deutsche Sprachkenntnis als Personen, welche an der zweiten Datenerhebung nicht mehr teilnahmen ($M_1 = 3.80$ vs. $M_0 = 3.67$; $t_{452} = -2.29$, $p = .023$, $d = -0.22$, ungleiche Varianzen)[22,23].

3.3.2.2 Kriterien und wiederholt gemessene Prädiktoren/Kontrollen zu t_2

Im Fragebogen der t_2-Datenerhebung waren erneut dieselben Items zur Messung von politischem Interesse sowie subjektiver politischer Kompetenz enthalten. Ebenfalls wurden alle alle vier Identifikationen mit denselben Items erfasst. Lediglich hinsichtlich der behavioralen Maße wurden Anpassungen vorgenommen: Der Index für konventionelles politisches Handeln wurde sowohl bezüglich vergangener als auch intendierter Beteiligung um die Mitarbeit in einem politischen Ausschuss oder Arbeitskreis ergänzt. Ferner wurde den Befragten im Falle der Nichtbeteiligung an politischen Wahlen in Deutschland im Jahr 2010 die Frage gestellt, aus welchen Gründen sie nicht gewählt hatten. Insbesondere konnten die Teilnehmenden angeben, dass im angegebenen Zeitraum keine Wahlen in ihrem Einzugsgebiet statt-

---

[22] Alle Dummy-Variablen für eine Wiederbeteiligung wurden mit 0 kodiert im Fall der Nichtteilnahme und mit 1 für Personen, welche sowohl an der ersten als auch an der entsprechenden Nacherhebung teilnahmen.

[23] Soweit nicht anders vermerkt, lag jeweils ein Signifikanzniveau von $\alpha = .05$ zugrunde (zweiseitige Testungen).

3.3 Datenerhebungen, Stichprobenzusammensetzungen und Operationalisierungen

gefunden hatten oder dass sie kein Wahlrecht für politische Wahlen besaßen[24]. Außerdem wurde in Bezug auf vergangenes Verhalten danach gefragt, ob die Befragten an den erfassten Aktivitäten im Jahr 2010 daran teilgenommen hatten, um Überlappungen mit der ersten Datenerhebung zu vermeiden. Ergänzend wurden erneut kollektive Marginalisierung sowie kollektive Effektivität erfasst. Die Güte aller Indizes konnte als gut bezeichnet werden (siehe *Tabelle 24* in Anlage B für deskriptive Statistiken und Gütemaße der Indizes aus t_2).

3.3.3 Dritter Erhebungszeitpunkt: Wiederholte Messung der Kriterien (t_3: 2011)

Etwa ein Jahr später wurden die Kriterien wiederholt gemessen (t_3; Fragebogen in Anlage A–3), um Befunde auf der Basis eines längeren Zeitraumes zu prüfen und statistisch abzusichern sowie teilweise zur nachgelagerten Validierung von Indizes. Hierzu erhielten am 30. August 2011 alle Personen, welche nach Erhebung der Prädiktoren (t_1) ihre Kontaktdaten hinterlassen und der Kontaktierung zu weiteren Befragungen zwischenzeitlich nicht widersprochen hatten, erneut Emails mit dem Link auf die Onlinebefragung. Unter den ersten 100 Befragten wurden zehnmal 50 Euro verlost, während die verbleibenden Teilnehmenden an einer Verlosung von 25mal 20 Euro teilnahmen. Um möglichst viele Studierende zur Wiederteilnahme zu bewegen, wurden zweimal Erinnerungsmails versandt. Beendet wurde die dritte umfassende Datenerhebung am 19. September 2011. In diesen knapp drei Wochen beteiligten sich $n = 92$ Befragte mit türkischer Migrationsgeschichte aus t_1. Die Wiederbeteiligungsrate von 20 Prozent konnte angesichts der kurzen Zeitspanne sowie dem Zweck dieser Messung, Befunde der vorherigen Erhebungen abzusichern, als passabel und zweckdienlich angesehen werden.

Die minimale Zeitspanne zwischen der ersten und der dritten Messung lag bei 502 Tagen, während die maximal vergangene Zeit zwischen t_1 und t_3 795 Tage betrug ($M = 713$, $SD = 54$). Für $n = 80$ dieser 92 Teilnehmenden lagen zudem Daten für den zweiten Messzeitpunkt vor. Berücksichtigte man ausschließlich jene Personen, welche zuvor bereits an t_1 sowie t_2 teilgenommen hatten, entsprach dies einer Wiederbeteiligung von 44 Prozent. Zwischen t_2 und t_3 lagen mindestens 219 Tage bzw. höchstens 468 Tage ($M = 439$, $SD = 31$).

3.3.3.1 Soziodemografische Merkmale

Im Jahr 2011 waren die Befragten durchschnittlich 26 Jahre alt ($SD = 4.69$); die Stichprobe bestand zu zwei Dritteln aus Frauen (68%). Ausschließlich die türkische Staatsbürgerschaft besaßen 48 Prozent der Befragten, ausschließlich deutsche Staatsangehörige waren 46 Prozent und eine Minderheit von sechs Prozent hatte die doppelte Staatsbürgerschaft. Bei einer Spannweite von vier Jahren bis zur gesamten Lebenszeit hatten die Befragten mittlerweile durchschnittlich 91 Prozent ihres Lebens in Deutschland gelebt ($SD = 24$). Diesmal zeigten das Geschlecht der Befragten sowie die prozentual in Deutschland verbrachte Lebenszeit einen statistisch bedeutsamen Zusammenhang zur Wiederbeteiligung: Teilnehmende hatten im Mittel mehr Zeit in Deutschland verbracht als Nichtteilnehmende (90% vs. 83%; $t_{161} = -2.28$, $p = .024$, $d = -0.27$, ungleiche Varianzen) und Männer nahmen eher nicht erneut

---

[24] Personen, die nicht an politischen Wahlen teilnahmen und zugleich eine dieser beiden Ursachen als Begründung anführten, wurden von Analysen mit dem Kriterium Wahlbeteiligung ausgeschlossen.

teil (43% Männer unter Nichtteilnehmenden vs. 32% männlichen Teilnehmern; $t_{146} = 2.18$, $p = .031$, $d = 0.25$, ungleiche Varianzen). Die Einnahmen wurden zu t_3 nicht gemessen[25], allerdings wurden demgegenüber die subjektiven deutschen Sprachkenntnisse erfasst: Bei einem Mittelwert von 3.80 konnte erneut von einer sehr guten Einschätzung der eigenen deutschen Sprachkenntnisse gesprochen werden ($SD = 0.48$).

3.3.3.2 Kriterien und ergänzende Variablen zu t_3

Erneut wurden 2011 die oben beschriebenen Kriterien erfasst, wobei aufgrund der erwarteten, geringen Wiederbeteiligungsrate zwecks Messfehlerreduktion für politisches Interesse ergänzend ein zweites Item erhoben wurde: „Ich interessiere mich für Politik." (0 = stimmt überhaupt nicht ... 4 = stimmt völlig) Dieses korrelierte stark mit dem Item „Wie stark interessieren Sie sich für Politik?" (0 = überhaupt nicht ... 4 = sehr stark) ($r = .83, p < .001$)[26]

Außerdem wurde für alle vergangenen Aktivitäten ergänzend erfasst, ob diese ausgeführt wurden, um etwas für die hier lebenden Türken zu tun, sofern zuvor angegeben worden war, dass eine entsprechende Handlung unternommen wurde. Diese Spezifizierungen waren auf die Forschung zu kollektiver Mobilisierung zurückzuführen, denn in aller Regel wirken kollektive Identitäten oder kollektives Ungerechtigkeitsempfinden insbesondere auf die Bereitschaft, sich zur Verbesserung der Situation der *eigenen Gruppe* einzusetzen. Dasselbe Vorgehen wurde daher für politisches Interesse und subjektive politische Kompetenz gewählt. Für inhaltsspezifisches politisches Interesse wurde hierzu ein ergänzendes Item gemessen: „Ich interessiere mich für Politik, die speziell Menschen mit türkischer Migrationsgeschichte betrifft." Der Index für inhaltsspezifische, subjektive politische Kompetenz dagegen setzte sich erneut aus drei Items zusammen: „Ich weiß viel über Politik und politische Themen, die speziell Menschen mit türkischer Migrationsgeschichte betreffen.", „Politische Fragen, die speziell Menschen mit türkischer Migrationsgeschichte betreffen, kann ich gut verstehen und einschätzen.", und „Ich traue mir zu, mich politisch aktiv für Menschen mit türkischer Migrationsgeschichte einzusetzen."

Wie *Tabelle 25* (Anlage B; siehe dort auch Mittelwerte, Standardabweichungen, Reliabilitätsmaße) entnommen werden kann, waren alle Indizes als mindestens hinreichend reliabel anzusehen. Dies traf ebenfalls auf die kollektiven Identifikationen zu, welche ergänzend zur Kausalitätsprüfung erneut erfasst wurden. Anzumerken ist allerdings, dass separatistische Identifikation ebenso wie duale Identifikation nur mit zwei Items gemessen wurde, da es sich nicht um zentrale Kriterien handelte. Für separatistische Identifikation wurde neben dem Item zur Abstufung des Zugehörigkeitsgefühls in prozentualen Schritten „Ich fühle mich oft mehr türkisch als deutsch.", vorgegeben. Für duale Identifikation konnten die Befragten „Ich fühle mich sowohl zu den Türken als auch zu den Deutschen zugehörig.", sowie „Manchmal fühle ich mich mehr als Deutscher und manchmal mehr als Türke – das hängt von der Situation ab.", beantworten. Diese Items wurden ausgewählt, da sie sich in der Vergangenheit besonders bewährt hatten.

---

[25] Bezogen auf die zu t_1 erfassten Einnahmen standen den 2011 erneut Befragten zur ersten Datenerhebung monatlich durchschnittlich 430 Euro zur Verfügung ($SD = 343$).

[26] Dieses ergänzende Item wurde in der Datenerhebung zur Bedeutung politischer Kompetenz (Abschnitt 3.3.5.2) bereits erprobt, wo sich eine hohe Korrelation zwischen diesen beiden Items fand ($r = .83, p < .001$).

3.3.4 Vorläufige Analysen zur Stichprobenbeschreibung

3.3.4.1 Unterschiede zwischen Einmal- und Mehrfachbefragten

Wiederbeteiligung zu t_2. Abgesehen von bereits berichteten Unterschieden auf soziodemografischen Variablen fanden sich auch hinsichtlich der Prädiktoren sowie der Kriterien Unterschiede zwischen Personen, welche an der zweiten Datenerhebung teilnahmen und jenen, die lediglich an der ersten Befragung teilgenommen hatten (zur Kodierung siehe Fußnote 22). Allerdings waren alle Effektstärken für Variablen mit statistisch signifikanten Unterschieden zwischen Einmal- und Wiederbefragten in ihren absoluten Größen nur von geringem Ausmaß (Beträge der Cohens $ds \leq 0.35$; vgl. zu Effektgrößen Cohen 1992[27]). Wenig überraschend nahmen vor allem solche Personen an der zweiten Messung teil, welche bereits zu t_1 über mehr ausgeführte politische Aktivitäten berichteten[28] sowie eine größere Bereitschaft bekundeten, sich zukünftig politisch zu beteiligen. Dies traf – mit Ausnahme der Wahlbeteiligung (die kleine Fallzahl sowie fehlende Variabilität zur ersten Messung ermöglichten kaum verlässliche Analysen) sowie der Ausführung konventioneller politischer Handlungen in der Vergangenheit – auf alle Verhaltensmaße zu.

Darüber hinaus zeigten sich gegenläufige Zusammenhänge für die Identifikation mit Deutschland sowie die Identifikation mit Türken: An t_2 beteiligte Personen identifizierten sich zur ersten Datenerhebung im Vergleich zu den nicht an der zweiten Befragung Beteiligten mehr mit Deutschland ($M_1 = 2.69$ vs. $M_0 = 2.45$, $t_{461} = -2.69$, $p = .007$, $d = -0.26$), aber weniger mit anderen Türken ($M_1 = 2.22$ vs. $M_0 = 2.41$, $t_{461} = 1.98$, $p = .049$, $d = 0.19$). Schließlich hatten die erneut zur Teilnahme gewonnenen Personen 2009 angegeben, signifikant weniger Bekannte in deutschen Vereinen oder Organisationen zu kennen, als die nicht zu t_2 Befragten ($M_1 = 1.45$ vs. $M_0 = 1.53$, $t_{410} = 2.18$, $p = .030$, $d = 0.21$). Weitere bedeutsame Differenzen ließen sich nicht feststellen.

Wiederbeteiligung zu t_3. Für alle beschriebenen, zur ersten Datenerhebung gemessenen Variablen wurde auch nach der dritten Datenerhebung geprüft, ob hinsichtlich dieser Maße statistisch bedeutsame Unterschiede existierten zwischen den zu t_1, aber nicht zu t_3 befragten Studierenden, und Personen, welche sowohl an der ersten als auch an der dritten Messung teilgenommen hatten. Erneut gab es kaum bedeutsame Differenzen ($|ds| < 0.37$). Wenngleich Wiederbefragte 2009 über mehr realisierte unkonventionelle politische Aktivitäten ($M_1 = 1.72$ vs. $M_0 = 1.37$, $t_{461} = -2.25$, $p = .025$, $d = -0.26$)[29], eine höhere Bereitschaft zur Ausführung solcher Handlungen ($M_1 = 2.30$ vs. $M_0 = 2.04$, $t_{446} = -1.99$, $p = .047$, $d = -0.24$) als auch ein größeres Verständnis für nichtlegale politische Beteiligung berichteten als Befragte, die an t_3 nicht teilnahmen ($M_1 = 1.23$ vs. $M_0 = 0.96$, $t_{456} = -2.21$, $p = .027$, $d = -0.26$), so waren die Effektgrößen gering. Dies traf ebenfalls auf die statistisch bedeutsamen Unterschiede hinsichtlich der Identifikation mit Deutschland ($M_1 = 2.82$ vs. $M_0 = 2.48$, $t_{461} = -3.17$, $p = .002$, $d = -0.37$) sowie der Identifikation mit Türken zu ($M_1 = 2.08$ vs. $M_0 = 2.40$, $t_{461} = 2.73$, $p = .007$, $d = 0.32$). Insgesamt kann somit festgehalten werden, dass offensichtlich keine entscheidende Verzerrung innerhalb der Panelstichprobe vorlag, wenn-

---

[27] Alle Cohens ds berechnet nach: $d = t * \sqrt{n_1 + n_2} / \sqrt{n_1 n_2}$ (vgl. Sedlmeier 1996, 54; nach Rosenthal/Rosnow 1991).

[28] Hinsichtlich des vergangenen, unkonventionellen politischen Handelns wies auch der Mann-Whitney-U-Test auf einen statistisch bedeutsamen Unterschied zwischen beiden Stichproben hin ($z = -2.98$, $p = .003$).

[29] Ebenfalls war dieser Unterschied im Mann-Whitney-U-Test statistisch bedeutsam ($z = -2.40$, $p = .016$).

gleich Mehrfach-Befragte (vor allem auf unkonventionelle Weise) politisch aktiver waren und sich mehr mit Deutschland, jedoch weniger mit der ethnisch kulturellen Eigengruppe identifizierten.

3.3.4.2 Verteilung zentraler Variablen

Erste Datenerhebung (t_1). Wie *Tabelle 23* entnommen werden kann, war lediglich die durchschnittliche Bereitschaft zu unkonventionellen politischen Handlungen nicht statistisch bedeutsam vom Skalenmittelpunkt verschieden (Skalenmitte zumeist 2, bei vergangenem Verhalten mehrheitlich 0.5)[30]. Sofern die Skalenmitte als Vergleichswert betrachtet werden darf, waren die Befragten erkennbar politisch interessiert und subjektiv kompetent. Die tatsächliche politische Aktivität war – abgesehen von der Wahlbeteiligung unter Personen mit Wahlrecht – eher gering, was allerdings keine Überraschung darstellte, da gemeinhin eine gesellschaftliche Minderheit politisch aktiv ist. Besonders konventionelle sowie nichtlegale Aktivitäten wurden relativ selten ausgeführt, was sich in den Handlungsbereitschaften widerspiegelte. Zwar wies die Identifikation mit Deutschland das höchste Ausmaß auf, allerdings lagen auch die anderen kollektiven Identitäten über dem Skalenmittelpunkt.

Erwartungsgemäß waren die Befragten in relativ hohem Maß religiös und wiesen eine hohe kollektive Marginalisierung von Türken in Deutschland auf. Gleichfalls nahmen sie eine recht hohe Effektivität kollektiven Handelns wahr. Bekannte in deutschen oder türkischen Vereinen respektive Organisationen waren ebenfalls in geringem Umfang vorhanden.

Zweite Datenerhebung (t_2). Aus *Tabelle 24* wird erkennbar, dass sich zu t_2 ausschließlich das Ausmaß an Religiosität nicht bedeutsam vom Skalenmittelpunkt unterschied. Es konnte erneut von einer politisch interessierten sowie subjektiv kompetenten Stichprobe die Rede sein. Die Wahlbeteiligung stellte eine rege genutzte Beteiligungsmöglichkeit dar, während konventionelle sowie nichtlegale politische Aktivitäten eher selten ausgeführt wurden, was sich in den Handlungsbereitschaften sowie einem geringen Verständnis für nichtlegales Handeln widerspiegelte. Kollektive Identifikationen befanden sich ebenfalls über dem Skalenmittelpunkt, wobei die Identifikation mit Deutschland das höchste und eine separatistische Identifikation das geringste Ausmaß annahm. Eine über dem Skalenmittelpunkt befindliche kollektive Marginalisierung ließ sich ebenso identifizieren, wie eine recht hohe kollektive Effektivität.

Dritte Datenerhebung (t_3). Tabelle 25 beinhaltet die deskriptiven Maße der zu t_3 erhobenen Variablen. Die kognitive Politisierung befand sich auf einem ähnlichen Niveau, wie schon zu t_2. Allerdings waren die Koeffizienten für realisiertes Verhalten fast durchgehend geringer. Dies ist möglicherweise darauf zurückzuführen, dass es trotz der längeren Zeitspanne zwischen t_2 und t_3 (im Vergleich zum zeitlichen Abstand zwischen t_1 und t_2) kein besonders politisiertes Klima in Deutschland gab, weil insbesondere die Studierendenproteste aus dem Herbst und Winter 2009/2010 weitgehend abgeflacht waren. Duale Identifikation sowie die Identifikation mit Deutschland nahmen das gleiche Ausmaß an und waren signifikant größer als der Skalenmittelpunkt. Die beiden anderen kollektiven Identitäten hingegen befanden sich nicht statistisch bedeutsam über dem Skalenmittelpunkt.

---

[30] Obschon unkonventionelles Handeln oft als ordinal skaliert eingesetzt wurde, ist es legitim, *t*-Tests oder Mittelwerte zu berechnen, zumal für andere Testverfahren kaum vergleichbare Effektgrößen existieren.

Abgesehen von den bereits erwähnten Variablen wurden explizit mit Bezug auf die Eigengruppe formulierte Politisierungsmaße erfasst. Da die Ausgangsbasis jener Personen, welche sich überhaupt politisch betätigt hatten, bereits gering war, traf dies erst recht auf Aktivitäten zu, welche mit dem Ziel ausgeführt wurden, speziell etwas für die in Deutschland lebenden Türken zu tun. Würden die Werte für vergangene politische Handlungen, deren Ziel es war/ist, etwas für Türken in Deutschland zu tun, auf der reduzierten Basis jener Befragten ermittelt, welche überhaupt angaben, sich aktiv auf eine jeweils entsprechende Weise politisch beteiligt zu haben, so wären die Anteile zwar größer (vgl. Anmerkung 5 in *Tabelle 25*). Auf der Basis einer solch kleinen Stichprobe ließen sich jedoch kaum mehr Regressionsanalysen durchführen. Außerdem war weniger das *Warum*, sondern vielmehr das *Ob* politischen Handelns mit spezifischem Bezug auf kollektive Ziele von Interesse, weswegen die größeren Ausgangsstichproben gewählt wurden (siehe auch Kap. 4.2.5).

Hinsichtlich aller Variablen konnte letztlich von einer Eignung zur Durchführung statistischer Analysen ausgegangen werden. Lediglich hinsichtlich der subjektiven deutschen Sprachkenntnisse und der Wahlbeteiligung, nichtlegalem Handeln sowie unter Umständen konventioneller politischer Aktivitäten war teilweise wenig Variabilität vorhanden. Sofern dies zu Schwierigkeiten führte, wird dies daher im Ergebnisbericht vermerkt.

3.3.4.3 Stabilität der erfassten Maße

Die bivariaten Produkt-Moment-Korrelationen der zur ersten Erhebung gemessenen Variablen mit ihren zur zweiten Befragung gemessenen Pendants waren, mit Ausnahme der tatsächlichen Wahlbeteiligung unter Wahlberechtigten ($r = .12$, $p = .381$) und dem realisierten nichtlegalen politischen Verhalten ($r = .22$, $p = .004$), alle höchst signifikant ($ps < .001$). Darüber hinaus waren die korrelativen Zusammenhänge weitgehend von starkem Ausmaß ($rs \geq .48$) – abgesehen von den mittleren Stabilitäten bei konventionellem Handeln ($r = .44$) und der Wahlbereitschaft ($r = .30$) (vgl. Cohen 1992).

Die Stabilitäten zwischen t_1 und t_3 waren alle mindestens hoch signifikant ($ps \leq .005$), wobei für die Wahlbeteiligung wohl aufgrund des geringen Stichprobenumfanges nur ein signifikanter Zusammenhang existierte ($r = .52$, $p = .011$). Mittlere Stabilitäten waren vor allem für die Verhaltensmaße (konventionelles Handeln sowie nichtlegales Handeln jeweils mit $r = .30$) sowie wahrgenommene kollektive Marginalisierung ($r = .44$) festzustellen. Alle anderen Zusammenhänge waren relativ stark ($rs \geq .46$).

Schließlich konnten die Stabilitäten der gemessenen Variablen auch zwischen der zweiten und dritten Messung als weitgehend akzeptabel betrachtet werden ($ps \leq .003$). Erneut weisen einige Verhaltensmaße nur mäßige Stabilitäten auf (konventionelles Handeln: $r = .40$; nichtlegales Handeln: $r = .33$). Für die restlichen relevanten Variablen waren die Zusammenhänge recht stark ($rs \geq .49$).

De facto konnte also weitgehend von Einstellungsstabilität gesprochen werden. Die teilweise mäßigen Korrelationen für realisiertes Verhalten waren wenig verwunderlich, da politisches Handeln auch Wissen über entsprechende Möglichkeiten, tatsächliche Gelegenheiten sowie gegebenenfalls das Wahlrecht zum Handeln voraussetzt. Darauf deuteten zudem die durchgehend hohen Stabilitäten der Verhaltensintentionen hin. In jedem Fall war davon auszugehen, dass für die erhobenen Maße zuverlässige Messungen vorgenommen wurden.

3.3.4.4 Zusammenfassung der Maße über Messzeitpunkte t_2 und t_3

Aufgrund der insgesamt relativ geringen und der soeben erwähnten teilweise mäßig stabilen Beteiligungsraten wurden ergänzend zu den Messzeitpunkt spezifischen Maßen für die tatsächlich ausgeführten politischen Handlungen binäre Maße gebildet, welche die Messungen t_2 und t_3 miteinander verbanden: Sofern Befragte zur zweiten oder dritten Datenerhebung angaben, im erfassten Zeitraum eine relevante politische Aktivität unternommen zu haben, so erhielt der jeweils entsprechende Index den Wert eins und andernfalls null. Auf diese Weise wurde der Handlungszeitraum verlängert und somit die Chance zu aktiver politischer Beteiligung erhöht (siehe auch Gaiser/Gille/de Rijke 2010).

Streng genommen dürfte nur auf das Panel von Personen zugegriffen werden, welche an allen drei Messungen befragt wurden (Drei-Wellen-Panel). Dies führte zu einer Reduzierung der Stichprobe auf $n = 80$, würde jedoch im Vergleich zu dem um die Stichprobe aus t_2 erweiterten t_3-Panel die Vermeidung zeitlicher Verzerrungen nach sich ziehen. Aus pragmatischen Gründen wurden daher nahezu alle Analysen mit den behavioralen Kriterien sowohl für den zweiten als auch für den dritten Messzeitpunkt separat durchgeführt. Ergänzend wurden Analysen mit der kleinen Drei-Wellen-Stichprobe und mit der um die zu t_2 befragten Personen erweiterten t_3-Stichprobe umgesetzt (welche im Fall der Wahlbeteiligung zugleich die Messung aus t_W berücksichtigte; vgl. Kap. 3.3.5.1)[31]. Der Vorteil letztgenannter Ergänzung lag darin, die Voraussetzungen zur Anwendung der statistischen Verfahren besser erfüllen zu können, da die Schiefe von Verteilungen korrigiert wurde. Außerdem konnten Analysen mit einer größeren Stichprobe durchgeführt werden, was ebenfalls zu einer höheren Zuverlässigkeit der eingesetzten statistischen Verfahren beigetragen haben sollte.

Tabelle 1: Zusammengefasste Indizes für vergangene politische Aktivitäten[1]

	Drei-Wellen-Panel			Erweitertes t_3-Panel			Mittelwertvergleich[2]	
	M	SD	n	M	SD	n	t-Wert	Cohens d
Wahlbeteiligung	82%	39	50	80%	40	105	0.48	0.09
Konventionelle Handlungen	34%	48	80	29%	46	186	1.22	0.18
Unkonventionelle Handlungen	69%	47	80	56%*	50	186	3.02	0.45[†]
Nichtlegale Handlungen	9%	28	80	9%	28	183	0.00	0.00

1 Prozentuale Anteile von Personen, die zwischen t_1 und t_3 mindestens eine entsprechende Handlung ausführten.
2 Verglichen wurden Mittelwerte des Drei-Wellen-Panels (Gruppenvariable = 0) mit Mittelwerten des um die zu allen drei Messungen beteiligten Personen *reduzierten* erweiterten t_3-Panels (Gruppenvariable = 1; Mittelwerte, Standardabweichungen und Varianzunterschiede nicht separat ausgewiesen).
* Mittelwert ist *nicht* signifikant vom *Skalenmittelpunkt* verschieden ($p < .05$, zweiseitige Testung).
Signifikante Mittelwertunterschiede sind wie folgt gekennzeichnet: [‡]: $p < .001$, [†]: $p < .01$, [¶]: $p < .05$.

Tabelle 1 gibt Aufschluss über die Verteilung der neu gebildeten Verhaltensmaße sowohl für die Drei-Wellen-Stichprobe als auch für die erweiterte Panelstichprobe. Der Tabelle ist auch zu entnehmen, dass zwischen Personen, welche an allen drei Messungen teilnahmen und jenen, welche entweder zu t_2 oder zu t_3 nicht befragt wurden, nur insofern ein signifikanter, mäßiger Unterschied bestand, als Letztere durchschnittlich weniger unkonventionell aktiv

---

[31] Diese zeitliche Verzerrung war ein wesentlicher Grund dafür, dass unkonventionelles politisches Handeln für Analysen mit dem Gesamtindex als binäres Maß anstelle einer ordinalen Variablen bevorzugt wurde, da eine Verzerrung umso größer ausfiele, je präziser das Maß skaliert würde.

waren. Somit war mindestens für die anderen Verhaltensvariablen bei Verwendung des erweiterten Panels keine Verzerrung zu erwarten.

Tabelle 2: Zusammengefasste Indizes für kognitive Politisierung[1]

	Drei-Wellen-Panel			Erweitertes t_3-Panel			Mittelwertvergleich[2]	
	M	SD	n	M	SD	n	t-Wert	Cohens d
Politisches Interesse	2.59	0.97	80	2.57	1.07	189	0.21	0.03
Subjektive polit. Kompetenz	2.48	0.90	80	2.47	0.92	186	0.15	0.02

1 Alle Mittelwerte signifikant vom Skalenmittelpunkt verschieden ($p < .05$, zweiseitige Testung).
2 Verglichen wurden Mittelwerte des Drei-Wellen-Panels (Gruppenvariable = 0) mit Mittelwerten des um die zu allen drei Messungen beteiligten Personen *reduzierten* erweiterten t_3-Panels (Gruppenvariable = 1; Mittelwerte, Standardabweichungen und Varianzunterschiede nicht separat ausgewiesen). Keine signifikanten Mittelwertunterschiede vorhanden ($ps \geq .833$).

Darüber hinaus wurden – analog zum soeben berichteten Vorgehen – sowohl für die um t_2 erweiterte Stichprobe aus t_3 als auch für das kleine Drei-Wellen-Panel in Bezug auf die allgemeinen Kriterien kognitiver Politisierung zusammengefasste Variablen gebildet. Personen, welche nur an einer der Messungen t_2 oder t_3 teilgenommen hatten, erhielten für politisches Interesse respektive subjektive politische Kompetenz den Wert aus der zugehörigen Befragung, während für Befragte, die an beiden Kriteriumsmessungen beteiligt waren, der Mittelwert dieser beiden Messungen gebildet wurde[32]. Die entsprechenden deskriptiven Statistiken sind *Tabelle 2* zu entnehmen. Bedeutsame Unterschiede zwischen beiden Panelstichproben waren nicht vorhanden.

3.3.5 Ergänzende Datenerhebungen

Neben diesen „Haupterhebungen" wurden weitere Messungen vorgenommen, um spezifischen Fragestellungen genauer nachgehen sowie Vergleiche zu anderen Studierendengruppen anstellen zu können. Andererseits bot sich im Rahmenprojekt eine Gelegenheit zur ergänzenden Datenerhebung, welche ebenfalls genutzt wurde.

3.3.5.1 Zwischenerhebung zur Vorhersage der Bundestagswahlbeteiligung

Am Sonntag, dem 27. September 2009, fanden in der Bundesrepublik Deutschland die Wahlen zum 17. Deutschen Bundestag statt. Im Oktober und November 2009 kulminierten zudem Bildungs- und Studierendenproteste auf einem Höhepunkt, sodass aufgrund dieses politisierten Klimas und der realen Gelegenheit zu politischem Handeln am 25. November 2009 eine kurze Zwischenerhebung durchgeführt wurde (t_W [W für „Wahl"]; Fragebogen in Anlage A–4). Zu dieser Befragung wurden nur Personen eingeladen, welche vor dem 5. Oktober 2009 an t_1 teilgenommen hatten, um ausreichend zeitlichen Abstand zwischen den Datenerhebungen zu gewährleisten (die tatsächliche Zeitspanne betrug mindestens 51 Tage und höchstens 102 Tage, wurde allerdings nicht direkt gemessen). Diese Datenerhebung wurde am 15. Januar 2010 beendet; materielle Teilnahmeanreize wurden nicht geboten.

---

[32] Die Korrelation für politisches Interesse zu t_2 und zu t_3 lag bei $r = .59$, jene für subjektive politische Kompetenz bei $r = .75$ (jeweils mit $p < .001$).

Von den $n = 277$ Studierenden mit türkischer Migrationsgeschichte, die vor dem 5. Oktober 2009 an t_1 teilgenommen hatten, beantworteten $n = 107$ die Fragen zu t_W (dies entsprach einer Wiederbeteiligung von knapp 39 Prozent). Davon hatten $n = 43$ Studierende, welche zugleich auch die deutsche Staatsbürgerschaft und somit die Chance zur Stimmabgabe bei der Bundestagswahl besaßen, bereits vor der Wahl am 27. September 2009 an t_1 teilgenommen.

Zu t_W wurden kaum eigenständige soziodemografische Variablen gemessen. Da diese Befragung allerdings zeitnah zu t_1 durchgeführt wurde, können die Maße der ersten Befragung zur Charakterisierung dieser ergänzenden Stichprobe herangezogen werden. So waren die Befragten durchschnittlich 25 Jahre alt ($SD = 4.64$), 64 Prozent von ihnen waren weiblich und durchschnittlich hatten sie 87 Prozent ihres Lebens in Deutschland verbracht ($SD = 28$). 58 Prozent besaßen lediglich die türkische Staatsbürgerschaft, ein Drittel hatte nur die deutsche Staatsangehörigkeit (34%) und acht Prozent hatten beide Staatsbürgerschaften. Im Mittel verfügten die Befragten zu t_1 über Einnahmen in Höhe von 457 Euro monatlich ($SD = 367$), auch ihre subjektiven deutschen Sprachkenntnisse waren hervorragend ($M = 3.81$, $SD = 0.57$). Keine dieser Variablen hatte einen statistisch bedeutsamen Einfluss auf die Entscheidung, sich an dieser ergänzenden Befragung zu beteiligen.

In Bezug auf die zu t_1 gemessenen Prädiktoren zeigte sich dagegen, dass an der Zwischenerhebung beteiligte Personen vor der ersten Befragung in größerem Ausmaß auf unkonventionelle sowie nichtlegale Weise politisch aktiv waren sowie eine größere Bereitschaft zu unkonventionellem Handeln angaben. Außerdem kannten sie weniger in türkischen Vereinen oder Organisationen aktive Personen. Diese Unterschiede waren allerdings nur gering ($ps \leq .048$, Beträge der $ds \leq 0.32$).

Als zentrale Variable wurde die Wahlbeteiligung erhoben mit der Frage: „Haben Sie an den Bundestagswahlen vom 27. September 2009 teilgenommen?" (Antwortformat: ja/nein) Diese Frage wurde von 83 Prozent jener Studierenden, welche zur ersten Messung die deutsche Staatsbürgerschaft besaßen und folglich das Wahlrecht hatten, bejaht ($SD = 38$).

3.3.5.2 Teilstudie zur Bedeutung objektiver politischer Kompetenzen

Im Rahmen einer online durchgeführten Datenerhebung war es nicht möglich, objektive politische Kompetenzen zu messen, da die Testbedingungen nicht kontrolliert werden konnten. Um der Frage nachzugehen, ob objektive politische Kompetenzen – insbesondere objektives politisches Wissen – einen eigenständigen Vorhersagewert für behaviorale Politisierung haben, wurde eigens ein Testinstrument entwickelt und mit Studierenden (unabhängig vom Vorhandensein einer Migrationsgeschichte) eine separate Studie durchgeführt. Diese als Kompetenztest konzipierte Untersuchung wurde als Präsenzmessung in Form eines Paper-and-Pencil-Tests realisiert. Die Untersuchung war zunächst nur als Querschnitt angelegt, konnte später aber um eine zweite Datenerhebung zu einer sehr kleinen Panelstudie ausgeweitet werden.

Durchführung der Studie und Stichprobenbeschreibung

Querschnittstichprobe. Die Teilnehmenden dieser Studie wurden über Aushänge und mittels Ansprachen in Lehrveranstaltungen des Instituts für Psychologie an der Christian-Albrechts-Universität zu Kiel rekrutiert. Abgezielt wurde primär auf Studierende im Grundstudium, da alle Studierenden für die Studienteilnahme zwei Versuchspersonenstunden erhielten, welche

3.3 Datenerhebungen, Stichprobenzusammensetzungen und Operationalisierungen

für ein erfolgreiches Psychologiestudium benötigt werden. Aus diesem Grund konnte eine motivations- oder anreizbedingte Stichprobenverzerrung weitgehend ausgeschlossen werden. Weiterhin wurde eine möglichst homogene Stichprobe hinsichtlich der Ausgangsbedingungen für politisches Wissen angestrebt. Daher wurden für die Auswertungen ausschließlich Studierende mit deutscher Staatsbürgerschaft berücksichtigt, welche ihre Hochschulzugangsberechtigung in Deutschland erworben hatten, weil sich der Kompetenztest auf die deutsche Politik und das deutsche politische System bezog – also auf Wissen, das primär an deutschen Schulen erworben wird. Auf diese Weise konnte eine Stichprobe von $n = 76$ Psychologiestudierenden der lokalen Universität rekrutiert werden.

Diese Studierenden füllten in den Monaten März und April 2010 in den Laborräumen des Lehrstuhls für Sozialpsychologie und Politische Psychologie zunächst den Onlinefragebogen aus der ersten Datenerhebung der Studierenden mit türkischer Migrationsgeschichte aus (spezifische, nur für Studierende mit Migrationsgeschichte relevante Items wurden nicht vorgelegt). Auf diese Weise wurden die Kriterien vor den Prädiktoren gemessen, was vor allem deswegen sinnvoll war, weil zu den Kriterien im Querschnitt Handlungsintentionen gehörten. Diese sollten durch den subjektiven Schwierigkeitsgrad des Testinstrumentes nicht beeinflusst werden (vgl. Bishop 1987; Bishop/Oldendick/Tuchfarber 1984; Schwarz/Schuman 1997; vgl. auch Bem 1978). Anschließend sollten die Teilnehmenden den Kompetenztest (in Papierform) bearbeiten (siehe Anlage A–5). Zunächst wurde dazu eine erweiterte Batterie von Items zur subjektiven politischen Kompetenz vorgelegt, bevor die objektiven Kompetenzitems folgten.

Im Durchschnitt waren die Befragten 23 Jahre alt ($SD = 3.60$), wobei die Altersspanne von 19 bis 36 Jahren reichte. Wie aufgrund der Geschlechterverteilung im Studienfach Psychologie zu erwarten, waren die meisten Studierenden weiblich (71% Frauen vs. 28% Männer; für eine Person lag diese Information nicht vor). Weniger als die Hälfte der Befragten (42%) verfügte über eine Migrationsgeschichte, wohingegen 57 Prozent der Teilnehmenden bereits in mindestens der dritten Generation in Deutschland lebten (für eine Person lag diese Information nicht vor). Das mittlere Einkommen lag bei mindestens 525 Euro ($SD = 269$).

Panelstichprobe. Etwa ein Dreivierteljahr später gelang es, $n = 41$ Personen zur Teilnahme an einer Nacherhebung hinsichtlich des zwischenzeitlich ausgeübten politischen Handelns zu gewinnen. Dies entsprach einer Wiederbeteiligungsrate von 54 Prozent. Am 21. Januar 2011 wurden hierzu per Email personalisierte Links versandt, welche auf eine adaptierte Version des Onlinefragebogens aus t_2 der Studierenden mit türkischer Migrationsgeschichte führten. Erneut wurde dieser Fragebogen leicht verändert, indem alle migrationsspezifischen Items entfernt oder die Items zu den mittlerweile ausgeführten politischen Aktivitäten dem veränderten Zeitraum angepasst wurden auf nach April 2010 ausgeübtes Verhalten. Diese Datenerhebung fand parallel zu einer ergänzenden Befragung von Studierenden ohne Migrationsgeschichte statt (Kap. 3.3.5.3) und wurde am 4. Februar 2011 abgeschlossen, sodass zwischen der ersten und der zweiten Messung mindestens 196 Tage bzw. höchsten 323 Tage vergangen waren ($M = 289$, $SD = 22$). Als Teilnahmeanreize hatten alle Befragten die Chance, bei einer Verlosung von zehnmal 20 Euro Geld zu gewinnen. Außerdem wurden zusätzlich unter den ersten 30 Teilnehmenden fünfmal 50 Euro verlost.

Die 41 Befragten der Panelstichprobe waren zu dieser Messung durchschnittlich 24 Jahre alt ($SD = 4.10$). Mit 76 Prozent befanden sich erneut mehrheitlich weibliche Personen in der

Stichprobe und verteilten sich Studierende mit und ohne Migrationsgeschichte gleichmäßig (51% vs. 49%). Die mittleren Einnahmen lagen bei mindestens 664 Euro ($SD = 324$).

Zwischen jenen Studierenden, welche nicht an dieser Nachbefragung teilnahmen, und denen, die diesen Fragebogen beantworteten, gab es hinsichtlich soziodemografischer Merkmale sowie der zentralen Prädiktoren und Kriterien aus der ersten Messung insgesamt keine statistisch bedeutsamen Unterschiede – abgesehen von einer Ausnahme: Im Vergleich zu den 35 nicht erneut befragten Studierenden waren die Teilnehmenden der Nacherhebung deutlich seltener vor der ersten Messung auf konventionelle Weise politisch aktiv (10% vs. 29%; $t_{57} = 2.08$, $p = .042$, $d = 0.49$, ungleiche Varianzen).

Operationalisierung politischer Kompetenzen

Subjektive politische Kompetenz. Zur Messung der subjektiven politischen Kompetenz wurde ein aus sechs Items bestehender Index benutzt. Diese Items wurden auf der Basis der Arbeiten von Krampen (1986; 1991a), Falter, Gabriel und Rattinger (2000) sowie Pickel (2002) formuliert. Der auf diese Weise gebildete Index wies eine hohe interne Konsistenz auf (Cronbachs $\alpha = .91$). Alle sechs Items wurden dabei auf der Basis der über eine konfirmatorische Faktorenanalyse ermittelten Faktorladungen gewichtet (siehe *Abbildung 1*). Die konfirmatorische Faktorenanalyse bestätigte die Annahme, dass alle Items auf einem Faktor laden, und maßen somit offensichtlich ein und dasselbe Konstrukt subjektive politische Kompetenz (vgl. Moosbrugger/Schermelleh-Engel 2007).

Objektive politische Kompetenzen. Um einen originären sowie für Studierende angemessenen Test auf politisches Wissen zu entwickeln, wurden die Arbeiten von Greve et al. (2009), Fend (1991), Ingrisch (1997), Krampen (1991a; 2000b), Price (1999), Schulz und Sibberns (2004) als auch Westle (2006) herangezogen. Auf der Basis eines Pretests wurden 29 Items für den endgültigen Test ausgewählt (siehe Anlage A–5). Nach erfolgter Datenerhebung wurde jedes Item dichotomisiert (0 = falsche Antwort/1 = richtige Antwort)[33]; zudem wurden 15 Items aufgrund mangelnder Eignung entfernt[34]. Die 14 verbleibenden Items (*Abbildung 2*) zeigten eine sehr gute Anpassung an ein eindimensionales Modell objektiven politischen Wissens (vgl. Hu/Bentler 1999; Muthén 2004) und wurden daher über ihre jeweiligen Item-Diskriminationsparameter gewichtet (Rost 2004, 134f.) sowie aufsummiert zu dem Gesamtindex „Politisches Wissen" ($\chi^2_{77} = 70.03$, $p = .700$, $CFI = 1.00$, $RMSEA = 0.00$, $WRMR = 0.699$; Cronbachs $\alpha = .73$).

---

[33] Wenngleich korrektes Wissen, falsches Wissen und fehlendes Wissen („weiß nicht" oder Nicht-Beantworten des Items) unterschiedliche Dinge sind (z. B. Johann 2008; Mondak 1999), wurden fehlende Werte im Sinne der klassischen Definition von Wissen wie falsche Antworten behandelt, zumal die Antwort „weiß nicht" tatsächlich fehlendes Wissen zu indizieren scheint (z. B. Luskin/Bullock 2011).

[34] Hierzu wurde ein 2PL-Birnbaum-Modell getestet (ein Rateparameter wurde nicht einbezogen – u. a. deswegen, weil für jede Frage die Antwortalternativen mit unterschiedlicher Wahrscheinlichkeit von den Befragten als plausibel angesehen werden, sodass unklar ist, welche übergeordnete Ratewahrscheinlichkeit oder welche Einzelwahrscheinlichkeiten hätten gewählt werden sollen). Zur Auswahl der Items für den objektiven Wissensindex wurden probabilistische und klassische Testtheorie kombiniert (siehe im Einzelnen Bortz/Döring 2006; Greve et al. 2009; Kelava/Moosbrugger 2007; Moosbrugger 2007; Rost 2004): Schlussendlich wurden nur Items zur Berechnung des objektiven Index' einbezogen, deren Itemschwierigkeiten innerhalb des Intervalls $0.20 \leq p_i \leq 0.80$ lagen, deren Item-Diskriminationsparameter $r_{it} > .20$ aufwiesen und welche statistisch bedeutsam sowie positiv zum Konstrukt „objektives politisches Wissen" beitrugen.

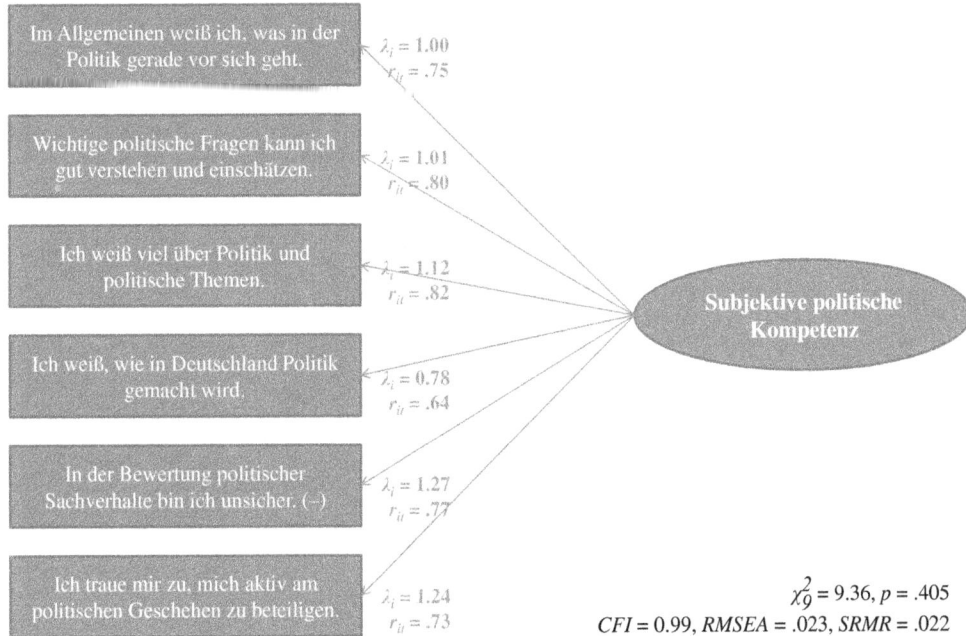

Abbildung 1: Konfirmatorische Faktorenanalyse für subjektive politische Kompetenz (unstandardisierte Faktorladungen [λ_i], Item-Diskriminationsparameter [r_{it}] und Fit-Indizes). Item-Skalierung: 0 = stimme überhaupt nicht zu ... 4 = stimme völlig zu.

Ergänzend zu den Items über politisches Faktenwissen wurden den Studierenden drei offene Fragen vorgelegt. Mit diesen in Anlehnung an Andreas et al. (2006) sowie Massing und Schattschneider (2005) gebildeten Aufgaben sollte die politische Analyse- und Urteilsfähigkeit der Testteilnehmenden gemessen werden. Etwa einen Monat nach der Datenerhebung wurden die offenen Antworten von zwei Studierenden (Lehramt für Politik im fortgeschrittenen Semester; ein männlicher Rater und eine weibliche Raterin) bewertet und vier bis sechs Wochen darauf erneut geratet. Die sich ergebenden Inter- wie Intra-Koderreliabilitäten waren allesamt akzeptabel (CRs > .69), weswegen der Index „Politische Analysefähigkeit" auf der Basis der Durchschnittsbewertungen berechnet sowie anschließend auf einen Wertebereich von null bis eins adjustiert wurde (α = .73).

Stichprobe und Verteilungsunterschiede. Tabelle 6 in Abschnitt 4.1.2.1 beinhaltet neben den Interkorrelationen der Kompetenzindizes und Politisierungsvariablen deren Mittelwerte und Standardabweichungen. Der Tabelle kann entnommen werden, dass die politischen Kompetenzen leicht über dem Skalenmittelpunkt lagen. In Bezug auf soziodemografische Variablen konnten zudem einige statistisch bedeutsame Unterschiede gefunden werden: Männer erzielten höhere Werte sowohl im politischen Wissen (M_1 = 5.27 vs. M_0 = 3.65; t_{73} = -4.01, p < .001, d = -1.08) als auch bei der subjektiven politischen Kompetenz (M_1 = 2.78 vs. M_0 = 1.94; t_{73} = -3.80, p < .001, d = -0.98). Weiterhin zeigte sich für politische Analysefähigkeit und Alter eine negative korrelative Beziehung (r = -.25, p = .029). Die Variable Migrationsgeschichte war mit keinem der Kompetenzmaße signifikant verbunden.

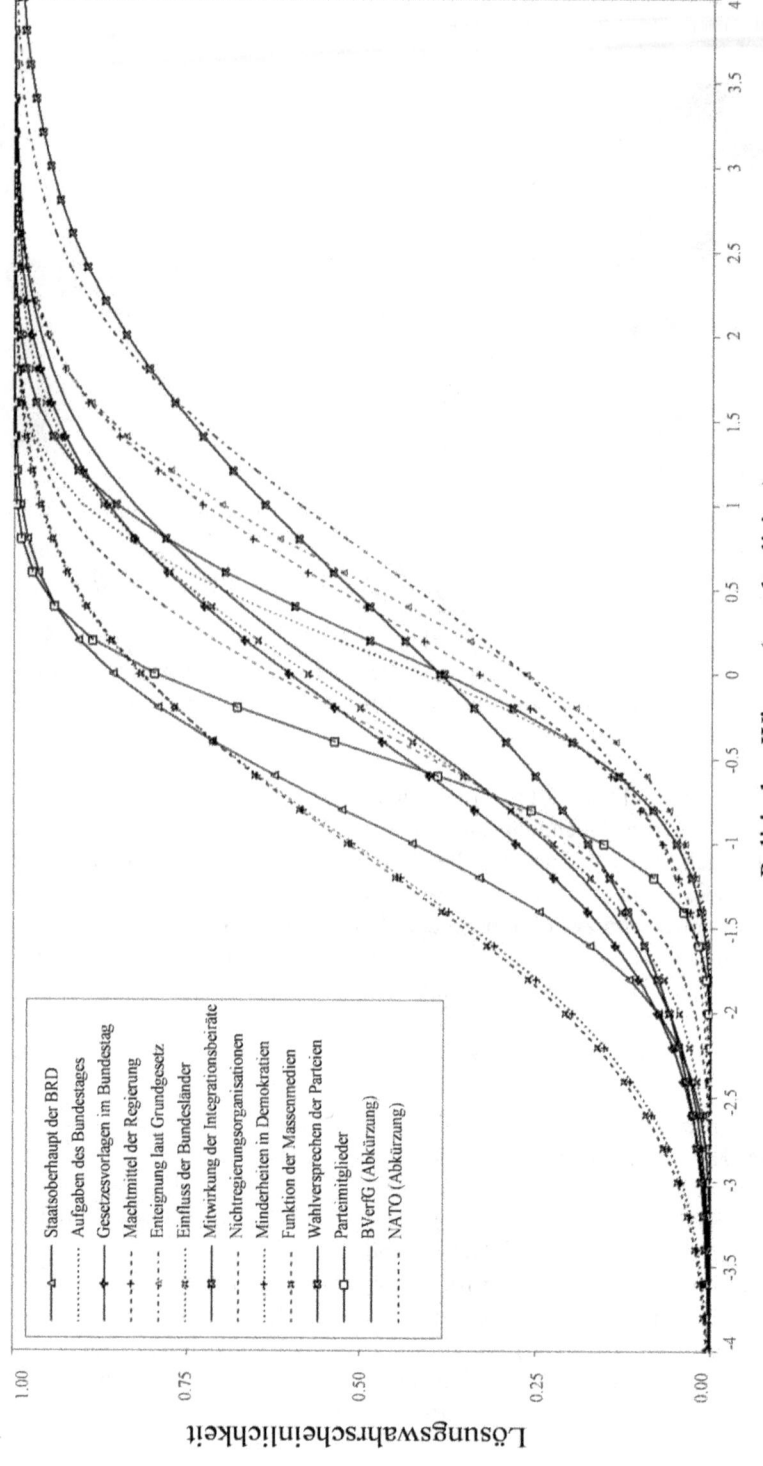

Abbildung 2: Item-Charakteristische-Kurven (ICC) der 14 ausgewählten Testitems unter Verwendung eines 2PL-Birnbaum-Modells (Items siehe Anlage A–5).

Hinsichtlich der soziodemografischen Merkmale der an der Nacherhebung beteiligten Befragten zeigten sich im Test erneut für Männer höhere Punktzahlen bei politischem Wissen ($M_1 = 5.61$ vs. $M_0 = 3.73$; $t_{39} = -3.47$, $p = .001$, $d = -1.40$) sowie eine höhere subjektive politische Kompetenz als bei Frauen ($M_1 = 2.81$ vs. $M_0 = 1.85$; $t_{39} = -3.42$, $p = .002$, $d = -1.32$). Darüber hinaus fanden sich keine statistisch bedeutsamen Unterschiede hinsichtlich soziodemografischer Merkmale; auch zeigte der Vergleich zwischen Studierenden, welche nur an der ersten Messung teilgenommen hatten, und den Studierenden, die an beiden Erhebungen teilnahmen, keine Verzerrung bezüglich der Kompetenzmaße.

Messung behavioraler Politisierung

Querschnitt. Alle Teilnehmenden gaben an, ob sie bei der deutschen Bundestagswahl 2009 gewählt, sich in der Vergangenheit auf konventionelle Weise politisch engagiert ($\alpha = .46$), unkonventionelles politisches Verhalten gezeigt ($\alpha = .55$) oder auf nichtlegale Weise politisch protestiert hatten ($\alpha = .79$)[35]. Neben diesen Kontrollvariablen gaben die Studierenden ihre Bereitschaft an, zukünftig an Wahlen in Deutschland teilzunehmen oder sich an konventionellen ($r = .31$, $p = .006$) bzw. unkonventionellen politischen Aktivitäten ($\alpha = .81$) zu beteiligen. Ferner wurde nach dem Verständnis für nichtlegales politisches Handeln gefragt ($\alpha = .76$). Diese Indizes entsprachen inhaltlich jenen aus t_1 in Kapitel 3.3.1.

Nennenswert waren auf der einen Seite eine hohe Bereitschaft zur Beteiligung an Wahlen, ein geringes Verständnis für nichtnormative politische Aktivitäten sowie das nahezu nicht vorhandene konventionelle Handeln als auch die fehlende Bereitschaft zu solchem Handeln (vgl. *Tabelle 6* in Abschnitt 4.1.2.1). Auf der anderen Seite hatten sich Männer in der Vergangenheit häufiger als Frauen an konventionellen politischen Aktivitäten beteiligt (30% vs. 9%; $t_{24} = -2.60$, $p = .016$, $d = -0.75$, ungleiche Varianzen). Erneut erwies sich die Abwesenheit oder das Vorhandensein einer Migrationsgeschichte als statistisch irrelevant.

Nacherhebung (Panel). Zur kausalanalytischen Vorhersage politischen Handelns wurden die gleichen Kriterien verwendet, wie zu t_2 bei der Stichprobe mit türkischer Migrationsgeschichte (vgl. Kap. 3.3.2): Dies betraf zunächst die Beteiligung an politischen Wahlen, wobei hierfür nur $n = 13$ Fälle vorlagen, da nicht alle Studierenden das Wahlrecht bzw. 2010 die Gelegenheit zur Teilnahme an Wahlen hatten. Für konventionelles Handeln ($\alpha = .49$), unkonventionelle politische Aktivitäten ($\alpha = .58$) sowie nichtlegales politisches Handeln ($\alpha = .51$) hingegen lagen jeweils 40 bzw. 41 Datensätze vor.

Tabelle 9 (Seite 83 in Kap. 4.1.3) können Mittelwerte und Standardabweichungen für die Kriterien entnommen werden. Auffällig war vor allem ein geringes Ausmaß konventioneller politischer Aktivität, welche statistisch bedeutsam mit dem Alter der Befragten korrelierte ($r = .38$, $p = .014$). Wie eingangs erwähnt wurde, war konventionelles politisches Handeln zudem die einzige Variable, welche erneut teilnehmende Personen von Nichtteilnehmenden unterschied (10% vs. 29%; $t_{57} = 2.08$, $p = .042$, $d = 0.49$, ungleiche Varianzen).

3.3.5.3 Vergleichende Befragung von Studierenden ohne Migrationsgeschichte

Ergänzend zur Befragung von Studierenden mit Migrationsgeschichte wurden zur ersten Datenerhebung Studierende ohne Migrationsgeschichte befragt. Das Ziel dieser ergänzenden

---

[35] Erneut sei darauf hingewiesen, dass sich diese Indizes aus dichotomen Items zusammensetzten und Cronbachs Alpha als Gütemaß folglich nur bedingt geeignet war, insbesondere bei kleinen Stichproben.

Befragung war ein komparatives: Es sollte geprüft werden, inwieweit die Befunde für Studierende mit türkischer Migrationsgeschichte spezifisch für diese Teilgruppe sind und inwiefern sich die Ergebnisse auf nichtmigrantische Studierende übertragen lassen.

Datenerhebungen

Messung der Prädiktoren (t_1). Das Vorgehen zur Messung der relevanten Variablen zu t_1 war identisch mit dem in Kapitel 3.3.1 beschriebenen Verfahren. Lediglich wurden Items mit fehlender Relevanz für Personen ohne Migrationsgeschichte nicht erhoben. Als Studierende ohne Migrationsgeschichte wurden Befragte nur dann betrachtet, wenn sie angaben, die deutsche Staatsbürgerschaft zu besitzen und wenn sie selbst sowie ihre Eltern als auch Großeltern in Deutschland geboren wurden. Zudem mussten sie sich in einer Selbstkategorisierungsfrage als „Deutsche" (ohne Migrationsgeschichte) einstufen. Personen, die als Geburtsländer oder in der Selbstkategorisierungsfrage die DDR oder Ostpreußen angaben, wurden ebenfalls als Studierende ohne Migrationsgeschichte berücksichtigt. Unter Einbezug der Teilnehmenden aus der ersten Datenerhebung der Teilstudie zur Bedeutung objektiver politischer Kompetenzen (Kap. 3.3.5.2) konnten auf diese Weise Daten von insgesamt $n = 445$ Studierenden ohne Migrationsgeschichte gesammelt werden.

Zur ersten Messung waren diese Studierenden ohne Migrationsgeschichte im Mittel 24 Jahre alt ($SD = 3.74$), die Altersspanne reichte von 18 bis 53 Jahre. Etwas mehr als die Hälfte der Befragten war weiblich (55% Frauen vs. 45% Männer) und die durchschnittlichen Monatseinnahmen lagen bei 489 Euro ($SD = 341$). Statistisch bedeutsame Unterschiede zwischen Befragten mit türkischer Migrationsgeschichte und Befragten ohne Migrationsgeschichte konnten nicht identifiziert werden[36].

Messung der Kriterien (t_2). Parallel zur Nacherhebung im Rahmen der Teilstudie zur Bedeutung politischer Kompetenzen wurden die Studierenden ohne Migrationsgeschichte aufgefordert, einen Fragebogen auszufüllen[37]. Dieser Fragebogen ähnelte erneut jenem aus der Datenerhebung zu t_2 der Studierenden mit Migrationsgeschichte, lediglich angepasst für Studierende ohne Migrationsgeschichte. An t_2 nahmen insgesamt $n = 79$ Personen ohne Migrationsgeschichte teil, was einer Wiederbeteiligungsrate von knapp 18 Prozent entsprach. Diese im Vergleich zur Stichprobe der Studierenden mit türkischer Migrationsgeschichte geringe Wiederbeteiligungsrate war darauf zurückzuführen, dass Studierende ohne Migrationsgeschichte nur kontaktiert werden konnten, wenn diese nachträglich im Sommer 2010 explizit angegeben hatten, an dieser 2011 realisierten Befragung teilnehmen zu wollen, was einer hohen Hürde entsprach. Somit reichte die Zeitspanne zwischen beiden Messungen von 275 bis 571 Tagen ($M = 461$, $SD = 103$).

Durchschnittlich waren diese Befragten zur zweiten Datenerhebung 25 Jahre alt ($SD = 3.65$) und mehrheitlich weiblich (56% Frauen vs. 43% Männer). Die monatlichen Einnahmen

---

[36] Die Gruppenvariable war mit 1 kodiert für Studierende ohne Migrationsgeschichte und mit 0 für Studierende mit Migrationsgeschichte. Auf die zu allen Messungen vorhandenen signifikanten Mittelwertunterschiede in Bezug auf die prozentual in Deutschland verbrachte Lebenszeit wird im Folgenden nicht näher eingegangen. Auch hinsichtlich der subjektiven deutschen Sprachkenntnisse unterschieden sich beide Gruppen signifikant, doch wurde diese Variable in statistischen Analysen für Befragte ohne Migrationsgeschichte aufgrund fehlender Variabilität nicht berücksichtigt, sodass auf diese Variable ebenfalls nicht eingegangen wird.

[37] Während Teilnehmende der Teilstudie aus 3.3.5.2 bei den Verhaltenskriterien danach gefragt wurden, ob sie sich nach April 2010 politisch beteiligt hatten, wurde Studierenden, welche nicht an besagter Teilstudie beteiligt waren, die Formulierung „in den vergangenen 12 Monaten" vorgelegt.

lagen im Mittel bei 716 Euro ($SD = 417$) und hatten einen signifikanten Einfluss auf die Wiederbeteiligungsentscheidung: Nichtteilnehmende verfügten zur ersten Messung über weniger Geld als Personen, welche auch an der zweiten Datenerhebung teilnahmen (472 Euro vs. 520 Euro; $t_{436} = -2.26$, $p = .024$, $d = -0.29$). Ebenfalls unterschieden sich Studierende mit türkischer Migrationsgeschichte zu t_2 ausschließlich hinsichtlich der Einnahmen von Studierenden ohne Migrationsgeschichte ($t_{256} = -2.78$, $p = .006$, $d = -0.38$).

Wiederholte Messung der Kriterien (t_3). Parallel zur t_3-Befragung der Personen mit türkischer Migrationsgeschichte wurden die Befragten ohne Migrationsgeschichte aufgefordert, im Sommer 2011 einen weiteren Fragebogen auszufüllen. Dieser war erneut auf diese Gruppe zugeschnitten, hinsichtlich realisierten politischen Verhaltens wurde lediglich nach im Jahr 2011 durchgeführten Aktivitäten gefragt. Bei einem minimalen zeitlichen Abstand von 296 Tagen bzw. einem zeitlichen Höchstabstand von 793 Tagen ($M = 704$, $SD = 85$) nahmen $n = 66$ Personen ohne Migrationsgeschichte auch an t_3 teil. Mit 15 Prozent war diese Wiederbeteiligungsquote mit der zu t_2 vergleichbar und ähnelte jener der Studierenden mit türkischer Migrationsgeschichte zu t_3. 38 Personen hatten an allen drei Datenerhebungen teilgenommen, was in Bezug auf den kleinen Teil, welcher bereits zuvor an beiden Messungen beteiligt gewesen war, einer Wiederbeteiligung von 48 Prozent entsprach. Zwischen t_2 und t_3 lagen mindestens 212 Tage bzw. höchstens 234 Tage ($M = 222$, $SD = 5$).

Das Durchschnittsalter betrug nunmehr 26 Jahre ($SD = 4.26$). Unter den Teilnehmenden waren Frauen mit 65 Prozent in der Überzahl – diese Veränderung war gegenüber der ersten Datenerhebung signifikant: Unter den Nichtteilnehmenden waren 47 Prozent männlich, während es unter den Teilnehmenden nur 33 Prozent waren und Frauen somit eher als Männer bereit waren, an t_3 teilzunehmen ($t_{90} = 2.01$, $p = .047$, $d = 0.27$, ungleiche Varianzen). Zur ersten Messung hatten die Befragten monatlich im Mittel 562 Euro zur Verfügung ($SD = 335$). Erneut fand sich zwischen Studierenden ohne Migrationsgeschichte sowie jenen mit türkischer Migrationsgeschichte eine statistisch bedeutsame Differenz in Bezug auf die zu t_1 verfügbaren Einnahmen ($t_{154} = -2.37$, $p = .019$, $d = -0.39$).

Zwischenerhebung nach der Bundestagswahl (t_W). Außerdem konnte ein Teil der Studierenden ohne Migrationsgeschichte auch an der Zwischenerhebung t_W teilnehmen (vgl. Kap. 3.3.5.1). Etwa 30 Prozent der 371 vor dieser Zwischenerhebung zu t_1 Befragten nahmen auch an dieser Datenerhebung teil ($n = 111$). Davon hatten $n = 107$ Studierende den ersten Fragebogen bereits vor der Bundestagswahl 2009 beantwortet. Im Mittel waren die Teilnehmenden zu dieser Befragung 24 Jahre alt ($SD = 3.96$) und mit 57 Prozent überwiegend weiblich. Zu t_1 lagen die durchschnittlichen monatlichen Einnahmen bei 587 Euro ($SD = 404$). Lediglich das Einkommen hatte einen statistisch bedeutsamen, positiven Einfluss auf die Entscheidung, sich an dieser Befragung zu beteiligen ($M_1 = 587$ vs. $M_0 = 447$; $t_{363} = -3.45$, $p < .001$, $d = -0.40$). Einzig diese Variable unterschied zudem die migrantische von der nichtmigrantischen Stichprobe ($t_{213} = -2.47$, $p = .014$, $d = -0.34$).

Gütemaße der erfassten Variablen. Wie bereits erwähnt, enthielten die Fragebogen für nichtmigrantische Stichproben stets nur die für diese Befragten relevanten Variablen. Insbesondere wurde lediglich die Identifikation mit Deutschland gemessen[38], aber keine ethnisch-kulturelle, duale oder separatistische Identifikation. Ebenfalls waren in diesen Fragebogen

---

[38] Im t_1-Fragebogen wurde die Identifikation mit Deutschland erst nach Befragungsbeginn aufgenommen und mit drei Items gemessen: „Im Allgemeinen bin ich froh darüber, in Deutschland zu leben.", „Ich identifiziere mich mit Deutschland.", „Ich fühle mich als Teil der deutschen Gesellschaft." (Cronbachs $\alpha = .83$)

keine Items zu kollektiver Marginalisierung oder kollektiver Effektivität enthalten. Anstelle kollektiver Effektivität wurde zu t_1 ein Maß *politischer Verdrossenheit* oder des wahrgenommenen potenziellen politischen Einflusses berücksichtigt (vgl. dazu DJI/infas 2004; Pickel 2002; Schneekloth 2006): „Menschen wie ich haben kaum Möglichkeiten, auf die Politik Einfluss zu nehmen." Dieses Konstrukt wurde zu t_2 auf drei Items ausgeweitet und ergänzt um „Durch politisches Engagement kann man nichts bewirken.", sowie „Mit Politik will ich nichts zu tun haben."

Alle zentralen Kriterien wurden mit den gleichen Items erfasst, wie in der migrantischen Stichprobe. Die Mittelwerte, Standardabweichungen, Reliabilitätsmaße (Cronbachs Alpha) sowie Vergleichsstatistiken in Bezug auf die Mittelwerte der migrantischen Stichprobe hinsichtlich t_1 können *Tabelle 23* entnommen werden. Aus ihr wird ersichtlich, dass alle Indizes von mindestens akzeptabler Güte waren. Dies traf auch auf die Handlungsbereitschaften zu, für welche analog zum Vorgehen bei Studierenden mit türkischer Migrationsgeschichte eine Hauptkomponentenanalyse durchgeführt wurde, um zu ermitteln, ob die theoretische Zuordnung einer empirischen Lösung entsprach. Im Wesentlichen führte diese Analyse zu dem gleichen Befund ($KMO = .85$, Knick beim dritten Eigenwert, $\lambda_4 = .97$, vier Komponenten erklärten 66% der Gesamtvarianz) – mit einer Ausnahme: Im rotierten Komponentenmodell (Varimax-Rotation) lud die Bereitschaft zur Verteilung von Flugblättern höher auf dem Faktor, welcher als Bereitschaft zu konventionellem Handeln bezeichnet werden kann ($a = .73$), als auf jenem Faktor, welcher der Bereitschaft zu unkonventionellem Handeln entsprach ($a = .34$; für alle anderen Variablen $a \geq .66$ für den je abgeleiteten Faktor). Dennoch wurde das theoriegeleitete Modell zwecks Vergleichbarkeit auch für die Studierenden ohne Migrationsgeschichte beibehalten, da die Güte der Indizes nicht darunter litt. Alle Gütemaße sowie die Mittel- und Vergleichswerte hinsichtlich der migrantischen Stichprobe der zur zweiten Erhebung gemessenen Indizes können *Tabelle 24* entnommen werden, die Maße bezüglich des dritten Messzeitpunktes sind *Tabelle 25* zu entnehmen. Wie ersichtlich ist, wurden erneut alle Indizes reliabel gemessen.

Vorläufige Analysen zur Stichprobenbeschreibung

Unterschiede zwischen den Befragten. Wie für die Studierenden mit türkischer Migrationsgeschichte wurde für die nichtmigrantische Stichprobe geprüft, ob Einmalbefragte und Wiederteilnehmende sich hinsichtlich der zu t_1 gemessenen Variablen unterschieden. Lediglich die zur zweiten Datenerhebung befragten Personen unterschieden sich signifikant von jenen, welche nur an der ersten Messung teilgenommen hatten – für Nichtteilnehmende und Teilnehmende an der dritten Datenerhebung konnten keine bedeutsamen Differenzen ermittelt werden. Die Unterschiede hinsichtlich der an der zweiten Messung beteiligten gegenüber den nicht erneut beteiligten Personen betrafen in der Vergangenheit ausgeführte, nichtlegale politische Handlungen ($M_1 = 0.27$ vs. $M_0 = 0.16$, $t_{443} = -2.06$, $p = .042$, $d = -0.26$) sowie das Verständnis für solche Aktivitäten ($M_1 = 1.66$ vs. $M_0 = 1.33$, $t_{442} = -2.79$, $p = .005$, $d = -0.35$): Jene Personen, welche erneut zur Teilnahme an der Befragung gewonnen werden konnten, waren etwas häufiger an nichtlegalen Aktivitäten beteiligt und hatten auch ein etwas größeres Verständnis für derartige politische Handlungen. Dasselbe traf auf den Unterschied zwischen nicht an t_W Befragten sowie erneut befragten Personen zu ($ps < .016$, $-0.34 \leq ds < 0.00$). Die Effektstärken befanden sich jedoch auf einem geringen Niveau, sodass auch bei den Studierenden ohne Migrationsgeschichte davon auszugehen war, dass zumindest das Panel mit Blick auf die Ausgangsstichprobe keiner verzerrten Selektion unterlag.

Verteilung zentraler Variablen. Zur ersten Datenerhebung war innerhalb der Stichprobe der Befragten ohne Migrationsgeschichte lediglich die Bereitschaft zu unkonventioneller politischer Aktivität nicht signifikant vom Skalenmittelpunkt verschieden. An Wahlen hatten nahezu alle Befragten in der Vergangenheit bereits teilgenommen. Wie bei Befragten mit Migrationsgeschichte waren andere politische Aktivitäten eher eine Seltenheit, wenngleich unkonventionelle Verhaltensweisen im Vergleich zu anderen Aktivitäten durchaus häufig durchgeführt wurden. Darauf deutete auch die Bereitschaft zu unkonventionellem Handeln hin, welche zu keiner Datenerhebung signifikant vom Skalenmittelpunkt verschieden war, während die Bereitschaft zu anderen politischen Aktivitäten sowie das Verständnis für nicht-legales Handeln – mit Ausnahme der Wahlbeteiligung – stets relativ gering ausfiel.

Hinsichtlich der anderen Maße zeigte sich eine relativ hohe Identifikation der Befragten mit Deutschland. Demgegenüber waren die Teilnehmenden dieser Stichprobe kaum religiös und eher nicht politisch verdrossen. Auch hatten die Befragten eine im Mittel beträchtliche Anzahl Bekannter, welche in deutschen Vereinen oder Organisationen aktiv waren. Während sich das politische Interesse zudem durchgehend bedeutsam über dem Skalenmittelpunkt befand, war die zu t_1 noch signifikant über dem Skalenmittelpunkt liegende, subjektive politische Kompetenz zu den Nacherhebungen nicht mehr statistisch bedeutsam vom Skalenmittelpunkt verschieden. Schließlich hatten mit 95 Prozent beinahe alle der zu t_W Befragten an der Bundestagswahl von 2009 ihre Stimme abgegeben ($SD = 21$). Abgesehen von allen Variablen zur Wahlbeteiligung sowie der Wahlbereitschaft wiesen die erhobenen Maße ein ausreichend hohes Maß an Varianz auf, wenngleich die Variabilitäten für die Identifikation mit Deutschland tendenziell ebenfalls gering ausfielen. Mit diesen Einschränkungen konnten alle Variablen als für statistische Analysen geeignet betrachtet werden.

Stabilitäten und Zusammenfassung der Maße aus t_2 und t_3. Wie für die migrantische Stichprobe wurden auch für die Befragten ohne Migrationsgeschichte die bivariaten Zusammenhänge im Sinne der Stabilitäten aller mehrfach erhobenen Maße auf der Aggregatebene geprüft. Insgesamt zeichnete sich ein ähnliches Bild ab: Die Korrelationen zwischen erster und zweiter Messung waren weitgehend auf hohem Niveau ($rs \geq .45$, $ps < .001$) – lediglich die Wahlbeteiligung unter Personen, welche zwischen den Messungen die Gelegenheit zum Wählen hatten ($r = .38$, $p = .012$), politische Verdrossenheit ($r = .41$, $p < .001$) und konventionelle politische Aktivitäten ($r = .44$, $p = .009$) wiesen mäßige Stabilitäten auf. Zwischen der ersten und der dritten Messung waren alle Zusammenhänge zwischen den inhaltlich jeweils miteinander korrespondierenden Maßen höchst signifikant ($ps < .001$) und, abgesehen von konventionellen Aktivitäten ($r = .41$), auf dem Aggregatlevel von hoher Stabilität ($rs \geq .49$). Jedoch war der korrelative Zusammenhang für letztgenannte Variable zwischen t_2 und t_3 statistisch unbedeutend ($r = .26$, $p = .128$). Sonst waren alle Zusammenhänge von relativ hohem Ausmaß sowie statistisch höchst bedeutsam ($rs \geq .47$, $ps \leq .004$), wobei die Korrelation für die Wahlbeteiligung aufgrund der geringen Anzahl von Personen, welche überhaupt an Wahlen hätten teilnehmen können sowie zugleich an t_2 und t_3 beteiligt waren, nur auf dem Fünf-Prozentniveau signifikant war ($r = .75$, $p = .034$). Folglich konnte von einer zuverlässigen Messung der Variablen ausgegangen werden.

Wie für die Studierenden mit türkischer Migrationsgeschichte wurden auch für die Befragten ohne Migrationsgeschichte die jeweils einander entsprechenden Verhaltensmaße der zweiten und dritten Befragung zusammengefasst. *Tabelle 3* zeigt, dass zwischen erweitertem Panel und Drei-Wellen-Panel keine signifikanten Unterschiede hinsichtlich der Aktivitätsraten bestanden, wenngleich unkonventionelles politisches Handeln tendenziell häufiger von Personen ausgeführt wurde, welche an allen drei Befragungen teilgenommen hatten.

Tabelle 3: Zusammengefasste Indizes für politisches Handeln (Vergleichsgruppe)[1]

	Drei-Wellen-Panel			Erweitertes t_3-Panel			Mittelwertvergleich[2]	
	M	SD	n	M	SD	n	t-Wert	Cohens d
Wahlbeteiligung	94%	27	35	93%	25	132	0.30	0.06
Konventionelle Handlungen	29%	46	38	22%	41	106	1.29	0.26
Unkonventionelle Handlungen	79%	41	38	68%	47	106	1.92	0.39
Nichtlegale Handlungen	24%	43	38	20%	40	103	0.71	0.14

1 Prozentuale Anteile von Personen, die zwischen t_1 und t_3 mindestens eine entsprechende Handlung ausführten. Alle Mittelwerte signifikant vom *Skalenmittelpunkt* verschieden ($p < .05$, zweiseitige Testungen).
2 Verglichen wurden Mittelwerte des Drei-Wellen-Panels (Gruppenvariable = 0) mit Mittelwerten des um die zu allen drei Messungen beteiligten Personen *reduzierten* erweiterten t_3-Panels (Gruppenvariable = 1; Mittelwerte, Standardabweichungen und Varianzunterschiede nicht separat ausgewiesen). Keine signifikanten Mittelwertunterschiede vorhanden ($ps > .058$).

Erneut wurden auch für die um t_2 erweiterte Stichprobe aus t_3 sowie für das kleine Drei-Wellen-Panel in Bezug auf die allgemeinen Kriterien kognitiver Politisierung zusammengefasste Variablen gebildet[39]. Die zugehörigen deskriptiven Statistiken sind *Tabelle 2* zu entnehmen und wiesen keine statistisch bedeutsamen Unterschiede zwischen Drei-Wellen-Panel und der erweiterten Stichprobe auf.

Tabelle 4: Zusammengefasste Indizes für kognitive Politisierung (Vergleichsgruppe)

	Drei-Wellen-Panel			Erweitertes t_3-Panel			Mittelwertvergleich[1]	
	M	SD	n	M	SD	n	t-Wert	Cohens d
Politisches Interesse	2.28*	1.01	38	2.32	1.06	105	-0.34	-0.07
Subjektive polit. Kompetenz	2.01*	0.88	38	2.10*	0.90	105	-0.77	-0.16

1 Verglichen wurden Mittelwerte des Drei-Wellen-Panels (Gruppenvariable = 0) mit Mittelwerten des um die zu allen drei Messungen beteiligten Personen *reduzierten* erweiterten t_3-Panels (Gruppenvariable = 1; Mittelwerte, Standardabweichungen und Varianzunterschiede nicht separat ausgewiesen). Keine signifikanten Mittelwertunterschiede vorhanden ($ps > .443$).
* Mittelwert ist *nicht* signifikant vom *Skalenmittelpunkt* verschieden ($p < .05$, zweiseitige Testung).

Weitere Unterschiede zu den Befragten mit Migrationsgeschichte

Unterschiede auf soziodemografischen Variablen zwischen beiden Untersuchungsgruppen wurden oben bereits berichtet. Allerdings zeigten sich bezüglich anderer Variablen in den jeweiligen Querschnitten bedeutsame Unterschiede zwischen Befragten mit und solchen ohne Migrationsgeschichte. Im Detail sind diese ebenfalls den Tabellen auf den Seiten 203 bis 206 zu entnehmen. Erkennbar war, dass Befragte ohne Migrationsgeschichte in aller Regel stärkere Handlungsbereitschaften zeigten und politisch aktiver waren, wenngleich dieser Zusammenhang für konventionelles politisches Handeln und die Bereitschaft, solche Tätigkeiten auszuführen, teilweise in die umgekehrte Richtung deutete.

---

39 Die Korrelation für politisches Interesse zu t_2 und zu t_3 lag bei $r = .83$, jene für subjektive politische Kompetenz bei $r = .79$ (jeweils mit $p < .001$).

3.3 Datenerhebungen, Stichprobenzusammensetzungen und Operationalisierungen 73

Studierende ohne Migrationsgeschichte identifizierten sich zu t_1 signifikant stärker mit Deutschland. Dieser recht deutliche Zusammenhang fand sich jedoch nicht in nachfolgenden Messungen. Allerdings waren Studierende mit türkischer Migrationsgeschichte zu beiden Erhebungszeitpunkten, zu denen Religiosität gemessen wurde, sehr viel religiöser als die Befragten ohne Migrationsgeschichte. Ebenfalls war die subjektive politische Kompetenz bei Studierenden mit türkischer Migrationsgeschichte stets größer als bei Befragten ohne Migrationsgeschichte. Demgegenüber hatten Teilnehmende ohne Migrationsgeschichte ein größeres Verständnis für nichtlegale politische Handlungen. Mit Ausnahme der Religiosität weisen diese Zusammenhänge höchstens mäßige Effektgrößen auf.

Im Vergleich der Studierenden mit türkischer und den Befragten ohne Migrationsgeschichte zeigte sich in Bezug auf die zusammengefassten Verhaltensmaße ein ähnliches Bild, wie es hinsichtlich der querschnittlichen Stichprobenbeschreibung gezeichnet wurde: Zwischen den zu allen Messungen befragten Personen mit und ohne Migrationsgeschichte gab es in Bezug auf das Ausmaß realisierten politischen Handelns keine statistisch bedeutsamen Unterschiede, wenngleich Befragte ohne Migrationsgeschichte tendenziell häufiger an Wahlen ($t_{82} = -1.81$, $p = .074$, $d = -0.40$, ungleiche Varianzen) sowie nichtlegalen politischen Aktivitäten ($t_{53} = -1.95$, $p = .057$, $d = -0.38$, ungleiche Varianzen) beteiligt waren. Diese Unterschiede erlangten in der erweiterten t_3-Stichprobe statistische Signifikanz (Wahlbeteiligung: $t_{167} = -2.93$, $p = .004$, $d = -0.38$; nichtlegales politisches Handeln: $t_{164} = -2.53$, $p = .012$, $d = -0.31$; jeweils ungleiche Varianzen), was vermutlich auf den größeren Stichprobenumfang zurückzuführen war. Außerdem galt hier auch für unkonventionelle Aktivitäten, dass diese von Befragten ohne Migrationsgeschichte häufiger durchgeführt wurden als von Befragten mit türkischer Migrationsgeschichte ($t_{229} = -1.97$, $p = .050$, $d = -0.24$, ungleiche Varianzen).

In der Drei-Wellen-Stichprobe fand sich zudem ein höheres Ausmaß subjektiver politischer Kompetenz unter Befragten mit türkischer Migrationsgeschichte ($t_{116} = 2.64$, $p = .009$, $d = 0.52$). Dies traf ebenfalls auf die erweiterte Stichprobe zu ($t_{290} = 3.27$, $p = .001$, $d = 0.40$), in welcher die Befragten ohne Migrationsgeschichte außerdem hinsichtlich ihres politischen Interesses tendenziell niedrigere Werte aufwiesen ($t_{293} = 1.92$, $p = .056$, $d = 0.23$).

3.3.5.4 Interviewstudie zur Politisierung der Befragten mit Migrationsgeschichte

Auswahl und Merkmale der Interviewpersonen

Generelles Vorgehen. Im Kontext des übergreifenden Forschungsprojektes wurden seit Mai 2011 teilstrukturierte, qualitative Interviews mit dem Ziel, einen „tieferen Einblick in die qualitative Beschaffenheit dualer Identität" (Simon 2010, 6) zu erhalten, durchgeführt. Zur Interviewteilnahme wurden Personen ausgewählt, welche zuvor an den Onlinebefragungen teilgenommen hatten und bei denen aufgrund ihrer quantitativen Angaben entweder eine besonders schwach oder eine besonders stark ausgeprägte duale Identifikation zu erwarten war. Weiterhin wurde eine möglichst ausgeglichene Verteilung der Interviewpersonen auf Frauen und Männer angestrebt sowie zwischen hoher und geringer (kollektiver) Identitätsinkompatibilität unterschieden. Diese kriteriengeleitete Fallauswahl zur Bildung eines spezifischen Stichprobenplanes sollte zu einer heterogenen Stichprobe führen, welche sich zur

Theorieprüfung eignet und zugleich über Repräsentanz verfügt, das heißt das Typische im Individuellen aufzuzeigen vermag (vgl. Merkens 2005; Schreier 2010).

Auf der Basis dieser Kriterien wurde eine Liste mit den zu den jeweils relevanten Datensätzen gehörigen Codes erstellt (vgl. Fußnote 14). Personen, welche ihre Kontaktdaten hinterlegt hatten, erhielten anschließend eine Email mit knappen Informationen zu unserem Anliegen und konnten online prüfen, ob ihr individueller Code „ausgewählt" wurde sowie ihre Bereitschaft zur Interviewteilnahme angeben. Außerdem wurden zur Teilnahmegewinnung ergänzend telefonische Kontaktierungen vorgenommen. Teilnahmeanreize wurden vorab keine geboten, allerdings erhielten die Befragten nach erfolgtem Interview wahlweise einen Thalia-Büchergutschein oder Bargeld (je im Wert von zehn Euro).

Bezug zur eigenen Studie. Die oben benannten Kontrastierungen waren zwar für die eigene Untersuchung nicht von zentraler Bedeutung. Dennoch wurde in diesen Interviews auch über Aspekte kognitiver Politisierung gesprochen. Da alle Interviewpersonen an mindestens einer standardisierten Erhebung teilgenommen hatten, ließen sich die qualitativen Daten ferner mit quantitativen Daten in Beziehung setzen. Auf diese Weise waren zur qualitativen Aufhellung der Befunde für Unterschiede zwischen konventioneller und unkonventioneller politischer Beteiligung zum Zeitpunkt der Datenauswertung insgesamt acht verschriftete Interviews mit Personen verfügbar, die an allen drei Datenerhebungen teilgenommen hatten.

Tabelle 5: Merkmale der Interviewpersonen[1]

Nr.	Geschlecht	Alter	Staats-bürgerschaft[3]	Politisches Interesse[4]	Subjektive politische Kompetenz[4]	Politisches Handeln[5]			
						W	K	U	N
04	Mann	27[2]	doppelt	4.00	3.33	1	0	1	0
06[7]	Mann	27	türkisch	1.50	1.67	0	1	1	0
13	Frau	24	türkisch	2.00	1.78	–[6]	0	2	0
14	Frau	38[2]	deutsch	3.33	3.45	1	1	4	0
18	Mann	26	doppelt	3.00	3.11	1	0	1	0
21	Frau	29	türkisch	3.33	3.11	–[6]	0	0	0
23[7]	Frau	38[2]	doppelt	3.50	3.84	1	1	3	0
25	Frau	26	deutsch	2.33	2.44	1	0	3	0
33	Frau	23	türkisch	3.33	1.66	–[6]	0	2	0
37	Frau	29	deutsch	3.17	3.89	1	1	3	1

1 Demografische Angaben auf Basis der jeweils aktuellsten Onlinebefragung.
2 Nicht in Deutschland geboren (in Kindheit oder früher Kindheit [erstmals] nach Deutschland eingewandert).
3 „Doppelt" bezieht sich auf den Besitz der deutschen sowie der türkischen Staatsbürgerschaft.
4 Mittelwert über alle Messzeitpunkte der Onlinestudie.
5 W = Wahlbeteiligung, K = konventionelles politisches Handeln, U = unkonventionelles politisches Handeln, N = nichtlegales politisches Handeln. Basis: zusammengefasste Verhaltensindizes (0 = keine Aktivität; 1 = mindestens eine Aktivität; für unkonventionelles politisches Handeln fünfstufig [siehe Text]).
6 Nach eigenen Angaben bestand keine Möglichkeit/kein Recht zur Teilnahme an politischen Wahlen.
7 Teilnahme an der Onlinestudie lediglich zur ersten und zweiten Befragung.

Da politisches Interesse oft mit nur einem Item gemessen wurde und zur quantitativen Abstützung vereinfachend die zusammengefassten Verhaltensindizes herangezogen werden sollten, wurden zunächst diese acht Interviews ausgewählt. Allerdings waren darunter Perso-

3.3 Datenerhebungen, Stichprobenzusammensetzungen und Operationalisierungen

nen mit einem relativ hohen politischen Interesse sowie solche ohne konventionelle politische Aktivität überrepräsentiert. Deswegen wurden zwei weitere Interviews ebenfalls berücksichtigt: Diese beiden Personen hatten lediglich an t_1 und t_2 teilgenommen, waren jedoch auf konventionelle Weise politisch aktiv gewesen. Zudem wies einer dieser Befragten von allen Interviewten entsprechend der quantitativen Daten das geringste Maß kognitiver Politisierung auf und versprach damit einen zusätzlichen Erkenntnisgewinn. *Tabelle 5* fasst die wichtigsten demografischen Merkmale zusammen (soweit nicht anders vermerkt, wurden die Interviewpersonen in Deutschland geboren); ferner sind die über alle Befragungen gemittelten Werte für politisches Interesse und subjektive politische Kompetenz sowie die Ausprägungen der zusammengefassten Verhaltensindizes angegeben. Weil mit einer Ausnahme alle Interviewpersonen nach der ersten quantitativen Befragung auf unkonventionelle Weise politisch aktiv waren, sind allerdings für unkonventionelles politisches Handeln fünfstufige Indizes angegeben, welche darüber Aufschluss geben, wie viele verschiedenartige der vorgegebenen fünf unkonventionellen Handlungen zwischenzeitlich ausgeführt wurden. Die Nummerierung der Interviews dient internen Zuweisungszwecken und ist daher nicht durchgehend, wird im Folgenden jedoch beibehalten.

Zielstellung. Die qualitativen Interviews wurden mit dem Ziel, die Befunde der quantitativen Erhebungen auf qualitativer Ebene zu beleuchten, via Einzelfallbetrachtungen für die eigene Studie nutzbar gemacht. Insbesondere ging es darum, Äußerungen zur subjektiven Komplexität, dem eigenen Verständnis von sowie Interesse an Politik in Bezug auf Stellungnahmen zu behavioraler Politisierung zu analysieren. Es bestand die Erwartung, die entstandenen Erzählzusammenhänge könnten über politische Aktivitäten, deren spezifische Formen sowie die hinter der konkreten politischen Beteiligung stehenden Motive oder subjektiven Handlungsbedingungen Aufschluss geben. Auf diese Weise schien es möglich, den erwarteten Zusammenhang zwischen konventioneller politischer Aktivität und subjektiver politischer Kompetenz bzw. die vermutete, übergeordnete Bedeutung politischen Interesses „greifbarer" zu machen. Eine Schwierigkeit für die Datenerhebung bestand allerdings darin, dass die qualitativen Interviews überwiegend vor t_3 durchgeführt wurden (vgl. Kap. 3.3.3), sodass den spezifischen, weiter unten berichteten Befundmustern der statistischen Analysen nicht unmittelbar nachgegangen werden konnte.

Interviewleitfaden und Durchführung der Interviews

Die Face-to-Face-Interviews wurden, nachdem zwischen Ende März und Anfang Mai 2011 Vorabinterviews zur Erprobung des Interviewleitfadens durchgeführt worden waren, von Ende Mai bis Mitte Dezember desselben Jahres bundesweit realisiert (teilweise in den Wohnungen der Befragten oder an öffentlichen Orten, z. B. in Cafés). Um Interviewereffekte abzuschwächen, wurden einige Interviews von Frau Dipl.-Psych. Olga Grabow durchgeführt, die Mehrzahl dagegen von mir persönlich vorgenommen (von den für die eigene Studie ausgewählten zehn Interviews wurden lediglich zwei – Interview 14 sowie Interview 21 – nicht von mir, sondern von Frau Dipl.-Psych. Olga Grabow durchgeführt). Der Leitfaden orientierte sich teilweise an anderen Erhebungsinstrumenten, welche kollektive Identitäten, Identitätsintegration, politische Beteiligung oder den Zusammenhang von kollektiver Identifikation und Politisierung qualitativ erforschten (z. B. Klandermans/Mayer 2006; Paakunainen et al. 2004; Phinney/Devich-Navarro 1997; Riegel/Wächter 2004). Methodisch wurden ferner die Hinweise und Empfehlungen von Kruse (2010) berücksichtigt.

Inhaltlich umfasste der Leitfaden drei Leitfragen, für welche konkretere Zusatzfragen existierten, die jeweils einzelnen interessierenden, inhaltlichen Konzepten zugeordnet wurden (Anlage A 6). Weiterführende Stichworte sollten sparsam eingesetzt werden und wurden nur dann gebraucht, wenn kein Gesprächsfluss zustande kam oder dieser zwischenzeitlich ins Stocken geriet. Vorrang hatte stets der freie Erzählfluss der Interviewten, welcher über die Leitfragen angestoßen werden sollte. Bei Stagnation des Gesprächs oder Abschweifungen der Erzählperson wurden die etwas spezifischeren Zusatzfragen eingebracht, sofern eine inhaltliche Saturierung nicht erreicht schien. Dies diente zugleich „der vertiefenden Exploration der persönlichen Bedeutung der angesprochenen Thematik" (Simon 2010, 7).

Nach standardisierten Eingangserläuterungen zum Ablauf des Interviews wurden die Teilnehmenden jeweils gebeten, möglichst frei und offen all das zu erzählen, was ihnen hinsichtlich der Leitfragen persönlich wichtig und relevant erschien. Die Interviewenden nahmen sich hierbei so weit wie möglich zurück, um freien Erzählfluss zu ermöglichen. Alle Interviews wurden mittels digitaler Aufnahmegeräte mitgeschnitten, wofür die Interviewpersonen ihr schriftliches Einverständnis gaben. Ferner erhielten sie nach dem Interview einen Datenschutzbrief, in welchem über die Verwendung des Interviewmaterials aufgeklärt und Anonymisierung zugesichert wurde (vgl. Anlage A–7). Die zehn ausgewählten Interviews dauerten im Mittel 92 Minuten – bei einer Spannweite von 74 bis 128 Minuten.

Nach jedem Interview wurde zudem ein Postskript in Anlehnung an Vorschläge von Kruse (2010) sowie Reinders (2005) angefertigt (Muster in Anlage A–8). Dieses diente insbesondere dem Festhalten von Name, Ort und Dauer der Interviews. Darüber hinaus konnten Informationen wie Interviewverlauf, Interaktionen zwischen den sowie Stimmung der Gesprächsteilnehmenden oder besondere Vorkommnisse während des Interviews festgehalten werden (vgl. Mey/Mruck 2010). Transkribiert wurden die Audiodateien schließlich teils von studentischen Hilfskräften, teils in einem professionellen Transkriptionsbüro nach vorgegebenen, an Minimal- sowie Basistranskript des *Gesprächsanalytischen Transkriptionssystems 2* (Selting et al. 2009) orientierten Richtlinien.

3.4 Auswertungsverfahren

3.4.1 Auswertung der quantitativen Daten

Abgesehen von den qualitativen Interviews, welche auf Äußerungen untersucht wurden, die Aufschluss über die (subjektive und individuelle) Beziehung zwischen kognitiver und behavioraler Politisierung gaben, wurden statistische Datenanalysen durchgeführt. Diese sollten primär der Überprüfung der aufgestellten Hypothesen dienen. Eingesetzt wurden die Analyseprogramme SPSS (Version 18) sowie ergänzend Mplus (Version 6.1). Überwiegend wurden korrelative Verfahren gewählt und multiple Regressionsanalysen durchgeführt (zumeist über ML-Schätzer sowie unter fallweisem Ausschluss von Zeilen mit fehlenden Werten). Teilweise war es außerdem hilfreich, Bootstrap-Verfahren einzusetzen. Mit Ausnahme der Teilstudie zu politischem Wissen wurden ausschließlich longitudinale Analysen vorgenommen, da sich nur auf diese Weise kausale Zusammenhänge identifizieren ließen. Abweichungen hiervon sowie weitere methodische Details sind den entsprechenden Ergebniskapiteln zu entnehmen.

3.4.2 Auswertung der qualitativen Interviews

Die qualitativen Interviews werden im Forschungsprojekt in Anlehnung an Mayring (2003) analysiert. Für die Zwecke der eigene Untersuchung sollte es jedoch genügen, relevante Inhalte anhand von Äußerungen über *Motive zu politischem Handeln, konventionelles politisches Handeln, unkonventionelles politisches Handeln, politisches Interesse* und *politische Kompetenz* zu identifizieren. Die Texte waren hinsichtlich verallgemeinerbarer, zur Typisierung geeigneter Stellungnahmen zu untersuchen sowie daraufhin auszuwerten, ob und welche Zusammenhänge sich in den Interviews bezüglich der gewählten Kategorien explorieren ließen. Vereinfachend wurde dabei einerseits das von Kuckartz et al. (2007) für die qualitative Evaluation dargestellte Verfahren angewandt. Andererseits geschah die Auswertung letzten Endes aber fallbasiert. Computergestützte Verfahren wurden nicht eingesetzt – das Vorgehen war weniger stark strukturiert und auf Exploration von Stellungnahmen sowie ein tieferes Verständnis der quantitativen Befunde ausgerichtet.

4 Ergebnisse[40]

4.1 Exkurs: Objektive politische Kompetenzen und behaviorale Politisierung

4.1.1 Zielstellung

Weil die adäquate Messung objektiver politische Kompetenzen im Onlinefragebogen schwierig war, wurde eine kleine Studie zur Bedeutung objektiver politischer Kompetenzen in Relation zu subjektiver politischer Kompetenz umgesetzt und neben subjektiver politischer Kompetenz sowie objektivem Wissen über Politik ergänzend objektive politische Analysefähigkeit gemessen (Kapitel 3.3.5.2). Es sollte geprüft werden, ob objektive politische Kompetenzen positiv bedeutsam mit behavioraler Politisierung zusammenhängen. Andererseits wurden Mediationsanalysen für die objektiven Kompetenzvariablen mit dem vermeintlichen Mediator subjektive politische Kompetenz durchgeführt, wobei zumindest für politisches Wissen in Bezug auf normatives politisches Handeln (außer dem Wählen) Mediationsbeziehungen postuliert wurden. Unterschiedliche Befundmuster für objektives politisches Wissen und politische Analysefähigkeit erschienen ebenfalls denkbar.

4.1.2 Handlungsintentionen (Querschnittanalysen)

4.1.2.1 Bivariate Korrelationsanalysen

Den Interkorrelationen der interessierenden Variablen zufolge (*Tabelle 6*) war subjektive politische Kompetenz durchgehend ein bedeutsames, positives Korrelat sowohl intendierten als auch in der Vergangenheit ausgeführten politischen Handelns – mit Ausnahme der (Bereitschaft zur) Teilnahme an Wahlen. Hinsichtlich der Handlungsbereitschaften war politisches Wissen lediglich mit konventionellem Handeln signifikant und positiv verbunden. Politische Analysefähigkeit korrelierte insbesondere mit der Bereitschaft zu konventionellem sowie unkonventionellem Handeln signifikant, aber eher schwach mit politischem Wissen – was zur Erwartung unterschiedlicher Befunde für die objektiven Kompetenzvariablen beitrug.

---

[40] Teile von Kapitel 4.1 sind seit Dezember 2010 in englischer Sprache im *Journal of Social Science Education* veröffentlicht (Reichert 2010). Zum Zweck des besseren Zuschnittes auf vorliegende Dissertation wurde bei der Rückübersetzung ins Deutsche auf ergänzend veröffentlichte Analysen verzichtet, zumal durch eine zweite Datenerhebung in der Zwischenzeit longitudinale Analysen möglich wurden. Zusätzlich wurden einige Indizes und Variablen leicht modifiziert, um die Kohärenz dieser Arbeit zu stärken, sowie aktualisierte und adaptierte Software eingesetzt, was in Regressionsanalysen zu leicht veränderten Koeffizienten führte. Inhaltlich bedeutsame Veränderungen der Befunde im Vergleich zur veröffentlichten Version hatte dies nicht zur Folge.

Tabelle 6: Politische Kompetenzen und politisches Handeln – Mittelwerte, Standardabweichungen und Interkorrelationen (Querschnitt)[1]

	n	M	SD	Politische Kompetenzen			Politisches Handeln (Vergangenheit)				Politisches Handeln (Bereitschaft/Verständnis)			
				01	02	03	04	05	06	07	08	09	10	11
01 Politisches Wissen (Gesamtindex) (0…7.476)	76	4.07*	1.68		.21°	.57‡	.23¶	.18	.22°	.20°	-.06	.24¶	.15	.18
02 Politische Analysefähigkeit (0…1)	76	0.63	0.19			.16	.10	.10	.20°	.00	.06	.34‡	.21¶	.09
03 Subjektive Kompetenz (0…4.286)	76	2.17*	0.91				.19	.50‡	.36†	.30†	-.02	.44‡	.21¶	.20°
04 Wahlbeteiligung: Bundestagswahl 2009 (0/1)[2]	75	0.87	0.34					-.01	-.03	.17	.30†	.32†	.15	.13
05 Konventionelles Handeln (0/1)[2]	76	0.18	0.39						.20°	.04	-.09	.30†	.05	-.08
06 Unkonventionelles Handeln (0…5)[3]	76	1.82	1.31							.53‡	.11	.17	.72‡	.50‡
07 Nichtlegales Handeln (0/1)[2]	76	0.25	0.44								-.07	.08	.46‡	.45‡
08 Wahlbereitschaft (0…4)	76	3.72	0.81									.21°	.18	.02
09 Bereitschaft zu konventionellem Handeln (0…4)	76	0.91	0.82										.37‡	.22°
10 Bereitschaft zu unkonventionellem Handeln (0…4)	76	2.19*	0.98											.51‡
11 Verständnis für nichtlegales Handeln (0…4)	75	1.69	0.76											

[1] Spannweite (Minimum und Maximum) in Klammern. Angegeben sind Produkt-Moment-Korrelationen nach Pearson (r) bzw. punktbiseriale Korrelationen (r_{pb}).
[2] Der Mittelwert bezieht sich auf den prozentualen Anteil der Befragten, welche sich an mindestens einer der berücksichtigten Aktivitäten beteiligt hatten.
[3] Angegeben sind die Rangkorrelationen nach Spearman (r_{SP}).
* Mittelwert ist *nicht* signifikant vom *Skalenmittelpunkt* verschieden ($p < .05$, zweiseitige Testung).
Signifikante Korrelationen sind wie folgt gekennzeichnet: ‡: $p < .001$; †: $p < .01$; ¶: $p < .05$; °: $p < .10$.

Im Folgenden werden Regressionsanalysen für die Bereitschaft zu politischem Handeln präsentiert. Die unabhängigen Variablen wurden in vier Schritten einbezogen: Zuerst die jeweilige objektive Kompetenzvariable, danach subjektive politische Kompetenz, schließlich soziodemografische Kontrollvariablen (Alter, Geschlecht, Gruppenvariable Migrationsgeschichte) und in einem vierten Schritt außerdem das dem jeweiligen Kriterium entsprechende, vergangene politische Handeln. Unter Berücksichtigung der kleinen Stichprobengröße wurden keine weiteren Kontrollvariablen berücksichtigt[41]. Da in der Vergangenheit realisiertes Handeln zudem nicht kausal abhängig von gegenwärtig vorhandenen Einstellungen oder Kompetenzen ist, werden in den Querschnittanalysen lediglich Handlungsintentionen als Kriterien beachtet, während die Panelanalysen auf tatsächliches politisches Handeln eingehen.

4.1.2.2 Multiple Regressionsanalysen

Politisches Wissen. Hinsichtlich der politischen Handlungsbereitschaften wies objektives politisches Wissen lediglich in Bezug auf konventionelles politisches Handeln einen statistisch signifikanten und positiven Zusammenhang auf. Die Analyse der ersten beiden Modellschritte mit politischem Wissen sowie subjektiver politischer Kompetenz bekräftigte die Vermutung (*Abbildung 3* auf Seite 86): Zwar wies politisches Wissen im ersten Modellschritt einen signifikanten Koeffizienten auf ($t_{74} = 2.11$, $\beta = .24$, $p = .038$; Modellanpassung: $F_{1,74} = 4.44$, $p = .038$; $R^2 = .06$, $R^2_{adj} = .04$). Im zweiten Analyseschritt verlor diese Variable jedoch ihre Signifikanz ($t_{73} = -0.11$, $\beta = -.01$, $p = .913$). Nun verblieb nur das subjektive Kompetenzmaß als statistisch bedeutsamer Prädiktor für die Bereitschaft, in Zukunft konventionell politisch aktiv zu werden ($t_{73} = 3.50$, $\beta = .45$, $p < .001$; Modellanpassung: $F_{2,73} = 8.69$, $p < .001$; $R^2 = .19$, $R^2_{adj} = .17$). Der Sobel-Test bestätigte eine signifikante Mediationsbeziehung ($z = 2.98$, $p = .003$; Bootstrapping: $B = 0.13$, $SE = 0.04$, $CI\ [0.06|0.21]$)[42]. Selbst unter Berücksichtigung der soziodemografischen Kontrollvariablen oder/und vergangenen politischen Handelns verblieb ausschließlich subjektive politische Kompetenz als signifikante Variable im Regressionsmodell. Folglich ging die Bedeutung des objektiven politischen Wissens für politisch-konventionelle Handlungsintentionen im subjektiven Kompetenzmaß auf, ohne weitere eigenständige Prognosekraft zu behalten.

Obwohl politisches Wissen mit keiner der anderen drei Variablen signifikant korrelierte, wurden auch für diese Kriterien Mediationsanalysen durchgeführt. Dabei deutete sich in Bezug auf die Bereitschaft zu unkonventionellem Handeln eine marginale Mediation über

---

[41] Gemäß dem in Kap. 2.2.1 dargestellten Forschungsstand und weil für alle Teilnehmenden das formale Bildungsniveau als gleich anzusehen war, handelte es sich bei den soeben genannten Variablen um die drei bedeutsamsten soziodemografischen Prädiktoren. Da für zwei Personen nicht alle soziodemografischen Angaben vorlagen, reduzierte sich die Stichprobe im dritten Analyseschritt entsprechend. Die Befunde der ersten beiden Regressionsschritte hatten dennoch Bestand, wenn diese Fälle durchgehend ausgeschlossen wurden.

[42] Da der Sobel-Test eine wenig robuste Punktschätzung darstellt, wurden ergänzend Konfidenzintervalle auf der Basis von je 5000 Bootstrap-Stichprobenziehungen durchgeführt (angegeben sind Bias korrigierte Konfidenzintervalle für die Irrtumswahrscheinlichkeit $\alpha = .05$) (Preacher/Hayes 2004; 2008; zum Bootstrap-Verfahren siehe z. B. Shikano 2006). Eingesetzt wurde je nach Analysebedarf für die Prüfung der simplen Mediation und den Sobel-Test sowie für die Berechnung der Konfidenzintervalle auf Basis von Bootstrapping das Sobel-Makro von Hayes (Version 3.4 vom 22. Januar 2011) bzw. zum Einbezug von Kontrollvariablen das Indirect-Makro von Hayes (Version 4.1 vom 21. Januar 2011). Alle Analysen wurden ergänzend in Mplus 6 wiederholt, da die benannten Makros für den Umgang mit kategorialen abhängigen Variablen nur bedingt geeignet sind (dies betrifft primär Panel-Analysen).

subjektive politische Kompetenz lediglich an (Sobel-Test: $z = 1.60$, $p = .109$; Bootstrapping: $B = 0.08$, $SE = 0.05$, CI [-0.02|0.19]). Allerdings galt dies nicht mehr unter Kontrolle auf vergangenes politisches Handeln.

Tabelle 7: Lineare Regressionsanalyse für *Bereitschaft zu konventionellem Handeln*

	Modell 1		Modell 2		Modell 3		Modell 4		Modell 5	
	β	t	β	t	β	t	β	t	β	t
Politische Analysefähigkeit	.28†	2.75	.29†	2.78	.28†	2.72	.32†	2.85	.31†	2.72
Subjektive politische Kompetenz	.39‡	3.88	.43‡	3.50	.34†	2.94	.45‡	4.03	.42†	3.40
Politisches Wissen			-.06	-0.51						
Politisches Handeln (Vergangenheit)					.10	0.86			.08	0.61
Alter							.05	0.44	-.05	-0.48
Geschlecht (Frau/Mann)							-.18	-1.56	-.19	-1.63
Migrationsgeschichte (nein/ja)							-.18	-1.62	-.16	-1.40
R^2 (in Klammern: R^2_{adj})	.268 (.248)		.271 (.240)		.276 (.245)		.321 (.272)		.324 (.265)	

Signifikante Korrelationen sind wie folgt gekennzeichnet: ‡: $p < .001$, †: $p < .01$, ¶: $p < .05$.

Politische Analysefähigkeit. Diese Befunde hatten keinen Bestand für politische Analysefähigkeit: Wurde politisches Wissen gegen die soeben benannte Prädiktorvariable ausgetauscht, so behielten hinsichtlich der Bereitschaft zu konventioneller politischer Aktivität sowohl subjektive politische Kompetenz als auch politische Analysefähigkeit signifikante und positive Regressionskoeffizienten (Modell 1 in *Tabelle 7*). Demzufolge war die statistische Bedeutsamkeit der objektiven Kompetenz, in politischen Zusammenhängen denken sowie diese analysieren zu können, mehr oder weniger unabhängig vom Einfluss der subjektiven politischen Kompetenz, was die Bereitschaft zur Beteiligung an konventionellen politischen Aktivitäten betraf – selbst wenn auf soziodemografische Variablen (Modell 4) und/oder vergangenes konventionelles Handeln kontrolliert wurde (Modelle 3 und 5). Das Modell 2 wies darüber hinaus erneut nach, dass objektives politisches Wissen nicht unabhängig von der subjektiven politischen Kompetenz auf das hier betrachtete Kriterium wirkte, und unterstützte somit die bereits oben dargestellten Befunde.

Die analoge Analyse für die Bereitschaft zu unkonventionellem Handeln führte dagegen zu einem anderen Ergebnis (*Tabelle 8*): Erneut verblieb das objektive Kompetenzmaß statistisch positiv signifikant mit der abhängigen Variablen verbunden. Der Index für subjektive politische Kompetenz hingegen verlor an statistischer Bedeutsamkeit (Modell 1). Obwohl dies nicht auf Modell 3 zutraf, so war doch unter Berücksichtigung des prädiktiv sehr bedeutsamen, in der Vergangenheit ausgeführten, unkonventionellen Verhaltens, nur politische Analysefähigkeit, nicht aber subjektive politische Kompetenz ein signifikanter Prädiktor für die entsprechende Handlungsbereitschaft (Modelle 2 und 4)[43].

---

[43] Das Vorliegen einer Mediation politischer Analysefähigkeit durch subjektive politische Kompetenz wurde auch dann *nicht* bestätigt, wenn man dennoch Sobel-Tests durchführte ($zs \leq 1.29$, $ps > .196$); dasselbe gilt für das Bootstrapping (die Null befand sich stets innerhalb des Konfidenzintervalls).

Tabelle 8: Lineare Regressionsanalyse für *Bereitschaft zu unkonventionellem Handeln*

	Modell 1		Modell 2		Modell 3		Modell 4	
	β	t	β	t	β	t	β	t
Politische Analysefähigkeit	$.25^\P$	2.20	$.24^\dagger$	3.15	$.24^\Diamond$	1.95	$.21^\P$	2.51
Subjektive politische Kompetenz	$.20^\Diamond$	1.83	-.08	-0.94	$.31^\P$	2.49	.01	0.14
Politisches Handeln (Vergangenheit)			$.74^\ddagger$	8.92			$.73^\ddagger$	8.87
Alter					-.08	-0.65	-.03	-0.42
Geschlecht (Frau/Mann)					$-.23^\Diamond$	-1.84	$-.18^\P$	-2.09
Migrationsgeschichte (nein/ja)					.03	0.24	.04	0.42
R^2 (in Klammern: R^2_{adj})	.118 (.094)		.581 (.563)		.168 (.108)		.614 (.580)	

Signifikante Korrelationen sind wie folgt gekennzeichnet: $\ddagger$: $p < .001$, $\dagger$: $p < .01$, $\P$: $p < .05$; $\Diamond$: $p < .10$.

4.1.3 Politisches Handeln (Längsschnittanalysen)

Im Januar 2011, parallel zur zweiten Befragung der Studierenden ohne Migrationsgeschichte, gelang es, 41 der 2011 an der Studie zur Bedeutung politischen Wissens beteiligten Studierenden zu ihren zwischenzeitlich ausgeübten politischen Tätigkeiten zu befragen. Wenngleich diese Stichprobe sehr klein war, konnten einfach gehaltene Analysen durchgeführt werden, um die Hypothese in longitudinaler Perspektive zu prüfen. *Tabelle 9* gibt Auskunft über die wichtigsten deskriptiven und korrelativen Statistiken.

Tabelle 9: Politische Kompetenzen und politisches Handeln im Panel[1]

	n	M	SD	Politisches Wissen		Politische Analysefähigkeit		Subjektive politische Kompetenz		
				r_{pb}	r_{part}	r_{pb}	r_{part}	r_{pb}	r_{Wiss}	r_{Denk}
1 Wahlbeteiligung (0/1)[2]	13	0.54^*	0.52	$.50^\Diamond$	.06	$.55^\Diamond$	.23	$.66^\dagger$	$.50^\Diamond$	.49
2 Konventionelles Handeln (0/1)[2]	41	0.10	0.30	$.41^\dagger$	.18	$.33^\P$	.21	$.45^\dagger$	$.29^\Diamond$	$.40^\P$
3 Unkonventionelles Handeln (0...5)[3]	41	1.54	1.31	$.29^\Diamond$	.18	$.27^\Diamond$	.18	$.28^\Diamond$	.10	.20
4 Nichtlegales Handeln (0/1)[2]	40	0.18	0.38	.14	.03	.25	.21	.18	.12	.11

1 Spannweite (Minimum und Maximum) in Klammern; r_{pb} = punktbiseriale Korrelation, r_{part} = Partialkorrelation (Kontrollvariable: Subjektive politische Kompetenz), r_{Wiss} = Partialkorrelation (Kontrollvariable: Politisches Wissen), r_{Denk} = Partialkorrelation (Kontrollvariable: Politische Analysefähigkeit).
2 Prozentualer Anteil der Befragten, welche sich an (mindestens) einer Aktivität beteiligt hatten.
3 Für bivariate Korrelationen ist anstatt r_{pb} die Rangkorrelation nach Spearman (r_{Sp}) angegeben.
* Mittelwert ist *nicht* signifikant vom *Skalenmittelpunkt* verschieden ($p < .05$, zweiseitige Testung).
Signifikante Korrelationen sind wie folgt gekennzeichnet: $\ddagger$: $p < .001$, $\dagger$: $p < .01$, $\P$: $p < .05$; $\Diamond$: $p < .10$.

Aufgrund der sehr kleinen Panelstichprobe liegt das Augenmerk im Folgenden primär auf der *Stärke* der bivariaten Zusammenhänge (punktbiseriale Korrelationen r_{pb}) und der partiellen Korrelationen, bei welchen der Einfluss der (vermeintlichen) Mediatorvariablen aus dem rein bivariaten Korrelationskoeffizienten „herauspartialisiert" wurde (Partialkorrelation r_{part}).

Multivariate Analysen wurden ebenfalls durchgeführt; es war jedoch zu erwarten, dass die Nullhypothese wegen zu geringer Teststärke („Power") in aller Regel nicht abgelehnt würde.

4.1.3.1 Bivariate und Partialkorrelationen im Längsschnitt

Blickt man zunächst ausschließlich auf die bivariaten korrelativen Zusammenhänge in *Tabelle 9*, stellt man schnell fest, dass die subjektive politische Kompetenz im Vergleich zu den objektiven Kompetenzen am stärksten (positiv) mit der tatsächlichen Wahlbeteiligung sowie konventionellem Handeln zusammenhing. Bezüglich der legalen politischen Handlungen fanden sich zwar positive und mindestens marginal signifikante Korrelationen mit beiden objektiven Kompetenzmaßen. Diese waren jedoch nur hinsichtlich konventioneller politischer Aktivität mindestens auf dem Fünf-Prozentniveau signifikant.

Die Partialkorrelationen bekräftigten die prognostische Bedeutung subjektiver politischer Kompetenz: *Keine* der objektiven Kompetenzvariablen wies unter Kontrolle auf subjektive politische Kompetenz eine auch nur marginal statistisch bedeutsame Korrelation mit einem der Kriterien behavioraler Politisierung auf (r_{part}). Dagegen verblieben zwischen zwei Kriterien statistisch bedeutsame Zusammenhänge zur subjektiven politischen Kompetenz, wenn auf politisches Wissen kontrolliert wurde (r_{Wissen}). Ferner reduzierten sich die Effektstärken für politische Analysefähigkeit in Bezug auf tatsächliches Handeln deutlich (Ausnahme: nichtlegales Handeln). Die Zusammenhänge der subjektiven Kompetenz zu den Maßen behavioraler Politisierung blieben zwar unter Kontrolle auf politische Analysefähigkeit nur hinsichtlich konventioneller Aktivität bestehen, doch war die Partialkorrelation bezüglich der Wahlbeteiligung womöglich nur aufgrund der Stichprobengröße insignifikant (r_{Denken} = .49, p = .103).

Folglich legten die Partialkorrelationen nahe, dass subjektive politische Kompetenz den Einfluss objektiver politischer Kompetenzen auf politisches Handeln teilweise mediierte. Um dies genauer zu prüfen, wurden Sobel-Tests durchgeführt und mittels Bootstrapping Konfidenzintervalle gebildet. Zudem wurden die Befunde analog zu den Querschnittanalysen in multiplen Regressionsanalysen überprüft. Aufgrund der kleinen Stichprobe war vor allen Dingen relevant, ob erstens die zusätzliche Aufnahme subjektiver politischer Kompetenz (ergänzend zu den objektiven Kompetenzvariablen) in Schritt zwei eine signifikante Verbesserung des Modells nach sich zog. Zweitens war darauf zu achten, welcher dieser beiden Regressionskoeffizienten den größeren „Effekt" aufwies – unabhängig vom *p*-Wert, da dieser bei einer größeren Stichprobe kleiner ausgefallen sein würde, sofern die Berücksichtigung der jeweiligen Variable(n) zu einer statistisch bedeutsamen Verbesserung des Modells beitrug und folglich den Anteil erklärter Varianz (R_N^2) signifikant erhöhte[44].

---

[44] Trotz der mit 54% beachtlichen Wiederbeteiligungsrate hatte die Panelstichprobe einen sehr kleinen Umfang. Daher wurden in Mplus unter Einsatz des FIML-Schätzverfahrens alle Panel-Analysen wiederholt. Bei diesem modellbasierten Verfahren zur Behandlung fehlender Werte wurden Letztere im gleichen Schritt wie die Berechnung des Regressionsmodells unter Berücksichtigung *aller* Personen der Ausgangsstichprobe geschätzt (z. B. Lüdtke et al. 2007). Im Querschnitt führte dies zu einer unveränderten Befundlage; sofern dies im Panel zu bedeutsamen Resultaten führte, werden diese im Text berichtet. Unter ergänzender Verwendung robuster Standardfehler (je nach Kriterium MLR- bzw. WLSMV-Schätzer; vgl. Muthén/Muthén 2010) unterschieden sich die Resultate hinsichtlich realisierbarer Modelle nicht von den im Text berichteten Ergebnissen.

4.1.3.2 Mediationsprüfung mittels multipler Regression und Bootstrapping

Politisches Wissen und subjektive politische Kompetenz

Wahlbeteiligung. Hinsichtlich der Beteiligung an Wahlen ließ sich statistisch keine Mediationsbeziehung nachweisen (Sobel-Test: $z = 1.25$, $p = .148$; Bootstrapping: $B = 0.24$, $SE = 0.16$, CI [-0.18|0.51]). Jedoch war diese Analyse mit nur $n = 13$ gültigen Fällen ohnehin ausgesprochen problematisch und kaum durchführbar (auf den Einbezug ergänzender Kontrollvariablen musste daher verzichtet werden). Zumindest aber zeigte sich in der logistischen Regressionsanalyse für die subjektive Kompetenzvariable eine größere Effektstärke ($OR = 8.26$, $Wald = 2.57$, $p = .109$) als für die objektive Kompetenzvariable ($OR = 1.16$, $Wald = 0.08$, $p = .777$). Zudem waren beide Schritte jeweils marginal signifikant (erster Schritt: $\chi_1^2 = 3.55$, $p = .060$; zweiter Schritt: $\chi_1^2 = 3.23$, $p = .072$), wohingegen das Modell mit beiden Variablen eine bessere Anpassung an die Daten aufwies ($\chi_2^2 = 6.78$, $p = .034$, $R_N^2 = .54$) als das Modell vor dem zweiten Schritt ($\chi_1^2 = 3.55$, $p = .060$, $R_N^2 = .32$).

Konventionelles politisches Handeln. Der Blick auf konventionelles Handeln wies im Sobel-Test zwar ebenfalls keine statistisch bedeutsame Mediationsbeziehung zwischen politischem Wissen und subjektiver Kompetenz auf ($z = 1.49$, $p = .137$). Das Konfidenzintervall deutete aber dennoch auf eine statistisch bedeutsame Mediation hin ($B = 0.27$, $SE = 0.12$, CI [0.11|0.46]). Zudem wies das Modell mit beiden Variablen eine bessere Güte auf ($\chi_2^2 = 11.97$, $p = .003$, $R_N^2 = .54$) als das Modell mit ausschließlich dem politischen Wissen als Prädiktor ($\chi_1^2 = 7.76$, $p = .005$, $R_N^2 = .37$). Wenngleich weder die subjektive Kompetenzvariable ($OR = 13.11$, $Wald = 2.44$, $p = .118$) noch die objektive Prädiktorvariable ($OR = 2.17$, $Wald = 1.52$, $p = .218$) im Modell mit diesen beiden Variablen statistisch bedeutsam war, stellte die Hinzunahme von subjektiver politischer Kompetenz einen statistisch bedeutsamen Schritt dar ($\chi_1^2 = 4.21$, $p = .040$) und war ferner die Effektstärke der subjektiven Prädiktorvariablen von deutlich größerem Ausmaß. Durch den Einbezug der (statistisch unbedeutenden) Kontrollvariablen änderte sich dieses Muster nicht.

Da hinsichtlich des konventionellen politischen Verhaltens sowohl im Querschnitt (bei insignifikanter bivariater Beziehung zwischen politischem Wissen und dem Kriterium) als auch im Panel signifikante Mediationsbeziehungen gefunden werden konnten, wurden diese Analysen unter Verwendung des FIML-Schätzverfahrens mittels Bootstrapping in Mplus wiederholt und ausschließlich auf die Konfidenzintervalle geblickt. Hierbei zeigte sich ergänzend in den Analysen ohne das subjektive Kompetenzmaß ein signifikanter Zusammenhang zwischen politischem Wissen und dem realisierten Verhalten (*Abbildung 3*; Odds Ratios sind in derartigen Analysen nicht verfügbar, da in diesen ausschließlich die Probit- anstatt der Logit-Linkfunktion eingesetzt werden kann). Insgesamt konnte somit für konventionelles politisches Handeln auf Basis beider Messungen eine bedeutsame Mediation des politischen Wissens über subjektive politische Kompetenz abgesichert werden. Im Fall der anderen Verhaltenskriterien konnten dagegen weder im Panel noch im Querschnitt Anhaltspunkte für eine statistisch bedeutsame Mediation politischen Wissens über subjektive politische Kompetenz ermittelt werden.

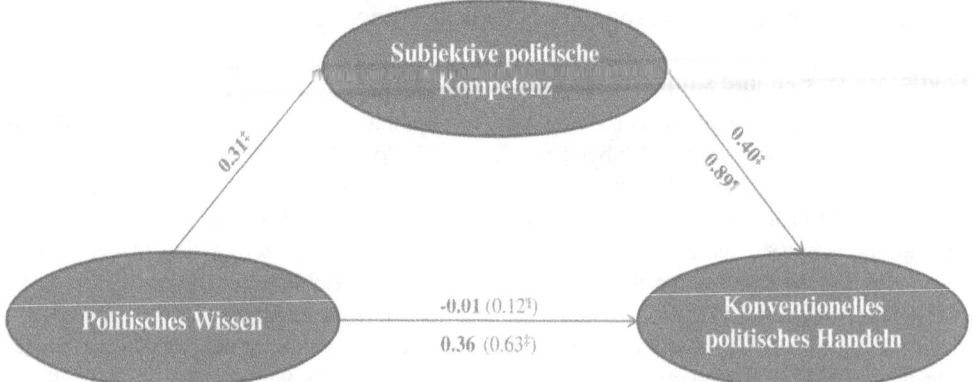

Abbildung 3: Subjektive politische Kompetenz als Mediator politischen Wissens für (1) die Bereitschaft zu konventioneller politischer Aktivität (Querschnitt; oben) bzw. (2) konventionelles politisches Handeln (Panel; unten) (unstandardisierte Regressionskoeffizienten [Bs]; ‡: $p < .001$, †: $p < .01$, ¶: $p < .05$).[45]

Politische Analysefähigkeit und subjektive politische Kompetenz

Wie im Querschnitt ließ sich für politische Analysefähigkeit erneut in Bezug auf keines der Kriterien eine statistisch bedeutsame Mediation via subjektive politische Kompetenz aufzeigen (alle Bootstrap-Konfidenzintervalle jeweils die Null). Wie bereits den Partialkorrelationen entnommen werden konnte, zeigten sich auch in den logistischen Regressionsmodellen keine signifikanten Koeffizienten für politische Analysefähigkeit, was allerdings ebenso auf subjektive politische Kompetenz zutraf. Lediglich für zwischen den Messungen ausgeführtes, konventionelles politisches Handeln zeigten sich mindestens marginal signifikante Resultate mit tendenziell größerer Bedeutung politischer Analysefähigkeit ($OR = 4.87$ E13, $Wald = 3.20$, $p = .074$) gegenüber subjektiver politischer Kompetenz ($OR = 44.10$, $Wald = 2.78$, $p = .095$). Wenngleich auch der zweite Schritt statistisch bedeutsam war ($\chi^2_J = 6.14$, $p = .013$) und sich die Modellgüte deutlich verbesserte (von $\chi^2_1 = 11.37$, $p < .001$, $R^2_N = .51$ auf $\chi^2_2 = 17.51$, $p < .001$, $R^2_N = .74$), so war im zweiten Modellschritt politische Analysefähigkeit aufgrund der größeren Waldstatistik von einem tendenziell besseren prognostischen Wert als das subjektive Kompetenzmaß[46]. Analysen mit Kontrollvariablen waren nicht durchführbar.

---

[45] Soweit möglich, wurden die Regressionskoeffizienten auf Basis von 5000 Bootstrap-Stichprobenziehungen sowie WLSMV-Schätzungen unter Einsatz des FIML-Verfahrens ermittelt. Wo der FIML-Einsatz nicht möglich war, wurden Signifikanzen auf der Basis des Konfidenzintervalls verwendet. Die angegebenen Werte wurden zwecks Vergleichbarkeit nicht unter Kontrolle auf soziodemografische Variablen oder vergangenes Verhalten angegeben, da im Fall des tatsächlichen Verhaltens das angegebene Verfahren nicht unter Einbezug aller Kontrollvariablen durchführbar war. Wie im Text beschrieben, hielten die Mediationsbeziehungen bei Einbezug der verwendbaren Kontrollen stand (für tatsächliches Verhalten ggf. auf marginalem Signifikanzniveau).

[46] Unter Verwendung des FIML-Verfahrens zeigte sich sogar ein signifikanter Zusammenhang zwischen politischer Analysefähigkeit und konventionellem Handeln ($B = 15.56$, $SE = 343.10$, CI [5.20|73.40]); subjektive politische Kompetenz: $B = 0.74$, $SE = 0.28$, CI [-0.06|1.13]).

4.1.4 Ergänzungen

Politisches Interesse. Politisches Interesse wurde zwar ebenfalls erfasst[47], aber aufgrund der starken Korrelation mit subjektiver politischer Kompetenz ($r = .81$, $p < .001$) nicht als zusätzlicher Prädiktor berücksichtigt, da diese Variable in der berichteten Teilstudie nicht zum zentralen Erkenntnisinteresse zählte sowie außerdem die Gefahr von Multikollinearität gerade bei dem kleinen Stichprobenumfang abzusehen war. Dennoch sei darauf hingewiesen, dass in der Querschnittanalyse, in welcher eine Mediation des politischen Wissens durch subjektive politische Kompetenz aufgezeigt wurde, der Einschluss des politischen Interesses dazu führte, dass politisches Interesse und nicht mehr die subjektive Kompetenzvariable von statistischer Bedeutung war. Für die Panelanalysen konnte unter Einschluss sowohl des politischen Interesses als auch der subjektiven politischen Kompetenz dagegen für keine dieser Variablen ein statistisch bedeutsamer Regressionskoeffizient nachgewiesen werden.

Migrationsgeschichte. Im Querschnitt wurde ferner der Bedeutung der Migrationsgeschichte in ergänzenden Analysen genauer nachgegangen. Hierzu wurden Interaktionsterme gebildet (der jeweilige Prädiktor wurde mit der dichotomen Gruppenvariablen Migrationsgeschichte multipliziert; vgl. genauer z. B. Aiken/West 2003; Cohen et al. 2010; Frazier/Tix/Barron 2004), welche in einem anschließenden Schritt in die Regressionsanalysen einbezogen wurden[48]. Auf dem Fünf-Prozentniveau signifikante Interaktionen ließen sich im Querschnitt jedoch nicht nachweisen. Im Vergleich zur ersten Messung war die Panelstichprobe enorm verkleinert, weswegen analoge Interaktionsanalysen für das Panel nicht ausgeführt werden konnten.

Kollektive Identität. Da die Datenerhebungen im Rahmen eines Forschungsprojektes zu kollektiven Identitäten durchgeführt wurden sowie eine der eigenen Fragestellungen die Rolle kollektiver Identitäten im Prozess kognitiver Politisierung erhellen sollte, wurde ergänzend die kollektive Identifikation mit Deutschland gemessen[49]. Allerdings war diese Variable im Querschnitt als Prädiktor ausschließlich hinsichtlich der Bereitschaft, in Zukunft an politischen Wahlen teilzunehmen, bedeutsam ($\beta = .27$, $t_{66} = 2.44$, $p = .017$) und wurde daher in longitudinalen Analysen aufgrund der kleinen Fallzahl nicht berücksichtigt.

4.1.5 Diskussion und Einordnung der Befunde

Wenngleich eine vollständige Affirmation der Ausgangshypothese nicht möglich war, konnte diese zumindest teilweise bestätigt werden. Besonders interessant dürften die weitgehend fehlenden korrelativen Zusammenhänge zwischen politischem Wissen und der Bereitschaft zu politischem Handeln sein. Allerdings zeigten sich longitudinal (mindestens marginal) signifikante Korrelationen zwischen politischem Wissen und normativem Handeln. Für konventionelles politisches Handeln als auch für die Bereitschaft, sich künftig konventionell zu

---

[47] Folgende zwei Items dienten als Indikatoren für politisches Interesse: „Wie stark interessieren Sie sich für Politik?" (0 = überhaupt nicht ... 4 = sehr stark) und „Ich interessiere mich für Politik." (0 = stimmt überhaupt nicht ... 4 = stimmt voll und ganz; aufgrund der starken Korrelation von $r = .83$ ($p < .001$) wurde in den anderen Datenerhebungen lediglich das erste Item als Repräsentant für politisches Interesse erfasst.

[48] Diese Analysen beinhalteten die Kompetenzvariablen, demografische Kontrollvariablen und Interaktionen.

[49] Mittelwertindex dreier Items: „Im Allgemeinen bin ich froh darüber, in Deutschland zu leben.", „Ich identifiziere mich mit Deutschland.", „Ich fühle mich als Teil der deutschen Gesellschaft." (Skalierung: 0 = stimmt überhaupt nicht ... 4 = stimmt voll und ganz; Cronbachs Alpha: $\alpha = .66$).

engagieren, konnten zudem Mediationsbeziehungen für politisches Wissen über den Mediator subjektive politische Kompetenz nachgewiesen werden[50], während sich sonst keine statistisch bedeutsame Mediation politischen Wissens via subjektive Kompetenz nachweisen ließ. Somit wurde mit einiger Gewissheit subjektive politische Kompetenz als Mediator politischen Wissens für konventionelle politische Aktivitäten abgesichert.

Dennoch stehen diese Befunde durchaus im Einklang mit internationaler Forschung, wonach objektives politisches Wissen zwar eher für die Wahlbeteiligung von Bedeutung zu sein scheint, andere Formen politischen Handelns jedoch von der subjektiven Einschätzung der eigenen politischen Kompetenz beeinflusst werden (z. B. Schulz et al. 2010a; 2010b). Hinsichtlich der Wahlbeteiligung ist bedauerlicherweise festzuhalten, dass die Panelstichprobe besonders klein war und somit der aktuelle Forschungsstand weder bestätigt noch widerlegt werden konnte. Darüber hinaus wiesen aber bereits die bivariaten Analysen auf die außerordentliche Bedeutung der subjektiven politischen Kompetenz hinsichtlich politischen Handelns hin. Folglich dürfte subjektive politische Kompetenz vor allem für politische Aktivitäten von größerer Bedeutung sein, welche gewisse persönliche Anstrengungen zur Beteiligung erfordern.

Überraschenderweise zeigte sich für politische Analysefähigkeit ein anderes Muster, was darauf hindeutet, dass sich diese objektive Kompetenz qualitativ von politischem Wissen unterscheidet: Insbesondere für die Bereitschaft, sich in Zukunft (konventionell oder unkonventionell) politisch zu engagieren, zeigte politische Analysefähigkeit eigenständige und teilweise stabilere Zusammenhänge oder Effekte als subjektive politische Kompetenz. Dies traf hinsichtlich konventionellen politischen Handelns sogar auf tatsächliches Verhalten in longitudinaler Betrachtung zu (wenngleich diese Analyse mit Vorsicht zu interpretieren ist). Die Effekte des subjektiven Maßes auf Handlungsbereitschaften sowie politisches Handeln mögen daher in Abhängigkeit von (profunden) objektiven Kompetenzen variieren; insbesondere politische Analysefähigkeit scheint einen eigenständigen, positiven Einfluss auf behaviorale Politisierung zu besitzen. In jedem Fall weisen diese Befunde deutlich darauf hin, dass verschiedene Arten von politischer Kompetenz auf unterschiedliche Handlungsformen differenzierende Effekte haben – dass jedoch bei der Prognose (nichtelektoralen) normativen politischen Handelns auf objektives politisches Wissen zugunsten der subjektiven Selbsteinschätzung politischer Kompetenz verzichtet werden kann.

Ebenfalls ist festzuhalten, dass in den multivariaten Analysen Geschlecht als einzige soziodemografische Kontrollvariable teilweise statistisch signifikante Zusammenhänge zu den Kriterien behavioraler Politisierung hatte. Die gefundenen Zusammenhänge weichen allerdings insofern von bestehender Forschung ab, als in den eigenen Analysen eher Frauen stärker behavioral politisiert waren als umgekehrt Männer – selbst mit Blick auf die Bereitschaft zu konventionellem Handeln. Fehlende signifikante Koeffizienten für die Altersvariable dürften der vergleichsweise homogenen Altersverteilung innerhalb der Stichprobe geschuldet sein; die Abwesenheit von Effekten für die Gruppenvariable Migrationsgeschichte sind vermutlich auf das konstant hohe Bildungsniveau aller Beteiligten zurückzuführen (Abitur in Deutschland). Allerdings haben die berichteten Befunde zunächst insbesondere für Psycho-

---

[50] Eine sequenzielle Mediation politischen Wissens via subjektive politische Kompetenz sowie anschließend über die Bereitschaft zur Ausführung konventioneller politischer Aktivitäten auf tatsächliches konventionelles Handeln ließ sich nicht absichern. Dies könnte an der geringeren Bedeutung politischer Handlungsintentionen für Menschen ohne Migrationsgeschichte liegen (vgl. die Analysen der nachfolgenden Kapitel).

logiestudierende Geltung und sind unter Umständen nicht uneingeschränkt auf andere Bevölkerungsgruppen übertragbar.

Abschließend verbleiben mehrere Aufgaben für weitere Forschung: Erstens ist es erforderlich, den betrachteten Kausalzusammenhang mithilfe einer größeren Stichprobe zu verifizieren. Ebenfalls ist dem Bedeutungszusammenhang zwischen politischem Interesse sowie subjektiver politischer Kompetenz hinsichtlich politischen Handelns genauer nachzugehen (vgl. Kap. 4.2 und Kap. 4.5.2). Zudem zeigen die alles andere als perfekten Korrelationen von objektiven Maßen und der subjektiven Kompetenzvariablen sowie der objektiven Kompetenzen untereinander, dass es sich hierbei um qualitativ verschiedene Variablen handelt (vgl. Westle/Johann 2010). Weiterhin dürfte es sehr hilfreich sein, politische Analysefähigkeit erneut und gegebenenfalls mit anderen, zusätzlichen Maßen zu erfassen.

4.1.6 Zusammenfassung der Befunde

Insgesamt konnten zwei wesentliche, die Hypothesen weitgehend untermauernde Befunde herausgearbeitet werden: Objektives politisches Wissen ist für normatives, vor allem konventionelles politisches Handeln zwar bedeutsam, sein positiver Effekt wird jedoch weitgehend über subjektive politische Kompetenz mediiert bzw. durch diese Variable verdrängt. In den Hauptanalysen für Studierende mit türkischer Migrationsgeschichte als auch für ergänzende Analysen der Daten von Studierenden ohne Migrationsgeschichte kann somit auf die Messung objektiven politischen Wissens verzichtet werden. Objektive politische Analysefähigkeit wird dagegen nicht über subjektive politische Kompetenz auf politisches Handeln mediiert, sondern behält eigenständigen Prognosewert auch unter Kontrolle auf das subjektive Kompetenzmaß. Schließlich wurde drittens angedeutet, dass die Bedeutung der subjektiven politischen Kompetenz geringer sein könnte als der Effekt politischen Interesses. Dieser Frage wird am Beispiel einer anderen Stichprobe im folgenden Kapitel nachgegangen.

4.2 Zur unterschiedlichen Bedeutung von politischem Interesse und subjektiver politischer Kompetenz für politisches Handeln

4.2.1 Zielstellung

Ausführlich wurde in Kapitel 1 die Annahme theoretisch begründet, politisches Interesse begünstige primär unkonventionelles politisches Handeln, wohingegen subjektive politische Kompetenz – ergänzt durch politisches Interesse – kognitiv anspruchsvolleres, planungsintensiveres politisches Handeln befördere. Die Hypothese, dass politisches Interesse für alle Formen legalen politischen Handelns positiv bedeutsam ist, während subjektive politische Kompetenz nur für konventionelles politisches Handeln einen (ergänzenden, positiven) Erklärungsbeitrag leistet, wurde mit Daten des Onlinepanels geprüft.

4.2.2 Bivariate Zusammenhänge

Alle Interkorrelationen der zu t_1 und t_2 erhobenen Variablen im jeweiligen Querschnitt können *Tabelle 26* und *Tabelle 27* (Anlage B) entnommen werden. Die an dieser Stelle relevanten, längsschnittlichen Korrelationen zwischen politischem Interesse sowie subjektiver politischer Kompetenz aus t_1 (bzw. aus t_2 für Analysen zwischen der zweiten und dritten Befragung) und den zu t_2 bzw. t_3 gemessenen Verhaltenskriterien sind in *Tabelle 10* dargestellt (vgl. auch *Tabelle 12* auf Seite 105).

Tabelle 10: Bivariate Korrelationen zwischen kognitiver und behavioraler Politisierung[1]

	Prädiktoren aus t_1		Prädiktoren aus t_2	
	Politisches Interesse	*Subjektive politische Kompetenz*	*Politisches Interesse*	*Subjektive politische Kompetenz*
Kriterium der Zwischenerhebung (t_W)				
Bundestagswahlbeteiligung	.24	.19		
Kriterien der zweiten Datenerhebung (t_2)				
Wahlbeteiligung	.27¶	.02		
Konventionelle Handlungen	.31‡	.34‡		
Unkonventionelle Handlungen	.38‡	.29‡		
Nichtlegale Handlungen	.16¶	.14		
Allgemeine Kriterien der dritten Datenerhebung (t_3)				
Wahlbeteiligung	.28	.15	.27	.21
Konventionelle Handlungen	.33†	.34†	.35†	.30†
Unkonventionelle Handlungen	.50‡	.44‡	.55‡	.53‡
Nichtlegale Handlungen	.25¶	.20	.19	.18
Zusammengefasste Kriterien der zweiten und dritten Datenerhebung[2]				
Wahlbeteiligung	.39†	.22¶	.20	.02
Konventionelle Handlungen	.47‡	.35‡	.38‡	.34‡
Unkonventionelle Handlungen	.42‡	.38‡	.28¶	.28‡
Nichtlegale Handlungen	.26¶	.21†	.21	.17¶

1 Punktbiseriale Korrelationen (r_{pb}) (bzw. Rangkorrelationen nach Spearman [r_{SP}] für ordinal skalierte Kriterien); n variiert zwischen 42 und 186.
2 Links: Korrelation für das Drei-Wellen-Panel; rechts: Korrelation für die um t_2 erweiterte Stichprobe aus t_3.
Signifikante Korrelationen sind wie folgt gekennzeichnet: ‡: $p < .001$, †: $p < .01$, ¶: $p < .05$.

Den bivariaten Korrelationen zufolge waren politisches Interesse und subjektive politische Kompetenz bei Studierenden mit türkischer Migrationsgeschichte in zeitlicher Perspektive positiv mit politischem Handeln verbunden. Es zeigten sich für politisches Interesse häufiger signifikante sowie mehrheitlich stärkere bivariate Zusammenhänge zu behavioraler Politisierung als für subjektive politische Kompetenz – teilweise insignifikante Korrelationen mit der Wahlbeteiligung dürften den kleinen Fallzahlen für Analysen mit diesem Kriterium geschuldet gewesen sein. Somit korrelierte politisches Interesse mit allen Formen realisierten politischen Handelns statistisch positiv, während sich subjektive politische Kompetenz durch fehlenden Vorhersagewert für alle Maße der Wahlbeteiligung sowie für nahezu alle nichtlegalen Handlungsvariablen auszeichnete.

Es deutete sich somit an, was vermutet wurde: Politisches Interesse war stets an politischem Handeln beteiligt, subjektive politische Kompetenz dagegen wies keine bedeutsamen Korrelationen mit nichtelektoralem sowie nichtlegalem Handeln auf. Die bivariaten Zusammenhänge mit konventioneller politischer Aktivität waren zudem teilweise stärker für das Kompetenzmaß als für politisches Interesse. Allerdings korrelierte subjektive politische Kompetenz im bivariaten Fall durchgehend mit unkonventionellem Handeln signifikant.

4.2.3 Multiple Regressionsanalysen

Bivariate Analysen geben noch keinen Aufschluss darüber, welche Bedeutung ein spezifischer Prädiktor für ein bestimmtes Kriterium in der Gemengelage anderer potenzieller Einflussvariablen hat; bivariate Korrelationen können auch Scheinzusammenhänge darstellen. Dies lässt sich in multiplen Regressionsanalysen kontrollieren, wenn weitere Prädiktorvariablen berücksichtigt werden. Als Kontrollvariablen wurden zu diesem Zweck jene soziodemografischen Variablen berücksichtigt, welche oben beschrieben wurden. Dies geschah auf der Basis des sozioökonomischen Standardmodells sowie in Anlehnung an projektinterne Vorgehensweisen zwecks der Vergleichbarkeit von Befunden. Auf weitere Einflussvariablen wurde – abgesehen von dem je Kriterium entsprechenden vergangenen Verhaltensmaß – verzichtet, um gezielt auf die spezifischen Einflüsse der beiden kognitiven Politisierungsvariablen blicken zu können. Hierzu soll auf die zusammengefassten Verhaltensmaße primär der erweiterten Stichprobe fokussiert werden, da für diese größere Stichproben vorlagen und Analysen am ehesten möglich waren. Alle anderen Analysen werden trotzdem zusammengefasst.

Um sehen zu können, welche der beiden Variablen kognitiver Politisierung von größerer statistischer Relevanz für das jeweilige Kriterium war, wurden in den Regressionsanalysen in einem ersten Schritt politisches Interesse sowie subjektive politische Kompetenz einbezogen. Soziodemografische Kontrollvariablen (Alter, Geschlecht, deutsche Staatsbürgerschaft, Einkommen, prozentuale Lebenszeit in Deutschland, subjektive deutsche Sprachkenntnisse[51]) folgten im zweiten Schritt. In einem finalen Modellschritt wurde ergänzend das jeweils in der Vergangenheit ausgeführte politische Verhalten berücksichtigt – gewissermaßen als „Habitualisierungsmaß" und zur Prüfung von „Kausalität" (siehe Fußnote 60 zum sogenannten „Granger-Test"). Eine Ausnahme stellte jeweils das Kriterium der Wahlbeteiligung dar: Aufgrund der reduzierten Zahl von Personen, welche zur ersten Messung die deutsche Staatsbürgerschaft besaßen, als auch wegen der eher geringen Möglichkeiten, zwischen den Messungen an Wahlen teilzunehmen, wurde in multiplen Regressionsanalysen mit Wahlbeteiligung als Kriterium die Wahlbereitschaft statt der zuvor gemessenen Wahlbeteiligung als Kontrollvariable berücksichtigt (vgl. *Tabelle 28* in Anlage B für bivariate Zusammenhänge der Prädiktoren bzw. Mediatoren mit den Kriteriumsvariablen).

---

[51] Für Analysen mit t_2-Prädiktoren wurde nicht auf subjektive deutsche Sprachkenntnisse kontrolliert, da diese Variable nicht erhoben wurde. Hinsichtlich t_w-Kriterium wurde diese Variable sowie der Besitz der deutschen Staatsbürgerschaft ebenfalls nicht berücksichtigt, da diese in der kleinen Stichprobe keine Variabilität aufwiesen.

4.2.3.1 Wahlbeteiligung

Wahlbeteiligung zwischen erster und dritter Datenerhebung. Für die um t_2 erweiterte Stichprobe von t_3 war im ersten Modellschritt zunächst politisches Interesse statistisch bedeutsam ($OR = 2.01$, $Wald = 6.08$, $p = .014$; $R_N^2 = .10$). Unter Kontrolle auf soziodemografische Variablen behielt das politische Interesse seine statistische Bedeutung ($OR = 2.05$, $Wald = 5.04$, $p = .025$; $R_N^2 = .19$), doch verschwand diese bei Berücksichtigung der Wahlbereitschaft ($OR = 1.82$, $Wald = 2.54$, $p = .111$), welche selbst ein signifikanter Prädiktor war ($OR = 4.50$, $Wald = 9.94$, $p = .002$; subjektive politische Kompetenz: $OR = 0.62$, $Wald = 1.04$, $p = .308$; Modellanpassung: $\chi_9^2 = 31.83$, $p < .001$; $R_N^2 = .43$).

In der kleinen Stichprobe des Drei-Wellen-Panels war eine zuverlässige Analyse des Gesamtmodells nicht möglich. Im ersten Modell hatte allerdings erneut nur politisches Interesse statistische Bedeutung ($OR = 3.35$, $Wald = 4.39$, $p = .036$; subjektive politische Kompetenz: $OR = 0.93$, $Wald = 0.02$, $p = .895$; Modellanpassung: $\chi_2^2 = 7.86$, $p < .020$; $R_N^2 = .24$). Der zweite Modellschritt war statistisch insignifikant ($\chi_6^2 = 9.89$, $p = .129$).

Getrennte Analysen. Bezüglich der Wahlbeteiligung zwischen t_1 und t_2 als Kriterium war im ersten Schritt nur politisches Interesse bedeutsam ($OR = 2.19$, $Wald = 5.33$, $p = .021$; $R_N^2 = .13$), doch reduzierte sich die Signifikanz unter Kontrolle auf die soziodemografischen Variablen ($OR = 1.99$, $Wald = 3.70$, $p = .054$; $R_N^2 = .14$), von welchen selbst keine statistisch bedeutsam war (Modellschritt: $\chi_6^2 = 9.77$, $p = .135$). Wurde ferner auf die Wahlbereitschaft kontrolliert, war keiner der potenziellen Prädiktoren signifikant, wenngleich die Wahlbereitschaft selbst offensichtlich empirische Bedeutung hatte ($OR = 79.48$, $Wald = 2.98$, $p = .084$; politisches Interesse: $OR = 1.88$, $Wald = 1.88$, $p = .170$; subjektive politische Kompetenz: $OR = 0.68$, $Wald = 0.49$, $p = .482$). Wie der dritte Modellschritt ($\chi_1^2 = 16.02$, $p < .001$), so war auch das finale Modell höchst signifikant ($\chi_9^2 = 32.24$, $p < .001$; $R_N^2 = .54$).

Im Modell mit der zwischen t_2 und t_3 realisierten Wahlbeteiligung und den t_1-Prädiktoren war ausschließlich der dritte Analyseschritt statistisch relevant ($\chi_1^2 = 8.10$, $p = .004$; Modellanpassung: $\chi_9^2 = 14.85$, $p = .095$; $R_N^2 = .48$) – außer der Wahlbereitschaft ($OR = 3.32$, $Wald = 4.25$, $p = .039$) wies keine andere Variable in irgendeinem Modellschritt auch nur annähernd Signifikanz auf. Dies galt auch, wenn die zur zweiten Befragung erhobenen Prädiktoren verwendet wurden (das finale Modell konnte nicht zuverlässig geschätzt werden). Die Beteiligung an der Bundestagswahl, welche über eine Zwischenerhebung (t_W) gemessen wurde, konnte durchgehend von keiner der Modellvariablen vorhergesagt werden ($\chi_7^2 = 3.04$, $p = .881$; $R_N^2 = .12$) – allerdings war die Analysestichprobe auch besonders klein.

4.2.3.2 Konventionelles politisches Handeln

Konventionelles politisches Handeln zwischen erster und dritter Datenerhebung. Für die um t_2 erweiterte Stichprobe aus t_3 war im ersten Analyseschritt politisches Interesse statistisch positiv signifikant ($OR = 1.62$, $Wald = 4.00$, $p = .045$), während subjektive politische Kompetenz die Fünf-Prozenthürde verfehlte ($OR = 1.61$, $Wald = 3.10$, $p = .078$; $R_N^2 = .19$). Im zweiten Schritt blieb politisches Interesse ($OR = 1.79$, $Wald = 5.01$, $p = .025$), ergänzt um das Alter ($OR = 1.11$, $Wald = 4.35$, $p = .037$), statistisch bedeutsam, wohingegen das Kompetenzmaß endgültig insignifikant wurde ($OR = 1.43$, $Wald = 1.50$, $p = .221$; $R_N^2 = .25$). Unter Kontrolle auf vor t_1 durchgeführte, konventionelle politische Handlungen waren jedoch nur das Alter ($OR = 1.12$, $Wald = 4.19$, $p = .041$) sowie das Verhaltensmaß signifikante Prädiktoren ($OR = 3.44$, $Wald = 7.83$, $p = .005$). Nunmehr war politisches Interesse statistisch nur marginal relevant ($OR = 1.58$, $Wald = 3.15$, $p = .076$; subjektive politische Kompetenz: $OR = 1.30$, $Wald = 0.74$, $p = .390$; Modellanpassung: $\chi^2_9 = 42.55$, $p < .001$; $R^2_N = .30$).

Mit Blick auf das Drei-Wellen-Panel war der Befund eindeutig zugunsten politischen Interesses (im Gesamtmodell: $OR = 2.67$, $Wald = 3.67$, $p = .055$) sowie vergangenen Verhaltens ($OR = 5.05$, $Wald = 4.19$, $p = .041$; subjektive politische Kompetenz: $OR = 0.85$, $Wald = 0.10$, $p = .758$; Modellanpassung: $\chi^2_9 = 29.22$, $p < .001$; $R^2_N = .44$) – in keinem Modellschritt war eine andere Variable annähernd signifikant.

Getrennte Analysen. Mit den t_1-Maßen als Prädiktoren für das zwischen t_1 und t_2 ausgeführte konventionelle Handeln zeigte sich im ersten Analyseschritt ausschließlich für subjektive politische Kompetenz statistische Bedeutsamkeit ($OR = 1.39$, $Wald = 1.76$, $p = .034$; $R^2_N = .17$). Der zweite Modellschritt war statistisch unbedeutend ($\chi^2_6 = 5.88$, $p = .437$). Dasselbe traf auf alle Modellvariablen zu, wenngleich subjektive politische Kompetenz marginale statistische Bedeutsamkeit aufwies ($OR = 1.65$, $Wald = 2.73$, $p = .099$). Wurde jedoch auf vergangenes Verhalten kontrolliert, so war ausschließlich diese Variable ein bedeutsamer Prädiktor ($OR = 5.43$, $Wald = 13.17$, $p < .001$; politisches Interesse: $OR = 1.27$, $Wald = 0.83$, $p = .362$; subjektive politische Kompetenz: $OR = 1.46$, $Wald = 1.40$, $p = .236$; Modellanpassung: $\chi^2_9 = 40.90$, $p < .001$; $R^2_N = .31$).

Im Modell für das zwischen t_2 und t_3 ausgeführte Verhalten und den t_1-Prädiktoren war in keinem Schritt ein signifikanter Prädiktor vorhanden (Gesamtmodell: $\chi^2_9 = 16.85$, $p = .051$; $R^2_N = .27$; politisches Interesse: $OR = 1.62$, $Wald = 1.04$, $p = .307$; subjektive politische Kompetenz: $OR = 1.18$, $Wald = 0.10$, $p = .758$). Wurden die zu t_2 erhobenen Variablen als Prädiktoren verwendet, so war politisches Interesse zunächst marginal signifikant (im ersten Modell mit $OR = 2.20$, $Wald = 3.39$, $p = .066$; $R^2_N = .20$). Im Gesamtmodell (Modellschritt: $\chi^2_1 = 2.59$, $p = .108$) wies allerdings erneut keine Variable statistische Signifikanz auf (politisches Interesse: $OR = 2.00$, $Wald = 2.12$, $p = .145$; subjektive politische Kompetenz: $OR = 0.94$, $Wald = 0.02$, $p = .887$; Modellanpassung: $\chi^2_8 = 16.75$, $p = .033$; $R^2_N = .30$).

4.2.3.3 Unkonventionelles politisches Handeln

Unkonventionelles politisches Handeln zwischen erster und dritter Datenerhebung. Für die erweiterte Stichprobe war hinsichtlich des zwischen t_1 und t_3 durchgeführten, unkonventionellen Handelns im ersten Schritt nur politisches Interesse statistisch bedeutsam ($OR = 2.09$, $Wald = 11.48$, $p < .001$; $R^2_N = .19$). An diesem Muster änderte sich nichts, wenn auf soziodemografische Variablen oder zusätzlich auf vor t_1 ausgeführtes Handeln kontrolliert wurde (im Gesamtmodell: $OR = 1.97$, $Wald = 6.47$, $p = .011$; subjektive politische Kompetenz: $OR = 0.82$, $Wald = 0.42$, $p = .519$). Ergänzend waren im finalen Modell die prozentual in Deutschland verbrachte Lebenszeit ($OR = 1.02$, $Wald = 3.95$, $p = .047$) sowie das vergangene Verhaltensmaß ($OR = 2.65$, $Wald = 26.55$, $p < .001$; Modellanpassung: $\chi^2_9 = 76.58$, $p < .001$; $R^2_N = .46$) positive Prädiktoren.

In der kleinen Stichprobe des Drei-Wellen-Panels war politisches Interesse zwar zunächst als einzige Variable statistisch bedeutsam (für das erste Modell mit $OR = 2.72$, $Wald = 6.81$, $p = .009$; $R^2_N = .24$). Unter Berücksichtigung vergangenen politischen Handelns jedoch war, abgesehen von dem Verhaltensmaß ($OR = 2.69$, $Wald = 9.82$, $p = .002$), keine andere Variable ein signifikanter Prädiktor (politisches Interesse: $OR = 1.85$, $Wald = 1.63$, $p = .201$; subjektive politische Kompetenz: $OR = 0.73$, $Wald = 0.35$, $p = .557$; Modellanpassung: $\chi^2_9 = 31.00$, $p < .001$; $R^2_N = .46$).

Getrennte Analysen. Mit unkonventionellem Verhalten zwischen erster und dritter Messung als Kriterium wurden ordinale Regressionsanalysen durchgeführt[52]. In keinem der Analyseschritte war subjektive politische Kompetenz ein signifikanter Prädiktor unkonventionellen politischen Handelns (Angaben im Folgenden für das Gesamtmodell: $B = -0.11$, $Wald = 0.37$, $p = .544$), wohingegen politisches Interesse durchgehend von statistischer sowie positiver Bedeutung war ($B = 0.42$, $Wald = 6.44$, $p = .011$), ergänzt um die ebenfalls positiven Prädiktoren Einkommen ($B = +0.00$, $Wald = 4.92$, $p = .027$) sowie bereits vor der ersten Befragung realisiertes, unkonventionelles politisches Verhalten ($B = 0.59$, $Wald = 33.15$, $p < .001$; Modellanpassung: $\chi_9^2 = 71.38$, $p < .001$; $R_N^2 = .36$).

In Bezug auf die Vorhersage der unkonventionellen politischen Aktivität zwischen t_2 und t_3 mittels t_2-Prädiktovariablen war das Bild zwar ähnlich. Jedoch verlor in diesen Analysen das politische Interesse unter Kontrolle auf vergangenes Verhalten seine statistische Bedeutsamkeit ($B = 0.48$, $Wald = 3.00$, $p = .083$; Einkommen: $B = +0.00$, $Wald = 7.34$, $p = .007$; unkonventionelles politisches Handeln: $B = 0.67$, $Wald = 15.90$, $p < .001$; subjektive politische Kompetenz: $B = 0.10$, $Wald = 0.11$, $p = .746$; Modellanpassung: $\chi_9^2 = 61.29$, $p < .001$; $R_N^2 = .54$). Es ist naheliegend, dass dies am geringen Stichprobenumfang lag.

Etwas anders sahen hingegen die Befunde mit den zu t_2 erhobenen Prädiktoren aus: Im ersten Modell wiesen beide Variablen prädiktiven Wert auf (politisches Interesse: $B = 0.56$, $Wald = 5.90$, $p = .015$; subjektive politische Kompetenz: $B = 0.58$, $Wald = 5.45$, $p = .020$; $R_N^2 = .36$). Diese verloren allerdings spätestens unter Kontrolle auf vergangenes politisches Verhalten ihre statistische Bedeutung (politisches Interesse: $B = 0.39$, $Wald = 2.63$, $p = .105$; subjektive politische Kompetenz: $B = 0.47$, $Wald = 3.01$, $p = .083$). Außer dem vergangenen, unkonventionellen Handeln ($B = 0.78$, $Wald = 23.25$, $p < .001$; Modellanpassung: $\chi_8^2 = 62.42$, $p < .001$; $R_N^2 = .59$) gab es keinen signifikanten Prädiktor.

4.2.3.4 Nichtlegales politisches Handeln

Nichtlegales politisches Handeln zwischen erster und dritter Datenerhebung. In der um t_2 erweiterten Stichprobe aus t_3 war hinsichtlich zwischen des zwischen t_1 und t_3 ausgeführten, nichtlegalen Handelns im ersten Schritt nur politisches Interesse statistisch bedeutsam, allerdings auf marginalem Niveau ($OR = 2.53$, $Wald = 3.82$, $p = .051$). Dennoch führte dieser Analyseschritt zu einem signifikanten Modell ($\chi_2^2 = 10.28$, $p = .006$; $R_N^2 = .12$). Wurde zusätzlich auf soziodemografische Variablen kontrolliert, erlangte politisches Interesse Signifikanz, welche unter Kontrolle auf vorangegangenes nichtlegales Verhalten bestehen blieb (im Gesamtmodell: $OR = 3.88$, $Wald = 4.95$, $p = .026$; vergangenes Verhalten: $OR = 7.70$, $Wald = 8.17$, $p = .004$; subjektive politische Kompetenz: $OR = 0.75$, $Wald = 0.24$, $p = .625$). Außerdem waren die Befragten umso seltener auf nichtlegale Weise politisch aktiv mit zunehmendem Alter ($OR = 0.79$, $Wald = 5.76$, $p = .016$), je mehr Zeit ihres Lebens sie in Deutschland verbracht hatten ($OR = 0.97$, $Wald = 4.50$, $p = .034$) sowie wenn es sich dabei um Frauen handelte ($OR = 0.09$, $Wald = 6.06$, $p = .014$; Modellanpassung: $\chi_9^2 = 33.95$, $p < .001$; $R_N^2 = .38$).

---

[52] Aufgrund der etwas rechtsschiefen (bzw. linkssteilen) Verteilung wurde in SPSS stets die negative Log-Log-Funktion verwendet (vgl. Brosius 2008, 598; Norušis 2010, 84), welche im Test auf Parallelität beinahe durchgehend besser zur Analyse geeignet war, als die auf einer ausgeglichenen Verteilungsannahme basierende Logit-Funktion. Da *Odds Ratio*s nur für die Logit-Funktion berechnet werden können, ist für diese Analysen jeweils der unstandardisierte Regressionskoeffizient *B* angegeben.

Im Drei-Wellen-Panel war allerdings im dritten Schritt nur das vor der ersten Befragung gezeigte, nichtlegale politische Verhalten ein signifikanter Prädiktor ($OR = 40.28$, $Wald = 4.17$, $p = .041$), wobei erneut vermutlich die Stichprobengröße verhinderte, dass politisches Interesse auch unter Kontrolle auf das Verhaltensmaß seine statistische Bedeutung behielt (im Gesamtmodell: $OR = 18.42$, $Wald = 3.60$, $p = .058$; subjektive politische Kompetenz: $OR = 0.28$, $Wald = 0.97$, $p = .324$; Modellanpassung: $\chi^2_9 = 27.90$, $p < .001$; $R^2_N = .66$).

Getrennte Analysen. Für die Analysen bezüglich des zwischen t_1 und t_2 realisierten, nichtlegalen Verhaltens waren beide Maße kognitiver Politisierung in allen Analyseschritten insignifikant. Im finalen Modell hatten lediglich die in Deutschland verbrachte Lebenszeit ($OR = 0.97$, $Wald = 4.81$, $p = .028$) sowie bereits vor der ersten Befragung ausgeführtes, nichtlegales politisches Handeln ($OR = 7.12$, $Wald = 5.48$, $p = .019$) prädiktiven Wert (politisches Interesse: $OR = 2.12$, $Wald = 1.20$, $p = .274$; subjektive politische Kompetenz: $OR = 1.26$, $Wald = 0.10$, $p = .752$; Modellanpassung: $\chi^2_9 = 21.16$, $p = .012$; $R^2_N = .33$).

Etwas anders verhielt es sich, wenn das nach t_2, aber vor t_3 ausgeführte Handeln als Kriterium betrachtet wurde: In diesem Fall wies politisches Interesse im zweiten Analyseschritt einen signifikanten, positiven Einfluss auf ($OR = 10.77$, $Wald = 3.93$, $p = .047$; $R^2_N = .50$), während dies im Gesamtmodell lediglich auf marginalem Niveau zutraf ($OR = 12.00$, $Wald = 3.41$, $p = .065$) und ausschließlich vor t_1 durchgeführte, nichtlegale Beteiligung von signifikanter Bedeutung war ($OR = 21.23$, $Wald = 4.03$, $p = .045$; subjektive politische Kompetenz: $OR = 0.42$, $Wald = 0.58$, $p = .446$; Modellanpassung: $\chi^2_9 = 26.31$, $p = .002$; $R^2_N = .61$). Analysen mit dem t_3-Kriterium unter Verwendung der t_2-Prädiktoren waren aufgrund der noch kleineren Stichprobengröße nicht zuverlässig durchführbar.

4.2.4 Mediationsanalysen

Da in mehreren Analysen mindestens politisches Interesse die Modellgüte positiv beeinflusste, die Analysestichproben aufgrund des Stichprobenausfalls und anderer fehlender Werte insgesamt relativ klein und folglich teilweise ungeeignet zur Identifikation existierender Zusammenhänge waren, zudem überwiegend mäßige bis hohe, deutlich signifikante sowie positive bivariate Korrelationen zwischen kognitiver Politisierung und politischem Handeln vorlagen, wurden ergänzende Mediationsanalysen durchgeführt. Hierbei wurde ein allgemeines Modell spezifiziert, wie es in *Abbildung 4* vereinfacht dargestellt ist (*Modell I*): Unter Berücksichtigung der soziodemografischen Variablen in den Regressionen wurde für alle Kriterien jeweils eine Mediation politischen Interesses beziehungsweise subjektiver politischer Kompetenz über die jeweils dem Kriterium entsprechende Verhaltensbereitschaft (bzw. das Verständnis für nichtlegale politische Handlungen in Bezug auf das Kriterium des nichtlegalen politischen Handelns) auf das tatsächliche Verhalten angenommen. Die potenziellen Mediatoren wurden im Fragebogen zeitlich nach den Variablen kognitiver Politisierung erfasst und können gewissermaßen als Reflexionsergebnis und proximaleres Maß für die Zuversicht, eine politische Handlung (erfolgreich) auszuüben, betrachtet werden. Die Modellierung longitudinaler Modelle über drei Messzeitpunkte hinweg mit Variablen aus t_1, t_2 und t_3 in demselben Modell war nicht möglich, da hierzu aufgrund des geringen Stichprobenumfanges zu wenige Freiheitsgrade vorlagen oder Schätzungen keine (bzw. höchstens unzuverlässige) Ergebnisse lieferten[53]. Wenngleich teilweise bereits unter Kontrolle auf soziodemografische Variablen keine signifikanten Beziehungen zwischen den Prädiktoren und dem jeweiligen Kriterium bestanden, so könnten die postulierten Mediationsbeziehungen dennoch existieren, sodass die vorgeschlagenen Analysen sinnvoll erschienen. Denn im Mediationsmodell ist (anders als bei Baron und Kenny 1986) ein direkter Zusammenhang zwischen einer unabhängigen und einer abhängigen Variablen nicht zwingend erforderlich, zumal eine Suppression als spezielle Mediationsbeziehung vorliegen könnte (vgl. MacKinnon/Krull/Lockwood 2000; Taylor/MacKinnon/Tein 2008).

Alle Mediationsanalysen wurden in Mplus (Version 6.1) realisiert, da dieses Programm mit nicht-intervallskalierten abhängigen Variablen umgehen und zugleich Stichprobenausfall kompensieren kann. Als Basis wurden jeweils 5000 Bias korrigierte Bootstrap-Stichproben unter Verwendung des WLSMV-Schätzers gezogen. In den Regressionen für die Mediationsanalysen wurden zudem die Pfade der soziodemografischen Variablen berücksichtigt[54]. Anzumerken ist ebenfalls, dass in Mplus das FIML-Schätzverfahren verwendet wurde, sodass weitgehend die gesamte Ausgangsstichprobe zur Schätzung der Effekte verwendet werden konnte (fehlende Werte in abhängigen Variablen wurden über ein ML-Verfahren modellbasiert geschätzt; vgl. auch Fußnote 44)[55].

Von einer Mediation konnte – unter Berücksichtigung der Korrelation von politischem Interesse und subjektiver politischer Kompetenz (r_{12}) – die Rede sein, wenn in der Regression von politischem Interesse (a_1-Pfad) und subjektiver politischer Kompetenz (a_2-Pfad) mit dem Kriterium der Verhaltensabsicht mindestens eine der beiden Variablen kognitiver Politisierung statistisch bedeutsam und außerdem der Pfad des mutmaßlichen Mediators auf das Verhaltenskriterium signifikant war (b-Pfad) (vgl. *Abbildung 4*; z. B. MacKinnon 2008; Taylor/MacKinnon/Tein 2008). Die zugehörigen direkten Effekte von politischem Interesse (c_1-Pfad) bzw. politischer Kompetenz (c_2-Pfad) auf politisches Handeln unter Kontrolle auf die Handlungsintention werden ebenso angegeben, wie die Effekte dieser beiden Variablen auf politisches Handeln vor dem Einschluss der Handlungsintention (d_1-Pfad bzw. d_2-Pfad). Von Bedeutung für die Entscheidung, ob es sich um eine (vollständige) Mediation handelte, war schließlich noch der indirekte Effekt für politisches Interesse (a_1b-Pfad) bzw. für subjektive politische Kompetenz (a_2b-Pfad) über die Verhaltensabsicht, welcher jeweils darüber Aufschluss gab, ob es sich um eine signifikante Mediation handelte.

---

[53] Eine kausale Mediation politischen Interesses über subjektive politische Kompetenz oder in umgekehrter Richtung konnte folglich nicht modelliert werden (siehe ergänzend Kap. 4.2.4.5 bzw. Kap. 4.4).

[54] Sobel-Tests wurden nicht durchgeführt, da diese – gerade für multiple Regressionsanalyse – oft nicht empfohlen werden (z. B. Hayes/Preacher/Myers 2011) und außerdem FIML-Schätzungen verwendet wurden.

[55] Auch für Personen, welche nicht an allen drei Messungen teilnahmen, wurden die Ausprägungen in den zusammengefassten Verhaltenskriterien auf der Basis des FIML-Verfahrens geschätzt. Allerdings wurden ergänzend Analysen durchgeführt, in welchen nur für diejenigen Fälle Werte in abhängigen Variablen zuzulassen wurden, für welche keine Verzerrung vorlag (d. h. Personen, die nicht an allen drei Messungen teilnahmen, hatten fehlende Werte in den zusammengefassten Kriterien) sowie separate Schätzungen für das kleine Drei-Wellen-Panel durchgeführt (siehe im Detail die Tabellen-Anmerkungen).

4.2 Zur Bedeutung von politischem Interesse und subjektiver politischer Kompetenz

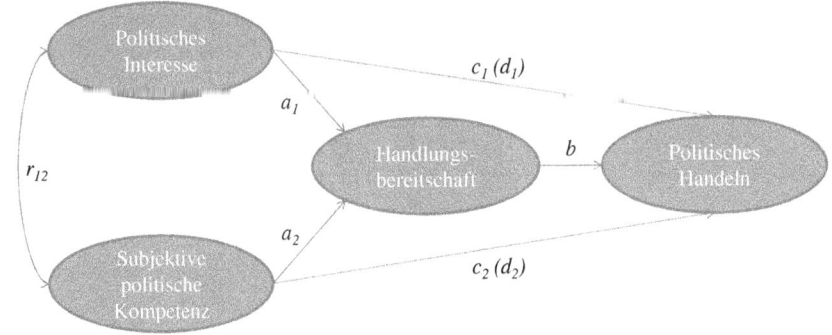

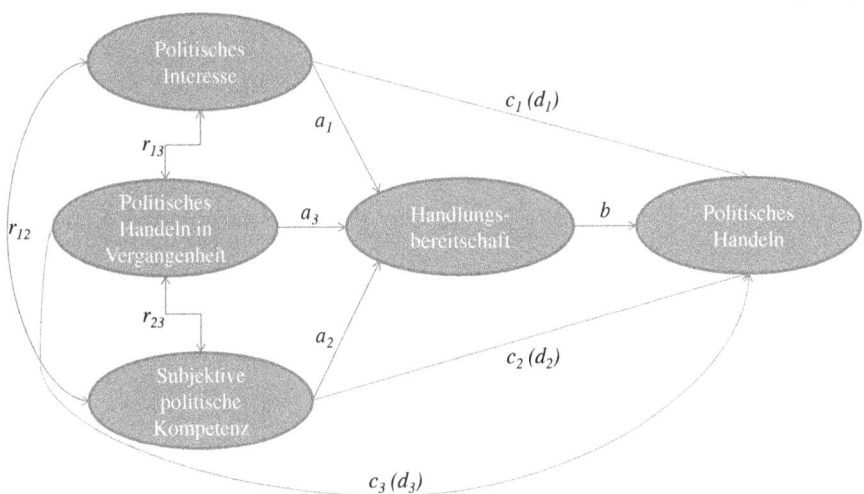

Abbildung 4: Schematische Darstellung des Mediationsmodells mit politischem Interesse sowie subjektiver politischer Kompetenz als unabhängigen Variablen, politischem Handeln als abhängiger Variable und Handlungsbereitschaft als Mediator. (Erläuterungen im Text.) *Modell I:* Keine Kontrolle auf vor der Befragung realisiertes politisches Handeln (oben). *Modell II:* Ergänzend vergangenes Verhalten als unabhängige sowie Kontrollvariable (unten).

Weil Punktschätzungen jedoch eher unzuverlässig sind, wurden die mittels Bootstrapping ermittelten Konfidenzintervalle statt der Testwerte angegeben ($\alpha = .05$; lag die Null im Konfidenzintervall, handelte es sich um einen signifikanten Mediationseffekt bzw. um eine signifikante Abhängigkeitsbeziehung). Zwar ist Bootstrapping bei FIML-Schätzungen nicht zwingend erforderlich, doch wird die Ergebnisgüte dadurch dennoch verbessert (vgl. Enders 2001a; 2001b) und ist dies in Mediationsanalysen mittlerweile ein gängiges Vorgehen. Dies umso mehr, als Mplus für simple Regressions- und Pfadmodelle keine adäquaten Modellgütemaße ausgibt (abgesehen von dem nicht unbedingt aussagekräftigen *WRMR* und einem unkorrigierten R_M^2 für den Anteil der am Mediator aufgeklärten Varianz sowie einem unkorrigierten R_K^2 für den Anteil der am Kriterium aufgeklärten Varianz). Die Befunde sind *Tabelle 29* bis *Tabelle 32* (Anlage B) zu entnehmen.

Ergänzend wurden anschließend Mediationsanalysen durchgeführt, in welchen zusätzlich auf das vor der Messung realisierte politische Verhalten kontrolliert sowie eine Mediation dieses Verhaltens über die Handlungsbereitschaft auf das jeweilige Kriterium angenommen wurde (*Modell II* in *Abbildung 4*: a_3-*Pfad*: direkter Zusammenhang zwischen vergangenem Verhalten und gegenwärtiger Handlungsbereitschaft; c_3-*Pfad*: Effekt von vergangenem Verhalten auf politisches Handeln unter Kontrolle auf die Handlungsbereitschaft; d_3-*Pfad*: Effekt von vergangenem Verhalten auf politisches Handeln nach der Befragung ohne Kontrolle auf die Handlungsbereitschaft; a_3b-*Pfad*: indirekter Effekt vergangenen Verhaltens über die Handlungsbereitschaft auf politisches Handeln; r_{13}: Korrelation zwischen politischem Interesse und vergangenem Verhalten; r_{23}: Korrelation zwischen subjektiver politischer Kompetenz und vergangenem Verhalten). Dies führte in aller Regel zu einer verbesserten Modellgüte, allerdings konnten diese Analysen vor allem aufgrund der Schiefverteilungen hinsichtlich der Wahlbeteiligung sowie des nichtlegalen politischen Handelns zumeist nicht geschätzt werden. Modell II ist in allgemeinerer Form dem oben besprochenen Modell in *Abbildung 4* gegenübergestellt, die Befunde für konventionelles sowie unkonventionelles politisches Handeln können *Tabelle 33* und *Tabelle 34* (Anlage B) entnommen werden. Für die um t_2 erweiterte Stichprobe aus t_3 sind die Resultate zudem in *Tabelle 11* präsentiert. Diese sollen exemplarisch im späteren Verlauf genauer betrachtet werden, da es sich hierbei um die größte verfügbare Stichprobe handelte (Angaben im Text zu soziodemografischen Koeffizienten beziehen sich auf die in *Tabelle 11* bzw. *Abbildung 5* ausgewiesene Analyse auf Basis des Fünf-Prozent-Konfidenzintervalls).

Eine kurze Bemerkung zur Modellgüte und darauf aufbauenden „konfirmierenden" Analysen sollte noch vorab erfolgen: Die Anpassungsgüte gemäß *Weighted Root Mean Square Residual* (*WRMR*) war teilweise nicht zufriedenstellend (gute Modelle liegen bei *WRMR* ≤ 1 vor; vgl. Yu 2002), gerade in den größeren Ausgangsstichproben. Allerdings liegt dies nicht zwingend oder ausschließlich an inadäquaten Modellen, sondern ist gewiss auch besagtem Fit-Index selbst geschuldet, welcher in Mplus als einziges Fit-Maß für derartige Analysen existiert. *WRMR* eignet sich aber eher für kleine Stichproben und führt oft selbst bei extrem geringen Missspezifikationen von Modellen zu sehr schlechten Fit-Werten (d. h. bereits ein unberücksichtigter Pfad ohne eigene Signifikanz kann bereits zur Modellablehnung gemäß *WRMR* führen, was dem Gedanken einer „sparsamen" Modellierung grundsätzlich widerspricht; vgl. ausführlich Yu 2002).

Die Modellschätzungen stießen somit aufgrund des Zusammenfalls von fehlenden Werten, Stichprobenausfall und mangelnden Rechenkapazitäten an ihre Grenzen (etwa konnte Mplus mitunter selbst bei zehn Millionen Iterationen keine Lösung identifizieren oder traten in Simulationsanalysen nichtpositive Kovarianzmatrizen auf). Wie im Verlauf jedoch deutlich wird, scheint es dennoch begründbar, von insgesamt zutreffenden, empirisch gültigen Ergebnissen auszugehen, da einerseits zahlreiche vergleichbare Modelle mit unterschiedlichen Datensätzen bestimmt wurden. Andererseits konnte dem oben genannten Problem in komplexeren, multivariaten Analysen begegnet werden, welche die Gültigkeit der Befunde untermauerten (siehe Kap. 4.2.4.5).

4.2 Zur Bedeutung von politischem Interesse und subjektiver politischer Kompetenz

Tabelle 11: Mediationsanalysen für die um t_2 erweiterte Stichprobe aus t_3 mit den Kriterien behavioraler Politisierung $(t_1 \rightarrow t_{2+3})$[1]

	Wahlbeteiligung[3]				Konventionelles Handeln				Unkonventionelles Handeln				Nichtlegales Handeln			
	B	SE	p	CI	B	SE	p	CI	B	SE	p	CI	B	SE	p	CI
r_{12}	0.73	0.06	.000	0.64 0.86	0.73	0.06	.000	0.64 0.86	0.73	0.05	.000	0.64 0.86	0.73	0.06	.000	0.64 0.86
r_{13}	–	–	–	–	0.15	0.02	.000	0.12 0.20	0.52	0.07	.000	0.40 0.66	0.05	0.02	.001	0.02 0.09
r_{23}	–	–	–	–	0.15	0.02	.000	0.11 0.18	0.43	0.05	.000	0.33 0.55	0.06	0.01	.000	0.04 0.09
a_1-Pfad	0.21	0.09	.015	0.04 0.39	0.20	0.06	.001	0.08 0.31	0.17	0.05	.001	0.06 0.27	0.09	0.05	.067	-0.01 0.20
a_2-Pfad	0.08	0.10	.470	-0.12 0.27	0.20	0.07	.007	0.05 0.34	0.05	0.06	.403	-0.07 0.18	0.03	0.07	.702	-0.10 0.15
a_3-Pfad	–	–	–	–	1.10	0.15	.000	0.83 1.41	0.47	0.03	.000	0.41 0.53	1.14	0.15	.000	0.87 1.43
b-Pfad	0.45	0.07	.000	0.29 0.57	0.36	0.10	.000	0.17 0.56	0.02	0.11	.875	-0.22 0.22	0.28	0.14	.043	+0.00 0.54
c_1-Pfad	0.36	0.19	.053	0.03 0.73	0.17	0.13	.172	-0.08 0.42	0.29	0.10	.002	0.09 0.47	0.44	0.11	.000	0.22 0.67
c_2-Pfad	-0.34	0.25	.174	-0.82 0.10	0.04	0.14	.768	-0.23 0.32	-0.14	0.13	.271	-0.40 0.10	-0.01	0.17	.968	-0.38 0.28
c_3-Pfad	–	–	–	–	0.17	0.25	.490	-0.32 0.64	0.42	0.08	.000	0.27 0.57	0.45	0.36	.211	-0.29 1.12
d_1-Pfad	0.45	0.18	.010	0.12 0.81	0.24	0.12	.048	-0.01 0.48	0.29	0.09	.002	0.10 0.47	0.47	0.11	.000	0.24 0.69
d_2-Pfad	-0.30	0.24	.214	-0.79 0.15	0.11	0.14	.421	-0.16 0.38	-0.14	0.13	.268	-0.40 0.10	0.00	0.16	.999	-0.37 0.29
d_3-Pfad	–	–	–	–	0.56	0.23	.017	0.08 0.99	0.43	0.06	.000	0.30 0.55	0.76	0.30	.010	0.12 1.30
a_1b-Pfad	0.10	0.04	.016	0.02 0.18	0.07	0.03	.012	0.02 0.14	0.00	0.02	.880	-0.04 0.04	0.03	0.02	.198	-0.00 0.08
a_2b-Pfad	0.03	0.05	.477	-0.05 0.13	0.07	0.04	.045	0.02 0.16	0.00	0.01	.922	-0.01 0.03	0.01	0.02	.741	-0.03 0.06
a_3b-Pfad	–	–	–	–	0.39	0.12	.001	0.19 0.67	0.01	0.05	.875	-0.10 0.10	0.32	0.17	.059	0.01 0.68
Güte[2]	1.74		.15	.61	1.53		.37	.43	1.80		.46	.58	1.56		.23	.56

1 Konfidenzintervalle für α = .05 (untere Grenze links, Obergrenze rechts; n = 452). „+0.00" bedeutet, dass der Wert größer als Null ist; „-0.00" heißt, der Wert ist kleiner als Null (entsprechend dritter Nachkommastelle).
2 Angegeben ist zuerst WRMR, in der zweiten Spalte R_M^2 für den Mediator und zuletzt R_K^2 für das Kriterium.
3 Modell ohne vergangenes Verhalten als Kontrollvariable.

4.2.4.1 Wahlbeteiligung

Hinsichtlich der Vorhersage der Wahlbeteiligung ließ sich die fehlende Bedeutung subjektiver politischer Kompetenz untermauern. Dabei war das Kompetenzmaß völlig unbedeutend, denn es konnte in keiner der Analysen eine signifikante Mediation über die Wahlbereitschaft identifiziert werden. Für politisches Interesse hingegen zeigte sich in mehreren Analysen eine vollständige Mediation über die Wahlbereitschaft auf das tatsächliche Wahlverhalten. Allerdings war die Wahlbereitschaft aus t_1 zum Teil selbst nicht signifikant mit der tatsächlichen Wahlbeteiligung verbunden, sodass teils mit Einschränkung von einem mediierten Zusammenhang gesprochen werden muss; zudem war für die Beteiligung an der Bundestagswahl 2009 kein signifikanter Prädiktor zu ermitteln. In einer Analyse war politisches Interesse zudem selbst unter Kontrolle auf die Wahlbereitschaft ein signifikanter, positiver Prädiktor für die Wahlbeteiligung. Im Vergleich zu subjektiver politischer Kompetenz war politisches Interesse somit ein bedeutsamer Prädiktor tatsächlichen Wählens, wenngleich mitunter vermittelt über die Bereitschaft zur Wahlteilnahme. Außerdem hatte die prozentuale Lebensdauer in Deutschland einen negativen Effekt auf die Wahlbeteiligung, der Besitz der deutschen Staatsbürgerschaft wirkte sich positiv auf die Wahlbereitschaft aus.

4.2.4.2 Konventionelles politisches Handeln

Wenngleich d_1 und d_2 nicht in allen Analysen von statistischer Bedeutsamkeit waren, konnte für das Kriterium konventionelles politisches Handeln für alle Analysen mit den zu t_1 gemessenen Prädiktoren und Kontrollvariablen eine vollständige Mediation sowohl des politischen Interesses als auch der subjektiven politischen Kompetenz über die Bereitschaft zur Ausübung konventioneller politischer Aktivitäten festgestellt werden. Eine Ausnahme stellte die kleine Drei-Wellen-Stichprobe dar: Hier konnte in den Analysen ohne vergangenes Verhalten nur eine Mediation des politischen Interesses festgestellt werden, wohingegen unter Kontrolle auf das vergangene Verhalten höchstens eine Mediation für diese (unabhängige) Verhaltensvariable statistisch abgesichert wurde. Davon abgesehen war selbst unter Kontrolle auf das vor t_1 realisierte, konventionelle politische Handeln für politisches Interesse, subjektive politische Kompetenz und vergangenes Verhalten eine vollständige (positive) Mediation über die Handlungsbereitschaft identifizierbar.

Anders verhielt es sich mit den t_2-Prädiktoren: In den entsprechenden Analysen erschien ausschließlich politisches Interesse als signifikanter Prädiktor. Weder das zwischen der ersten und zweiten Messung ausgeführte Verhalten noch die Handlungsbereitschaft oder das Kompetenzmaß wiesen statistisch bedeutsame Befunde auf. Hinsichtlich soziodemografischer Variablen zeigten sich in der oben ausgewiesenen Analyse ferner positive Effekte des Alters und des (männlichen) Geschlechts auf die Handlungsbereitschaft sowie ein positiver Effekt des Alters auf konventionelles politisches Handeln.

4.2.4.3 Unkonventionelles politisches Handeln

In den Analysen für unkonventionelles politisches Verhalten ohne Kontrolle auf vorangegangenes, unkonventionelles Handeln war die zugehörige Handlungsbereitschaft in mehreren Analysen ein statistisch bedeutsamer Mediator sowohl politischen Interesses als auch subjektiver politischer Kompetenz. Politisches Interesse wurde nicht vollständig über die Verhaltensbereitschaft mediiert und blieb ebenfalls ein signifikanter Prädiktor für unkonventionelles politisches Handeln (eine statistisch bedeutsame Mediation politischen Interesses deutete sich in den Analysen mit t_2-Prädiktoren nur tendenziell an). In den Analysen mit Daten für Personen, welche an allen drei Messungen teilgenommen hatten, waren keine signifikanten Prädiktoren zu ermitteln.

Bei Einbezug des vergangenen politischen Handelns in die Analysen war die Handlungsbereitschaft allerdings nur in einer Analyse ein statistisch bedeutsamer und positiver Prädiktor: Ausschließlich in der Analyse mit den zur zweiten Befragung gemessenen Variablen und dem nach t_2 realisierten politischen Handeln als Kriterium waren statistisch bedeutsame Mediationen zu ermitteln. Diese betrafen subjektive politische Kompetenz und das vergangene politische Verhalten. Keine andere Mediation konnte identifiziert werden. Dagegen war das vergangene Verhalten durchgehend ein signifikanter, positiver Prädiktor. Politisches Interesse (t_1) war in den Analysen für unkonventionelles Handeln zwischen t_1 und t_2, zwischen t_2 und t_3 sowie hinsichtlich der zusammengefassten Verhaltensvariablen für das um die t_2-Stichprobe erweiterte Panel von t_3 signifikant und positiv bedeutsam. Subjektive politische Kompetenz war durchgehend statistisch unbedeutend. Das Alter war in der oben ausgewiesenen Analyse zudem positiv signifikant mit der Handlungsbereitschaft verbunden, (männliches) Geschlecht dagegen hatte einen negativen Einfluss. Darüber hinaus hatten die prozentual in Deutschland verbrachte Aufenthaltsdauer als auch die eigenen Einnahmen einen positiven Effekt auf unkonventionelles Handeln.

4.2.4.4 Nichtlegales politisches Handeln

Die Analysen für nichtlegales politisches Handeln waren nicht für die zur zweiten Befragung gemessenen Prädiktoren schätzbar. In Bezug auf die Prädiktoren aus der ersten Befragung ließ sich aber herauslesen, dass politisches Interesse ein bedeutsamer positiver Prädiktor nichtlegalen politischen Handelns gewesen sein dürfte. Dies galt auch unter Kontrolle auf das Verständnis für nichtlegale politische Handlungen und im erweiterten Panel sogar unter Kontrolle auf das vergangene Verhalten, während Letzteres über das Verständnismaß vermittelt wurde. Dennoch existierte zugleich die postulierte Mediationsbeziehung, das heißt der Effekt politischen Interesses auf nichtlegales Verhalten wurde teilweise über das Verständnis für derartige politische Handlungen vermittelt. Es muss jedoch erwähnt werden, dass hinsichtlich der zur zweiten Befragung erhobenen Kriterien keine der interessierenden Modellvariablen statistisch bedeutsam war (lediglich d_1 war positiv signifikant). Während sich in der oben tabellarisch dargestellten Analyse zudem ein positiver Zusammenhang zwischen dem Besitz der deutschen Staatsbürgerschaft und dem Verständnis für nichtlegale politische Handlungen zeigte, hatte (männliches) Geschlecht einen negativen Einfluss auf tatsächliches, nichtlegales politisches Handeln.

4.2.4.5 Politisches Interesse: Handlungsrelevante Ingredienz politischer Kompetenz

Obwohl kausalanalytische Regressionen über drei Messungen nicht möglich waren, konnte überprüft werden, ob sich der (möglicherweise) handlungsrelevante Anteil subjektiver politischer Kompetenz vermittelt über politisches Interesse – sowie gegebenenfalls in einer weiteren Sequenz über die Handlungsbereitschaft – auf tatsächliches politisches Verhalten übersetzte. Dies würde bedeuten, dass subjektive politische Kompetenz unter Berücksichtigung politischen Interesses zwar keine direkte Handlungsvorhersage erlaubt, dass jedoch subjektive politische Kompetenz, sofern sich diese gleichzeitig mit politischem Interesse überschneidet oder mit diesem einhergeht, indirekt für politisches Handeln bedeutsam ist – und dies nicht primär bzw. ausschließlich vermittelt über Handlungsintentionen. Hierzu wurde für die um t_2 erweiterte Stichprobe aus t_3 auf der Basis der vorangestellten Befunde ein komplexes Modell realisiert, welches eine gute Anpassung an die Daten aufwies ($WRMR = 0.76$) und *Abbildung 5* zu entnehmen ist[56].

Das dargestellte Modell basierte erneut auf 5000 Bootstrap-Stichproben (inklusive FIML-Schätzungen für fehlende Werte in abhängigen Variablen), die jeweiligen Signifikanzniveaus basierten auf Punktschätzungen und stimmten weitgehend mit den Konfidenzintervallen überein (vgl. *Tabelle 35* in Anlage B für eine detaillierte Ergebnisübersicht). R^2 entspricht dem je abhängiger Variable durch die berücksichtigten Prädiktoren sowie Kontrollvariablen erklärten Varianzanteil. Fett gedruckte Werte geben Aufschluss über unstandardisierte Regressionsgewichte für Variablen, welche mindestens auf dem Signifikanzniveau $\alpha \leq .05$ statistisch bedeutsam waren. Gepunktete Linien beziehen sich auf indirekte Effekte politischen Interesses über das Maß für die Handlungsbereitschaft auf politisches Handeln, gestrichelte Pfade geben indirekte Effekte für subjektive politische Kompetenz an. Für Letztere beziehen sich die dort angegebenen Werte auf die Koeffizienten für die sequenzielle Mediation über politisches Interesse und die Handlungsbereitschaft; in eckigen Klammern sind die einstufigen, indirekten Effekte vermerkt (links mit der jeweiligen Handlungsbereitschaft als Mediator, rechts für den Mediator politisches Interesse). Direkte Effekte sind jeweils in runden Klammern vermerkt. Außerdem sind für die Regressionen der Handlungsbereitschaften auf subjektive politische Kompetenz die indirekten Effekte über politisches Interesse als Mediator angegeben (in Klammern: direkte Effekte).

---

[56] Alle Regressionen unter Berücksichtigung der oben bereits einbezogenen Variablen. Interkorrelationen der vergangenen Verhaltensmaße mit den Variablen kognitiver Politisierung konnten jedoch aufgrund ansonsten nicht verlässlich schätzbarer Kovarianzmatrizen nicht zugelassen werden.

4.2 Zur Bedeutung von politischem Interesse und subjektiver politischer Kompetenz

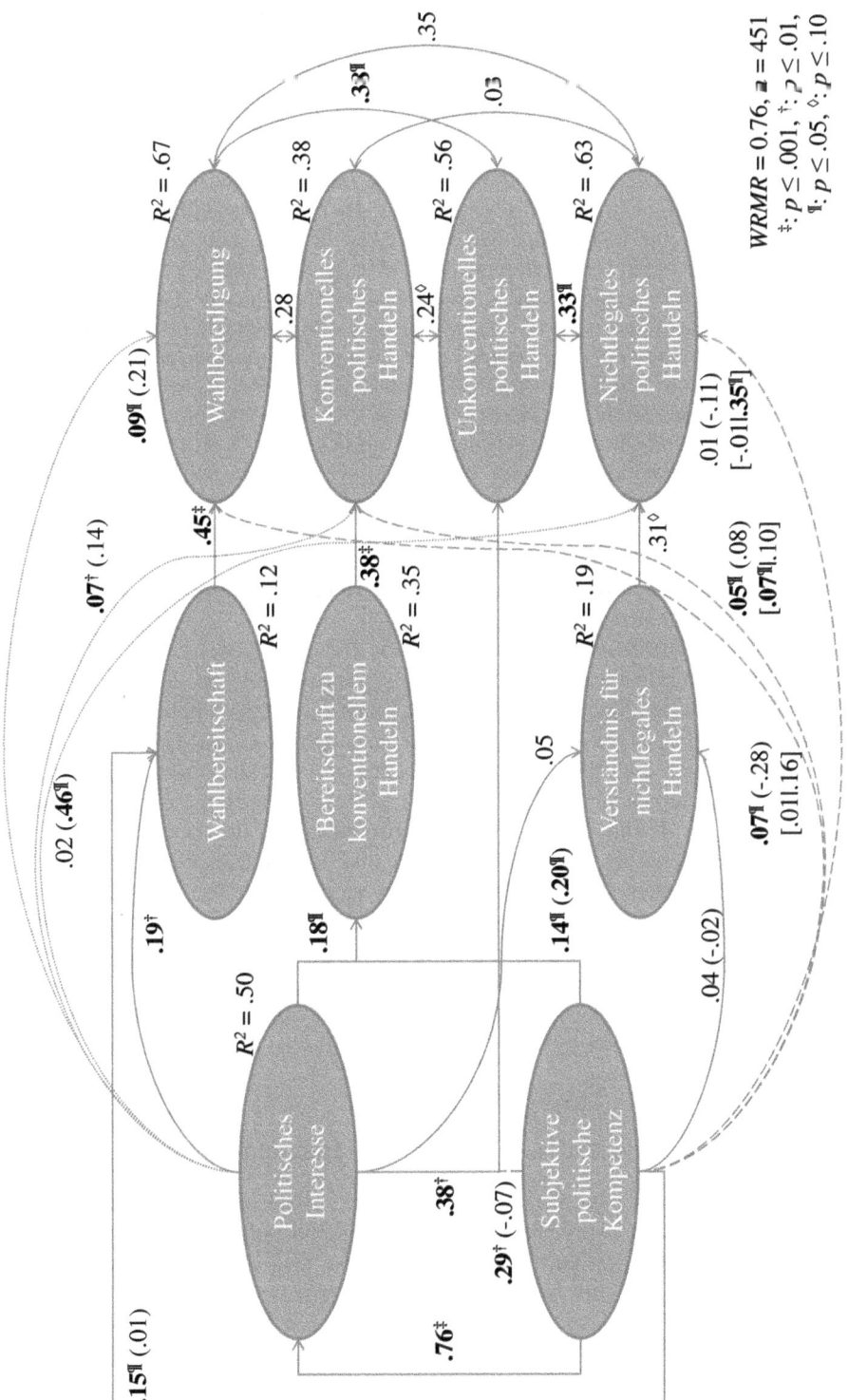

Abbildung 5: Empirisches Modell für den Einfluss kognitiver Politisierung auf behaviorale Politisierung ($t_1 \rightarrow t_{2+3}$). Erläuterungen im Text.

Betrachtet man *Abbildung 5* genauer, so kann man zunächst die erwartete Relevanz der Handlungsbereitschaften für tatsächliches politisches Handeln erkennen (bezüglich des Verständnisses für nichtlegale politische Handlungen wies die Punktschätzung zwar nicht, das Konfidenzintervall aber dennoch auf dem Fünf-Prozentniveau einen signifikanten Effekt aus). Außerdem korrelierte unter den Kriterien lediglich unkonventionelles politisches Handeln mit allen anderen Verhaltensmaßen statistisch bedeutsam sowie positiv ($ps \leq .10$). Mit Blick auf die interessierenden Mediationsanalysen ließ sich für politisches Interesse sowohl in Bezug auf die Beteiligung an politischen Wahlen als auch hinsichtlich konventioneller politischer Aktivitäten eine vollständige Mediation über die je zugehörige Handlungsintention identifizieren. Wie bereits erwähnt, hatte politisches Interesse demgegenüber auf unkonventionelle politische Handlungen ebenso wie auf nichtlegale politische Tätigkeiten direkte, positive Effekte (im Konfidenzintervall z. T. nur für $\alpha = .10$). Schließlich konnte die Annahme, der handlungsmotivierende Teil subjektiver politischer Kompetenz sei im politischen Interesse zu suchen, durch die stets statistisch bedeutsamen Mediationsbeziehungen subjektiver politischer Kompetenz über politisches Interesse (bezüglich nichtlegalen Handelns bei Betrachtung der Konfidenzintervalle allerdings nur auf dem Signifikanzniveau mit $\alpha = .10$) sowie – bezüglich der Wahlbeteiligung als auch des konventionellen politischen Handelns – in einer zweiten Sequenz via Handlungsbereitschaft auf tatsächliches politisches Handeln, bestätigt werden. Allerdings fand sich hinsichtlich des konventionellen politischen Handelns nicht nur eine zweistufige Mediation, sondern auch die einstufige Mediation subjektiver politischer Kompetenz über die Bereitschaft zur Ausführung konventioneller politischer Aktivitäten war statistisch bedeutsam.

Aus Gründen der Übersichtlichkeit wurden die Maße für vergangenes politisches Handeln nicht in die Grafik übernommen. Es ist jedoch zu erwähnen, dass sowohl hinsichtlich des konventionellen politischen Handelns als auch bezüglich nichtlegalen politischen Handelns eine vollständige Mediation über die Handlungsbereitschaft respektive das Verständnis für derartige Aktivitäten ermittelt wurde. Ebenfalls hatten vor t_1 realisierte, unkonventionelle politische Handlungen einen signifikanten, positiven Effekt auf nach t_1 ausgeführte, unkonventionelle Aktivitäten. Darüber hinaus hing die prozentual in Deutschland verbrachte Lebenszeit negativ mit politischem Interesse zusammen und hatte zudem einen positiven Effekt auf unkonventionelles politisches Handeln. Der Besitz der deutschen Staatsbürgerschaft hatte sowohl hinsichtlich der Wahlbereitschaft als auch in Bezug auf das Verständnis für nichtlegale politische Aktivitäten einen positiven Einfluss. Das Alter wies einen negativen Zusammenhang mit dem Verständnis für nichtlegale politische Aktivitäten als auch bezüglich der tatsächlich ausgeführten, nichtlegalen Handlungen auf. Schließlich hatte (männliches) Geschlecht auf die Wahlbereitschaft sowie auf nichtlegale politische Aktivitäten einen negativen Effekt.

4.2.5 Exkurs: Zielspezifisches politisches Handeln (t_3-Kriterien)

Von besonderem Interesse ist im Migrationskontext nicht allein, ob politische Handlungen ausgeführt werden. Ebenso ist es bedeutsam zu wissen, ob politische Handlungen einer gruppenspezifischen Motivation entspringen, folglich mit dem Ziel, etwas für Türken in Deutschland zu tun, vorgenommen werden, da möglicherweise unterschiedliche motivationale Prozesse bezüglich allgemeinen versus gruppenspezifischen Handelns ablaufen könnten. Die eigenen Daten erlaubten es, einerseits alle Fälle zu betrachten und jene Personen, die überhaupt nicht politisch aktiv waren oder zumindest nicht mit dem Ziel, etwas für Türken in

Deutschland zu tun, als nicht zielspezifisch engagiert zu zählen (*Variante I*; entspricht dem Vorgehen aus Kap. 3.3.3.2)[57]. Dies ergab eine zu obigen Analysen identische Stichprobengröße, trug jedoch gleichzeitig zu stärkerer Asymmetrie bei. Andererseits konnten Personen, welche überhaupt nicht politisch aktiv waren, jenen gegenübergestellt werden, die ausschließlich mit dem Ziel, etwas für Türken zu tun, politisch gehandelt hatten (*Variante II*).

4.2.5.1 Bivariate und multiple Regressionsanalysen

Die zugehörigen Korrelationen unterschieden sich kaum voneinander (*Tabelle 12*). Auch im Vergleich mit den allgemeinen Kriterien politischen Handelns waren die Befunde weitgehend gleich, obschon kognitive Politisierung weder mit konventionellen noch mit nichtlegalen politischen Aktivitäten signifikant korrelierte und das Kompetenzmaß mit unkonventionellem Handeln teilweise stärkere Zusammenhänge aufwies als politisches Interesse.

Tabelle 12: Punktbiseriale Korrelationen mit den Kriterien zielspezifischen Handelns[1]

	Prädiktoren aus t_1				Prädiktoren aus t_2			
	Politisches Interesse		Subjektive politische Kompetenz		Politisches Interesse		Subjektive politische Kompetenz	
Spezifische t_3-Kriterien: Politisches Handeln, um etwas für Türken in Deutschland zu tun								
Wahlbeteiligung	.40¶	.54¶	.35¶	.48	.36¶	.54¶	.30	.47
Konventionelle Handlungen	.11	.16	.11	.17	.11	.17	.02	.07
Unkonventionelle Handlungen	.23¶	.42‡	.22¶	.34†	.18	.41†	.25¶	.52‡
Nichtlegale Handlungen	.18	.19	.11	.12	.13	.14	.11	.12

1 Kriterien: Politisches Handeln, um etwas für Türken in Deutschland zu tun; in unterschiedlicher Kodierung: erste Spalte: 0 = keine Aktivität oder Aktivität ohne gruppenspezifisches Ziel vs. 1 = politisches Handeln mit dem Ziel, etwas für Türken in Deutschland zu tun; zweite Spalte: 0 = überhaupt keine Aktivität vs. 1 = politisches Handeln mit dem Ziel, etwas für Türken in Deutschland zu tun; n variiert zwischen 14 und 90.
Signifikante Korrelationen sind wie folgt gekennzeichnet: ‡: $p < .001$, †: $p < .01$, ¶: $p < .05$.

Die Befunde der multiplen Regressionsanalysen wiesen ausschließlich für unkonventionelles politisches Handeln in Bezug auf die zuletzt thematisierte Variable signifikante, aber uneindeutige Befunde auf: In den finalen Modellen war in der Analyse mit den zur ersten Befragung erfassten Prädiktoren politisches Interesse von marginaler Signifikanz ($OR = 13.80$, Wald = 3.49, $p = .062$), subjektive politische Kompetenz dagegen unbedeutend ($OR = 0.49$, Wald = 0.42, $p = .518$; politisches Handeln: $OR = 5.96$, Wald = 7.01, $p = .008$; Modellanpassung: $\chi^2_9 = 36.72$, $p < .001$; $R^2_N = .71$). Unter Verwendung der Prädiktoren aus der zweiten Messung dagegen war dies genau entgegengesetzt (politisches Interesse: $OR = 1.12$, Wald = 0.47, $p = .828$; subjektive politische Kompetenz: $OR = 16.07$, Wald = 3.95, $p = .047$; politisches Handeln: $OR = 6.61$, Wald = 5.96, $p = .015$; Modellanpassung: $\chi^2_8 = 34.64$, $p < .001$; $R^2_N = .74$). In allen anderen Regressionsanalysen, welche insgesamt nicht auf verschiedene Prozesse für zielspezifisches politisches Handeln gegenüber politischem Handeln im Allgemeinen hindeuteten, waren beide Variablen kognitiver Politisierung in identifizierten Modellschritten statistisch unbedeutend ($ps \geq .113$).

---

[57] Deskriptive Statistiken und bivariate Zusammenhänge in Anlage B beziehen sich auf Variante I; multiple Regressionsanalysen sowie Mediationsanalysen werden, soweit berechenbar, für beide Varianten berichtet.

4.2.5.2 Mediationsanalysen

Analog zu dem Vorgehen für die allgemeinen Handlungskriterien wurden die zielspezifischen Kriterien Mediationsanalysen unterzogen und, mit Ausnahme der Kriterien, die jeweils gleichen Modellvariablen einbezogen. Allerdings konnten für nichtlegales Handeln keine Modelle berechnet werden, bezüglich der Wahlbeteiligung war eines der Modelle nicht zu identifizieren. Die Befunde sind Anlage B (*Tabelle 36* bis *Tabelle 38*) zu entnehmen.

Zunächst sei darauf hingewiesen, dass beide Varianten der Kriteriumsberechnung zu vergleichbaren Ergebnissen führten. Erwähnenswert scheinen lediglich folgende Punkte: In Bezug auf das Kriterium Wahlbeteiligung war in den Analysen mit den t_2-Prädiktoren d_1 signifikant in Variante II, nicht aber in Variante I. Hinsichtlich zielspezifischen, konventionellen politischen Handelns als auch bezüglich des unkonventionellen Handelns im Modell I war bei Verwendung der t_2-Prädiktoren in Variante I d_2 statistisch bedeutsam, nicht aber in Variante II. Dagegen waren in Modell II bei Betrachtung von Variante II für unkonventionelles politisches Handeln als Kriterium bei Verwendung der t_1-Prädiktoren c_3, d_1 und d_3, hinsichtlich der t_2-Prädiktoren c_3, d_2 sowie d_3, im Gegensatz zu den Resultaten für Variante I, statistisch bedeutsam. Insgesamt bezogen sich Differenzen also vermehrt auf Modelle mit geringerer Prädiktorenzahl oder auf die Bedeutung des vergangenen Verhaltens.

Hinsichtlich der Wahlbeteiligung konnten insgesamt keine bedeutsamen Befunde identifiziert werden. Allerdings nahm es den Anschein, als hätte politisches Interesse tendenzielle Bedeutung, womöglich mediiert über die (im Wesentlichen insignifikante) Wahlbereitschaft (insbesondere bei Betrachtung der Punktschätzungen sowie der a_1b-Pfade). Wenngleich sich für zielspezifische Kriterien kein zu den oben berichteten Ergebnissen identisches Muster identifizieren ließ, so standen die Befunde nicht in einem Gegensatz zueinander. Vielmehr deutete sich auch bezüglich der Wahlbeteiligung mit dem Ziel, etwas für Türken in Deutschland zu tun, die Bedeutung politischen Interesses sowie potenzielle Mediationen über die Wahlbereitschaft an.

In Bezug auf konventionelles Handeln mit dem Ziel, etwas für Türken in Deutschland zu tun, erreichten die zu t_2 gemessenen Prädiktoren überhaupt keine statistische Relevanz in den finalen Modellen, was im Gegensatz zur Relevanz politischen Interesses in den Analysen für die allgemeinen Handlungskriterien stand. Alle Analysen mit t_1-Prädiktoren führten dagegen zu analogen Ergebnissen in Form vollständig mediierter Effekte für beide Variablen kognitiver Politisierung sowie in Modell II ergänzend für vergangenes Verhalten.

Zwar waren, im Gegensatz zu den allgemeinen Kriterien unkonventionellen Handelns und mit der oben genannten Ausnahme für vergangenes Verhalten, keine signifikanten Variablen in der Analyse mit t_1-Prädiktoren in Bezug auf die zielspezifischen Kriterien unkonventionellen Handelns vorhanden. Solange jedoch nicht auf vergangenes Verhalten kontrolliert wurde, war bei Verwendung der Prädiktoren aus t_2 die Handlungsbereitschaft ein signifikanter, positiver Prädiktor und führte sowohl für politisches Interesse als auch für subjektive politische Kompetenz zu vollständig mediierten, positiven Effekten. Direkte Effekte der Variablen kognitiver Politisierung waren in keinem der finalen Modelle vorhanden. Politisches Interesse war somit für das zielspezifische Kriterium weniger bedeutsam als für das allgemeine Kriterium unkonventionellen Handelns.

Abgesehen von den soeben berichteten Befunden für unkonventionelles Handeln, welche teilweise im Gegensatz zu obigen Befunden standen, andererseits aber ebenfalls insofern eine „Anomalie" aufwiesen, als die zu t_2 gemessene Wahlbereitschaft in Modell I als Mediator für kognitive Politisierung auftrat, waren die Ergebnisse insgesamt nicht deutlich verschieden von den Befunden für die allgemeinen Handlungskriterien. Komplexe multivariate Modelle wurden für diese Kriterien nicht umgesetzt, da keine zusammengefassten Verhaltensvariablen existierten und nur eine kleine Anzahl vollständiger Zeilen vorlag.

4.2.6 Zusammenfassung, Diskussion und Zwischenfazit

Rückblickend lässt sich hinsichtlich der Bedeutung kognitiver Politisierung für politisches Handeln feststellen, dass die Wahlbeteiligung ausnahmslos von politischem Interesse – zumeist mediiert über die Wahlbereitschaft – positiv, nicht aber von subjektiver politischer Kompetenz beeinflusst wurde, wenngleich die Zusammenhänge nicht in allen Analysen statistisch bedeutsam waren. Dieses Befundmuster trifft die Vermutung, dass (subjektive) politische Kompetenz zur Ausführung weniger aufwändiger politischer Handlungen keine notwendige Voraussetzung ist. Dagegen spricht nicht, dass subjektive politische Kompetenz einen sequenziell über politisches Interesse und Wahlbereitschaft mediierten Effekt auf die Wahlbeteiligung hatte, vielmehr untermauert dies die hohe Relevanz politischen Interesses.

Auf den ersten Blick nicht hypothesenkonform waren dagegen die Befunde zu konventionellem Handeln. Entgegen der Erwartung, subjektive politische Kompetenz sei, gegebenenfalls neben politischem Interesse, ein bedeutsamer Prädiktor konventioneller politischer Aktivitäten, stellte vielmehr erneut politisches Interesse die wichtigere Bedingung für konventionelles Handeln dar. Allerdings zeigten die Mediationsanalysen mehrheitlich eine über die Handlungsbereitschaft auf konventionelles politisches Verhalten vermittelte Wirkung des Kompetenzmaßes. Zwar traf dies ebenfalls auf politisches Interesse zu, selbst im besonders strengen Modell II unter Kontrolle auf vor der jeweiligen Befragung ausgeführte Tätigkeiten. In den Analysen mit dem t_3-Kriterium unter Verwendung der t_2-Prädiktoren hatte die Handlungsbereitschaft dagegen keinerlei prognostischen Wert und wies vielmehr politisches Interesse (mindestens tendenziell) statistische und positive Bedeutung auf[58].

Wenngleich diese Befunde also auf den ersten Blick gegen die Hypothese sprachen, so zeigten die Mediationsanalysen doch, dass subjektive politische Kompetenz – neben politischem Interesse – nahezu durchgehend bedeutsam für konventionelles politisches Handeln war. Dass diese Effekte nur vermittelt über die Bereitschaft zur Ausführung konventioneller Tätigkeiten zustande kamen, könnte sogar als Beleg für die aufgestellte Vermutung gedeutet werden: Konventionelle politische Handlungen erfordern offensichtlich in erkennbarem Ausmaß Handlungsplanung, also ein Nachdenken und Reflektieren über die tatsächliche Ausführung entsprechender Aktivitäten, vielleicht ein Abwägen von Kosten, Nutzen und ein Einschätzen der eigenen Fähigkeiten zu erfolgreichem Handeln, bevor zur Tat geschritten wird. Die Einsicht, zu (konventionellem) politischem Handeln fähig zu sein, verbunden mit einem Interesse am Gegenstand Politik, muss sich zunächst übersetzen in die bewusste Entscheidung und den Plan, auf konventionelle Weise politisch handeln zu wollen („choosing by rule" [Kahneman 2003, 1467]). Subjektive politische Kompetenz und Handlungsbereitschaft

---

[58] Durchaus wären Moderationsannahmen denkbar, wonach beide Variablen kognitiver Politisierung nur unter bestimmten, wechselseitigen Voraussetzungen auf politisches Handeln wirkten. Allerdings waren in allen der in Kap. 4.2.3 präsentierten Regressionsanalysen die in einem vierten Schritt eingefügten Interaktionsterme zwischen politischem Interesse und subjektiver politischer Kompetenz statistisch unbedeutend ($ps \geq .111$; Modellschritte: $\chi^2 < 2.23$, $ps \geq .135$; vgl. Fußnote 81).

wirken vermutlich zusammen im Sinne der Zuversicht, eine Handlung letzten Endes erfolgreich abschließen zu können. Politische Kompetenz ist gewissermaßen eine stärker distale Variable als das Interesse oder gar die Verhaltensabsicht.

Diese Argumentation wird mit vergleichendem Blick auf die Resultate für unkonventionelles politisches Handeln gestärkt, denn einerseits war das in der Vergangenheit ausgeführte unkonventionelle Verhalten ein besserer, direkter Handlungsprädiktor für das entsprechende Kriterium unkonventioneller Aktivität. Handlungsintentionen waren in der Gesamtschau unbedeutend; dagegen wurde im Fall des konventionellen politischen Handelns das Maß für vergangenes Verhalten beinahe durchgehend und vollständig über die Verhaltensbereitschaft mediiert. Unkonventionelle politische Aktivitäten werden demnach im Vergleich zu konventionellen Tätigkeiten leichter habitualisiert und folglich eher unreflektiert ausgeführt.

Neben der (erst unter Kontrolle auf vergangenes Verhalten) nicht vorhandenen Relevanz der Handlungsbereitschaft für unkonventionelle politische Tätigkeiten spricht für diese Argumentation eines „choosing by rule" (Kahneman 2003, 1467) andererseits die überwiegend fehlende Bedeutung subjektiver politischer Kompetenz: Politisches Interesse war in zahlreichen Analysen von direkter statistischer Bedeutung für unkonventionelle Aktivitäten, setzte sich also ebenfalls eher unreflektiert in tatsächliches Handeln um. Der mutmaßlich spontan aktivierbare Entscheidungspfad ist allem Anschein nach für unkonventionelle politische Handlungen wichtiger und der Reflexion übergeordnet. Zudem hat politische Kompetenz offensichtlich indirekt für unkonventionelles Handeln Bedeutung – sofern es sich mit dem Interesse an Politik überschneidet, wie die bedeutsame Mediationsbeziehung nahelegt. Politisches Interesse ist somit jene Variable kognitiver Politisierung, welche als notwendige Bedingung allen legalen politischen Handelns betrachtet werden muss: Das spontan aktivierbare Entscheidungssystem überlagert reflexives Denken.

Entgegen der Erwartung, Interesse am Politischen begünstige ausschließlich legale politische Beteiligung, war politisches Interesse hinsichtlich nichtlegaler politischer Handlungen teilweise ein positiver Prädiktor. Subjektive politische Kompetenz dagegen war statistisch unbedeutend für derartige Tätigkeiten. Streng betrachtet ließen sich diesmal keinerlei Mediationsbeziehungen für die Variablen kognitiver Politisierung nachweisen.

Drei weitere Aspekte verdienen eine kurze Betrachtung. Zunächst verwunderten die teilweise unterschiedlichen Befunde für Analysen mit Prädiktoren der ersten Befragung und für Analysen mit Prädiktoren der zweiten Befragung[59]. Während sich beispielsweise für konventionel-

---

[59] Diese Unterschiede waren nicht auf Multikollinearitätsprobleme zurückzuführen, da $VIF \leq 2.81$ für alle präsentierten Analysen, was selbst bei strenger Auslegung nicht auf Multikollinearität hindeutete (z. B. Cohen et al. 2010; Urban/Mayerl 2006; vgl. auch Fußnote 80) – wenngleich selbstredend politisches Interesse und subjektive politische Kompetenz stark korrelierten und der Konditionsindex meist mittlere Werte (zwischen 10 und 30; selten über 30) annahm (vgl. Brosius 2008; Rudolf/Müller 2004), was jedoch unvermeidlich war. Aus diesem Grund und um dem Problematik schiefverteilter Daten zu begegnen (z. B. Christ/Schlüter 2012; Kline 2011), wurden alle (logistischen) Regressionsanalysen für die finalen Modelle unter Verwendung robuster Standardfehler (MLR-Schätzer und Logit-Link) in Mplus wiederholt. Unter allen identifizierten Modellen gab es nur zwei abweichende Befunde (bzgl. signifikanter Ergebnisse auf dem Niveau $\alpha = .05$; Mplus gibt weder die *Wald*-Statistik noch ein Nagelkerkes-R^2 an): einerseits für konventionelles politisches Handeln im kleinen Drei-Wellen-Panel, in welchem weder politisches Interesse marginal ($OR = 2.67$, $SE = 1.40$, $p = .161$) noch vergangenes Verhalten statistisch bedeutsam war ($OR = 5.05$, $SE = 1.73$, $p = .085$). Hinsichtlich des unkonventionellen politischen Handelns zu t_3 ließ sich für die t_1-Prädiktoren keine Signifikanz für das Einkommen feststellen ($OR > 1.00$, $SE > 0.00$, $p = .058$), wohingegen die prozentual in Deutschland verbrachte Lebenszeit ($OR = 1.02$, $SE = 0.01$, $p = .018$) und das vergangene Verhalten ($OR = 2.68$, $SE = 0.23$, $p < .001$) signifikante Prädiktoren waren (politisches Interesse insignifikant: $OR = 1.94$, $SE = 0.44$, $p = .129$).

4.2 Zur Bedeutung von politischem Interesse und subjektiver politischer Kompetenz

les Handeln beinahe durchgehend eine Mediation der interessierenden Variablen über die Handlungsbereitschaft zeigte, war dies nicht der Fall bei Verwendung der t_2-Prädiktoren zur Vorhersage des zwischen t_2 und t_3 realisierten, konventionellen Verhaltens. Im Gegenzug zeigte sich ausgerechnet in der parallelen Analyse für unkonventionelles politisches Handeln eine Mediation über die Handlungsbereitschaft, während in allen anderen Analysen – unter Kontrolle auf vergangenes unkonventionelles Verhalten – die Handlungsbereitschaft insignifikant war. Dieser Befund überraschte, trotz sonst recht einheitlicher Befunde sowie wegen der insgesamt hohen Stabilität der Variablen auf der Aggregatebene. Andererseits korrelierten die jeweiligen Handlungsbereitschaften der ersten und zweiten Befragung zwar stark miteinander, aber doch keineswegs perfekt (für konventionelles sowie unkonventionelles Handeln jeweils mit $r = .54$, $p < .001$), sodass möglicherweise auch individuelle Einstellungs- bzw. Bereitschaftsänderungen einen Einfluss hatten. Ferner spielte vielleicht der gesellschaftliche Kontext eine Rolle: Da gegen Ende der ersten Datenerhebung die Studierendenproteste in Deutschland ihren Höhepunkt erreichten, könnten an diesen Protesten Beteiligte anschließend ebenfalls aktiver gewesen und so ein ausschließlicher Habitualisierungseffekt eingetreten sein. Dagegen waren spezielle Anlässe für Studierende zur Beteiligung an unkonventionellen politischen Aktivitäten etwas rarer, sodass neben der Spontaneität im Zeitraum nach der zweiten Befragung auch die Handlungsintention wichtig gewesen sein könnte. Für die fehlende Bedeutung der Handlungsmaße bezüglich konventionellen Handelns in diesem Zeitraum könnten dagegen fehlende Beteiligungsmöglichkeiten verantwortlich gewesen sein. Genau kann dieser Befund letztlich nicht aufgeklärt werden, er muss somit als eine Anomalie stehen bleiben.

Zweitens waren in den Analysen mit dem Drei-Wellen-Panel oft keine signifikanten Mediationsbeziehungen zu finden. Es scheint allerdings nicht abwegig anzunehmen, dass dies zu einem nicht vernachlässigbaren Teil der enorm kleinen Stichprobe bei gleichzeitig relativ vielen Modellvariablen geschuldet war. Jedenfalls sollten die Drei-Wellen-Panel-Analysen insgesamt nicht vernachlässigt, aber ebenso wenig zu hoch bewertet werden.

Schließlich sei auf die Befunde hinsichtlich politischen Handelns mit dem Ziel, etwas für Türken in Deutschland zu tun, eingegangen. Die zugehörigen Befunde waren in wesentlichen Zügen mit den allgemeinen Befunden vergleichbar und deuteten insgesamt auf analoge Politisierungsprozesse hin. Teilweise fand sich in Bezug auf die Wahlbeteiligung zwar kein direkter Effekt politischen Interesses und waren entsprechende Mediationen über die Handlungsbereitschaft nur tendenziell zu erkennen. Dies dürfte jedoch der kleinen Fallzahl mit vollständigen Zeilen geschuldet gewesen sein. Ebenfalls hatte politisches Interesse keinerlei direkte Relevanz für konventionelles politisches Handeln, was insgesamt aber ebenfalls zu den Befunden der allgemeinen Politisierungskriterien passt. Insbesondere wurden alle Effekte beider Variablen kognitiver Politisierung durchgehend über die Bereitschaft, auf konventionelle Weise politisch aktiv zu werden, um etwas für Türken in Deutschland zu tun, auf tatsächliches, zielspezifisches konventionelles Handeln vermittelt.

Eine gewisse Ausnahme stellten unkonventionelle politische Aktivitäten dar: Diesbezüglich fanden sich unter Kontrolle auf vergangenes Verhalten in der Summe keine Effekte kognitiver Politisierung auf politisches Handeln; die Bedeutung politischen Interesses und subjektiver politischer Kompetenz konnte nicht eindeutig ermittelt werden. Somit scheint für zielspezifisches, unkonventionelles Handeln ein Interesse am umfassenderen Gegenstandsbereich Politik nicht ausreichend handlungsmotivierend zu sein. Die Prädiktoren für Politisierung könnten darüber hinaus in allen Analysen mit zielspezifischen Kriterien dadurch

„schwächer" gewesen sein als in den anderen Modellen, weil es sich um allgemeine Maße kognitiver sowie behavioraler Politisierung handelte und diese zur Vorhersage zielspezifischer Handlungen nicht zwingend ebenso tauglich sein müssen. Ein Interesse an Integrationspolitik könnte beispielsweise ein spezifischeres Maß für politisches Interesse sein und bei Personen mit türkischer Migrationsgeschichte womöglich unkonventionelles politisches Handeln mit dem Ziel, etwas für Türken in Deutschland zu tun, besser prognostizieren, als ein allgemeines Interesse an Politik. Im Fall subjektiver politischer Kompetenz mag dies unter Umständen nicht nötig sein, da sich diese, wie im multivariaten Modell gezeigt, ohnehin zunächst in Interesse am Gegenstand übersetzen respektive mit diesem einhergehen muss.

Alles in allem ließ sich letztlich die Hypothese, politisches Interesse sei für alle, allerdings nicht nur legale politische Aktionsformen, positiv bedeutsam, bestätigen. Ebenso hatte subjektive politische Kompetenz primär und nahezu ausschließlich Effekte auf die Ausführung von kognitiv anspruchsvolleren, konventionellen politischen Handlungen – wenngleich lediglich mediiert über die Handlungsbereitschaft und auf andere legale Aktivitäten, wenn eine „Überschneidung" mit politischem Interesse vorlag. Für Studierende mit türkischer Migrationsgeschichte ist politisches Interesse eine notwendige Voraussetzung zur Ausführung politischer Aktivitäten. Ohne Interesse an Politik findet auch keine politische Beteiligung statt. Die sich selbst zugeschriebene, subjektive politische Kompetenz hat unter diesen Menschen zwar keine unmittelbare Bedeutung für politisches Handeln. Wenn subjektive Kompetenz dagegen mit einem Interesse an Politik einhergeht, dann setzt sich jene indirekt in legales politisches Handeln um. Gerade hinsichtlich der kognitiv anspruchsvolleren konventionellen Aktivitäten muss sich beides allerdings zunächst in die bewusste, vermutlich reflektierte Entscheidung zum Handeln übersetzen, bevor kognitive Politisierung zu Taten führt. Politisches Interesse kann somit als affektiver oder impulsiver, stets aktiver oder spontan aktivierbar Pfad zu politischem Handeln sowie als aktiver, handlungsrelevanter Bestandteil politischer Kompetenz betrachtet werden. Subjektive politische Kompetenz ist dagegen Teil eines reflexiven, nicht durchgehend aktiven Handlungspfades und insbesondere an weniger planungsintensiven Handlungen respektive Handlungsentscheidungen kaum oder nur insofern beteiligt, als sich jene in politisches Interesse übersetzt.

4.3 Ergänzende Befunde einer qualitativen Interviewstudie: Politisierung aus Sicht der Studierenden mit türkischer Migrationsgeschichte

4.3.1 Zielstellung

Um die mittels statistischer Verfahren geprüften Zusammenhangsannahmen um die persönliche, subjektive Sicht der Befragten zu erweitern, wurden ergänzend qualitative Interviews durchgeführt. Insbesondere ging es darum, qualitative Stellungnahmen zum eigenen Verständnis von sowie Interesse an Politik zu analysieren und diese Erzählzusammenhänge auf Auskünfte über politische Aktivitäten, deren spezifische Formen sowie die hinter der konkreten politischen Beteiligung stehenden Motive oder Kosten-Nutzen-Abwägungen und (subjektiven) Handlungsvoraussetzungen hin auszuwerten. Auf diese Weise sollte der postulierte

Zusammenhang zwischen konventioneller politischer Aktivität und subjektiver politischer Kompetenz und die vermutete übergeordnete Bedeutung politischen Interesses „greifbarer" gemacht, konkretisiert sowie weiter untermauert werden. Dies wurde über ein fallbasiertes Verfahren realisiert, in welchem zunächst die ausgewählten Fälle einzeln charakterisiert und die Gemeinsamkeiten anschließend kurz zusammengefasst wurden. Zitate der interviewten Personen wurden zur besseren Lesbarkeit sprachlich geglättet.

4.3.2 Falldarstellungen und Bezüge zu quantitativen Daten

4.3.2.1 Keinerlei politische Aktivität

Interview 21. Zwar bekundet die Interviewte nach eigener Aussage „leider" ein Grundinteresse an Politik – im Wesentlichen am politischen Alltagsgeschehen („brisante Themen", „Talkrunden" im Fernsehen); doch offenbar ist die Befragte gleichermaßen zum kritischen Hinterfragen aktueller politischer Geschehnisse in der Lage: Sie bezeichnet sich bewusst nicht als „politisch informiert", sondern meint, über ein „politisches Bewusstsein" zu verfügen. Dies begründet sie mit der Tatsache, sich mittlerweile nicht mehr ausgiebig über Politik informieren zu können (da dies – wie etwa das Lesen einer Tageszeitung – viel Zeit koste), sondern sich lediglich über die politischen Geschehnisse bewusst zu sein, ohne über ein tieferes Wissen der einzelnen Details zu verfügen. Zugleich hat diese Person nur wenig Verständnis für konventionelle, parteipolitische Aktivitäten: „Ich rege mich zu sehr auf. […] Vor allem über diese parteipolitischen Konflikte; und dieses parteipolitische Gehabe geht mir tierisch auf die Nerven." Ihre fehlende politische Aktivität begründet die Befragte über das Fehlen konkreter politischer Ziele ihrerseits: Voraussetzung für politisches Handeln sei es, ein bestimmtes Anliegen zu haben sowie das Bedürfnis, zu gesellschaftlicher Veränderung beizutragen und anderen Menschen oder der Gesellschaft „eine Hilfe zu sein". Jedoch liege keine dieser beiden Voraussetzungen bei ihr vor, es fehle der Befragten an inhaltlichen Interessen und Zielstellungen,

> weil ich selber nicht weiß, was mich jetzt aufhält. Ja, vielleicht auch, weil ich jetzt für mich selbst keine Interessen akkumulieren kann, die für mich so bedeutsam sind, dass ich mir jetzt die Mühe machen würde, politisch aktiv zu sein.

Eigene politische Aktivität könne sie sich dennoch vorstellen, sofern ein bestimmtes politisches Thema für sie selbst „so brisant wird, dass ich es gar nicht mehr aushalten kann, es nicht zu tun" oder wenn sie nicht selbst ein eigenes Anliegen entwickeln müsste, sondern – beispielsweise in Form eines Parteiprogrammes – Zielvorgaben erhielte. Von politischer Gewalt hält die Interviewte nichts: „Dafür hätte ich nicht die Eier."

Das mit dieser Person geführte Gespräch war insgesamt wenig informativ, was womöglich auch an der etwas widersprüchlichen Haltung der Interviewten liegt. Wir haben es mit einer Person zu tun, welche das politische Geschehen zwar misstrauisch verfolgt und politische Aktivität prinzipiell gutheißt. Das nach eigenem Bekunden vorhandene politische Interesse führt jedoch nicht zu politischer Aktivität, denn offenkundig reicht dieses einerseits nicht zu einem ausreichenden Maß an kognitiver Involvierung im Sinne eines aktiv-produktiven Nachdenkens darüber, wie die vermeintlichen Schwächen des politischen Prozesses durch eigenen Beitrag beseitigt werden können. Das Nichtvorhandensein eigener politischer Ziele kann womöglich darauf zurückgeführt werden, dass es sich bei dem vorgegebenen Interesse an Politik lediglich um ein Misstrauen handelt, welches stets aktualisiert wird. In jedem Fall wirkt es wenig glaubhaft, einerseits politisches Interesse, Bewusstsein und politische Kompetenz (gemäß Fragebogendaten) sowie Skepsis der konventionellen Politik gegenüber vorzugeben, zugleich aber keine Vorstellungen davon zu haben, was sich in der Gesellschaft verändern sollte oder wie eine Verbesserung aussehen könnte. Zudem basiert ihr gegenwärtiges politisches Informationsverhalten eher auf einem beiläufigen statt eines aktiven, zielgerichteten Medienkonsums. Anders ausgedrückt: Die Befragte scheint schlicht nicht daran interessiert zu sein, selbst einen aktiv-handelnden politischen Beitrag zu leisten, stattdessen ist sie mit der gesellschaftlichen Arbeitsteilung und ihrer eigenen Rolle als „Kritikerin des politischen Geschehens" zufrieden – die politische Arbeit überlässt sie anderen Menschen.

4.3.2.2 Unkonventionelle Aktivität, aber kein konventionelles politisches Handeln

Interview 04. Dem Interviewten fehlt es nach eigener Angabe an Vertrauen in politische Parteien, „weil ich so eine Einstellung habe, dass ich der Politik nicht so sehr viel vertraue und so weiter und ich würde es lieber vorziehen, wenn ich wirklich direkten Zugriff habe und mich nicht auf irgendjemanden verlassen muss." Er ist nicht prinzipiell gegen Parteiaktivitäten, hält sich selbst jedoch für ungeeignet dazu, denn dies sei etwas für ausdauernde und besonders visionäre Menschen mit „ideologisch" gefärbten Zielstellungen sowie für Personen, die über ausreichend Fachwissen als auch das entsprechende politische Vokabular verfügen. Dies trifft auf den Interviewten nicht zu, er ist nicht für Aktivitäten, welche „parteiideologisch geladen" sind und möchte selbst dagegen lieber „Projekte" realisieren, sich vor allem für gesellschaftliche Belange einsetzen, die ihn selbst „negativ stören". Besonders präferiert werden Aktivitäten, wodurch „man wirklich direkt Einfluss auf die Gesellschaft nehmen kann" sowie Tätigkeiten in Nichtregierungsorganisationen, weil hier die gesellschaftliche Relevanz offenkundiger sowie Ergebnisse eher erkennbar seien. Gewalt lehnt der Befragte als „kurzsichtig" und „verantwortungslos" ab.

Diese Person hält sich selbst nicht dazu fähig, eine Parteikarriere einzuschlagen und auf traditionell-konventionellem Weg politisch aktiv zu werden. Möglicherweise scheut der Befragte – trotz stark ausgeprägtem Interesse an Politik sowie einem relativ hohen Maß subjektiver politischer Kompetenz – den (kognitiven) Aufwand, das politische Vorgehen im Detail durchschauen zu *wollen*. Sicher ist, dass er sich selbst nur eingeschränkt zutraut, konventionelle politische Aktivitäten auszuführen, da sich diese für Menschen eigneten, welche „ideologisch" vorgehen möchten sowie an langfristiger Aktivität interessiert seien und über Ausdauer verfügten. Seine Präferenz für Projekte deutet darauf hin, dass er an überschaubaren, kleineren Engagements interessiert ist, was mit einem ausgeprägten Interesse an Politik korrespondiert. Nicht nur sind Projekte in aller Regel kurzfristig und sowohl in ihrer Dauer als auch in ihrer Reichweite eher begrenzt. Sie haben für gewöhnlich auch *ein* klar definiertes Ziel und es scheint dem Befragten darum zu gehen, seine eigene Aktivität und die Auswirkungen seines Handelns überschauen zu können. Vor allem im parteipolitischen Bereich scheint ihm dies nicht möglich, mangelt es ihm vermutlich auch am eigenen kognitiven Verständnis dafür sowie an ausreichend Transparenz vonseiten der Akteure.

Interview 13. Person 13 hält die Beteiligung der Bürger an politischen Wahlen zwar für wichtig, möchte selbst jedoch nicht die deutsche Staatsbürgerschaft erwerben – auch nicht, um das Wahlrecht in Deutschland zu erhalten. Sie bekundet ein fehlendes Interesse an Politik und gibt an, keine Motivation zur eigenen politischen Beteiligung zu besitzen: „Ich habe, glaube ich, andere Interessen. Ich weiß nicht, ob es mich nie interessiert hat oder ich weiß nicht. Ich habe das, glaube ich, einfach mal den anderen überlassen." Im Gespräch lässt die Interviewte erkennen, dass sie keine „richtige" politische Position hat, sich nicht mit einer politischen Richtung oder Partei identifiziert und meint, nur über politisches „Halbwissen" zu verfügen: „Ich meine, wenn man sich politisch einsetzen will, dann muss man ja schon so eine feste Position haben." Um politisch aktiv zu werden, sollte man ihrer Ansicht nach Zeit, politisches Interesse und Ausdauer mitbringen, zumal man als „kleine Gruppe" oder einzelnes Individuum Politik kaum beeinflussen könne, denn diese „wird halt an anderer Stelle entschieden. Also so als kleine Gruppe? Ich weiß nicht." Ihr ist es eher wichtig, auf bestimmte gesellschaftliche Problemlagen aufmerksam zu machen, wobei die Befragte ebenfalls die Ansicht vertritt, anderen Menschen falle die Aufgabe politischer Aktivität zu. Selbst würde die Interviewte eher für soziale Ziele aktiv werden, sofern sie ihren eigenen Beitrag und dessen Ergebnisse unmittelbar erkennen könne. Zu politischem Handeln müsste sie jedoch durch andere Personen motiviert werden, welche ihr genau vorgeben würden, was sie tun solle – dann wäre sie „natürlich hilfsbereit". Gewalt lehnt die Befragte prinzipiell ab.

Es wird deutlich, dass die Befragte vor allem ihre eigene Karriere im Blick hat und sich für das politische Geschehen nur begrenzt interessiert. Sie setzt sich offensichtlich kaum mit Politik auseinander und fühlt sich nur in geringem Ausmaß in der Lage, erfolgreich politisch aktiv zu werden oder durch eigene politische Aktivität zu gesellschaftlicher Veränderung beizutragen, was das relativ geringe Ausmaß kognitiver Politisierung in den standardisierten Daten untermauert. Punktuelles Engagement in Form überschaubarer Aktivitäten mit eindeutigem Handlungsauftrag sowie erkennbarem Ziel und geringem Verpflichtungscharakter werden präferiert. Der Interviewten scheint es wichtig zu sein, die eigene Aktivität und die Auswirkungen ihres Handelns überschauen zu können, wohingegen konventionelle politische Aktivitäten auf die Befragte unüberschaubar und komplex wirken.

Interview 18. Von sich selbst sagt dieser Interviewteilnehmer: „Ich war mal politisch interessiert, habe es dann aber doch gelassen, weil ich gemerkt habe, dass es doch nicht mein Ding ist." Sein gegenwärtiges politisches Interesse beschränkt sich auf wirtschaftspolitische Themen, welche mit seinem Studium in Zusammenhang stehen. Er vertritt die Auffassung, dass Politik in Parteien und durch politische Wahlen geschehen müsse, weil sich Politik nur durch Wahlen oder direkten Kontakt beeinflussen lasse: „Man spricht sozusagen gegen Wände. Ich denke immer, dass die Leute gegen eine Wand demonstrieren, weil sich die Politik eben immer nur beeinflussen lässt durch Wahlen." Obwohl der Befragte meint, man dürfe nicht nur klagen, sondern solle auch selbst handeln oder lautstark auf seine politischen Anliegen aufmerksam machen, ist er derzeit kaum politisch aktiv, weil er keine Zeit dazu habe und sich daher nicht mit ganzer Kraft engagieren könne. Politisches Engagement wird als „Hobby" bezeichnet, für welches man Zeit haben müsse und welches man dann je nach Lust und Zeit ausfüllen könne, zumal Politik seiner Meinung nach nicht kompliziert sei: „Man muss nicht Politik studiert haben, um Politiker zu werden." Außer Zeit benötigt man seines Erachtens neben der Kenntnis der deutschen Sprache soziale Kompetenzen und „Ehrgeiz" (im Sinne von Durchhaltevermögen), um erfolgreich politisch aktiv zu sein. Nach eigenem Bekunden hat der Befragte vor, sich nach erfolgreichem Studium ehrenamtlich zu engagieren, da er sich dazu verpflichtet fühlt und „der Gesellschaft auf jeden Fall irgendwas zurückgeben" und „die Gemeinschaft weiter unterstützen" möchte. Sein Streben nach sozialer Gerechtigkeit ist nur ein Handlungsmotiv; weiterhin möchte er durch gesellschaftliche oder politische Aktivität wiederum soziale Kompetenzen erwerben und andere Menschen kennen lernen. Von Gewalt als politischem Mittel hält der Befragte nichts, da diese nicht zielführend sei.

Seine Präferenz für konventionelle Wege politischer Einflussnahme korrespondiert mit einer subjektiven politischen Kompetenz, welche gemäß den quantitativen Daten sogar etwas größer ausfällt, als das eigene politische Interesse. Dies passt zu seinem Verständnis von Politik als unkompliziert und überschaubar sowie zur Erkenntnis, Politik treiben erfordere Zeit und Ausdauer. Obwohl der Befragte bislang nur wenig sowie ausschließlich auf unkonventionelle Weise aktiv gewesen ist, so hat er bereits jetzt den Entschluss zu konventionellem Handeln gefasst. Unabhängig davon, dass diese Intention durch ein Verpflichtungsgefühl begründet wird, trifft dies den Befund der multivariaten Analysen, wonach kognitive Politisierung hinsichtlich konventioneller politischer Aktivitäten zunächst in Handlungsintentionen umgesetzt werden muss.

Interview 25. Zwar gibt Interviewte 25 vor, in der Vergangenheit Interesse an Politik gehabt zu haben. Dieses sei jedoch zurückgegangen, weil Politiker ihrer Meinung nach nicht glaubwürdig respektive nicht vertrauenswürdig sind:

> Also eigentlich war ich immer sehr interessiert und dann habe ich gemerkt: „Ach, die kriegen Geld und die machen irgendwas, um in den Medien anzukommen und so." Ich habe einfach gemerkt, dass das nicht meine Welt ist. Ich kenne auch keine wahren, vernünftigen Politiker, die wirklich das Gute für ihr Land möchten.

Ihre Interessen haben sich daher verschoben, wenngleich sie sich weiterhin über das aktuelle politische Geschehen informiert. Zu ihrer Interessensverlagerung komme Zeitmangel hinzu, welcher auch familiäre Ursachen habe. Die Interviewte vertritt die Ansicht, zu erfolgreicher politischer Aktivität benötige man nur wenige Voraussetzungen, da Politik nicht kompliziert, sondern „ein schmutziges Geschäft" sei: „Wenn man Interesse zeigt, dann loslegen." Neben politischem Interesse und steter politischer Informierung hält die Befragte zudem Bildung sowie Redefähigkeit für wichtige Beteiligungsgrundlagen. Sie meint, Menschen sollten immer aktiv sein, weist jedoch darauf hin, dass dies auf spontane Weise geschehen könne, etwa durch die Teilnahme an politischen Demonstrationen. Ein Bezug zum Alltag der Menschen und zur eigenen Lebenswelt ist ihr zufolge von Bedeutung für politisches Handeln.

Trotz des vermeintlich mangelnden Interesses an Politik befürwortet die Interviewte politisches Handeln und tritt dafür ein, dass sich Menschen für die Verbesserung der sozialen respektive Lebensverhältnisse einsetzen. Konventionelle Politik ist ihr nach eigenen Angaben offensichtlich nicht zu kompliziert, sondern eine gewisse Enttäuschung über Politiker und Parteipolitik hält sie von derartigem Engagement ab. Punktuelle Aktivität hält sie dagegen für sinnvoll und es ist durchaus anzunehmen, dass ihre vermeintlich reduzierte politische Beteiligung mit der Zeit wieder zunehmen wird, sofern sich ihre privaten Angelegenheiten entspannen. Insgesamt scheint die Befragte eher besonders kritisch mit sich selbst zu sein oder wenig Vertrauen in die eigenen Fähigkeiten zu haben, denn sie gehört zu den politischunkonventionell aktiveren Studienteilnehmenden, schreibt sich selbst jedoch ein vergleichsweise geringes politisches Interesse sowie geringe politische Kompetenz zu. Ihre explizite Erwähnung, politisch Interessierte sollten „loslegen", ergänzt um eigene unkonventionelle Aktivitäten, lässt politisches Interesse modellkonform als spontanen Pfad zu politischem, unkonventionellem Handeln erscheinen.

Interview 33. Da es den Menschen in Deutschland gut gehe, sieht Befragte 33 keinen Bedarf, sich (für Menschen in Deutschland) politisch zu engagieren. Politische Themen in Deutschland interessieren die Interviewte nicht, stattdessen ist sie in einer international tätigen Nichtregierungsorganisation aktiv. Mit diesem Engagement möchte sie sich „solidarisch mit anderen Menschen" zeigen und sich für Gerechtigkeit sowie die Bekämpfung von Freiheitsbeschränkungen einsetzen. Für die Interviewperson ist ihre politische Aktivität „eine sehr persönliche Angelegenheit", da sie sich selbst ebenfalls „nicht frei fühle und eingeschränkt" sei. Entscheidend ist für sie, ganz hinter dem zu stehen, was sie tut. Zugleich sei es erforderlich, „eine große Masse" hinter sich zu wissen, da man allein nichts bewirken könne. Wichtig für politische Aktivität sind ihr zufolge außerdem Ausdauer und Willenskraft, aber auch Ausstrahlung, Redegewandtheit und Selbstbewusstsein. Gewalt würde sie als Mittel dann akzeptieren, wenn man in seiner Freiheit vollständig eingeschränkt sei.

Wie in keinem anderen Interview wird deutlich, wie zentral der Bezug der politischen Aktivität zum eigenen Leben ist: Die Befragte fühlt sich persönlich in Deutschland ausgegrenzt und gibt ihrem Kampf für Freiheit und Gerechtigkeit daher Priorität. Sich auf konventionellen Wegen zu engagieren, verbindet die Befragte eher mit Aktivität in und für Deutschland. Hierzu fehlen ihr nach eigenem Bekunden Voraussetzungen und der Bedarf sowie das Interesse. Man kann ihre eigene Aktivität als „Ersatzhandlung" bezeichnen: Weil es der Befragten an erlebter Solidarität und eigener Unabhängigkeit mangelt, setzt sie sich in einem anderen Kontext dafür ein, dass fremden Menschen dies gewährt wird. Sich nicht in traditionellkonventionellen Strukturen zu engagieren oder diese zu nutzen, mag zudem daran liegen, dass sich die Befragte (in der Onlinestudie) nur ein geringes Ausmaß politischer Kompetenz attestiert. Dem Gespräch können zu dieser Frage keine Details entnommen werden, da die Interviewte nur darauf verweist, sich in Deutschland aufgrund der fehlenden deutschen Staatsbürgerschaft kaum politisch beteiligen zu können. Dennoch zeigt sie ein Interesse an politischen Fragen; ihre selbst erlebte Ausgrenzung oder Einschränkung könnte ferner ein Grund dafür sein, konventionelle Wege politischer Beteiligung abzulehnen, weil sie sich hierzu möglicherweise nicht als einflussreich und kompetent genug betrachtet.

Zusammenfassung. Die vorgestellten Interviews lassen darauf schließen, dass die Befragten sich auf unkonventionellen Wegen politisch beteiligen, weil sie den konventionellen Strukturen nicht trauen, diese teilweise als unübersichtlich und ineffizient wahrnehmen sowie sich selbst eigene politische Kompetenz mitunter abschreiben. Das Wahrnehmen fehlender Transparenz könnte auch auf fehlende Kompetenz oder mangelnde kognitive Bereitschaft, politische Vorgänge für sich selbst transparent zu machen, hinweisen. Unmittelbar die Früchte der eigenen Aktivität sehen zu können, stellt für die meisten dieser Personen ein wichtiges Kriterium ihrer Aktivität dar; sie präferieren Möglichkeiten direktdemokratischer Beteiligung. Sofern politisches Interesse bei den Befragten vergleichsweise gering ist, wird unkonventionelle politische Aktivität eher durch „Mitläufertum" initiiert: Weil sich, gegebenenfalls spontan und kurzfristig, eine Gelegenheit zur Bekundung eines eigenen politischen Anliegens auftut und man nicht allein ist, beteiligt man sich ebenfalls, indem man zum Beispiel auf eine politische Demonstration geht. Die eigenen Interessen sollen sich in der eigenen Aktivität widerspiegeln, wobei kurzfristige, klar umrissene Engagements häufig präferiert werden. Diese wiederum sind charakteristisch für unkonventionelle politische Aktivitäten. Prägnant ist die Äußerung von Person 25: „Wenn man Interesse hat, dann loslegen." Hier wird ein direkter Zusammenhang zwischen politischem Interesse und politischem Handeln hergestellt. Interesse kann mit dieser Äußerung als impulsiver Pfad der Handlungssteuerung betrachtet werden.

Besonders interessant ist zudem jenes Interview, in welchem deutlich wird, dass der Befragte konventionelle Wege bevorzugt: Hier wird Politik als wenig kompliziert dargestellt, die quantitativen Daten weisen eine etwas höhere subjektive politische Kompetenz auf im Vergleich zum politischen Interesse, und Pläne, sich künftig auf konventionelle Weise politisch zu beteiligen, existieren bereits. Womöglich hat zudem das in der Vergangenheit ausgeführte, unkonventionelle Handeln ebenfalls einen Beitrag zu dieser Intention geleistet. Insgesamt untermauern diese Interviews letztlich in begrenztem Umfang die Befunde der quantitativen Erhebungen, wonach politisches Interesse eine Bedingung unkonventioneller politischer Aktivität ist, die selbst zugeschriebene politische Kompetenz dagegen eher den konventionellen Beteiligungspfad berührt und sich womöglich zunächst in den Handlungsvorsatz übertragen muss – wobei die qualitativen Äußerungen durchaus nicht deckungsgleich mit dem sind, was die standardisierte Vorgabe von Items in einem Fragebogen erfasst. Erstaunlich ist jedoch, dass jene Personen, welche vergleichsweise viele verschiedene unkonventionelle Aktivitäten ausgeführt haben, zugleich eher ein geringes Maß an subjektiver politischer Kompetenz aufweisen sowie mitunter auch an politischem Interesse im Vergleich mit jenen Interviewpersonen, die nur eine der vorgegebenen Aktivitäten realisiert haben. Ob dies daran liegt, dass die Betroffenen politisches Interesse als Interesse an traditioneller oder konventioneller Politik auffassen, kann leider nicht überprüft werden.

4.3.2.3 Sowohl konventionelle als auch unkonventionelle politische Aktivitäten

Interview 06. Sich nicht in einer politischen Partei zu engagieren, begründet dieser Interviewte mit mangelnder Zeit und dem Fehlen der deutschen Staatsbürgerschaft. Andernfalls, so meint er, würde er dies möglicherweise in Betracht ziehen: „Ich würde mich auch gern in der Politik engagieren, aber mir fehlt die deutsche Nationalität. [...] Aufzusteigen zum Bundeskanzler verbietet sich mir leider Gottes. Die Ambition hätte ich vielleicht gehabt." Die Politik ist seiner Ansicht nach von Lobbyismus zersetzt, wobei seine Interessen oder Interessen von gesellschaftlich benachteiligten Minderheiten in zu geringem Umfang vertreten seien, was ihn depolitisiert habe. Interessenvertreter, mit denen man sich identifizieren könne, seien jedoch die Voraussetzung, um sich für Politik zu interessieren. Zugleich könne man in der Politik als Einzelner nichts bewirken: „Ein Einzelner kann nicht so viel erreichen. Wenn man es schafft, sich zu organisieren und mehrere Stimmen zu sammeln – sei es eine Unterschriftenaktion, sei es vielleicht eine Demonstration – dann kann man wesentlich mehr erreichen." Politisches Mitentscheiden der Bürger betrachtet er, auch für Immigranten, als wichtig, doch bedürfe es einer bestimmten Gruppe, welcher man sich zugehörig fühle. Er selbst habe noch keine feste politische Richtung eingeschlagen, plane allerdings, die eigene politische Aktivität in Zukunft auszuweiten, weil er so „mehr Entscheidungsfähigkeit besitzt". Neben den bereits benannten Faktoren erachtet der Interviewte Dialog- und Kompromissbereitschaft bei gleichzeitiger Durchsetzungsfähigkeit, die Fähigkeit zur verständlichen Darstellung der eigenen politischen Position und Prinzipienorientierung als Voraussetzungen erfolgreichen politischen Handelns. Politische Gewalt verweise auf fehlendes Kommunikationsvermögen und wird als „ideenlos" abgelehnt.

Zunächst ist darauf hinzuweisen, dass sich der Befragte bereits im Kontext einer Veranstaltung einer politischen Partei auf konventionelle Weise politisch beteiligt hatte. Dies lässt seine Äußerungen und Pläne zur künftigen Aktivität als ernst gemeint erscheinen. Allerdings bestehen offenbar auch Wissenslücken, da der Befragte davon ausgeht, Parteiaktivität in

4.3 Ergänzende Befunde einer qualitativen Interviewstudie

Deutschland erfordere die deutsche Staatsbürgerschaft. Fehlendes Wissen über Handlungsmöglichkeiten kann somit als Hinderungsgrund, insbesondere für konventionelle politische Aktivitäten, betrachtet werden. Ebenfalls wird die Wirksamkeitserwartung in den Vordergrund gerückt, denn einerseits wird organisiertem Engagement der Vorzug gegeben. Andererseits wird politisches Interesse als Bedingung politischen Handelns betrachtet, wobei jenes nur zustande komme, wenn politische Interessenvertreter existierten. Dieser Aspekt spiegelt den Gedanken der politischen Repräsentation wider und verweist auf die Befürwortung von solchen politischen Mitteln, welche in parlamentarischen politischen Systemen oftmals als konventionell zu bezeichnen sind und dem Befragten vermeintlich als effizient sowie wirkungsvoll erscheinen. Die erstaunlich niedrigen Werte für beide Variablen kognitiver Politisierung im Onlinepanel sind vermutlich darauf zurückzuführen, dass der Befragte für sich kaum Möglichkeiten zur wirksamen politischen Beteiligung in Deutschland sieht und den Eindruck hat, in der Politik seien nur die Interessen finanzstarker Lobbyisten vertreten. Seine „Depolitisierung" ist primär eine kognitive; möglicherweise führen aber seine Versuche, sich künftig stärker politisch zu beteiligen, zugleich zu einer Stärkung seines eigenen politischen Kompetenzempfindens. Dieser Vermutung kann an dieser Stelle allerdings nicht nachgegangen werden.

Interview 14. „Wenn ich etwas Ungerechtes sehe, versuche ich, das so schnell wie möglich ins Rechte zu rücken." – Ungerechtigkeit führt bei der Befragten nach eigenem Bekunden zu einem Unwohlgefühl. Sobald die Interviewte das Gefühl hat, ihre Hilfe werde gebraucht und könne dazu beitragen, eine in ihren Augen ungerechte Situation zu beseitigen oder dass eine andere Person „auf ihren eigenen Beinen stehen kann", wird sie aktiv. Dies betrifft nach eigenem Bekunden eine Vielzahl sozialer und politischer Aktivitäten. Ihrer Meinung zufolge müsse man die eigene Umgebung „lebenswert machen", wodurch sie mit zahlreichen Engagements beitragen möchte. Selbst gibt sie Interesse an politischen Themen vor, insbesondere mit Bezug zu Sozialem. Die Interviewte vertritt zudem ein weites Verständnis von Politik: „Also wenn man da schon was verändern kann in deren Leben, ist das für mich schon Politik. [...] Politik ist für mich das aktive Leben hier in Deutschland zu verändern – mit den Rechten, die man hat." In einer politischen Partei engagiert sich die Interviewte jedoch nicht, da sie bisher noch keine Partei gefunden habe, in welcher sie sich vollständig wohlfühlen würde. Darüber hinaus gibt sie vor, gegenwärtig wenig Zeit für weitere Verpflichtungen zu haben. Als Voraussetzungen für politisches Handeln wird neben relevanten Sprachkenntnissen vor allem Wissen über politische und rechtliche Strukturen betrachtet, denn der größte Hinderungsgrund für gesellschaftliche und politische Teilhabe sei, nicht über die eigenen Möglichkeiten und Rechte Bescheid zu wissen. Gewalt fasst die Befragte als Ausdruck fehlender Artikulation auf und findet bei ihr keinerlei Verständnis.

Aus dem Gespräch wird deutlich, dass sich diese Frau zum Handeln verpflichtet fühlt, sobald sich eine Gelegenheit zu politischer Aktivität ergibt. Man kann sie gewissermaßen als „Beteiligungsfreak" oder „Handlungsjunkie" bezeichnen; politisches und soziales Handeln gehören unmittelbar zum Selbstbild dazu, wie auch der Blick auf die quantitativen Daten zur politischen Beteiligung nahelegt. Sich für andere einzusetzen, dient letztlich auch der Beseitigung von andernfalls auftretenden inneren Spannungen sowie einem schlechten Gewissen und ist sowohl auf konventionellen als auch auf unkonventionellen Pfaden realisierbar. Da Politik weit gefasst wird, ist es offenbar zugleich nicht schwierig, politisch aktiv zu werden. Allerdings weist die Befragte mit dem Haupthinderungsgrund für politische Teilhabe auch darauf hin, dass Politik keineswegs leicht zu durchschauen sein muss und Wissen über Beteiligungsmöglichkeiten, mithin eine Basis politischer Kompetenz sowie des subjektiven Gefühls, erfolgreich zu gesellschaftlicher oder politischer Veränderung beitragen zu können, vonnöten ist. Dieses ist bei der Befragten dem Interview zufolge als auch hinsichtlich der quantitativen Daten ebenso vorhanden, wie ein ausgeprägtes politisches Interesse. Dennoch scheint es politische Kompetenz zu sein, welche die Befragte mit konventioneller politischer Beteiligung assoziiert. Darauf deuten vor allem die benannten Hinderungsgründe hin sowie die Tatsache, dass Rechte zur Beteiligung an unkonventionellen Aktivitäten eher bekannt sein dürften als Möglichkeiten zu konventioneller Aktivität.

Interview 23. Als einzige Interviewperson ist diese Frau Mitglied in einer politischen Partei. Ihre Motivation zur Beteiligung am politischen Geschehen führt die Befragte auf sozialisatorische Aspekte zurück: Da ihre Familie teilweise aus Kurden und Aleviten besteht, wurden einige Familienmitglieder politisch verfolgt – die Hintergründe hierfür zu verstehen, habe sie zwangsläufig mit dem Gegenstand Politik verbunden. Darüber hinaus sagt sie von sich selbst, sie sei „ein unverbesserlicher Optimist" und eine „Kämpfernatur", sie möchte selbstständig sein und mitentscheiden über Dinge, die sie betreffen oder stören. Hierbei handelt es sich nicht ausschließlich um Migrantenfragen, sondern auch um sozial- und bildungspolitische Anliegen. Ihren eigenen Ehrgeiz versteht sie nicht im Sinne von Karrierismus, sondern ihr Antrieb ist es, zu realen Veränderungen beizutragen. Zwar ist sie selbst in hohem Maße über das „Geklüngel" innerhalb der eigenen Partei frustriert. Ebenfalls meint sie, Politik „arbeitet immer sehr kurzfristig und immer nur die nächste Wahl überstehen." Wenn tatsächlich etwas erreicht werde, so sei dies oft nur eine kleine Veränderung, von welcher man mitunter gar keine Notiz nehme. Dennoch weiß sie: „Ich kann nicht die ganze Welt retten, aber zumindest habe ich ja dieses Ideal, etwas zu verändern und etwas zu verbessern." Dies geht der Befragten zufolge am besten in den existierenden Strukturen, denn man müsse etwas Fehlerhaftes „von innen aushöhlen". Dabei helfe ihre grundsätzliche „Oppositionshaltung" und ihr Bedürfnis, sich über alles eine eigene, unabhängige Meinung zu bilden. Gewalt betrachtet sie als „blödsinnig" und „Verzweiflungstat", welche dann eingesetzt werde, wenn es an Argumenten fehle. Demgemäß rückt die Interviewte, neben politischem Interesse und der Kenntnis der politischen Agenda, sprachliche Fähigkeiten in den Vordergrund, wenn es um die Bedingungen politischer Aktivität geht. Sie selbst berichtet von Erfahrungen, die ihr gezeigt haben, wie wichtig es ist, politische Anträge formulieren zu können und politische Fachbegriffe oder Abkürzungen zu kennen. Politikersprache ist ihr zufolge grundsätzlich ein Problem für Menschen, wie sie daran verdeutlicht, dass sie auf einer Parteisitzung gefragt wurde, was „pragmatisch" bedeute. Neben den benannten Voraussetzungen werden auch Selbstbewusstsein, diplomatisches Geschick, „Mut zu Fehlern" sowie Geduld und „eine dicke Haut" benannt. Dies veranschaulicht die Befragte am Beispiel der Sarrazin-Debatte, wodurch sie im Bekanntenkreis Unverständnis für ihre eigene parteipolitische Aktivität erntete.

In kaum einem anderen Gespräch wird so deutlich, welche enormen sprachlichen Fähigkeiten Politik voraussetzt. Für die Interviewte ist ganz eindeutig die Sprache der Schlüssel zum erfolgreichen politischen Handeln. Dies schließt politisches Wissen (Fachbegriffe etc.) ein. Interesse an politischen Fragen ist zwar primär durch eigene Erfahrungen bedingt, scheint jedoch eine wichtige Antriebsfeder der eigenen Aktivität zu sein. Dieses Interesse hat sich womöglich generalisiert, ist aber erkennbar mit einem grundsätzlichen Bedürfnis, Menschen zu helfen und gesellschaftliche Veränderungen herbeizuführen, verbunden. Frustrationstoleranz und Geduld werden ebenfalls angeführt und verdeutlichen, wie wichtig ein souveräner

4.3 Ergänzende Befunde einer qualitativen Interviewstudie

Umgang mit Politik ist, um nicht zu resignieren. Somit wird erkennbar, dass die Interviewte für eine langfristige Perspektive plädiert, denn was kurzfristig zustande kommt, wird nicht als nachhaltig betrachtet.

Insgesamt passt dieses Interview sehr gut zu den quantitativen Daten, welche neben dem hohen politischen Interesse auch ein hohes Ausmaß subjektiver politischer Kompetenz erkennen lassen und eine rege Beteiligung am politischen Geschehen im legalen Rahmen zeigen. Sie machen deutlich, dass konventionelle Aktivität nicht allein mit politischem Interesse zu meistern ist, sondern weitere, insbesondere sprachliche Kompetenzen fordert. Das Erfordernis von Frustrationstoleranz, da man sich selbst vor Bekannten für parteipolitische Aktivität rechtfertigen muss, obwohl man selbst nicht mit jedem Detail der parteilichen Linie einverstanden ist, zeigt zudem, dass reifliche Überlegung gefordert ist, um sich der möglichen Ablehnung durch wichtige Andere oder gar der sozialen Ausgrenzung, gerade im Migrationskontext, bewusst zu werden und sich bewusst sowie plan- als auch absichtsvoll für (oder gegen) konventionelle politische Aktivität entscheiden zu können.

Interview 37. Zu Parteiengagement eignet sich diese Interviewte eigenen Äußerungen zufolge nicht, weil man nach ihren in verschiedenen politischen Gruppierungen gesammelten Erfahrungen dazu emotional sehr distanziert und „eiskalt" sein müsse. Die Befragte sehnt eine vollständige gesellschaftliche Revolution herbei, also einen Umsturz der herrschenden Verhältnisse, und vertritt die Auffassung, Parteien seien dazu unerwünscht, da eine solche Revolution nur spontan durchzusetzen sei. Gewalt wird akzeptiert, sofern sich diese gegen Gegenstände richtet. Hinsichtlich der eigenen politischen Aktivität gibt die Interviewperson allerdings an, sich zuletzt vermehrt ins Private zurückgezogen zu haben: Sie sei „entpolitisiert" sowie „resigniert", weil stets geredet, nicht aber gehandelt werde und selbst in jenen politischen Gruppen, in welchen sie aktiv gewesen war, Hierarchien bestanden und keine wirkliche gesellschaftliche Veränderung abzusehen war. Darüber hinaus hat sie sich mit der „Leistungsgesellschaft" arrangiert, ist Teil dieser geworden und möchte „eben nicht mit ernsten Themen die ganze Zeit befasst sein". In Bezug auf die Voraussetzungen politischen Handelns vertritt die Interviewte die Auffassung, dass sich jeder Einzelne beteiligen könne, da niemand „die Weisheit mit Löffeln gefressen" habe. Zugleich habe ihr das eigene Engagement gezeigt, dass Ausdauer und Geduld, eine starke Persönlichkeit respektive Willens- und Durchsetzungskraft, ein hohes Maß an „Selbstgeißelung" als auch Idealismus erforderlich seien, um erfolgreich politische Veränderungen angehen zu können – unter Umständen ergänzt durch die Fähigkeit und Bereitschaft zum öffentlichen Reden.

Offensichtlich verfügt die Befragte über die Grundvoraussetzungen für politisches Handeln: Sie schätzt sich in hohem Maße als zu politischer Aktivität fähig ein. Allerdings zeigt sie auch ein schwindendes Interesse an Politik. Dies legen ferner die Daten der Onlinebefragungen nahe. Die kognitiven Voraussetzungen sind somit gegeben, doch macht diese Person auf einen weiteren Aspekt aufmerksam: Ohne die Fähigkeit, sich emotional vom politischen Geschehen zu distanzieren und dem Bedürfnis, unmittelbar Resultate sehen zu wollen, scheint ein langfristiges Engagement kaum möglich. Als einzige Interviewperson hat sie sich bereits auf nichtlegale Weise politisch engagiert und macht keinen Hehl daraus, derartige Aktivitäten in gewissen Situationen gutzuheißen. Konventionelle Wege verschmäht sie offensichtlich, doch kann dies kaum auf mangelnde politische Kompetenz zurückgeführt werden. Vielmehr ist anzunehmen, dass sich diese Befragte in Zukunft, möglicherweise aufgrund ihres immer mehr zurückgehenden Interesses an Politik, kaum mehr politisch betätigen könnte; ob sich dies bewahrheitet, kann an dieser Stelle nicht ermittelt werden. In jedem Fall zeigt die Befragte eine Präferenz für unkonventionelle politische Beteiligungswege, was einerseits tendenziell im Widerspruch zu realisiertem, konventionellem Handeln steht, andererseits deswegen erstaunlich ist, weil diese Frau unter den Interviewteilnehmenden das höchste Maß an subjektiver politischer Kompetenz aufweist. Offenkundig hat hier ein Prozess der Depolitisierung eingesetzt, welcher vermutlich erst am Anfang steht.

Zusammenfassung. Zwar wird im zuletzt umrissenen Interview vom Gedanken der Repräsentation Abstand genommen, doch weisen alle vier Gesprächspersonen darauf hin, dass politisches Handeln Organisation, Planung und langfristige Verpflichtung bedeutet. Konventionelle, insbesondere parteipolitische Aktivitäten, werden als langwierig beschrieben; es wird deutlich, dass hierzu tatsächlich Ausdauer erforderlich ist. Alle Interviewpersonen machen darauf aufmerksam, dass man von dem Bedürfnis, stets unmittelbar Erfolge des eigenen Handelns erkennen zu können, Abstand nehmen müsse, da erfolgreiche Politik in kleinen Schritten voranschreite und langwierig sei. Sich nicht zu engagieren, kann in den Interviews auf fehlende Kenntnisse respektive mangelnde politische Kompetenzen zurückgeführt werden: Dies betrifft nicht nur Wissen über politische Rechte und Beteiligungsmöglichkeiten, sondern gleichfalls sprachliche Fähigkeiten wie die Kenntnis von Fachbegriffen, das Ausfüllen von Formularen oder das Schreiben politischer Anträge. Auch die Beherrschung der deutschen Sprache wird besonders wichtig, wenn es um konventionelle politische Beteiligung geht. Alle diese Aspekte machen deutlich, wie wichtig es für die Interviewten ist, sich vor ihrer Aktivität bewusst zu machen, was ihre Anliegen sind, in welchem Zeitrahmen sie mit deren Erfüllung rechnen können und welche Kräfte sie hierzu aufwenden oder worauf sie in der Zwischenzeit womöglich verzichten müssen. Dies korrespondiert mit der beinahe überall hohen subjektiven politischen Kompetenz.

Unkonventionelle politische Aktivitäten wurden ebenfalls von allen Interviewten ausgeführt, was zudem zu dem hohen politischen Interesse passt. Eine Ausnahme stellt Interview 06 dar, denn diese Person hat von allen zehn Interviews die niedrigste kognitive Politisierung. Inwiefern dies zu den Ergebnissen der statistischen Analysen passt, ist nur begrenzt zu beurteilen – unter Umständen korreliert dies mit eigenem Misstrauen in die Politik in Deutschland. In jedem Fall passt es zu den Befunden, dass dieser Mann plant, auf organisiertem Weg politisch aktiv zu werden. Dies bisher nach eigenen Angaben nur eingeschränkt getan zu haben, ist vermutlich auf mangelndes Wissen über die eigenen Beteiligungsmöglichkeiten zurückzuführen, was die Annahme bekräftigt, dass konventionelle politische Aktivität ohne ein Grundmaß (objektiver wie subjektiver) politischer Kompetenz kaum realisiert wird. Für Menschen mit Migrationsgeschichte dürfte erschwerend hinzukommen, dass sie oft – mitunter wegen einer nicht vorhandenen deutschen Staatsbürgerschaft – vom politischen Geschehen ausgeschlossen sind und nicht wissen, welche Möglichkeiten sie haben. Somit kommt dem Wissen über Politik, welches sich gemäß der Teilstudie zur Bedeutung objektiver politischer Kompetenzen in subjektive politische Kompetenz übersetzt, große Bedeutung zu. Dieses Kompetenzgefühl muss dann aber mit politischem Interesse oder wenigstens einer bewussten Handlungsplanung einhergehen.

4.3.3 Zusammenfassung der explorierten Interviewbefunde

Die vorgestellten qualitativen Interviews können nur teilweise die zuvor präsentierten Befunde der quantitativen Erhebungen aufhellen. Insbesondere machen sie auf die Charakteristika der einzelnen politischen Handlungsformen aufmerksam, geben darüber hinaus aber doch in Teilen Aufschluss über jene Prozesse oder Bedingungen, welche zur Handlungsentscheidung und tatsächlichem Handeln beitragen. Deutlich wurde insbesondere, dass fehlende politische Aktivität offensichtlich mit einem Misstrauen in (konventionelle) Politik einhergeht. Statt aktiver Beteiligung wird primär Kritik geübt und eine eher individualistische Zielverfolgung betrieben.

Resignation und fehlende Glaubwürdigkeit von Parteien und Politikern sind offensichtlich eine Bedingung fehlender konventioneller politischer Aktivität, welche sich allerdings in unkonventionelle Beteiligung übersetzen kann. Gerade fehlendes Vertrauen in die eigene politische Effektivität und Kompetenz, welche möglicherweise zusammenwirken (siehe auch Gamson 1971), scheinen zudem von konventioneller politischer Aktivität abzuschrecken. Ein Grundmisstrauen und womöglich ein (mindestens) mittleres Niveau kognitiver Politisierung, bei einem im Vergleich zur politischen Kompetenz etwas höheren politischen Interesse, scheint dagegen mit vermehrter unkonventioneller Aktivität verbunden zu sein.

Ferner machen die Interviews deutlich, wie wichtig es ist, sich bewusst und überlegt für konventionelle politische Beteiligungsmöglichkeiten zu entscheiden: Jene Personen, welche auf solche Weise aktiv waren, es noch sind oder für die Zukunft vorhaben, berichten darüber, dass dies für sie eine planvolle Entscheidung war/ist und gegen erhebliche „Kosten" (emotionale Distanzierung, soziale Ausgrenzung) abgewogen werden muss(te). Der eigene Beitrag muss gerade im konventionellen Fall möglicherweise (zunächst) überschätzt werden (siehe auch Opp 1989), kann aber dadurch in Resignation münden, wie einige Interviews zeigen. Ebenfalls wird politische Kompetenz in einem weit gefassten Konzept teilweise als unabdingbar verstanden: Gerade sprachliche Fähigkeiten zur Artikulation politischer Anliegen, die Kenntnis bestimmter politischer Begriffe sowie Verfahrensweisen innerhalb legaler Strukturen werden als notwendige Bedingungen politischer Aktivität dargestellt; fehlende kommunikative Kompetenzen gelten als Ursache politischer Gewalt.

Wenngleich die quantitativen Daten nicht stets perfekt zu den Interviewäußerungen passen und zudem an mancher Stelle weitere Einsichten wünschenswert wären (es sei daran erinnert, dass die meisten qualitativen Interviews noch vor der Auswertung der Paneldaten erfolgten, sodass den oben berichteten Befunden nur begrenzt nachgegangen werden konnte), bekräftigen sie insgesamt doch die Ergebnisse der statistischen Analysen, mindestens in Bezug auf konventionelle politische Aktivität. Konventionelles politisches Handeln von Personen mit türkischer Migrationsgeschichte erfordert demnach neben politischem Interesse auch ein gewisses Maß subjektiver politischer Kompetenz, welche sich zwar primär, nicht aber ausschließlich in sprachlichen Kompetenzen erschöpft. Zudem ist die bewusste, überlegte Entscheidung zu derartigem Handeln wichtig, damit dieses realisiert wird.

Politisches Interesse allein scheint dagegen für unkonventionelle politische Aktivität nicht ausreichend zu sein. Ergänzend bedürfen derartige Handlungen ein gesellschaftliches Problembewusstsein, ein Misstrauen in „klassische" Politik sowie ein Bedürfnis, unmittelbar zur Veränderung („Verbesserung") der gesellschaftlichen oder politischen Zustände beizutragen. Rückblickend auf die Befunde der Teilstudie zu objektiven politischen Kompetenzen dürfte die reale Fähigkeit zur analytischen Bewertung des politischen Vorgehens ebenfalls notwendig sein, um beide Formen politischen Handelns anzustoßen. Dennoch ist politisches Interesse als impulsiver Pfad zum Handeln anzusehen, insbesondere als der entscheidende Weg zu unkonventioneller politischer Aktivität: „Wenn man Interesse zeigt, dann loslegen." Unter Berücksichtigung der Äußerungen, man müsse sich emotional distanzieren können, wolle man sich in konventionellen Strukturen beteiligen, erscheint darüber hinaus einerseits politisches Interesse als „hot emotional system", andererseits subjektive politische Kompetenz als „cool cognitive system" (Metcalfe/Mischel 1999).

Abschließend sei an Interview 06 erinnert, wonach man sich mit den eigenen Interessenvertretern identifizieren können müsse, um Interesse am Politischen zu entwickeln. Eine (kollektive) Identität wiederum kann als Heuristik betrachtet werden, welche uns plausible Handlungsmöglichkeiten vorgibt, aus denen wir ohne längeres Nachdenken wählen können. Abgesehen von dieser zur Hypothese passenden Stellungnahme, macht der Befragte damit zugleich aufmerksam auf die Voraussetzungen kognitiver Politisierung, zu welchen kollektive Identitäten zählen, also die Identifikation mit Gruppen und deren Repräsentanten.

4.4 Der Einfluss kollektiver Identitäten auf kognitive Politisierung

4.4.1 Zielstellung

Neben klassischen Herangehensweisen zur Erklärung behavioraler Politisierung wurden sozialpsychologische Erklärungen vorgestellt und Forschung zum handlungsleitenden Einfluss kollektiver Identitäten, auch für Menschen mit Migrationsgeschichte, präsentiert. Da Analysen für den Einfluss kollektiver Identitäten auf *kognitive Vorbedingungen* politischen Handelns jedoch Mangelware sind, sollte der Frage nachgegangen werden, welche Bedeutung kollektive Identitäten neben klassischen Prädiktoren von Politisierung für politisches Interesse und subjektive politische Kompetenz haben. Es wurde die ungerichtete Hypothese aufgestellt, kollektive Identitäten würden kognitive Politisierung beeinflussen, ohne genau zu spezifizieren, welche Art von Identifikation wie auf kognitive Politisierung wirkt. Dem wird in diesem Kapitel nachgegangen, welches somit zugleich explorativen Charakter annimmt.

4.4.2 Bivariate Zusammenhänge

Die in *Tabelle 18* dargestellten bivariaten Zusammenhänge lassen unschwer erkennen, dass in Bezug auf die allgemeinen Maße kognitiver Politisierung lediglich eine separatistische Identifikation signifikant negativ mit subjektiver politischer Kompetenz sowie politischem Interesse zusammenhing. Diese Befunde waren überwiegend für die zu t_3 gemessenen Kriterien statistisch bedeutsam – zur zweiten Datenerhebung fand sich lediglich zwischen separatistischer Identifikation und subjektiver politischer Kompetenz auf marginalem Niveau eine signifikante bivariate Korrelation. Dafür korrelierten politisches Interesse (t_3) und die Identifikation mit Deutschland (t_1) ebenfalls positiv miteinander.

Die ergänzend berechneten Kriterien für die um t_2 erweiterte Stichprobe aus t_3 als auch für das kleine Drei-Wellen-Panel weisen ebenfalls einen negativen Zusammenhang zwischen separatistischer Identifikation und beiden Variablen kognitiver Politisierung aus. Außerdem fand sich im Drei-Wellen-Panel der signifikante, positive Zusammenhang zwischen politischem Interesse und Identifikation mit Deutschland. Allerdings waren alle Korrelationen von schwachem bis höchstens mäßigem Ausmaß. Ebenfalls schien das mit zwei Items gemessene politische Interesse (t_3) „bessere" Korrelationen zu erzielen, wobei die dadurch reduzierte

Messfehlervarianz möglicherweise gerade in diesen kleinen Stichproben besonders nützlich war. Daher werden nachfolgende Analysen für politisches Interesse zu t_3 ausschließlich unter Verwendung des mit zwei Items gemessenen Kriteriums berichtet.

Tabelle 13: Korrelationen zwischen kognitiver Politisierung und kollektiven Identitäten[1]

	ID mit Deutschland	ID mit Türken	Separatistische ID	Duale ID
Korrelationen der Kriterien mit den Prädiktoren der ersten Datenerhebung (t_1)				
Politisches Interesse (t_2)	.06	.08	-.02	.07
Subjektive politische Kompetenz (t_2)	.09	-.06	-.15$^◊$	.11
Politisches Interesse (t_3)[2]	.28† (.22¶)	-.15 (-.12)	-.27¶ (-.24¶)	.05 (.10)
Subjektive politische Kompetenz (t_3)	.14	-.14	-.21¶	-.04
Politisches Interesse ($t_2 + t_3$)[3]	.10 (.24¶)	.04 (-.08)	-.05$^◊$ (-.25¶)	.07 (.07)
Subjektive politische Kompetenz ($t_2 + t_3$)[3]	.09 (.17)	-.04 (-.21$^◊$)	-.12$^◊$ (-.30†)	.09 (.01)
Korrelationen der Kriterien mit den Prädiktoren der zweiten Datenerhebung (t_2)				
Politisches Interesse (t_3)[2]	.12 (.05)	-.16 (-.08)	-.27¶ (-.23¶)	-.09 (-.08)
Subjektive politische Kompetenz (t_3)	.04	-.16	-.23¶	-.12

1 Produkt-Moment-Korrelationen nach Pearson (*r*); *n* variiert zwischen 79 und 178. ID = Identifikation.
2 In Klammern zum Vergleich Korrelationen mit dem Standard-Einzelitem für politisches Interesse (t_3).
3 Kriterien der um t_2 erweiterten Stichprobe aus t_3 (t_{2+3}); in Klammern Korrelationen im Drei-Wellen-Panel ($t_{2|3}$).
Signifikante Korrelationen sind wie folgt gekennzeichnet: ‡: $p < .001$, †: $p < .01$, ¶: $p < .05$, $^◊$: $p < .10$.

4.4.3 Multiple Regressionsanalysen

Da sich im bivariaten Fall kaum deutliche Hinweise auf Zusammenhänge zwischen kollektiven Identitäten und kognitiver Politisierung ergaben, waren erneut multiple Regressionsanalysen hilfreich, um die Effekte kollektiver Identitäten auf kognitive Politisierung aufzudecken, indem Einflüsse diverser Kontrollvariablen berücksichtigt und gewissermaßen „herausgerechnet" wurden. Die Befunde für die vollständigen Modelle können *Tabelle 14* und *Tabelle 15* entnommen werden.

Es war vor allem der *ergänzende* Beitrag kollektiver Identitäten zu den im Standardmodell politischer Beteiligung formulierten Einflussvariablen von Interesse. Daher wurden in allen Analysen zunächst soziodemografische Kontrollvariablen, Religiosität sowie das in der Vergangenheit realisierte politische Handeln und jeweils das dem Kriterium *nicht* entsprechende Maß kognitiver Politisierung einbezogen (d. h. für politisches Interesse als Kriterium wurde subjektive politische Kompetenz als Prädiktor verwendet, für das Kriterium subjektive politische Kompetenz wurde der Prädiktor politisches Interesse einbezogen). Religiosität wurde beachtet, da diese mit kollektiven Identitäten verwoben sein kann (s. o.; vgl. Foner/Alba 2008; Saroglou/Galand 2004), somit eine Kontrolle auf diese Variable erforderlich schien. Hinsichtlich des vergangenen Verhaltens wurde auf einen zusammengefassten Summenindex zurückgegriffen, welcher sich aus den aufaddierten Einzelitems für konventionelles und unkonventionelles politisches Handeln zusammensetzte, da möglichst wenige Variablen als Prädiktoren verwendet werden sollten, um die Analysen berechenbar zu halten.

Im zweiten Analyseschritt folgten die vier kollektiven Identitäten. Zuletzt wurde das zum Kriterium gehörige, zur Erhebung der Prädiktoren gemessene Pendant als Kontrolle berücksichtigt. Eingefügt wurde also entweder politisches Interesse (gemessen zur Erfassung der Prädiktoren) für Analysen mit politischem Interesse als Kriterium oder subjektive politische Kompetenz (gemessen zur Erfassung der Prädiktoren) für Analysen mit subjektiver Kompetenz als Kriterium (z. B. wurde für politisches Interesse als t_2-Kritierum im ersten Schritt die zu t_1 erhobene subjektive politische Kompetenz, im dritten Schritt politisches Interesse als t_1-Prädiktor eingefügt). Dies entsprach dem jeweils dritten Analyseschritt in den multiplen Regressionsanalysen für die Kriterien behavioraler Politisierung und erlaubte die Feststellung, ob die in den ersten zwei Schritten eingefügten Variablen *Veränderungen* im Kriterium vorhersagten (vgl. Cronbach/Furby 1970; Granger 1969; 1988)[60].

4.4.3.1 Kollektive Identitäten und die Erklärung von politischem Interesse

Analysen für die erweiterte Stichprobe

Für die Analyse mit dem Kriterium der um t_2 erweiterten Stichprobe aus t_3 waren im ersten Modellschritt neben dem (männlichen) Geschlecht ($\beta = .13$, $t_{176} = 2.24$, $p = .026$) beide Politisierungsvariablen statistisch bedeutsam (subjektive politische Kompetenz: $\beta = .52$, $t_{176} = 7.80$, $p < .001$; politisches Handeln: $\beta = .18$, $t_{176} = 2.72$, $p = .007$; Modellanpassung: $F_{9,176} = 14.58$, $p < .001$; $R^2 = .43$, $R^2_{adj} = .40$). Der zweite Modellschritt änderte daran nichts, wobei dieser inklusive der vier kollektiven Identitäten statistisch unbedeutend war ($ps \geq .231$). Im finalen Modell waren lediglich männliches Geschlecht sowie das Ausgangsniveau politischen Interesses zu t_1 von statistischer Bedeutung (*Tabelle 14*). Dieses Muster war ebenfalls im Drei-Wellen-Panel zu finden, abgesehen von der durchgehenden Insignifikanz des Geschlechts ($ps \geq .084$).

---

[60] Streng genommen sollten zudem in umgekehrter Richtung keine signifikanten Effekte der jeweiligen Variable kognitiver Politisierung (nun als Prädiktormaß) für die signifikanten Prädiktoren (nun als Kriterien) existieren, um von Kausalität sprechen zu können (vgl. Granger 1969; 1988). In den Modellen der vorangegangenen Kapitel wurde darauf verzichtet, weil eine wechselseitige Beeinflussung der Politisierungsvariablen plausibel und es daher für die bisherigen Fragestellungen von nachrangiger Bedeutung war, die Kausalrichtung über dieses Verfahren zu prüfen. Für die kollektiven Identitäten wurde jedoch ergänzend geprüft, ob eventuelle Effekte „kausal" auf kognitive Politisierung existierten (im Weiteren „Granger-Test" genannt).

4.4 Der Einfluss kollektiver Identitäten auf kognitive Politisierung

Tabelle 14: Ergebnisse der multiplen Regressionsanalysen für das Kriterium *Politisches Interesse*[1]

	$t_1 \rightarrow t_2$			$t_1 \rightarrow t_3$			$t_2 \rightarrow t_3$			$t_1 \rightarrow t_{2+3}$			$t_1 \rightarrow t_{2|3}$		
	β	t	p	β	t	p	β	t	p	β	t	p	β	t	p
Alter	.04	0.77	.444	.00	0.03	.976	-.05	-0.43	.671	.05	0.84	.404	.01	0.15	.880
Geschlecht (Frau/Mann)	.08	1.48	.141	.14	1.61	.111	.03	0.29	.774	.11	2.17	.032	.15	1.76	.084
Einnahmen	.00	0.05	.962	.05	0.45	.655	.08	0.73	.468	.00	0.06	.956	.03	0.32	.750
Prozentuale Aufenthaltsdauer in Deutschland	.11	1.69	.094	.10	0.96	.338	-.07	-0.73	.468	.09	1.45	.149	.13	1.35	.180
Deutsche Staatsbürgerschaft (nein/ja)	-.07	-1.29	.200	-.11	-1.21	.230	.08	0.82	.418	-.07	-1.37	.172	-.06	-0.68	.496
Subjektive deutsche Sprachkenntnisse	-.01	-0.11	.912	-.02	-0.23	.815	–	–	–	-.02	-0.28	.781	-.06	-0.63	.531
Religiosität	.08	1.28	.201	-.04	-0.36	.720	-.00	-0.00	.997	.05	0.87	.386	.01	0.12	.903
Politisches Handeln (in der Vergangenheit)	.10	1.58	.115	-.01	-0.09	.930	-.15	-1.38	.174	.06	0.99	.325	.13	1.20	.233
Politisches Interesse	.70	9.29	.000	.29	2.17	.033	.33	2.67	.010	.64	8.84	.000	.52	3.98	.000
Subjektive politische Kompetenz	.04	0.51	.609	.37	2.84	.006	.50	4.03	.000	.12	1.71	.090	.20	1.70	.094
Identifikation mit Deutschland	-.17	-2.52	.013	.11	0.98	.329	.05	0.49	.626	-.10	-1.57	.119	-.06	-0.54	.591
Identifikation mit Türken	.06	0.78	.437	-.10	-0.86	.391	.09	0.76	.449	.01	0.16	.872	-.02	-0.20	.840
Separatistische Identifikation	-.12	-1.43	.155	-.08	-0.58	.563	-.16	-1.11	.273	-.11	-1.42	.157	-.11	-0.93	.355
Duale Identifikation	.02	0.34	.733	.04	0.45	.653	-.11	-1.15	.255	.01	0.12	.908	.08	0.90	.370
Freiheitsgrade & Modellgüte[2]	160	.607	.573	74	.517	.426	64	.553	.462	171	.611	.579	64	.626	.544

1 Ergebnisse des dritten Modellschritts. Erläuterungen: $t_1 \rightarrow t_2$: Analysen mit Prädiktoren aus t_1 und t_2-Kriterium; $t_1 \rightarrow t_3$: Analysen mit Prädiktoren aus t_1 und t_3-Kriterium; $t_2 \rightarrow t_3$: Analysen mit Prädiktoren aus t_2 und t_3-Kriterium; $t_1 \rightarrow t_{2+3}$: Analysen mit t_1-Prädiktoren für die um t_2 erweiterte Stichprobe aus t_3; $t_1 \rightarrow t_{2|3}$: Analysen mit t_1-Prädiktoren für Personen, die sowohl an t_2 als auch an t_3 teilnahmen.
2 Angegeben ist zuerst die Anzahl der Freiheitsgrade df, anschließend R^2 sowie in der dritten Spalte das adjustierte R^2_{adj}.

Tabelle 15: Ergebnisse der multiplen Regressionsanalysen für das Kriterium *Subjektive politische Kompetenz*[1]

	$t_1 \to t_2$			$t_1 \to t_3$			$t_2 \to t_3$			$t_1 \to t_{2+3}$			$t_1 \to t_{2|3}$		
	β	t	p	β	t	p	β	t	p	β	t	p	β	t	p
Alter	.09	1.58	.117	.03	0.36	.719	.03	0.28	.780	.07	1.27	.206	.04	0.59	.556
Geschlecht (Frau/Mann)	.16	3.02	.003	.16	1.85	.068	.09	1.00	.322	.16	3.17	.002	.18	2.52	.014
Einnahmen	-.01	-0.15	.885	-.04	-0.44	.660	.02	0.20	.846	-.04	-0.67	.503	-.00	-0.02	.981
Prozentuale Aufenthaltsdauer in Deutschland	.12	1.99	.048	.07	0.66	.510	.01	0.10	.920	.08	1.24	.217	.17	2.17	.034
Deutsche Staatsbürgerschaft (nein/ja)	-.05	-0.96	.341	-.10	-1.20	.233	.01	0.09	.930	-.05	-1.03	.305	-.11	-1.44	.154
Subjektive deutsche Sprachkenntnisse	-.02	-0.44	.658	.10	1.12	.268	–	–	–	.02	0.41	.680	.02	0.29	.772
Religiosität	.09	1.55	.124	.09	0.93	.356	.10	0.98	.330	.12	1.94	.054	.06	0.78	.437
Politisches Handeln (in der Vergangenheit)	.18	3.05	.003	.19	1.82	.074	-.07	-0.74	.462	.17	2.88	.004	.26	2.98	.004
Politisches Interesse	.23	3.21	.002	.17	1.29	.200	.33	2.90	.005	.23	3.18	.002	.21	1.98	.052
Subjektive politische Kompetenz	.47	6.56	.000	.46	3.73	.000	.52	4.63	.000	.49	6.79	.000	.48	4.90	.000
Identifikation mit Deutschland	-.21	-3.29	.001	-.09	-0.80	.427	-.05	-0.48	.631	-.20	-3.19	.002	-.13	-1.40	.167
Identifikation mit Türken	-.04	-0.57	.569	-.08	-0.70	.486	.06	0.52	.606	-.04	-0.59	.558	-.12	-1.36	.180
Separatistische Identifikation	-.18	-2.29	.023	-.17	-1.35	.183	-.19	-1.45	.151	-.19	-2.44	.016	-.15	-1.43	.157
Duale Identifikation	.08	1.57	.119	.05	0.49	.628	-.17	-1.98	.052	.06	1.11	.270	.13	1.65	.095
Freiheitsgrade & Modellgüte[2]	157	.639	.607	74	.565	.483	64	.627	.551	168	.627	.596	64	.746	.690

1 Ergebnisse des dritten Modellschritts. Erläuterungen: $t_1 \to t_2$: Analysen mit Prädiktoren aus t_1 und t_2-Kriterium; $t_1 \to t_3$: Analysen mit Prädiktoren aus t_1 und t_3-Kriterium; $t_2 \to t_3$: Analysen mit Prädiktoren aus t_2 und t_3-Kriterium; $t_1 \to t_{2+3}$: Analysen mit t_1-Prädiktoren für die um t_2 erweiterte Stichprobe aus t_3; $t_1 \to t_{2|3}$: Analysen mit t_1-Prädiktoren für Personen, die sowohl an t_2 als auch an t_3 teilnahmen.
2 Angegeben ist zuerst die Anzahl der Freiheitsgrade df, anschließend R^2 sowie in der dritten Spalte das adjustierte R^2_{adj}.

4.4 Der Einfluss kollektiver Identitäten auf kognitive Politisierung

Getrennte Analysen

Vorhersage des politischen Interesses zu t_2. Im ersten Modellschritt waren ausschließlich die beiden Politisierungsvariablen statistisch bedeutsam (subjektive politische Kompetenz: $\beta = .46$, $t_{165} = 6.42$, $p < .001$; politisches Handeln: $\beta = .23$, $t_{165} = 3.16$, $p = .002$; Modellanpassung: $F_{9,165} = 11.21$, $p < .001$; $R^2 = .38$, $R^2_{adj} = .35$). Keine der im zweiten Schritt eingefügten Variablen war statistisch bedeutsam ($ps \geq .129$), allerdings war unter Kontrolle auf zur ersten Befragung gemessenes politisches Interesse weder das vergangene Verhalten ($\beta = .10$, $t_{160} = 1.58$, $p = .115$) noch subjektive politische Kompetenz ($\beta = .04$, $t_{160} = 0.51$, $p = .609$) ein signifikanter Prädiktor. Stattdessen war im finalen Modell einerseits politisches Interesse aus t_1 ($\beta = .70$, $t_{160} = 9.29$, $p < .001$), andererseits nun auch die Identifikation mit Deutschland ($\beta = -.17$, $t_{160} = -2.52$, $p = .013$; Modellanpassung: $F_{14,160} = 17.65$, $p < .001$; $R^2 = .61$, $R^2_{adj} = .57$) bedeutsame Prädiktoren – wenngleich mit unterschiedlichen Vorzeichen. In der entsprechenden Kontrollanalyse zur Prüfung eines kausalen Zusammenhanges wies politisches Interesse keinen signifikanten Effekt auf die Identifikation mit Deutschland als t_2-Kriterium auf („Granger-Test": $\beta = -.05$, $t_{161} = -0.64$, $p = .523$)[61].

Vorhersage des politischen Interesses zu t_3 (t_1-Prädiktoren). Zur Vorhersage des politischen Interesses zum Zeitpunkt der dritten Befragung war unter Verwendung der t_1-Prädiktoren im ersten Schritt nur subjektive politische Kompetenz ein signifikanter Prädiktor ($\beta = .56$, $t_{79} = 5.44$, $p < .001$; Modellanpassung: $F_{9,79} = 6.77$, $p < .001$; $R^2 = .44$, $R^2_{adj} = .37$). Keine der kollektiven Identitäten war statistisch bedeutsam ($ps \geq .272$). Allerdings verblieb subjektive politische Kompetenz im finalen Modell als signifikanter und positiver Prädiktor ($\beta = .37$, $t_{74} = 2.84$, $p = .006$) neben dem zur ersten Messung erfassten politischen Interesse bestehen ($\beta = .29$, $t_{74} = 2.17$, $p = .033$; Modellanpassung: $F_{14,74} = 5.66$, $p < .001$; $R^2 = .52$, $R^2_{adj} = .43$).

Vorhersage des politischen Interesses zu t_3 (t_2-Prädiktoren). Das soeben beschriebene Muster fand sich ebenfalls unter Verwendung der zur zweiten Befragung gemessenen Prädiktoren (siehe *Tabelle 14*). Kollektive Identitäten waren in allen Modellen insignifikant ($ps \geq .255$).

4.4.3.2 Kollektive Identitäten und die Erklärung subjektiver politischer Kompetenz

Analysen für die erweiterte Stichprobe

Wie in der Analyse für politisches Interesse waren für subjektive politische Kompetenz als Kriterium in der um t_2 erweiterten t_3-Stichprobe im ersten Schritt das Geschlecht ($\beta = .17$, $t_{173} = 2.99$, $p = .003$) sowie die beiden Politisierungsvariablen statistisch bedeutsame Prädiktoren (politisches Interesse: $\beta = .50$, $t_{173} = 7.98$, $p < .001$; politisches Handeln: $\beta = .19$, $t_{173} = 2.96$, $p = .004$; Modellanpassung: $F_{9,173} = 18.69$, $p < .001$; $R^2 = .49$, $R^2_{adj} = .47$). Im zweiten Modell waren zudem die Identifikation mit Deutschland ($\beta = -.19$, $t_{169} = -2.63$, $p = .009$) als auch die separatistische Identifikation ($\beta = -.18$, $t_{169} = -2.07$, $p = .040$) signifikante, negative Prädiktoren (Alter: $\beta = .12$, $t_{169} = 1.98$, $p = .049$; Geschlecht: $\beta = .19$, $t_{169} = 3.32$, $p = .001$; politisches Interesse: $\beta = .53$, $t_{169} = 8.44$, $p < .001$; politisches Handeln: $\beta = .21$, $t_{169} = 3.18$, $p = .002$; Modellanpassung: $F_{13,169} = 14.33$, $p < .001$; $R^2 = .52$, $R^2_{adj} = .49$). Im finalen Modell behielten die beiden Maße kollektiver Identifikation ihre statistische Bedeutung (*Tabelle 15*). Im sogenannten „Granger-Test" (unter Verwendung analog

---

[61] Abweichende Freiheitsgrade für Kontrollanalysen sind variierenden leeren Zellen in den Kriterien geschuldet.

zu den Kriterien kognitiver Politisierung berechneter kollektiver Identifikationen für die erweiterte Stichprobe) zeigte sich, dass es sich offensichtlich um einen kausalen Zusammenhang handelte, da subjektive politische Kompetenz weder die Identifikation mit Deutschland ($\beta = .09$, $t_{171} = 1.51$, $p = .133$) noch die separatistische Identifikation ($\beta = -.06$, $t_{171} = -0.80$, $p = .423$) signifikant beeinflusste. Im Drei-Wellen-Panel hatte allerdings keine der kollektiven Identitäten einen signifikanten Effekt auf subjektive politische Kompetenz.

Getrennte Analysen

Vorhersage der subjektiven politischen Kompetenz zu t_2. Anders als in der Analyse für das Kriterium politisches Interesse fanden sich hinsichtlich subjektiver politischer Kompetenz im ersten Modell gleich fünf signifikante Prädiktoren: Die Befragten fühlten sich zur zweiten Messung politisch umso kompetenter, je älter sie waren ($\beta = .13$, $t_{162} = 2.01$, $p = .047$) und je mehr Zeit ihres Lebens sie anteilig in Deutschland verbracht hatten ($\beta = .16$, $t_{162} = 2.40$, $p = .017$), wenn es sich um Männer handelte ($\beta = .17$, $t_{162} = 2.96$, $p = .004$) und je mehr verschiedene politische Aktivitäten sie vor der ersten Messung ausgeführt hatten ($\beta = .21$, $t_{162} = 3.09$, $p = .002$) bzw. umso interessierter sie zu t_1 an Politik waren ($\beta = .50$, $t_{162} = 7.74$, $p < .001$; Modellanpassung: $F_{9,162} = 18.39$, $p < .001$; $R^2 = .51$, $R^2_{adj} = .48$). Im zweiten Modell waren ergänzend die Identifikation mit Deutschland ($\beta = -.20$, $t_{158} = -2.76$, $p = .007$) sowie eine separatistische Identifikation ($\beta = -.17$, $t_{158} = -1.97$, $p = .050$; $F_{13,158} = 14.26$, $p < .001$; $R^2 = .54$, $R^2_{adj} = .50$) signifikante, negative Prädiktoren. Im finalen Modell verlor allerdings das Alter seine statistische Relevanz ($\beta = .09$, $t_{157} = 1.58$, $p = .117$), wohingegen ergänzend das Kompetenzmaß aus t_1 statistisch bedeutsam war ($\beta = .47$, $t_{157} = 6.56$, $p < .001$). An der statistischen Bedeutung der anderen Variablen änderte sich nichts (Geschlecht: $\beta = .16$, $t_{157} = 3.02$, $p = .003$; prozentuale Aufenthaltsdauer in Deutschland: $\beta = .12$, $t_{157} = 1.99$, $p = .048$; politisches Handeln: $\beta = .18$, $t_{157} = 3.05$, $p = .003$; politisches Interesse: $\beta = .23$, $t_{157} = 3.21$, $p = .002$; Identifikation mit Deutschland: $\beta = -.21$, $t_{157} = -3.29$, $p = .001$; separatistische Identifikation: $\beta = -.18$, $t_{157} = -2.29$, $p = .023$; Modellanpassung: $F_{14,157} = 19.84$, $p < .001$; $R^2 = .64$, $R^2_{adj} = .61$). Wie in Bezug auf politisches Interesse waren die Zusammenhänge zwischen den beiden kollektiven Identitäten und subjektiver politischer Kompetenz als kausal anzusehen, da subjektive politische Kompetenz weder für die Identifikation mit Deutschland ($\beta = -.01$, $t_{161} = -0.12$, $p = .903$) noch für die separatistische Identifikation ($\beta = .10$, $t_{161} = 1.57$, $p = .119$) ein statistisch bedeutsamer Prädiktor war.

Vorhersage der subjektiven politischen Kompetenz zu t_3 (t_1-Prädiktoren). Hinsichtlich der subjektiven politischen Kompetenz zum dritten Messzeitpunkt und den zu t_1 erfassten Prädiktoren war im ersten Schritt neben männlichem Geschlecht ($\beta = .20$, $t_{79} = 2.31$, $p = .024$) politisches Interesse statistisch bedeutsam ($\beta = .46$, $t_{79} = 4.44$, $p < .001$; Modellanpassung: $F_{9,79} = 7.21$, $p < .001$; $R^2 = .45$, $R^2_{adj} = .39$). Im zweiten Modellschritt änderte sich dies nicht, allerdings waren alle kollektiven Identitäten insignifikant ($ps \geq .279$). Wurde schließlich auf die zu t_1 bereits vorhandene subjektive politische Kompetenz kontrolliert, so war ausschließlich diese Variable von statistischer Bedeutung ($\beta = .46$, $t_{74} = 3.73$, $p < .001$; Geschlecht: $\beta = .16$, $t_{74} = 1.85$, $p = .068$; politisches Interesse: $\beta = .17$, $t_{74} = 1.29$, $p = .200$; Modellanpassung: $F_{14,74} = 6.87$, $p < .001$; $R^2 = .57$, $R^2_{adj} = .48$).

Vorhersage der subjektiven politischen Kompetenz zu t_3 (t_2-Prädiktoren). Wurden diese Analysen mit den Prädiktoren der zweiten Messung durchgeführt, war im ersten Schritt politisches Interesse ein signifikanter Prädiktor für subjektive politische Kompetenz ($\beta = .57$, $t_{69} = 4.97$, $p < .001$; Modellanpassung: $F_{8,69} = 6.43$, $p < .001$; $R^2 = .43$, $R^2_{adj} = .36$). Im zweiten Schritt trat eine signifikante duale Identifikation als negativer Prädiktor hinzu ($\beta = -.24$, $t_{65} = -2.40$, $p = .019$; Modellanpassung: $F_{12,65} = 5.46$, $p < .001$; $R^2 = .50$, $R^2_{adj} = .41$), welche jedoch unter Kontrolle auf das t_1-Kompetenzmaß die Fünf-Prozenthürde knapp verfehlte ($\beta = -.17$, $t_{64} = -1.98$, $p = .052$). Im finalen Modell waren nur die Variablen kognitiver Politisierung signifikante Prädiktoren für subjektive politische Kompetenz (politisches Interesse: $\beta = .33$, $t_{64} = 2.90$, $p = .005$; subjektive politische Kompetenz zu t_1: $\beta = .52$, $t_{64} = 4.63$, $p < .001$; Modellanpassung: $F_{13,64} = 8.28$, $p < .001$; $R^2 = .63$, $R^2_{adj} = .55$). Allerdings hatte das Kompetenzmaß in der Kontrollanalyse keinen signifikanten Einfluss auf duale Identifikation aus t_2 ($\beta = -.71$, $t_{64} = -0.48$, $p = .478$).

Erwähnenswert ist allerdings der Befund, dass Identifikation mit Deutschland als auch separatistische Identifikation in zwei Analysen signifikante Prädiktoren waren. Im Gegensatz zur dualen Identifikation wiesen jene zwei Variablen jedoch durchgehend gleichgerichtete, negative Regressionskoeffizienten auf.

4.4.4 Mediator- und Moderatoranalysen

Aufgrund der insgesamt eher schwachen empirischen Evidenz für eine statistische Bedeutung kollektiver Identitäten für kognitive Politisierung – insbesondere für politisches Interesse – wurden in einem vierten Modellschritt potenzielle Mediatoren eingefügt, welche über eine Beschäftigung mit der Fachliteratur als relevant erachtet wurden. Hierbei handelte es sich um die klassischen Mediatoren kollektive Effektivität sowie kollektive Marginalisierung (4.4.4.1) sowie um reales Sozialkapital (4.4.4.2), von welchem plausibel angenommen werden kann, dass dieses mit kollektiven Identitäten interagiert. Um die Anzahl der Prädiktoren nicht zu inflationieren, wurden alle Analysen separat durchgeführt, wobei im vierten Schritt die je Abschnitt betrachteten, potenziellen Mediatoren gleichzeitig eingefügt wurden. Bei signifikanten Koeffizienten wurden für die intervallskalierten Kriterien Mediationshypothesen über das Indirect-Makro von Hayes (Version 4.1 vom 21. Januar 2011) auf Basis von 5000 Bootstrap-Stichproben geprüft. Interaktionsterme der z-standardisierten Variablen wurden in separaten Analysen in einem fünften Schritt berücksichtigt (vgl. Aiken/West 2003; Cohen et al. 2010; Frazier/Tix/Barron 2004)[62]. Verwendet wurde für Moderationsanalysen ausschließlich die um t_2 erweiterte Stichprobe aus t_3, da jene für die anderen, kleineren Stichproben kaum realisierbar respektive methodisch nicht vertretbar waren. Moderierte Regressionen wurden im Fall signifikanter Interaktionsterme mittels Mediansplits durchgeführt, weil bei einer Extremgruppenaufteilung kaum mehr zuverlässige Analysen möglich gewesen wären.

---

[62] Für alle potenziellen Moderatoren wurden pro mutmaßlichen Moderator separate Analysen durchgeführt. In diesen wurde ergänzend zu den bereits beschriebenen Modellen im fünften Schritt für jede der kollektiven Identifikationen ein Interaktionsterm eingefügt, d. h. in Modellschritt fünf folgten je vier Interaktionsterme (das jeweils separate Einfügen jeder einzelnen Interaktion bei viermaliger Testung des fünften Modells wird berichtet, sofern auf dem Fünf-Prozentniveau signifikante, abweichende Resultate erzielt wurden). Für Interaktionsterme sind stets die unstandardisierten Regressionskoeffizienten zu interpretieren und dargestellt; gemäß Allison (1977) ist in diesem letzten Modellschritt lediglich der Blick auf die Interaktionsterme sowie eine potenzielle Zunahme in R^2 relevant, wohingegen Haupteffekte nicht zu interpretieren sind.

4.4.4.1 „Klassische" Mediatoren: Kollektive Effektivität und Marginalisierung

Mediationsanalysen

Politisches Interesse. Zur Erklärung politischen Interesses hatte kollektive Marginalisierung in der erweiterten Stichprobe einen marginal positiven Effekt ($\beta = .10$, $t_{169} = 1.85$, $p = .066$; Modellschritt: $F_{2,169} = 2.01$, $p = .137$; $R^2 = .62$, $R^2_{adj} = .58$). Ebenfalls hatte kollektive Marginalisierung in der Analyse für das t_2-Kriterium einen signifikanten, direkten und positiven Effekt ($\beta = .13$, $t_{158} = 2.34$, $p = .021$; Modellschritt: $F_{2,158} = 3.22$, $p = .042$; $R^2 = .61$, $R^2_{adj} = .57$). Kollektive Effektivität blieb stets ohne statistische Bedeutung ($ps \geq .276$). In allen anderen Analysen war der vierte Modellschritt statistisch unbedeutend ($Fs < 0.65$, $ps \geq .528$).

In der Regression von politischem Interesse zu t_2 war die Identifikation mit Deutschland im vierten Schritt nur noch knapp signifikant ($\beta = -.14$, $t_{158} = -1.97$, $p = .050$; politisches Interesse zu t_1: $\beta = .69$, $t_{158} = 9.15$, $p < .001$). Hierbei handelte es sich zudem um einen über kollektive Marginalisierung mediierten Zusammenhang ($B = -0.05$, $SE = 0.03$, CI [-0.13|-0.01]; Pfad von Identifikation mit Deutschland zu kollektiver Marginalisierung: $B = -0.35$, $SE = 0.10$, $p < .001$). Ebenfalls ließ sich in der um t_2 erweiterten t_3-Stichprobe eine entsprechende Mediationsbeziehung identifizieren ($B = -0.04$, $SE = 0.03$, CI [-0.11|-0.00]; Pfad von Identifikation mit Deutschland zu kollektiver Marginalisierung: $B = -0.33$, $SE = 0.10$, $p < .001$). Mediationen für andere kollektive Identitäten fanden sich nicht.

Subjektive politische Kompetenz. Das gleiche Bild wie für politisches Interesse zeigte sich hinsichtlich der subjektiven politischen Kompetenz: Lediglich unter Verwendung der erweiterten Stichprobe ($\beta = .13$, $t_{166} = 2.34$, $p = .020$; Modellschritt: $F_{2,166} = 2.77$, $p = .065$; $R^2 = .64$, $R^2_{adj} = .60$) sowie von t_1 auf t_2 ($\beta = .14$, $t_{155} = 2.62$, $p < .010$; Modellschritt: $F_{2,155} = 3.46$, $p = .034$; $R^2 = .65$, $R^2_{adj} = .62$) war mit kollektiver Marginalisierung eine der beiden neu eingefügten Variablen von statistischer Relevanz. Kollektive Effektivität wies durchgehend insignifikante Regressionskoeffizienten auf ($ps \geq .212$). In allen anderen Analysen war der vierte Analyseschritt insignifikant ($Fs \leq 1.36$, $ps \geq .262$).

In beiden Analysen wurde erneut Identifikation mit Deutschland über kollektive Marginalisierung mediiert (erweiterte Stichprobe: $B = -0.04$, $SE = 0.02$, CI [-0.10|-0.01]; Pfad von Identifikation mit Deutschland zu kollektiver Marginalisierung: $B = -0.32$, $SE = 0.10$, $p = .001$; t_2-Stichprobe: $B = -0.05$, $SE = 0.03$, CI [-0.12|-0.01]; Pfad von Identifikation mit Deutschland zu kollektiver Marginalisierung: $B = -0.35$, $SE = 0.10$, $p = .001$). Außerdem war bezüglich des t_2-Kriteriums im vierten Modellschritt die prozentual in Deutschland verbrachte Lebensdauer insignifikant ($\beta = .09$, $t_{155} = 1.51$, $p = .133$). Davon abgesehen gab es keinerlei Veränderung – wenngleich der direkte Effekt der Identifikation mit Deutschland weiter bestand (erweiterte Stichprobe: $\beta = -.17$, $t_{166} = -2.55$, $p = .012$; t_2-Stichprobe: $\beta = -.17$, $t_{155} = -2.59$, $p = .011$).

Moderationsanalysen

Im Anschluss an die Mediationsanalysen wurde geprüft, ob möglicherweise moderierte Regressionen vorlagen. Dies wurde mittels multiplikativer Interaktionsterme der z-standardisierten, intervallskalierten Variablen sowie nur für das erweiterte Panel realisiert.

4.4 Der Einfluss kollektiver Identitäten auf kognitive Politisierung

Kollektive Marginalisierung als Moderator?

Im Fall des politischen Interesses ließ sich keine signifikante Interaktion zwischen kollektiven Identitäten und kollektiver Marginalisierung ermitteln ($ps > .296$; Modellschritt: $F_{4,165} = 0.30$, $p = .875$; $R^2 = .62$, $R^2_{adj} = .58$). Für das Kriterium subjektive politische Kompetenz war dagegen die Interaktion mit der Identifikation mit Deutschland von statistischer Relevanz ($B = -.14$, $SE = 0.06$, $p = .024$; verbleibende $ps \geq .480$; Modellschritt: $F_{2,162} = 1.46$, $p = .218$; $R^2 = .65$, $R^2_{adj} = .61$). Im Median-Split[63] war diese kollektive Identität anschließend unter Befragten mit geringem Ausmaß wahrgenommener kollektiver Marginalisierung statistisch unbedeutend ($\beta = -.12$, $t_{75} = -1.36$, $p = .177$; Geschlecht: $\beta = .19$, $t_{75} = 2.57$, $p = .012$; politisches Handeln: $\beta = .20$, $t_{75} = 2.19$, $p = .032$; politisches Interesse: $\beta = .27$, $t_{75} = 2.11$, $p = .038$; subjektive politische Kompetenz zu t_1: $\beta = .39$, $t_{75} = 3.08$, $p = .003$; Modellanpassung: $F_{15,75} = 9.06$, $p < .001$; $R^2 = .64$, $R^2_{adj} = .57$). Für Befragte mit hoher kollektiver Marginalisierung war die Identifikation mit Deutschland hingegen marginal signifikant ($\beta = -.21$, $t_{76} = -1.86$, $p = .066$; politisches Interesse: $\beta = .22$, $t_{76} = 2.10$, $p = .039$; subjektive politische Kompetenz zu t_1: $\beta = .53$, $t_{76} = 5.18$, $p < .001$; Modellanpassung: $F_{15,76} = 7.87$, $p < .001$; $R^2 = .61$, $R^2_{adj} = .53$)[64]. Dies untermauerte gewissermaßen die Mediationsanalysen, wobei angesichts der marginalen Signifikanz im Fall der Moderationsanalysen eher davon auszugehen war, dass kollektive Marginalisierung eher einen Mediator für die Identifikation mit Deutschland darstellte als einen Moderator.

Kollektive Effektivität als Moderator?

Zwar war sowohl für politisches Interesse ($ps \geq .185$: Modellschritt: $F_{4,165} = 1.41$, $p = .232$; $R^2 = .63$, $R^2_{adj} = .59$) als auch hinsichtlich subjektiver politischer Kompetenz ($ps \geq .287$; $F_{4,162} = 1.67$, $p = .160$; $R^2 = .65$, $R^2_{adj} = .61$) zunächst keine Interaktion statistisch bedeutsam. Wurden jedoch separate Analysen realisiert und auf jede Interaktion einzeln geblickt, so wurde die Interaktion für kollektive Effektivität und separatistische Identifikation mit Bezug auf das Kriterium politisches Interesse signifikant ($B = -0.12$, $SE = 0.06$, $p = .045$; Modellschritt: $F_{1,168} = 4.09$, $p = .045$; $R^2 = .63$, $R^2_{adj} = .59$). Im Mediansplit[65] war eine separatistische Identifikation anschließend unter Befragten mit geringer kollektiver Effektivität statistisch unbedeutend ($\beta = -.13$, $t_{70} = -0.98$, $p = .330$; politisches Interesse zu t_1: $\beta = .46$, $t_{70} = 3.89$, $p < .001$; Modellanpassung: $F_{15,70} = 9.49$, $p < .001$; $R^2 = .67$, $R^2_{adj} = .60$). Für Befragte mit hoher kollektiver Effektivität war separatistische Identifikation dagegen ein bedeutsamer Prädiktor ($\beta = -.22$, $t_{84} = -2.00$, $p = .049$; politisches Interesse zu t_1: $\beta = .77$, $t_{84} = 7.64$, $p < .001$; kollektive Marginalisierung: $\beta = .17$, $t_{84} = 2.40$, $p = .019$; Modellanpassung: $F_{15,84} = 10.35$, $p < .001$; $R^2 = .65$, $R^2_{adj} = .59$)[66].

In den separaten Analysen für subjektive politische Kompetenz wurden die Interaktion für kollektive Effektivität und Identifikation mit Deutschland marginal ($B = 0.08$, $SE = 0.05$, $p = .095$; Modellschritt: $F_{1,165} = 2.82$, $p = .095$; $R^2 = .65$, $R^2_{adj} = .61$) sowie erneut mit separatistischer Identifikation vollständig signifikant ($B = -0.11$, $SE = 0.05$, $p = .032$; Modellschritt:

---

[63] Geringe kollektive Marginalisierung lag bei Werten < 2.5, hohe kollektive Marginalisierung bei Werten ≥ 2.5.
[64] In der Kontrollanalyse mit Identifikation mit Deutschland als Kriterium war subjektive politische Kompetenz kein signifikanter Prädiktor ($\beta = -.01$, $t_{76} = -0.07$, $p = .949$).
[65] Geringe kollektive Effektivität lag bei Werten ≤ 2, hohe kollektive Effektivität bei Werten > 2.
[66] In der Kontrollanalyse mit separatistischer Identifikation als Kriterium war politisches Interesse kein signifikanter Prädiktor ($\beta = -.10$, $t_{84} = -1.06$, $p = .294$).

$F_{1,165} = 4.70$, $p = .032$; $R^2 = .65$, $R^2_{adj} = .61$). Im Mediansplit war die Identifikation mit Deutschland unter Befragten mit geringer kollektiver Effektivität ein signifikanter Prädiktor ($\beta = .21$, $t_{68} = 2.26$, $p = .027$), separatistische Identifikation dagegen unbedeutend ($\beta = -.18$, $t_{68} = -1.47$, $p = .147$; Geschlecht: $\beta = .17$, $t_{68} = 2.34$, $p = .023$; Religiosität: $\beta = .19$, $t_{68} = 2.36$, $p = .021$; politisches Handeln: $\beta = .21$, $t_{68} = 2.56$, $p = .013$; subjektive politische Kompetenz zu t_1: $\beta = .57$, $t_{68} = 5.53$, $p < .001$; Modellanpassung: $F_{15,68} = 12.10$, $p < .001$; $R^2 = .73$, $R^2_{adj} = .67$)[67]. Für Befragte mit hoher kollektiver Effektivität war dagegen separatistische Identifikation ($\beta = -.25$, $t_{83} = -2.11$, $p = .038$) und nicht die Identifikation mit Deutschland ($\beta = -.06$, $t_{83} = -0.62$, $p = .541$) ein bedeutsamer Prädiktor (politisches Interesse: $\beta = .28$, $t_{83} = 2.66$, $p = .009$; subjektive politische Kompetenz zu t_1: $\beta = .37$, $t_{83} = 3.39$, $p = .001$; kollektive Marginalisierung: $\beta = .23$, $t_{83} = 3.05$, $p = .003$; Modellanpassung: $F_{15,83} = 8.92$, $p < .001$; $R^2 = .62$, $R^2_{adj} = .55$)[68].

4.4.4.2 Interaktionsanalysen für reales Sozialkapital

Der Einbezug der beiden Variablen für reales Sozialkapital (zwei t_1-Vereinsvariablen: Bekannte in deutschen bzw. Bekannte in türkischen Vereinen) war lediglich in einem Fall statistisch bedeutsam: In der Analyse für das zu t_2 gemessene politische Interesse wies die Variable für in deutschen Vereinen Bekannte einen direkten, negativen Effekt auf ($\beta = -.15$, $t_{156} = -2.55$, $p = .012$; Modellschritt: $F_{2,156} = 3.50$, $p = .033$; $R^2 = .63$, $R^2_{adj} = .59$). Die in türkischen Vereinen vorhandenen Freunde, Verwandten und Bekannten waren dagegen in allen Analysen statistisch irrelevant ($ps \geq .125$), was gleichfalls auf den vierten Modellschritt für alle anderen Analysen mit politischem Interesse als abhängiger Variable zutraf ($Fs \leq 1.40$, $ps \geq .143$). In den Analysen mit subjektiver politischer Kompetenz als Kriterium war der vierte Modellschritt durchgehend statistisch unbedeutend ($Fs \leq 0.08$, $ps \geq .920$), reales Sozialkapital hatte keine Effekte ($ps \geq .764$).

Somit kamen die Vereinsvariablen als Mediatoren kaum infrage und zeigte sich entsprechend weder für politisches Interesse noch für subjektive politische Kompetenz eine statistisch bedeutsame Mediation. Vielmehr waren die Identifikationsvariablen in drei Analysen mit subjektiver politischer Kompetenz als abhängiger Variable bedeutsame Mediatoren für Bekannte in türkischen Vereinen: Die Identifikation mit Deutschland mediierte den Einfluss der Anzahl Bekannter in türkischen Vereinen in der Analyse mit der um t_2 erweiterten Stichprobe aus t_3 ($B = -0.02$, $SE = 0.02$, CI [-0.06|-0.00]; Pfad von Bekannten in türkischen Vereinen zu Identifikation mit Deutschland: $B = 0.12$, $SE = 0.06$, $p = .049$; Effekt der Identifikation mit Deutschland auf subjektive politische Kompetenz: $B = -0.20$, $SE = 0.07$, $p = .003$). Darüber hinaus wurde die benannte Variable über separatistische Identifikation mediiert ($B = -0.02$, $SE = 0.01$, CI [-0.05|-0.00]; Pfad von Bekannten in türkischen Vereinen zu separatistischer Identifikation: $B = 0.15$, $SE = 0.07$, $p = .043$; Effekt separatistischer Identifikation auf subjektive politische Kompetenz: $B = -0.14$, $SE = 0.06$, $p = .016$). Der zuletzt benannte Zusammenhang zeigte sich tendenziell auch bezüglich des t_2-Kriteriums ($B = -0.02$, $SE = 0.01$, CI [-0.05|-0.00]; Pfad von Bekannten in türkischen Vereinen zu separatistischer Identifika-

---

[67] Im „Granger-Test" war subjektive politische Kompetenz kein signifikanter Prädiktor für Identifikation mit Deutschland ($\beta = -.03$, $t_{68} = -0.22$, $p = .825$).

[68] In der Kontrollanalyse mit separatistischer Identifikation als Kriterium war subjektive politische Kompetenz kein signifikanter Prädiktor ($\beta = .07$, $t_{83} = 0.77$, $p = .444$).

tion: $B = 0.13$, $SE = 0.08$, $p = .077$; Effekt separatistischer Identifikation auf subjektive politische Kompetenz: $B = -0.13$, $SE = 0.06$, $p = .031$).

Da es plausibel schien, soziologisches und psychologisches Sozialkapital würden miteinander statistisch interagieren, wurde eine solche Annahme für die um t_2 erweiterte Stichprobe aus t_3 ebenfalls sowie erfolgreich überprüft. Hierbei wurde das Vorgehen zur Berechnung der Interaktionsterme leicht modifiziert: Da die Vereinsvariablen als eigenständige Prädiktoren in den Regressionsanalysen zwar wie quasi-intervallskalierte Variablen behandelt werden konnten, sich aber erstens von den Skalierungen der anderen Moderatorvariablen durch die Ein-Item-Erfassung sowie verbale Kategorienbezeichnungen unterschieden, es zweitens aufgrund der Verteilung in beiden Variablen (je etwa ausgeglichene Anteile von Befragten unterhalb des Medians [einschließlich Median] sowie oberhalb des Medians; Mdn = wenige) gerechtfertigt schien, wurden für die Bildung der Interaktionsterme dichotomisierte Faktoren herangezogen (am Median aufgeteilt analog einer Effektkodierung: −1 für Befragte, die keine oder wenige Angehörige in entsprechenden Vereinen hatten; +1 für Personen, von denen einige, viele oder sehr viele Menschen ihres näheren Umfeldes in entsprechenden Vereinen aktiv waren; vgl. auch Bortz 2005, 483–488)[69], weil die anschließende Testung nicht auf jeder der fünf Kategorien erfolgen sollte und konnte. Die dichotomen Variablen wurden bei der Berechnung der Interaktionsterme anschließend mit den z-standardisierten Identifikationsvariablen multipliziert (beide Schritte – Effektkodierung und z-Standardisierung – trugen je für sich nachweislich zur Reduktion von Multikollinearität bei). Da beide Interaktionsrichtungen je für sich Geltung beanspruchen konnten, wurde bei signifikanten Interaktionstermen stets für beide der an der jeweiligen Interaktion beteiligten Variablen geprüft, ob es sich um einen Moderator handelte[70].

Bekannte in deutschen Vereinen und kollektive Identitäten

Politisches Interesse. Für das Kriterium politisches Interesse war mit der Interaktion aus Identifikation mit Türken und der „deutschen" Vereinsvariablen eine der eingefügten Variablen signifikant ($B = -0.16$, $SE = 0.08$, $p = .038$), alle anderen Interaktionsterme hatten keine statistische Bedeutung ($ps \geq .233$; Modellschritt: $F_{4,163} = 1.67$, $p = .160$; $R^2 = .64$, $R^2_{adj} = .59$). Wurde anschließend zunächst nach der Variablen für kollektive Identifikation mit Türken getrennt, war die Vereinsvariable in der Niedrigbedingung statistisch irrelevant ($\beta = -.04$, $t_{76} = -0.43$, $p = .672$; politisches Interesse zu t_1: $\beta = .61$, $t_{76} = 5.51$, $p < .001$; Modellanpassung: $F_{15,76} = 8.73$, $p < .001$; $R^2 = .63$, $R^2_{adj} = .56$). Bei hoher ethnisch-kultureller Identifikation hatte der Umfang von Bekannten in deutschen Vereinen dagegen einen negativen Effekt auf politisches Interesse ($\beta = -.18$, $t_{76} = -2.28$, $p = .026$; Geschlecht: $\beta = .14$, $t_{76} = 2.03$, $p = .046$; prozentuale Aufenthaltsdauer in Deutschland: $\beta = .18$, $t_{76} = 2.29$, $p = .025$; politi-

---

[69] Alle Analysen wurden ergänzend mit Interaktionstermen aus Identifikationsvariablen und den originalen, fünfstufigen Vereinsvariablen durchgeführt. Die nachfolgend berichteten, (marginal) signifikanten Interaktionen hatten dann zumeist etwas kleinere p-Werte, allerdings wurde in der Analyse für politisches Interesse als Kriterium keine der Interaktionen signifikant ($ps \geq .274$). Weitere erwähnenswerte Unterschiede traten nicht auf.

[70] Für Mediansplits mit kollektiven Identitäten als potenziellen Moderatoren lag geringe Identifikation mit Deutschland bei Werten ≤ 2.6, hohe Identifikation mit Deutschland bei Werten > 2.6; geringe separatistische Identifikation bei Werten ≤ 2.4, hohe separatistische Identifikation bei Werten > 2.4; geringe Identifikation mit Türken sowie geringe duale Identifikation jeweils bei Werten < 2.5, hohe Identifikation mit Türken bzw. hohe duale Identifikation je bei Werten ≥ 2.5.

sches Interesse zu t_1: $\beta = .71$, $t_{76} = 6.94$, $p < .001$; Modellanpassung: $F_{15,76} = 10.27$, $p < .001$; $R^2 = .67$, $R^2_{adj} = .60$)[71]. Bei Aufteilung der Stichprobe anhand der Vereinsvariablen dagegen war die Identifikation mit Türken sowohl in der Niedrig- ($\beta = .12$, $t_{97} = 1.26$, $p = .210$) als auch in der Hochbedingung ($\beta = -.15$, $t_{55} = -1.22$, $p = .229$) statistisch unbedeutend.

Subjektive politische Kompetenz. Für das zweite Kriterium kognitiver Politisierung befanden sich mit der Identifikation mit Türken ($B = -0.23$, $SE = 0.06$, $p < .001$) und der dualen Identifikation ($B = 0.11$, $SE = 0.05$, $p = .031$) zwei statistisch relevante Interaktionen unter den neu eingefügten Variablen, alle anderen Interaktionsterme hatten keine statistische Bedeutung ($ps \geq .265$; Modellschritt: $F_{4,160} = 4.54$, $p = .002$; $R^2 = .66$, $R^2_{adj} = .62$). Somit waren drei Median-Split-Analysen separat durchzuführen.

Ähnlich wie bereits hinsichtlich des politischen Interesses war zunächst unter Befragten mit geringer ethnisch-kultureller Identifikation die Variable Bekannte in deutschen Vereinen statistisch unbedeutend ($\beta = .13$, $t_{74} = 1.41$, $p = .163$; Identifikation mit Deutschland: $\beta = -.27$, $t_{74} = -2.99$, $p = .004$; separatistische Identifikation: $\beta = -.27$, $t_{74} = -2.68$, $p = .009$; subjektive politische Kompetenz zu t_1: $\beta = .55$, $t_{74} = 4.98$, $p < .001$; Modellanpassung: $F_{15,74} = 7.87$, $p < .001$; $R^2 = .62$, $R^2_{adj} = .54$). Dagegen hatte die Vereinsvariable bei hoch mit Türken Identifizierten erneut einen negativen Effekt ($\beta = -.15$, $t_{75} = -2.07$, $p = .042$; Geschlecht: $\beta = .16$, $t_{75} = 2.38$, $p = .020$; prozentuale Aufenthaltsdauer in Deutschland: $\beta = .15$, $t_{75} = 2.04$, $p = .045$; politisches Handeln: $\beta = .20$, $t_{75} = 2.46$, $p = .016$; politisches Interesse: $\beta = .29$, $t_{75} = 3.04$, $p = .003$; subjektive politische Kompetenz zu t_1: $\beta = .47$, $t_{75} = 4.56$, $p < .001$; Modellanpassung: $F_{15,75} = 12.42$, $p < .001$; $R^2 = .71$, $R^2_{adj} = .66$)[72]. Wenn demgegenüber nach geringer versus hoher dualer Identifikation getrennt wurde, war die Vereinsvariable sowohl in der Niedrigbedingung ($\beta = -.09$, $t_{68} = -1.01$, $p = .317$) als auch in der Hochbedingung ($\beta = .12$, $t_{81} = 1.47$, $p = .144$) statistisch unbedeutend.

Die dritte Möglichkeit beinhaltete getrennte Analysen für Personen mit geringer gegenüber Personen mit einer höheren Anzahl von Bekannten, welche in deutschen Vereinen aktiv waren. Hierbei zeigte sich bezüglich der Identifikation mit Türken in der Niedrigbedingung ein marginal signifikanter, positiver Zusammenhang ($\beta = .17$, $t_{96} = 1.92$, $p = .057$), wohingegen eine duale Identifikation irrelevant war ($\beta = -.01$, $t_{96} = -0.13$, $p = .894$; separatistische Identifikation: $\beta = -.29$, $t_{96} = -2.98$, $p = .004$; Identifikation mit Deutschland: $\beta = -.24$, $t_{96} = -2.68$, $p = .009$; Geschlecht: $\beta = .15$, $t_{96} = 2.32$, $p = .023$; Einnahmen: $\beta = -.14$, $t_{96} = -2.00$, $p = .049$; politisches Handeln: $\beta = .22$, $t_{96} = 3.18$, $p = .002$; politisches Interesse: $\beta = .19$, $t_{96} = 2.32$, $p = .023$; subjektive politische Kompetenz zu t_1: $\beta = .59$, $t_{96} = 7.35$, $p < .001$; Modellanpassung: $F_{15,96} = 13.05$, $p < .001$; $R^2 = .67$, $R^2_{adj} = .62$). In der Hochbedingung erlangte die Identifikation mit Türken dagegen negative statistische Bedeutsamkeit ($\beta = -.29$, $t_{53} = -2.31$, $p = .025$). Zudem war unter diesen Befragten eine duale Identifikation ein signifikanter, positiver Prädiktor für das Kompetenzmaß ($\beta = .23$, $t_{53} = 2.42$, $p = .019$; Geschlecht: $\beta = .18$, $t_{53} = 2.23$, $p = .030$; subjektive politische Kompetenz zu t_1: $\beta = .32$, $t_{53} = 2.04$, $p = .047$; Modellanpassung: $F_{15,53} = 8.84$, $p < .001$; $R^2 = .71$, $R^2_{adj} = .36$)[73].

---

[71] Im „Granger-Test" war politisches Interesse in der Hochbedingung für das t_3-Kriterium Bekannte in deutschen Vereinen (zu t_2 nicht gemessen) ein insignifikanter t_1-Prädiktor ($\beta = -.30$, $t_{24} = -1.03$, $p = .314$).

[72] In der Kontrollanalyse mit der Vereinsvariablen (t_3) als Kriterium war das Kompetenzmaß (t_1) in der Hochbedingung kein statistisch bedeutsamer Prädiktor ($\beta = .08$, $t_{24} = 0.29$, $p = .771$).

[73] Allerdings war die Identifikation mit Türken in der Niedrigbedingung kein kausaler Prädiktor für das Kompetenzmaß, denn in der Analyse mit subjektiver politischer Kompetenz (t_1) als Prädiktor für Identifikation mit

4.4 Der Einfluss kollektiver Identitäten auf kognitive Politisierung

Bekannte in türkischen Vereinen und kollektive Identitäten

Politisches Interesse. Bei Betrachtung der Interaktionen zwischen kollektiven Identitäten und der Variablen für Bekannte in türkischen Vereinen war hinsichtlich des Kriteriums politisches Interesse der Interaktionsterm für die Identifikation mit Deutschland statistisch marginal signifikant ($B = 0.12$, $SE = 0.07$, $p = .091$). Alle anderen Interaktionsterme hatten keine statistische Bedeutung ($ps \geq .408$; Modellschritt: $F_{4,163} = 1.89$, $p = .114$; $R^2 = .64$, $R^2_{adj} = .60$). Wenn nach der Identifikationsvariablen gesplittet wurde, so waren Bekannte in türkischen Vereinen bei niedriger kollektiver Identifikation statistisch unbedeutend ($\beta = .01$, $t_{75} = 0.10$, $p = .925$; subjektive politische Kompetenz: $\beta = .25$, $t_{75} = 2.29$, $p = .025$; politisches Interesse zu t_1: $\beta = .55$, $t_{75} = 5.11$, $p < .001$; Modellanpassung: $F_{15,75} = 8.83$, $p < .001$; $R^2 = .64$, $R^2_{adj} = .57$). Bei hoch ausgeprägter Identifikation mit Deutschland hatte die Vereinsvariable dagegen einen positiven Effekt auf politisches Interesse ($\beta = .26$, $t_{77} = 3.22$, $p = .002$; politisches Interesse zu t_1: $\beta = .68$, $t_{77} = 7.36$, $p < .001$; Modellanpassung: $F_{15,77} = 13.36$, $p < .001$; $R^2 = .72$, $R^2_{adj} = .67$)[74]. Bei nach der Vereinsvariablen separierter Betrachtung fand sich in der Niedrigbedingung ein negativer Effekt der Identifikation mit Deutschland auf politisches Interesse ($\beta = -.24$, $t_{75} = -2.35$, $p = .021$; politisches Interesse zu t_1: $\beta = .64$, $t_{75} = 6.25$, $p < .001$; Modellanpassung: $F_{15,75} = 9.61$, $p < .001$; $R^2 = .66$, $R^2_{adj} = .59$). Bei einer größeren Ausprägung in der Vereinsvariablen war die Identifikation mit Deutschland hingegen insignifikant ($\beta = .01$, $t_{77} = 0.50$, $p = .960$; politisches Interesse zu t_1: $\beta = .68$, $t_{77} = 6.17$, $p < .001$; Modellanpassung: $F_{15,77} = 10.44$, $p < .001$; $R^2 = .67$, $R^2_{adj} = .61$)[75].

Subjektive politische Kompetenz. Schließlich wurde hinsichtlich des Kompetenzmaßes die Interaktion aus Vereinsvariable und Identifikation mit Deutschland marginal signifikant ($B = 0.12$, $SE = 0.06$, $p = .062$). Alle anderen Interaktionen waren statistisch unbedeutend ($ps \geq .497$; Modellschritt: $F_{4,160} = 1.21$, $p = .307$; $R^2 = .63$, $R^2_{adj} = .59$). Allerdings war die Vereinsvariable sowohl bei geringer Identifikation mit Deutschland ($\beta = -.07$, $t_{73} = -0.69$, $p = .491$) als auch bei hoher Identifikation mit Deutschland ($\beta = .12$, $t_{76} = 1.53$, $p = .131$) ohne Relevanz für das Kriterium. Wurde dagegen die Vereinsvariable als potenzieller Moderator betrachtet, so war die Identifikation mit Deutschland in der Niedrigbedingung ein signifikanter, negativer Prädiktor für subjektive politische Kompetenz ($\beta = -.35$, $t_{73} = -4.12$, $p < .001$; separatistische Identifikation: $\beta = -.32$, $t_{73} = -2.98$, $p = .004$; Geschlecht: $\beta = .16$, $t_{73} = 2.38$, $p = .020$; Einnahmen: $\beta = -.21$, $t_{73} = -2.65$, $p < .010$; politisches Handeln: $\beta = .25$, $t_{73} = 3.08$, $p = .003$; subjektive politische Kompetenz zu t_1: $\beta = .66$, $t_{73} = 7.75$, $p < .001$; Modellanpassung: $F_{15,73} = 15.30$, $p < .001$; $R^2 = .76$, $R^2_{adj} = .71$). Für Personen mit einer größeren Zahl von Bekannten, welche in türkischen Vereinen aktiv waren, hatte die Identifikation mit Deutschland keinen signifikanten Effekt ($\beta = -.04$, $t_{76} = -0.40$, $p = .692$; deutsche Sprachkenntnisse: $\beta = .22$, $t_{76} = 2.52$, $p = .014$; politisches Interesse: $\beta = .43$, $t_{76} = 3.45$, $p < .001$; Modellanpassung: $F_{15,76} = 7.51$, $p < .001$; $R^2 = .60$, $R^2_{adj} = .52$)[76].

---

[74] Türken (t_{2+3}) fand sich in der Niedrigbedingung ebenfalls ein signifikanter Zusammenhang ($\beta = .21$, $t_{97} = 2.76$, $p = .007$). In der Hochbedingung hatte das Kompetenzmaß dagegen weder für die ethnisch-kulturelle ($\beta = -.11$, $t_{55} = -0.74$, $p = .460$) noch für die duale Identifikation ($\beta = .04$, $t_{55} = 0.23$, $p = .822$) prädiktiven Wert.

[75] Politisches Interesse (t_1) hatte bei hoher Identifikation mit Deutschland keinen statistisch bedeutsamen Effekt auf die zu t_3 gemessene Vereinsvariable ($\beta = -.02$, $t_{30} = -0.12$, $p = .907$).

Dies war ebenfalls ein kausaler Zusammenhang, da es in der Niedrigbedingung keinen signifikanten Effekt des politischen Interesses (t_1) auf Identifikation mit Deutschland (t_{2+3}) gab ($\beta = -.09$, $t_{75} = -0.94$, $p = .352$).

[76] Im „Granger-Test" für die Niedrigbedingung hatte subjektive politische Kompetenz (t_1) außerdem keinen signifikanten Effekt auf Identifikation mit Deutschland (t_{2+3}) ($\beta = -.12$, $t_{75} = -1.23$, $p = .222$).

4.4.4.3 Zusammenschau: Fazit zu den Mediations- und Moderationsanalysen

Zusammenfassend trat kollektive Marginalisierung als Mediator hervor und vermittelte (teilweise) den Einfluss der Identifikation mit Deutschland auf politisches Interesse sowie subjektive politische Kompetenz: Eine Identifikation mit Deutschland hing negativ mit kollektiver Marginalisierung zusammen, welche sich zugleich positiv auf kognitive Politisierung auswirkte. Davon abgesehen wurden keine Mediationsbeziehungen aufgedeckt (vgl. Fußnote 77).

Wenngleich als Mediator relevant, war kollektive Marginalisierung in den Interaktionsanalysen beinahe durchgehend unbedeutend. Kollektive Effektivität dagegen stellte sich als Moderator für politisches Interesse sowie subjektive politische Kompetenz heraus: In der erweiterten Stichprobe hatte eine separatistische Identifikation bei hoch ausgeprägter kollektiver Effektivität einen negativen Effekt auf beide Kriterien, unter Personen mit geringer kollektiver Effektivität wirkte sich eine Identifikation mit Deutschland signifikant negativ auf subjektive politische Kompetenz aus.

Hinsichtlich der Interaktionen aus realem und psychologischem Sozialkapital wurden wechselseitige Interaktionsannahmen geprüft. Unter der Annahme, kollektive Identitäten würden moderiert über reales Sozialkapital, hatte eine Identifikation mit Türken einen negativen, eine duale Identifikation dagegen einen positiven Effekt auf subjektive politische Kompetenz, sofern viele Bekannte in deutschen Vereinen existierten. Bei einer größeren Zahl von in deutschen Vereinen aktiven Bekannten nahm subjektive Kompetenz mit der ethnisch-kulturellen Identifikation zu, obschon dieser Zusammenhang nicht „kausal" war (Fußnote 73). Eine Identifikation mit Deutschland interagierte demgegenüber mit der Anzahl von Bekannten in türkischen Vereinen, da mit zunehmender Identifikation mit Deutschland umso geringeres politisches Interesse als auch abnehmende politische Kompetenz berichtet wurden, wenn die Befragten nur wenige oder keine Personen kannten, die in türkischen Vereinen aktiv waren. Wurde dagegen davon ausgegangen, kollektive Identitäten seien Moderatoren für reales Sozialkapital, fand sich ein negativer Effekt der Anzahl von Bekannten in deutschen Vereinen auf beide Kriterien kognitiver Politisierung, wenn die ethnisch-kulturelle Identifikation mit Türken hoch ausgeprägt war. Schließlich existierte ein positiver Effekt von Bekannten in türkischen Vereinen bei hoher Identifikation mit Deutschland.

Somit fanden sich Belege für die statistische Bedeutung kollektiver Identitäten, welche gleichzeitig mit realem Sozialkapital wechselseitig sowie ergänzend mit kollektiver Marginalisierung und Effektivität zusammenwirkten. Diese Befunde wurden für das erweiterte Panel in einem multivariaten Modell zusammengefasst. Dieses komplexe Modell umfasste alle oben genannten Prädiktorvariablen, wobei lediglich die zuvor als signifikant identifizierten Interaktionsterme einbezogen sowie in der Regression auf kollektive Marginalisierung nur die Prädiktoren der Schritte eins bis drei berücksichtigt wurden[77].

---

[77] Wegen der Vielzahl von Interaktionen wurden robuste Standardfehler (MLR-Schätzer) zur Vermeidung von Multikollinearität eingesetzt, Interaktionsterme (bedingt durch die verwendete Software) über die am Mittelwert zentrierten, intervallskalierten Variablen einbezogen sowie erneut zusätzlich das FIML-Verfahren genutzt. Angegeben sind nur wenigstens marginal signifikante Pfade (Basis: Punktschätzungen; Konfidenzintervalle ergaben gleiche Befunde auf teils höheren Signifikanzniveaus). Die Interaktion aus kollektiver Effektivität und Identifikation mit Deutschland wurde nicht einbezogen ($AIC = 36548$, $ABIC = 36607$), was ebenso für die indirekten Effekte der „türkischen" Vereinsvariablen gilt ($AIC = 36551$, $ABIC = 36638$). Modelle inklusive dieser Interaktionen/Mediationen waren nur eingeschränkt berechenbar und wiesen schlechtere Passungen an die Daten auf (Modell in *Abbildung 6*: $AIC = 35482$, $ABIC = 35541$).

4.4 Der Einfluss kollektiver Identitäten auf kognitive Politisierung

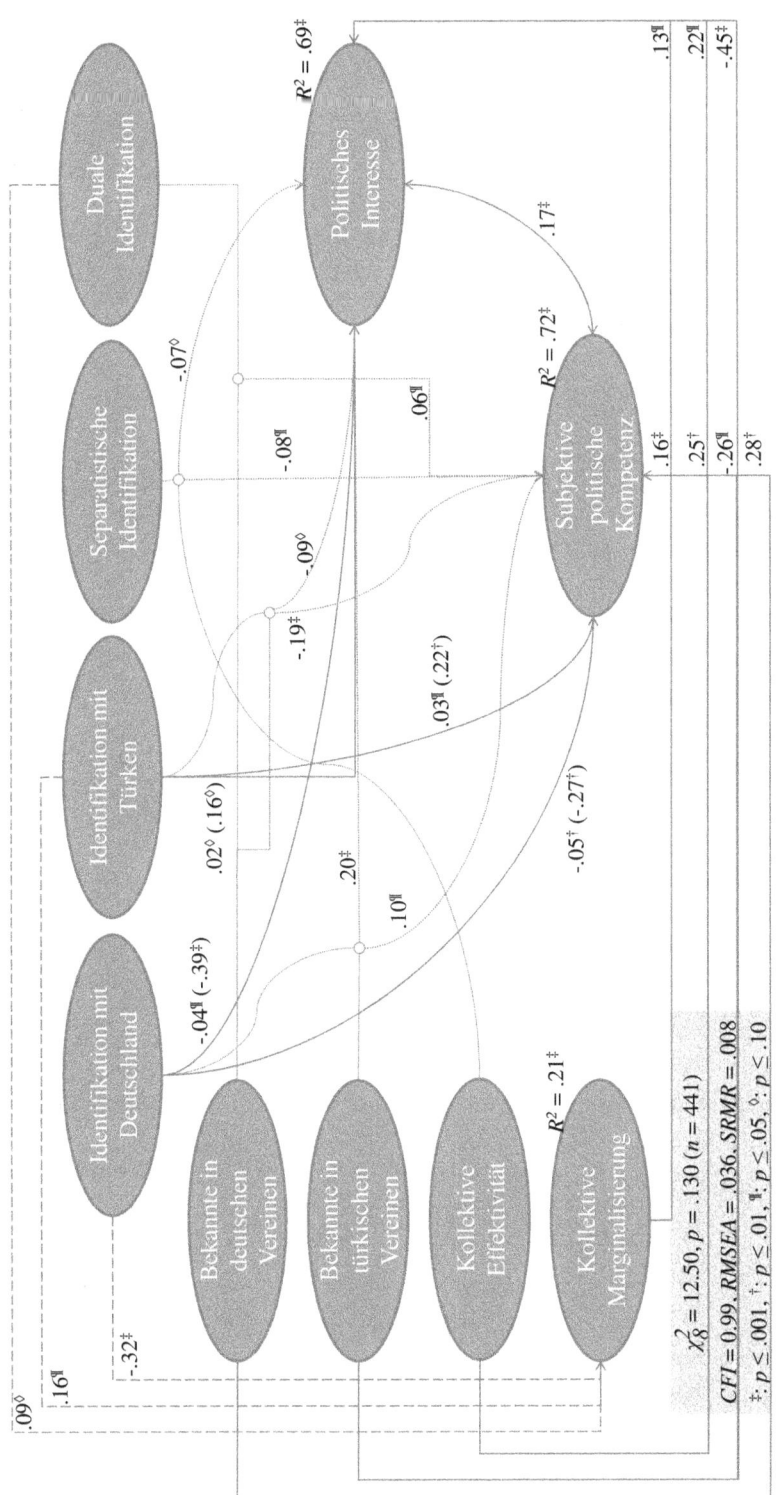

Abbildung 6: Zusammenspiel von psychologischem Sozialkapital mit soziologischem Sozialkapital, kollektiver Marginalisierung sowie kollektiver Effektivität und Effekte auf kognitive Politisierung ($t_1 \to t_{2+3}$). Angegeben sind unstandardisierte Regressionsgewichte (*B*s) und der Anteil der am Kriterium erklärten Varianz (R^2). Weitere Erläuterungen: Gestrichelte Linien für Effekte auf Mediatoren, gepunktete Linien für Interaktionseffekte (Kreis verbindet interagierende Variablen). Durchzogene Pfade für direkte Effekte bzw. für indirekte Effekte über kollektive Marginalisierung (und direkten Effekten in Klammern).

Wie *Abbildung 6* zu entnehmen ist, bestätigte sich in den konfirmierenden Analysen obiges Bild (vgl. ergänzend *Tabelle 40* in Anlage B). Alle Fit-Maße wiesen ein hervorragend auf die Daten passendes Modell aus (vgl. Hu/Bentler 1999). Im Gegensatz zu den oben präsentierten Einzelanalysen fand sich ein direkter (auf politisches Interesse marginaler), positiver Effekt der Identifikation mit Türken auf die Kriterien, welcher ergänzend über kollektive Marginalisierung mediiert wurde. Zudem behielt die Identifikation mit Deutschland neben dem mediierten Effekt auf beide Variablen kognitiver Politisierung einen direkten, negativen Effekt. Die Interaktionen aus separatistischer Identifikation und kollektiver Effektivität sowie aus ethnisch-kultureller Identifikation und „deutscher" Vereinsvariable waren marginal signifikante Prädiktoren für politisches Interesse. Die verbleibenden Interaktionen waren mindestens signifikant, alle Moderatoren und Mediatoren hatten statistisch bedeutsame Effekte auf subjektive politische Kompetenz sowie, außer den in deutschen Vereinen aktiven Bekannten, direkte Effekte auf politisches Interesse. (Da Haupteffekte in Analysen mit Interaktionstermen vorsichtig zu interpretieren sind, sollten diesbezüglich von obigen Befunden abweichende Resultate nicht zu hoch eingestuft werden; vgl. Allison 1977).

Außerdem hingen subjektive politische Kompetenz (t_1) sowie die prozentual in Deutschland verbrachte Lebenszeit bedeutsam positiv mit kollektiver Marginalisierung zusammen ($\alpha \leq .05$). Das subjektive politische Kompetenzmaß wurde von (männlichem) Geschlecht, politischem Interesse und politischem Handeln sowie der zu t_1 gemessenen Kompetenz positiv beeinflusst, der Besitz der deutschen Staatsbürgerschaft hatte einen negativen Effekt. Abgesehen von den dargestellten Pfaden hatte ausschließlich das Ausgangsniveau politischen Interesses zu t_1 einen signifikanten, positiven Effekt auf politisches Interesse.

4.4.5 Exkurs: Kollektive Identitäten und inhaltsspezifische kognitive Politisierung

Im Vergleich zu den allgemeinen Kriterien kognitiver Politisierung war ein leicht anderes Befundmuster für die inhaltsspezifischen Kriterien festzustellen (*Tabelle 16* bzw. *Tabelle 17*): Subjektive politische Kompetenz hinsichtlich Politik und politischer Themen, welche speziell Menschen mit türkischer Migrationsgeschichte betreffen, und die zu t_1 gemessenen kollektiven Identitäten korrelierten, mit Ausnahme einer separatistischen Identifikation, statistisch wenigstens marginal und positiv bedeutsam. Für die t_2-Prädiktoren als auch für das Kriterium politischen Interesses fanden sich allerdings keine signifikanten Korrelationen.

Tabelle 16: Korrelationen der kollektiven Identitäten mit inhaltsspezifischer Politisierung[1]

	Politisches Interesse[2]		*Subjektive politische Kompetenz*[3]	
Prädiktoren(-Messzeitpunkt):	t_1	t_2	t_1	t_2
Identifikation mit Deutschland	.10	.15	.20°	.13
Identifikation mit Türken	.13	.09	.18°	.10
Separatistische Identifikation	-.06	-.04	-.03	.04
Duale Identifikation	.10	.07	.21¶	.16

1 Angegeben sind Produkt-Moment-Korrelationen nach Pearson (*n* variiert zwischen 79 und 90).
2 Interesse an Politik, die speziell Menschen mit türkischer Migrationsgeschichte betrifft. (t_3)
3 Subjektive Kompetenz bzgl. Politik, die speziell Menschen mit türkischer Migrationsgeschichte betrifft. (t_3)
Signifikante Korrelationen sind wie folgt gekennzeichnet: ‡: $p < .001$, †: $p < .01$, ¶: $p < .05$, °: $p < .10$.

4.4 Der Einfluss kollektiver Identitäten auf kognitive Politisierung

Tabelle 17: Ergebnisse der multiplen Regressionsanalysen für die Kriterien inhaltsspezifischer kognitiver Politisierung[1]

	Politisches Interesse								Subjektive politische Kompetenz							
	$t_1 \rightarrow t_{3M}$				$t_2 \rightarrow t_{3M}$				$t_1 \rightarrow t_{3M}$				$t_2 \rightarrow t_{3M}$			
	β	t	p		β	t	p		β	t	p		β	t	p	
Alter	.01	0.04	.968		-.07	-0.51	.609		-.00	-0.02	.981		-.07	-0.60	.548	
Geschlecht (Frau/Mann)	-.05	-0.39	.697		-.10	-0.79	.431		-.06	-0.58	.566		-.18	-1.70	.094	
Einnahmen	.03	0.23	.817		.04	0.32	.752		.08	0.64	.522		.11	0.87	.389	
Prozentuale Aufenthaltsdauer in Deutschland	.22	1.58	.119		.19	1.52	.134		.14	1.18	.240		.06	0.52	.607	
Deutsche Staatsbürgerschaft (nein/ja)	-.02	-0.15	.883		.05	0.41	.683		-.24	-2.32	.023		-.11	-1.08	.283	
Subjektive deutsche Sprachkenntnisse	-.03	-0.25	.800		—	—	—		.01	0.14	.893		—	—	—	
Religiosität	.08	0.57	.569		.11	0.80	.425		.16	1.36	.177		.16	1.28	.207	
Politisches Handeln (in der Vergangenheit)	.02	0.11	.916		-.12	-0.84	.403		.22	1.73	.087		-.10	-0.85	.396	
Politisches Interesse	.05	0.27	.791		.47	2.93	.005		.13	0.86	.392		.37	2.59	.012	
Subjektive politische Kompetenz	.20	1.13	.264		.04	0.27	.788		.22	1.50	.138		.36	2.55	.013	
Identifikation mit Deutschland	-.07	-0.42	.673		.10	0.75	.456		.03	0.20	.846		.09	0.73	.468	
Identifikation mit Türken	.10	0.62	.535		.10	0.68	.500		.12	0.87	.387		.14	1.06	.292	
Separatistische Identifikation	-.11	-0.60	.549		-.02	-0.08	.934		-.04	-0.25	.806		.03	0.15	.848	
Duale Identifikation	.09	0.69	.491		-.05	-0.39	.700		.17	1.53	.130		.05	0.47	.642	
Freiheitsgrade & Modellgüte[2]	74	.144	-.018		64	.272	.124		74	.376	.258		64	.427	.310	

[1] Ergebnisse des dritten Modellschritts. Erläuterungen: $t_1 \rightarrow t_{3M}$: Analysen mit Prädiktoren aus t_1 und inhaltsspezifischem t_3-Kriterium (Politik, die speziell Menschen mit türkischer Migrationsgeschichte betrifft); $t_2 \rightarrow t_{3M}$: Analysen mit Prädiktoren aus t_2 und inhaltsspezifischem t_3-Kriterium (Politik, die speziell Menschen mit türkischer Migrationsgeschichte betrifft).
[2] Angegeben ist zuerst die Anzahl der Freiheitsgrade df, anschließend R^2 sowie in der dritten Spalte das adjustierte R^2_{adj}.

4.4.5.1 Multiple Regressionsanalysen für inhaltsspezifisches Interesse an Politik

Im ersten (insignifikanten) Modellschritt der multiplen Regressionsanalyse für die t_1-Prädiktoren war lediglich die prozentual in Deutschland verbrachte Aufenthaltsdauer statistisch bedeutsam ($\beta = .27$, $t_{79} = 2.10$, $p = .039$; Modellanpassung: $F_{9,79} = 1.27$, $p = .269$; $R^2 = .13$, $R^2_{adj} = .03$); im zweiten sowie dritten Modell war keine Variable mehr von statistischer Bedeutung, was auch auf die kollektiven Identitäten zutraf ($ps \geq .481$; Tabelle 17). Unter Verwendung der t_2-Prädiktoren besaß im ersten Modell keine Variable signifikant (Modellanpassung: $F_{8,69} = 1.61$, $p = .139$; $R^2 = .16$, $R^2_{adj} = .06$), allerdings erlangte subjektive politische Kompetenz im zweiten Modellschritt zwischenzeitlich einen signifikanten Koeffizienten ($\beta = .29$, $t_{65} = 2.03$, $p = .046$; Modellanpassung: $F_{12,65} = 1.15$, $p = .341$; $R^2 = .18$, $R^2_{adj} = .02$). Im finalen Modell war ausschließlich das zur zweiten Befragung gemessene politische Interesse von statistischer Relevanz. Erneut hatte keine kollektive Identität statistische Bedeutung ($ps \geq .409$; Tabelle 17).

4.4.5.2 Multiple Regressionsanalysen für inhaltsspezifische politische Kompetenz

Hinsichtlich der subjektiven Kompetenz bezüglich Politik und politischer Themen, welche speziell Menschen mit türkischer Migrationsgeschichte betreffen, und den t_1-Prädiktoren wies im ersten Analyseschritt der Besitz der deutschen Staatsbürgerschaft einen signifikanten, negativen Regressionskoeffizienten auf ($\beta = -.24$, $t_{79} = -2.41$, $p = .018$). Dagegen waren die Befragten hinsichtlich des gruppenspezifischen Kompetenzmaßes subjektiv umso kompetenter, je größer ihr politisches Interesse zur ersten Befragung war ($\beta = .32$, $t_{79} = 2.83$, $p = .006$). Religiosität ($\beta = .22$, $t_{79} = 2.21$, $p = .030$) sowie die prozentual in Deutschland verbrachte Lebenszeit waren ausschließlich im ersten Schritt (tendenziell) positive Prädiktoren ($\beta = .22$, $t_{79} = 1.99$, $p = .050$; Modellanpassung: $F_{9,79} = 4.23$, $p < .001$; $R^2 = .33$, $R^2_{adj} = .25$). Weder im zweiten, noch im dritten Modell waren kollektive Identitäten statistisch bedeutsam ($ps \geq .130$). Allerdings war im finalen Modell nur ein negativer Effekt der deutschen Staatsbürgerschaft festzustellen (Tabelle 17).

Bei Verwendung der t_2-Prädiktoren waren im ersten Schritt Religiosität ($\beta = .22$, $t_{69} = 2.20$, $p = .031$) sowie politisches Interesse ($\beta = .54$, $t_{69} = 4.50$, $p < .001$; Modellanpassung: $F_{8,69} = 4.67$, $p < .001$; $R^2 = .35$, $R^2_{adj} = .28$) signifikante und positive Prädiktoren. Unter Einbezug der kollektiven Identitäten verlor Religiosität an Signifikanz ($\beta = .16$, $t_{65} = 1.21$, $p = .230$; Modellanpassung: $F_{12,65} = 3.16$, $p = .001$; $R^2 = .37$, $R^2_{adj} = .25$), während keine der kollektiven Identitäten im zweiten oder dritten Schritt ein signifikanter Prädiktor war ($ps \geq .292$). Im finalen Modell hatten ausschließlich die Variablen kognitiver Politisierung selbst statistische Bedeutung für subjektive Kompetenz bezüglich Politik, welche Menschen mit türkischer Migrationsgeschichte betrifft (Tabelle 17).

4.4.5.3 Mediations- und Moderationsanalysen

Bedeutsame Koeffizienten für die oben berücksichtigten Moderator- und Mediatorvariablen waren in keiner Analyse zu ermitteln, der vierte Modellschritt war stets insignifikant ($Fs < 1.40$, $ps \geq .253$). Moderationsanalysen schienen aufgrund der sehr kleinen Stichproben nicht zuverlässig umsetzbar – für die inhaltsspezifischen Kriterien war keine erweiterte

Stichprobe verfügbar, sodass gerade bei Teilung der Stichprobe statistische Verfahren kaum zu vertreten gewesen wären – und werden daher ebenfalls nicht berichtet.

4.4.6 Zusammenfassung und Zwischenfazit

Es konnte in diesem Kapitel aufgezeigt werden, welchen Beitrag kollektive Identitäten zur Erklärung kognitiver Politisierung leisten; sofern dabei signifikante Zusammenhänge aufgedeckt wurden, handelte es sich zumeist um kausale Effekte mit kognitiver Politisierung als Folge des sozialen Kapitals. Dabei wurde zunächst deutlich, dass lediglich die (negativen) bivariaten Zusammenhänge zwischen separatistischer Identifikation und subjektiver politischer Kompetenz auch in multiplen Regressionsanalysen Bestand hatten, jedoch – vermutlich aufgrund der kleineren Analysestichproben – nur in der Analyse für das zu t_2 erhobene Kompetenzmaß auf signifikantem Niveau[78]. Anschließend realisierte Mediations- und Moderationsanalysen führten zu einem abschließenden, multivariaten Modell, welches die Pfade zu kognitiver Politisierung zusammenfasste. Aufgezeigt wurde dabei die direkte, *negative Bedeutung einer Identifikation mit Deutschland* für kognitive Politisierung, welche *ergänzend über kollektive Marginalisierung mediiert* wurde: Je mehr sich die Befragten mit Deutschland identifizierten, desto weniger waren sie kognitiv politisiert; und umso geringer war die wahrgenommene Benachteiligung von Türken in Deutschland sowie die Verärgerung darüber, was ebenfalls depolitisierend wirkte. Direkte oder mediierte Effekte anderer kollektiver Identifikationen konnten über alle Analysen hinweg zwar nicht einheitlich bestimmt werden, doch hatte die ethnisch-kulturelle Identifikation im multivariaten Modell positive Effekte auf kognitive Politisierung. (Haupt-)Effekte auf inhaltsspezifische kognitive Politisierung konnten für keine der kollektiven Identitäten ermittelt werden.

Der direkte, negative Effekt der Identifikation mit Deutschland entspricht nicht jener Forschung (z. B. Huddy/Khatib 2007), welche davon ausgeht, eine Identifikation mit der Majorität sei politisierend oder handlungsaktivierend. Bedenkt man dagegen in sozialpsychologischer Manier, dass es sich bei den hier Befragten um Menschen mit Migrationsgeschichte handelt, deren Eigengruppe eine (große) Minderheit darstellt, so kann an Forschungen zu sozialen Bewegungen angeknüpft werden. Der im multivariaten Modell vorhandene, positive Effekt der ethnisch-kulturellen Identifikation auf subjektive politische Kompetenz sowie tendenziell auf politisches Interesse ist demnach eine Ergänzung zu bestehenden Befunden. Möglicherweise verfolgen Studierende mit türkischer Migrationsgeschichte eine individualisierte Zukunftsstrategie, und je mehr sie sich mit Deutschland identifizieren, sich in Deutschland wohlfühlen und keine Benachteiligung des eigenen Kollektivs wahrnehmen, umso weniger Grund besteht, sich für politische und gesellschaftliche Vorgänge näher zu interessieren oder sich darüber zu informieren. Dies zieht ein geringeres Kompetenzempfinden nach sich,

---

[78] Zwar gab es keine Hinweise auf schwerwiegende Multikollinearität, dennoch wurden die tabellarisch ausgewiesenen Regressionsanalysen für die finalen Modelle unter Verwendung robuster Standardfehler (MLR-Schätzer) in Mplus wiederholt (was bei kleinen Stichproben oder schiefen Verteilungen zudem zuverlässigere Analysen ermöglicht). Dabei wurde in den Analysen von t_1 auf t_3 ($\beta = -.17$, $t_{74} = -1.78$, $p = .075$), von t_2 auf t_3 ($\beta = -.19$, $t_{64} = -1.78$, $p = .071$) als auch im Drei-Wellen-Panel ($\beta = -.15$, $t_{64} = -1.69$, $p = .091$) die separatistische Identifikation ein marginal signifikanter, negativer Prädiktor für subjektive politische Kompetenz und duale Identifikation im Drei-Wellen-Panel ein signifikanter, positiver Prädiktor für das Kompetenzmaß ($\beta = .13$, $t_{64} = 1.97$, $p = .049$). Für alle anderen kollektiven Identitäten waren die Befunde insgesamt unverändert.

wie auch die Wechselwirkung von politischem Interesse und subjektiver politischer Kompetenz nahelegt (vgl. zahlreiche Analysen in diesem Kapitel). Festgehalten werden kann zunächst also, dass eine inklusivere Identität nicht per se politisierend wirkt, sondern bei Zugehörigkeit zu einer Minderheit einen negativen Einfluss auf kognitive Politisierung haben kann. Die Relevanz wahrgenommener Benachteiligung der Eigengruppe mediiert den Effekt der Identifikation mit der eigenen Gruppe, sodass beide in Kombination politisierend wirken.

Interaktionsanalysen mit jenen Variablen, welche in der Fachliteratur als relevante Mediatoren und Moderatoren betrachtet werden (z. B. van Stekelenburg/Klandermans 2010), zeigten darüber hinaus weitere Relevanz aller kollektiven Identitäten, welche kognitive Politisierung offensichtlich nicht (nur) direkt beeinflussten, sondern auf spezifische Weise mit anderen Variablen zusammenwirkten. Separatistische Identifikation war etwa nur *bei hoher kollektiver Effektivität ein negativer Prädiktor* für beide Maße kognitiver Politisierung. Gerade dann, wenn es subjektiv besonders wahrscheinlich wirkt, im eigenen Kollektiv in Deutschland etwas erreichen zu können, bewirkt eine separatistische Identifikation folglich kognitive Depolitisierung. Wenngleich kollektive Effektivität selbst im multivariaten Modell politisierend wirkte, so hat diese Wirkung offenbar nicht uneingeschränkt Bestand: Geht wahrgenommene kollektive Effektivität mit einer abgrenzenden, separatistischen Identifikation einher, so kann Letztgenannte den positiven Effekt konterkarieren.

Da eine separatistische Identifikation mit einer Strategie der gesellschaftlichen Abgrenzung von der Mehrheits- oder „Aufnahmegesellschaft" einhergeht (vgl. dazu Berry 2001; Esser 1999), könnte dies auch bedeuten, dass klassisches Interesse an Politik sowie eine generelle politische Kompetenz zwar reduziert werden. Zugleich bleibt jedoch das Interesse am eigenen Kollektiv bestehen und grenzen sich Individuen insofern ab, als sie die Ansicht vertreten, man brauche „die" Politik nicht, weil sich die eigenen Interessenvertreter erfolgreich um das Fortkommen der eigenen Gruppe kümmerten. Eine derartige Kombination könnte mit einer besonderen Geringschätzung des und einem Desinteresse am übergeordneten gesellschaftlichen Kontext verbunden sein, frei nach dem Motto: Was kümmert mich, was *ihr* macht und ob ich zur Beteiligung fähig bin, wenn *wir* uns doch um uns selbst kümmern können. Da separatistische Identifikation in einigen Analysen auch (tendenziell signifikante) direkte und negative Effekte auf kognitive Politisierung hatte (siehe auch Fußnote 78), ist diese Form kollektiver Identifikation als besonders nachteilig anzusehen.

Abgesehen von einer separatistischen Identifikation interagierten alle kollektiven Identitäten mit realem Sozialkapital. Die „türkische" Vereinsvariable moderierte die Rolle einer Identifikation mit Deutschland: Die Befragten berichteten über ein umso *stärkeres Ausmaß an kognitiver Politisierung bei abnehmender Identifikation mit Deutschland, wenn sie wenige oder keine Menschen kannten, die sich in türkischen Vereinen* engagierten. Umgekehrt moderierte die Identifikation mit Deutschland den Einfluss der „türkischen" Vereinsvariablen und war bei *hoher Identifikation mit Deutschland eine zunehmende Zahl von Kontakten zu Mitgliedern türkischer Vereine günstig für politisches Interesse*. Eine ethnisch-kulturelle Identifikation moderierte zudem den Effekt der „deutschen" Vereinsvariablen auf beide Kriterien kognitiver Politisierung: *Je weniger in deutschen Vereinen aktive Menschen man kannte, umso stärker war die kognitive Politisierung bei einer hoch ausgeprägten Identifikation mit Türken*. Im Fall subjektiver politischer Kompetenz trat zudem die Variable Bekannte in deutschen Vereinen als Moderator hinzu: Kannte man eine *größere Zahl von in deutschen Vereinen engagierten Personen, so wurde ein umso größeres Ausmaß subjektiver Kompetenz berichtet, je weniger man sich ethnisch-kulturell mit Türken respektive je mehr man sich dual*

4.4 Der Einfluss kollektiver Identitäten auf kognitive Politisierung

identifizierte. Bei einer geringen Zahl von Kontakten zu Mitgliedern deutscher Vereine hatte eine Identifikation mit Türken dagegen einen positiven Einfluss auf die subjektive Kompetenz, doch war dieser Zusammenhang zwischen Kriterium und Prädiktor wechselseitig – die Kausalrichtung konnte also nicht eindeutig ermittelt werden (Fußnote 73).

Interessant ist gewiss, dass eine kollektive Identifikation nur in zwei Fällen als Moderator für reales Sozialkapital auftrat und vorhandene Ressourcen in Form von Bekannten in deutschen Vereinen bei hoher Identifikation mit Türken einen negativen Effekt hatten. Sich mit der Eigengruppe zu identifizieren, zugleich aber eingebunden zu sein in Strukturen der Mehrheitsgesellschaft, könnte insofern ein Gefühl von individueller Integration mit sich bringen oder für den eigenen Erfolg in Deutschland als ausreichend angesehen werden, wodurch kein Interesse am politischen Geschehen vonnöten erscheint. Demgegenüber wird solches Interesse dann geweckt, wenn man sich in die Mehrheitsgesellschaft eingebunden fühlt und den Kontakt zur Eigengruppe beibehält. Je mehr man subjektiv integriert ist und das Gefühl hat, dazuzugehören, umso mehr Konflikte entstehen womöglich durch Kontakte zu Menschen mit türkischer Migrationsgeschichte, welche in gesellschaftlichen Vereinen die Benachteiligung der Eigengruppe sowie die Integrationsthematik problematisieren.

Zu dieser Interpretation passt der negative Effekt der Identifikation mit Türken auf subjektive politische Kompetenz unter der Bedingung, eine größere Zahl von Menschen zu kennen, die in deutschen Vereinen aktiv sind. Kontakte zur Mehrheitsgesellschaft zu unterhalten und sich zugleich mit der eigenen Minorität zu identifizieren, ergibt nicht das Gefühl, politisch kompetent zu sein. Im Gegenteil: Je geringer zugleich die ethnisch-kulturelle Identifikation, umso kompetenter fühlt man sich, umso mehr hat man das Gefühl, im gesamtgesellschaftlichen Kontext politischen Durchblick zu behalten und kompetent handeln zu können. Der Mehrheit anzugehören, sich aber ebenfalls mit der eigenen Minderheit zu identifizieren, lässt das reale politische Geschehen unter Umständen als komplex, kompliziert und unverständlich erscheinen. Die eigene Einschätzung subjektiver Kompetenz könnte in solchen Fällen auch einfach nur eine realistischere Abbildung der tatsächlich vorhanden politischen Kompetenz darstellen, weil man durch den Kontakt zu „dem Anderen" bei gleichzeitigem Wissen über das Eigene (z. B. Sorgen, Nöte und Bedürfnisse der Eigengruppe, ihre Gefühle in Deutschland) die ursprüngliche Überschätzung eigener politischer Kompetenz (vgl. Fischer 1997; Westle 2006) korrigiert und merkt, wie viel man wirklich zu durchschauen vermag. Andererseits wird ein generelles Interesse an Politik durch den Kontakt zum eigenen Kollektiv bei gleichzeitiger Identifikation mit „dem Anderen" gesteigert, weil dadurch unter Umständen Probleme und Schwierigkeiten der eigenen Minderheit besonders präsent sind und gegebenenfalls häufiger über (Integrations-)Politik gesprochen wird.

Noch in weiteren Analysen war reales Sozialkapital von entscheidender Bedeutung, wenn es darum ging, den politisierenden Effekt psychologischen Sozialkapitals zu aktivieren. Bei geringen Netzwerkressourcen bezüglich türkischer Vereine hatte die Identifikation mit Deutschland einen negativen Effekt auf die Kriterien. Wenn man also (nach eigener Angabe) nur in begrenztem Umfang auf türkische Vereinsressourcen zurückgreifen konnte, so war es gerade nicht von Vorteil, sich mit der Mehrheitsgesellschaft zu identifizieren. Vielmehr führte eine abnehmende Identifikation mit Deutschland bei einem kleinen, eigenethnischen Netzwerk zur Zunahme kognitiver Politisierung. Nicht in die Strukturen der eigenen Gruppe eingebunden zu sein, sich aber auch nicht mit der Mehrheitsgesellschaft zu identifizieren, weckt also Neugier an Politik und fördert den Erwerb politischer Kompetenzen, zumindest was die subjektive Einschätzung eigener politischer Kenntnisse und politischer Handlungsfähigkeit betrifft. Möglicherweise wird unter diesen Voraussetzungen Politik zu einer „Ersatzidentität"; man befindet sich auf der Suche nach Zugehörigkeit, die in Eigen- und Fremdgruppe bisher nicht gefunden wurde, man bleibt neugierig, um nicht „abgehängt" zu werden, weil man in solch einem Fall auf keinerlei Ressourcen zurückgreifen könnte.

Der positive Effekt dualer Identifikation auf subjektive politische Kompetenz bei größerem sozialen Netz bezüglich deutscher Vereine scheint dagegen intuitiv plausibel: Wenn man als Mitglied der türkischen Minderheit in Deutschland zugleich auf ein respektables Netz von Beziehungen zurückgreifen kann, die in deutsche Vereine eingebunden sind, insofern man also bereits mehr oder minder „objektiv dual" ist, dann wirkt eine duale Identifikation positiv. Je mehr unter diesen Voraussetzungen eine Zugehörigkeit zu beiden – Türken und Deutschland – empfunden wird, umso stärker ist die wahrgenommene politische Kompetenz. Subjektiv angekommen zu sein, reduziert in diesem Fall offensichtlich die wahrgenommene Distanz und Komplexität von Politik, womöglich spielt eine größere Vertrautheit mit beiden Kulturen eine Rolle. Man hat möglicherweise das Gefühl, sich durch die (mindestens indirekte) Eingebundenheit in deutsche Vereinsnetze politisch auszukennen, das politische Geschehen zu verstehen: Warum sollte man, als Mensch mit türkischer Migrationsgeschichte in Deutschland, nicht in der Lage sein, sich politisch zu beteiligen oder es sich nicht zutrauen, wenn man doch Erfahrungen in beiden Sphären hat und sich beiden Gruppen verbunden fühlt? Diese Kombination, welche man mutig „doppeltes Sozialkapital" bezeichnen könnte, wirkt also in der Tat und ganz im Sinne des Sozialkapitalansatzes (kognitiv) politisierend.

Damit werden ebenfalls Studien zu dualer Identifikation als Ausdruck einer politisierten kollektiven Identität ergänzt und bedingt untermauert (z. B. Simon/Ruhs 2008; Simon/Grabow 2010), denn einerseits wurde einer dualen Identifikation ergänzend zu ihrem Handlungspotenzial auch eine kognitiv politisierende Wirkung (für subjektive politische Kompetenz) bestätigt (vgl. auch Fußnote 78). Weil subjektive Kompetenz stärkere Relevanz für konventionelle politische Aktivitäten hat, ist eine duale Identifikation somit nicht nur direkter Ausdruck der psychologischen Eingebundenheit in die Gesamtgesellschaft, sondern fördert indirekt eher normative Politisierung. Dennoch stellt, durch den Pfad subjektiver politischer Kompetenz über politisches Interesse, auch Radikalisierung eine mögliche Alternative dar, welche unter Umständen bei wahrgenommener Inkompatibilität der beiden Facetten dualer Identität zustande kommt (siehe auch Simon/Reichert/Grabow, under review). Andererseits scheint diese Wirkung nicht durch die im Modell von Simon und Klandermans (2001) postulierten Variablen zustande zu kommen, sondern es ist reales Sozialkapital vonnöten und hierbei gewissermaßen eine doppelförmige Dualität. Ob sich diese Bedeutung realen Sozialkapitals auch für politisches Handeln zeigt oder ob es sich um einen für subjektive politische Kompetenz spezifischen Zusammenhang handelt, ist eine offene Frage.

Es dürfte letztlich deutlich geworden sein, dass sozialpsychologische Identitätsforschung einen ergänzenden Beitrag leistet zur Erklärung kognitiver Politisierung. Zwar können Befunde für kollektive Identitäten als Prädiktoren behavioraler Politisierung und sozialer Bewegungsbeteiligung nicht in gleicher Weise auf kognitive Politisierung übertragen werden. Dennoch konnte die existierende Forschung um bedeutsame Erkenntnisse bereichert werden. Insbesondere stellen soziologische Sozialkapitalansätze offenkundig keinen Gegensatz zur sozialpsychologischen Forschung dar, vielmehr sind kollektive Identitäten eine Ergänzung zu klassischen Sozialkapitalansätzen: Beide Arten sozialen Kapitals *müssen* zusammenwirken, um kognitive Politisierung zu bewirken. Isoliert betrachtet sind soziale Kapitalien unbedeutsam, wie die Einzelanalysen zeigen konnten. Im Migrationskontext ist aber auch wichtig, dass sich diese beiden Kapitalarten jeweils einander nicht entsprechen, sondern in komplementärer Weise zusammenwirken, um kognitive Politisierung (positiv oder negativ) zu beeinflussen.

4.5 Vergleichende Analysen für Studierende ohne Migrationsgeschichte

4.5.1 Zielstellung

Zu Vergleichszwecken wurden die oben dargestellten statistischen Analysen weitgehend parallel für Studierende ohne Migrationsgeschichte reproduziert, um ermitteln zu können, ob die obigen Befunde spezifisch für die migrantische Gruppe sind, oder ob die Resultate als allgemeinere Prozesse auftraten und sich generalisieren lassen. In multiplen Regressionsanalysen wurde allerdings nicht auf die prozentual in Deutschland verbrachte Lebensdauer, den Besitz der deutschen Staatsbürgerschaft sowie subjektive deutsche Sprachkenntnisse kontrolliert, da diese Variablen als wenig relevant erachtet wurden und/oder kaum Variabilität aufwiesen, zumal einige davon bereits zur Bestimmung der Zielgruppe ohne Migrationsgeschichte verwendet wurden. Soweit möglich, wurden in Mediations- oder Moderationsanalysen identische oder inhaltlich vergleichbare Variablen eingesetzt; ziel- und inhaltsspezifische Kriterien lagen nicht vor und konnten daher nicht betrachtet werden.

4.5.2 Die Bedeutung kognitiver Politisierung für politisches Handeln bei Studierenden ohne Migrationsgeschichte

Tabelle 18 sind zunächst die bivariaten Zusammenhänge zwischen behavioraler Politisierung und den mutmaßlichen Prädiktoren kognitiver Politisierung zu entnehmen. Möglicherweise aufgrund der geringeren Stichprobengröße fanden sich weniger statistisch bedeutsame Korrelationen, als bei Studierenden mit türkischer Migrationsgeschichte. Insbesondere hinsichtlich unkonventioneller politischer Verhaltensweisen ließen sich keine eindeutigen Aussagen treffen. Dagegen stand kognitive Politisierung im bivariaten Fall höchstens in schwacher Verbindung zu nichtlegalem Handeln. Politisches Interesse hing vor allem mit der Wahlbeteiligung statistisch bedeutsam sowie positiv zusammen, was auf subjektive politische Kompetenz eher nicht zutraf. Dafür waren die Korrelationen zwischen konventioneller politischer Beteiligung nahezu durchgehend größer als die entsprechenden Zusammenhänge zu politischem Interesse. Ob diese Korrelationen in multiplen Regressionsanalysen Bestand hatten, wird nachfolgend berichtet.

4.5.2.1 Wahlbeteiligung

Wahlbeteiligung zwischen erster und dritter Datenerhebung. Die Wahlbeteiligung konnte ausschließlich durch die Wahlbereitschaft vorhergesagt werden ($OR = 2.55$, $Wald = 10.24$, $p = .001$; Modellanpassung: $\chi^2_6 = 16.10$, $p = .013$; $R^2_N = .30$). Politisches Interesse und subjektive politische Kompetenz waren durchgehend insignifikante Prädiktoren ($ps \geq .316$). Schätzungen für die Drei-Wellen-Stichprobe konnten nicht verlässlich durchgeführt werden.

Tabelle 18: Bivariate Korrelationen zwischen kognitiver und behavioraler Politisierung (Studierende ohne Migrationsgeschichte)[1]

	Prädiktoren aus t_1		Prädiktoren aus t_2	
	Politisches Interesse	Subjektive politische Kompetenz	Politisches Interesse	Subjektive politische Kompetenz
Kriterium der Zwischenerhebung (t_W)				
Bundestagswahlbeteiligung	.07	.13		
Kriterien der zweiten Datenerhebung (t_2)				
Wahlbeteiligung	.34¶	.27		
Konventionelle Handlungen	.23¶	.32†		
Unkonventionelle Handlungen	.23¶	.17		
Nichtlegale Handlungen	.14	.13		
Allgemeine Kriterien der dritten Datenerhebung (t_3)				
Wahlbeteiligung	.42†	.32	.54¶	.52¶
Konventionelle Handlungen	.29¶	.38†	.21	.10
Unkonventionelle Handlungen	.16	.26¶	.31	.31
Nichtlegale Handlungen	.13	.25	.26	.24
Zusammengefasste Kriterien der zweiten und dritten Datenerhebung[2]				
Wahlbeteiligung	.53†	.17¶	.43¶	.15
Konventionelle Handlungen	.16	.23¶	.19	.35‡
Unkonventionelle Handlungen	.08	.04	.11	.10
Nichtlegale Handlungen	.20	.09	.18	.15

1 Punktbiseriale Korrelationen (r_{pb}) (bzw. Rangkorrelationen nach Spearman [r_{SP}] für ordinal skalierte Kriterien); n variiert zwischen 16 und 131.
2 Links: Korrelation für das Drei-Wellen-Panel; rechts: Korrelation für die um t_2 erweiterte Stichprobe aus t_3.
Signifikante Korrelationen sind wie folgt gekennzeichnet: ‡: $p < .001$, †: $p < .01$, ¶: $p < .05$.

Getrennte Analysen. Die Beteiligung an der deutschen Bundestagswahl 2009 konnte unter jenen Befragten, welche bereits vor dieser Wahl an der ersten Befragung teilgenommen hatten, in keinem Analyseschritt durch kognitive Politisierung vorhergesagt werden ($ps \geq .162$). Lediglich im finalen Modell war mit der Wahlbereitschaft eine Variable statistisch bedeutsam ($OR = 0.60$, $Wald = 0.02$, $p = .027$; Modellanpassung: $\chi^2_6 = 13.01$, $p = .043$; $R^2_N = .37$). Die finalen Modelle für alle anderen Stichproben konnten nicht zuverlässig geschätzt werden. Hinsichtlich der identifizierten Modellschritte war jeweils keine Variable statistisch bedeutsam und wies in allen Analysen politisches Interesse ($ps \geq .091$) geringere Signifikanzen auf als subjektive politische Kompetenz ($ps \geq .420$).

4.5.2.2 Konventionelles politisches Handeln

Konventionelle politische Handlungen zwischen erster und dritter Datenerhebung. Für die um t_2 erweiterte Stichprobe aus t_3 zeigte sich in allen Analyseschritten ein signifikanter und positiver Regressionskoeffizient für subjektive politische Kompetenz (im finalen Modell: $OR = 2.68$, $Wald = 4.59$, $p = .032$). Politisches Interesse war dagegen durchgehend statistisch unbedeutend (im finalen Modell: $OR = 0.99$, $Wald = 0.00$, $p = .984$). Außer der subjektiven politischen Kompetenz hatte, abgesehen von marginaler Signifikanz des vor der ersten Messung ausgeführten, konventionellen politischen Verhaltens ($OR = 2.93$, $Wald = 3.30$, $p = .069$; Modellanpassung: $\chi_6^2 = 16.30$, $p = .012$; $R_N^2 = .23$), keine andere Variable einen signifikanten Effekt auf das Kriterium. Im kleinen Drei-Wellen-Panel wies dagegen einzig das in der Vergangenheit ausgeführte Verhalten tendenziell einen signifikanten Effekt auf ($OR = 11.50$, $Wald = 3.51$, $p = .061$; Modellanpassung: $\chi_6^2 = 9.63$, $p = .141$; $R_N^2 = .35$). Die verbleibenden Variablen waren in allen Analyseschritten statistisch unbedeutend ($ps \geq .227$).

Getrennte Analysen. Wie schon im erweiterten Panel zeigte sich in den Analysen für das t_2-Kriterium – wenngleich nur tendenziell – vor allem für subjektive politische Kompetenz statistische Bedeutsamkeit ($ps \geq .061$; politisches Interesse: $ps \geq .785$). Allerdings verlor das Kompetenzmaß unter Kontrolle auf in der Vergangenheit ausgeführte, konventionelle politische Aktivitäten vollständig an Signifikanz ($OR = 2.25$, $Wald = 2.31$, $p = .129$; politisches Interesse: $OR = 1.12$, $Wald = 0.07$, $p = .785$), wobei das Verhaltensmaß selbst nur marginal bedeutsam war ($OR = 3.55$, $Wald = 3.30$, $p = .069$; Modellanpassung: $\chi_6^2 = 12.25$, $p = .057$; $R_N^2 = .23$). Andere Variablen waren ebenfalls statistisch unbedeutend.

Dieses Muster ließ sich hinsichtlich des t_3-Kriteriums unter Verwendung der t_1-Prädiktoren replizieren: Durchgehend war politisches Interesse statistisch insignifikant ($ps \geq .772$), während subjektive politische Kompetenz zumindest im ersten Modell marginale Signifikanz erlangte ($OR = 3.75$, $Wald = 3.27$, $p = .071$; Modellanpassung: $\chi_2^2 = 8.55$, $p = .014$; $R_N^2 = .24$). In den weiteren Schritten war das Kompetenzmaß dagegen unbedeutend ($ps \geq .117$), wobei selbst im finalen Modell keine Variable prädiktiven Wert aufwies ($ps \geq .111$; subjektive politische Kompetenz: $OR = 2.81$, $Wald = 1.51$, $p = .219$; politisches Interesse: $OR = 1.19$, $Wald = 0.06$, $p = .801$; Modellanpassung: $\chi_6^2 = 11.83$, $p = .066$; $R_N^2 = .33$). Wurden diese Analysen mit den t_2-Prädiktoren durchgeführt, dann war ausschließlich das vergangene politische Handeln marginal statistisch bedeutsam ($OR = 38.02$, $Wald = 3.61$, $p = .057$; Modellanpassung: $\chi_6^2 = 9.61$, $p = .142$; $R_N^2 = .43$). Für alle anderen Variablen fand sich in keinem Analyseschritt ein signifikanter Regressionskoeffizient ($ps \geq .152$).

4.5.2.3 Unkonventionelles politisches Handeln

Unkonventionelle politische Handlungen zwischen erster und dritter Datenerhebung. Weder war politisches Interesse ($ps \geq .448$), noch subjektive politische Kompetenz ($ps \geq .149$) in einem der Modelle mit der um t_2 erweiterten t_3-Stichprobe ein signifikanter Prädiktor. Lediglich das vergangene Verhalten hatte einen signifikanten und positiven Effekt auf unkonventionelles politisches Handeln ($OR = 2.40$, $Wald = 13.36$, $p < .001$; politisches Interesse: $OR = 0.76$, $Wald = 0.58$, $p = .448$; subjektive politische Kompetenz: $OR = 1.64$, $Wald = 1.39$, $p = .238$; Modellanpassung: $\chi_6^2 = 21.87$, $p = .001$; $R_N^2 = .27$). Bei Betrachtung der Drei-Wellen-Stichprobe war dagegen keine Variable statistisch bedeutsam ($ps \geq .062$ [für Geschlecht marginale Signifikanz]; finale Modellanpassung: $\chi_6^2 = 6.07$, $p = .416$; $R_N^2 = .24$).

Getrennte Analysen. Erneut wurden für die ordinal skalierten Kriterien ordinale Regressionsanalysen umgesetzt[79]. Hinsichtlich des t_2-Kriteriums war subjektive politische Kompetenz

---

[79] Im Gegensatz zur Stichprobe der Studierenden mit türkischer Migrationsgeschichte zeigte sich unter Studierenden ohne Migrationsgeschichte eine weitgehende Gleichverteilung der Kriteriumsausprägungen. Daher wurde in den ordinalen Regressionsanalysen die Logit-Funktion verwendet (vgl. Brosius 2008; Norušis 2010), welche eine bessere Eignung aufwies als die negative Log-Log-Funktion. Dies erlaubte die manuelle Berech-

durchgehend insignifikant ($ps \geq .848$). Politisches Interesse war ebenfalls kein signifikanter Prädiktor, erlangte im zweiten Modell allerdings marginale Signifikanz ($OR = 1.64$, $Wald = 2.87$, $p = .090$; $R_N^2 = .08$). Im finalen Modell war ausschließlich das Maß für vergangenes Handeln statistisch bedeutsam ($OR = 4.70$, $Wald = 1.45$, $p < .001$; politisches Interesse: $OR = 1.25$, $Wald = 0.54$, $p = .461$; subjektive politische Kompetenz: $OR = 0.93$, $Wald = 0.04$, $p = .848$; Modellanpassung: $\chi_6^2 = 49.61$, $p < .001$; $R_N^2 = .52$).

Während demgegenüber politisches Interesse in Bezug auf das zwischen der zweiten und dritten Befragung durchgeführte, unkonventionelle politische Verhalten in allen Modellen insignifikant war ($ps \geq .302$) und ein negatives Vorzeichen aufwies (im finalen Modell: $OR = 0.79$, $Wald = 0.37$, $p = .541$), war subjektive politische Kompetenz in allen Modellen ein signifikanter und positiver Prädiktor (im finalen Modell: $OR = 2.59$, $Wald = 4.02$, $p = .045$). Ausschließlich das Verhaltensmaß war ebenfalls von statistischer Bedeutsamkeit ($OR = 1.64$, $Wald = 4.69$, $p = .030$; Modellanpassung: $\chi_6^2 = 19.94$, $p = .003$; $R_N^2 = .30$). Unter Verwendung der t_2-Prädiktoren waren beide Variablen kognitiver Politisierung insignifikant ($ps \geq .307$). Von statistischer Bedeutung war ausschließlich die Variable für vergangenes unkonventionelles Handeln ($OR = 3.51$, $Wald = 12.72$, $p < .001$; politisches Interesse: $OR = 1.89$, $Wald = 0.82$, $p = .437$; subjektive politische Kompetenz: $OR = 0.86$, $Wald = 0.90$, $p = .870$; Modellanpassung: $\chi_6^2 = 24.10$, $p < .001$; $R_N^2 = .53$).

4.5.2.4 Nichtlegales politisches Handeln

Nichtlegales politisches Handeln zwischen erster und dritter Datenerhebung. Hinsichtlich der um t_2 erweiterten Stichprobe aus t_3 waren beide Variablen kognitiver Politisierung statistisch unbedeutend und hatten die kleinsten p-Werte im finalen Modell (politisches Interesse: $OR = 0.80$, $Wald = 0.29$, $p = .590$; subjektive politische Kompetenz: $OR = 2.41$, $Wald = 2.66$, $p = .103$), in welchem ausschließlich das vergangene, nichtlegale Handeln ein signifikanter Prädiktor für nichtlegales politisches Handeln war ($OR = 21.92$, $Wald = 20.44$, $p < .001$; Modellanpassung: $\chi_6^2 = 34.71$, $p < .001$; $R_N^2 = .46$). Ebenfalls war im verkleinerten Drei-Wellen-Panel außer der Verhaltensvariablen ($OR = 12.16$, $Wald = 5.21$, $p = .023$) in keinem außer dem dritten Modell eine Variable statistisch bedeutsam (politisches Interesse: $OR = 1.37$, $Wald = 0.11$, $p = .745$; subjektive politische Kompetenz: $OR = 2.40$, $Wald = 0.51$, $p = .476$; Modellanpassung: $\chi_6^2 = 14.70$, $p = .023$; $R_N^2 = .50$).

Getrennte Analysen. Für die Einzelanalysen mit dem t_2-Kriterium für nichtlegales politisches Handeln waren die Variablen kognitiver Politisierung völlig insignifikant ($ps \geq .335$); einzig

---

nung von Odds Ratios (OR), zu welchen ebenfalls eine Anmerkung erforderlich ist: Während OR in der binär-logistischen Regression positiv definiert ist und die Chance für die „größere" Kategorie (bei 0/1-Kodierung für die Kriteriumsausprägung 1: $P(Y = 1|X) = Exp(B) = OR$) angibt, bezieht sich OR in der ordinalen Regression häufig auf die Chance für die kleinste Ausprägung des Kriteriums, da diese zumeist die Referenzkategorie (oder „Baseline") darstellt, sodass OR in diesem Fall „negativ" definiert wird
($OR = Exp(-B) = P(Y \leq j|X) = Exp(B)$, d. h. Regressionskoeffizienten mit positiven Vorzeichen ergeben $OR < 1$, Regressionskoeffizienten mit negativen Vorzeichen führen zu $OR > 1$; z. B. Garson 2011; Norušis 2010). Weil dies im Zusammenhang mit den ORs der binär-logistischen Regressionsanalysen verwirren dürfte, wurde hier als Referenzkategorie der höchste (bzw. der zur Vergleichskategorie jeweils nächsthöhere) Wert verwendet, wodurch $P(Y \geq j|X) = Exp(B) = OR$ (vgl. Harrell 2001, 333; McCullagh 1998). Beispielsweise bedeutet somit in einer ordinalen Regressionsanalyse mit einem dreistufigen Kriterium (0 vs. 1 vs. 2) $OR = 2$, dass eine Veränderung um eine Einheit in einer Kovariaten die Chance, den Wert 2 im Kriterium zu haben, verdoppelt im Vergleich zur Chance, den Wert 0 oder den Wert 1 zu erhalten (bei vorhandener Parallelität verdoppelt sich in diesem Fall zudem die Chance, den Wert 2 statt des Wertes 1 zu erhalten).

im dritten Modell war das Verhaltensmaß ein bedeutsamer Prädiktor ($OR = 11.65$, $Wald = 11.80$, $p < .001$; politisches Interesse: $OR = 1.04$, $Wald = 0.01$, $p = .941$; subjektive politische Kompetenz: $OR = 1.77$, $Wald = 0.93$, $p = .335$; Modellanpassung: $\chi^2_6 = 18.21$, $p = .006$; $R^2_N = .34$). Ähnliches galt in Bezug auf das t_3-Kriterium unter Verwendung der zu t_2 gemessenen Prädiktoren, wenngleich im finalen Modell das nichtlegale Verhalten aufgrund der kleinen Stichprobe nur marginal signifikant war ($OR = 14.40$, $Wald = 2.88$, $p = .062$; politisches Interesse: $OR = 1.27$, $Wald = 0.02$, $p = .882$; subjektive politische Kompetenz: $OR = 3.57$, $Wald = 0.52$, $p = .470$; Modellanpassung: $\chi^2_6 = 9.75$, $p = .136$; $R^2_N = .48$). Wurden stattdessen die zu t_1 gemessenen Prädiktoren verwendet, erlangte subjektive politische Kompetenz im ersten Modellschritt einen tendenziell signifikanten Koeffizienten ($OR = 3.99$, $Wald = 3.13$, $p = .077$; $R^2_N = .14$). Im zweiten Modell war jedoch keine Variable statistisch bedeutsam ($ps \geq .052$ [für Geschlecht und Einnahmen marginale Signifikanz]; politisches Interesse: $OR = 0.77$, $Wald = 0.08$, $p = .776$; subjektive politische Kompetenz: $OR = 6.59$, $Wald = 2.21$, $p = .137$; Modellschritt: $\chi^2_3 = 10.07$, $p = .018$; $R^2_N = .41$). Das finale Modell konnte nicht zuverlässig geschätzt werden.

4.5.2.5 Mediationsanalysen

Wie für die Befragten mit türkischer Migrationsgeschichte wurden für die Vergleichsgruppe Mediationsanalysen mit Handlungsintentionen als Mediatoren vorgenommen und zwecks Vergleichbarkeit dieselben Modellvariablen einbezogen (soweit möglich; vgl. Kap. 4.2.4). Im Gegensatz zur migrantischen Stichprobe wurden allerdings alle Analysen (mit Ausnahme der Wahlbeteiligung) ausschließlich für Modell II (siehe *Abbildung 4* auf Seite 97) in Mplus durchgeführt. Die Befunde können *Tabelle 42* bis *Tabelle 45* (Anlage B) entnommen werden; für die um t_2 erweiterte Stichprobe aus t_3 sind die Resultate in *Tabelle 19* dargestellt.

Wahlbeteiligung. In den Analysen mit dem Kriterium der Wahlbeteiligung ließ sich nur für die Analyse mit der um t_2 erweiterten t_3-Stichprobe eine statistisch bedeutsame Mediation des politischen Interesses feststellen. Die Wahlbereitschaft war häufig kein signifikanter Prädiktor für die Wahlbeteiligung. Dennoch ist erwähnenswert, dass politisches Interesse teilweise auf dem Zehn-Prozentniveau einen direkten Effekt auf die Wahlbeteiligung hatte (gemäß Konfidenzintervallen; Konfidenzintervalle für $\alpha \leq .10$ nicht tabellarisch ausgewiesen).

Konventionelles politisches Handeln. Für konventionelle politische Aktivitäten ließen sich, im Gegensatz zur migrantischen Stichprobe, keine Mediationsbeziehungen über die Handlungsbereitschaft nachweisen. Ausschließlich subjektive politische Kompetenz hatte im Mediationsmodell unter Kontrolle auf vorangegangenes konventionelles Verhalten (welches selbst nicht statistisch bedeutsam war) teilweise positive und signifikante Effekte (allerdings nur auf dem Signifikanzniveau $\alpha = .10$; gemäß Konfidenzintervallen).

Unkonventionelles politisches Handeln. Ausschließlich in der Analyse mit den zwischen t_2 und t_3 durchgeführten politischen Aktivitäten wies die Handlungsbereitschaft einen signifikanten Pfad zu unkonventionellem Verhalten auf. Nur in diesem Fall ließ sich eine bedeutsame Mediation aufzeigen (für vorangegangenes Verhalten). Ferner besaß in der parallelen Analyse unter Verwendung der t_1-Prädiktoren subjektive politische Kompetenz einen direkten, positiven Effekt, was ebenso auf die um t_2 erweiterte Stichprobe aus t_3 zutraf. Darüber hinaus war teilweise das vorangegangene Verhalten ein eigenständiger Prädiktor für neuerlich ausgeführte, unkonventionelle politische Handlungen.

Tabelle 19: Mediationsanalysen für die um t_2 erweiterte Stichprobe aus t_3 mit den Kriterien behavioraler Politisierung für Befragte ohne Migrationsgeschichte ($t_1 \rightarrow t_{2+3}$)[1]

	Wahlbeteiligung				Konventionelles Handeln				Unkonventionelles Handeln				Nichtlegales Handeln			
	B	SE	p	CI	B	SE	p	CI	B	SE	p	CI	B	SE	p	CI
r_{12}	0.73	0.06	.000	0.64 0.85	0.73	0.06	.000	0.64 0.86	0.73	0.06	.000	0.64 0.86	0.73	0.06	.000	0.64 0.86
r_{13}	–	–	–	–	0.16	0.02	.000	0.12 0.20	0.40	0.06	.000	0.30 0.53	0.02	0.02	.262	-0.02 0.06
r_{23}	–	–	–	–	0.17	0.02	.000	0.13 0.21	0.31	0.05	.000	0.22 0.42	0.02	0.02	.317	-0.02 0.05
a_1-Pfad	0.08	0.04	.023	0.01 0.15	0.19	0.06	.001	0.08 0.30	0.12	0.05	.014	0.02 0.21	0.09	0.06	.158	-0.03 0.20
a_2-Pfad	0.02	0.04	.602	-0.06 0.11	0.33	0.07	.000	0.19 0.46	0.09	0.06	.099	-0.02 0.21	-0.00	0.07	.979	-0.15 0.14
a_3-Pfad	–	–	–	–	0.93	0.12	.000	0.70 1.17	0.48	0.03	.000	0.43 0.54	1.06	0.11	.000	0.84 1.27
b-Pfad	0.42	0.24	.080	0.05 1.03	0.17	0.19	.391	-0.23 0.55	0.18	0.15	.222	-0.12 0.46	0.48	0.11	.000	0.25 0.68
c_1-Pfad	0.13	0.24	.582	-0.39 0.56	-0.15	0.20	.458	-0.57 0.21	-0.23	0.23	.315	-0.67 0.21	-0.08	0.20	.677	-0.50 0.28
c_2-Pfad	0.16	0.25	.535	-0.33 0.65	0.49	0.25	.050	-0.02 0.96	0.32	0.26	.223	-0.20 0.82	0.34	0.20	.087	-0.05 0.72
c_3-Pfad	–	–	–	–	0.17	0.36	.649	-0.71 0.77	0.33	0.11	.003	0.11 0.55	0.78	0.26	.003	0.25 1.27
d_1-Pfad	0.16	0.25	.502	-0.36 0.60	-0.12	0.20	.563	-0.53 0.27	-0.21	0.23	.358	-0.64 0.24	-0.04	0.20	.831	-0.45 0.32
d_2-Pfad	0.17	0.26	.518	-0.35 0.66	0.54	0.22	.012	0.11 0.95	0.33	0.26	.191	-0.17 0.82	0.33	0.19	.085	-0.04 0.73
d_3-Pfad	–	–	–	–	0.32	0.38	.393	-0.58 0.97	0.42	0.10	.000	0.22 0.59	1.28	0.22	.000	0.81 1.66
a_1b-Pfad	0.03	0.02	.096	0.01 0.90	0.03	0.04	.434	-0.04 0.13	0.02	0.02	.309	-0.01 0.08	0.04	0.03	.213	-0.01 0.12
a_2b-Pfad	0.01	0.02	.693	-0.02 0.08	0.06	0.07	.406	-0.07 0.20	0.02	0.02	.376	-0.01 0.08	-0.00	0.04	.980	-0.08 0.07
a_3b-Pfad	–	–	–	–	0.16	0.18	.389	-0.21 0.52	0.11	0.08	.202	-0.06 0.22	0.50	0.12	.000	0.25 0.74
Güte²	1.53		.04	.18	1.35		.47	.29	1.32		.51	.35	1.31		.21	.54

[1] Konfidenzintervalle für $\alpha = .05$ (untere Grenze links, Obergrenze rechts; $n = 433$).
[2] Angegeben ist zuerst *WRMR*, in der zweiten Spalte R_M^2 für den Mediator und zuletzt R_K^2 für das Kriterium.

4.5 Vergleichende Analysen für Studierende ohne Migrationsgeschichte

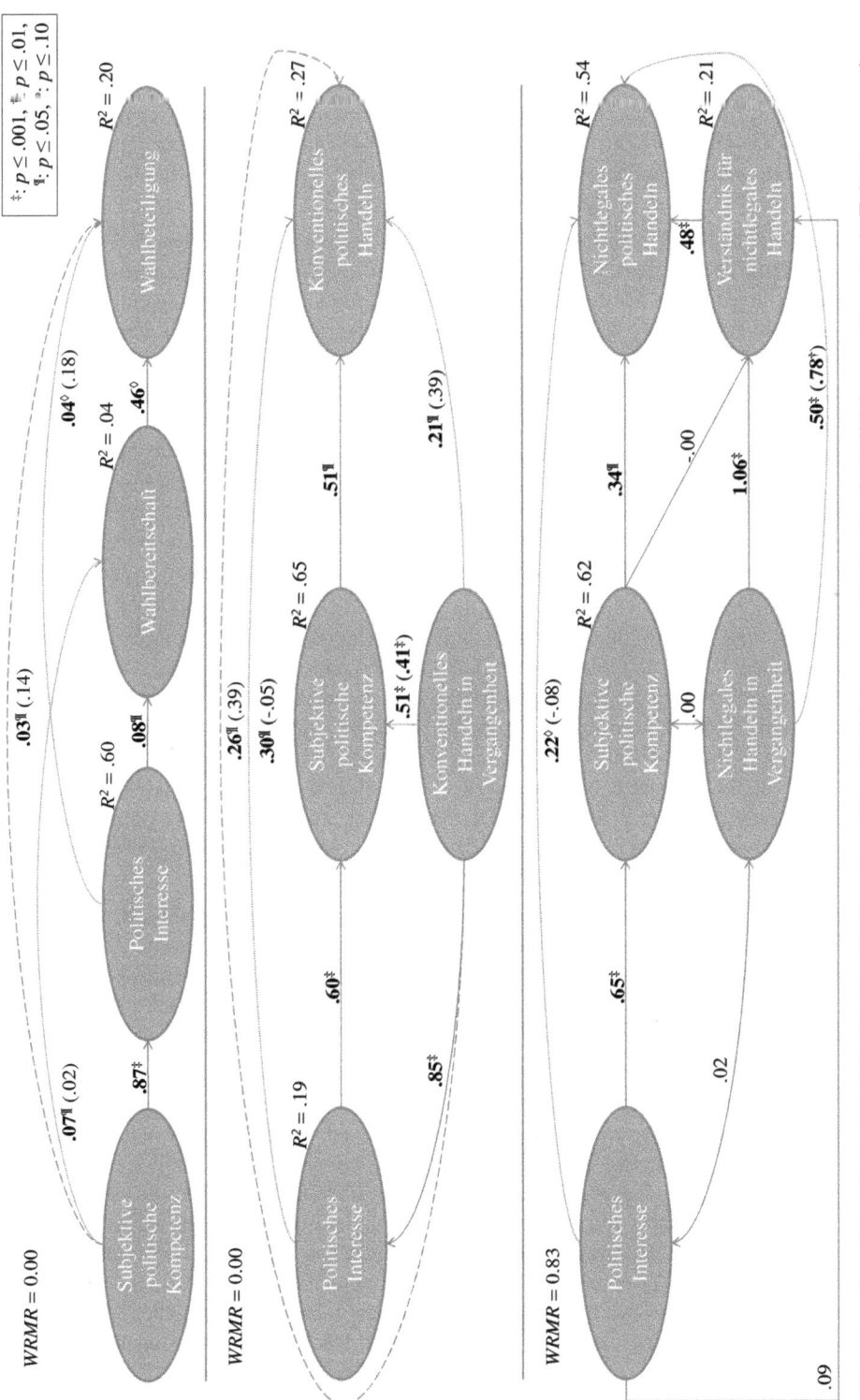

Abbildung 7: Empirische Modelle für den Einfluss kognitiver Politisierung auf behaviorale Politisierung ($t_1 \rightarrow t_{2+3}$). Erläuterungen im Text.

Nichtlegale politische Handlungen. Hinsichtlich nichtlegaler politischer Handlungen fand sich keine Mediationen der Variablen kognitiver Politisierung über das Verständnis für derartige Aktivitäten. Dagegen waren subjektive politische Kompetenz sowie, in einem Fall, politisches Interesse auf marginalem Niveau teils direkte, positive Prädiktoren. Mediationsbeziehungen fanden sich jedoch nur teilweise und ausschließlich für vergangenes Verhalten (z. T. auf marginalem Signifikanzniveau). Diese Variable war außerdem mitunter selbst ein signifikanter und positiver Prädiktor für das Handlungsmaß.

Zusammenspiel von politischem Interesse und subjektiver politischer Kompetenz. Wie bereits für die migrantische Stichprobe realisiert, wurden auf der Basis der soeben berichteten Befunde analog modellierte Mediationsanalysen durchgeführt. Für die Befragten ohne Migrationsgeschichte war es jedoch nicht möglich, ein multivariates Modell mit den vier Verhaltensmaßen als abhängigen Variablen zu berechnen. Daher wurden alle Modelle für die um t_2 erweiterte Stichprobe aus t_3 separat geschätzt und in *Abbildung 7* zusammengefasst. Ein Vorteil der separaten Modellierung war allerdings, die Interkorrelationen zwischen dem Maß für vergangenes politisches Handeln und den Variablen kognitiver Politisierung zulassen beziehungsweise – aufgrund fehlender statistischer Bedeutsamkeit des vergangenen Verhaltensmaßes im Falle des konventionellen politischen Handelns – zusätzlich eine Mediation des vorangegangenen Verhaltens über die Maße kognitiver Politisierung modellieren zu können. Alle dargestellten Modelle wiesen jeweils akzeptable Anpassungen an die Daten auf (*WRMR*s ≤ 0.83).

Fett markiert sind in Abbildung 7 unstandardisierte Regressionskoeffizienten (*B*s), welche gemäß Konfidenzintervall mindestens auf dem Fünf-Prozentniveau signifikant waren (detailliertere Ausweisungen basieren auf Punktschätzungen). Neben indirekten Effekten (gepunktete Pfade für einfache Mediation bzw. gestrichelte Pfade für sequenzielle Mediation über zwei Mediatoren) sind direkte Effekte in Klammern angegeben; für abhängige Variablen ist zudem jeweils der Anteil aufgeklärter Varianz (R^2) vermerkt. (Für weitere Details sowie Konfidenzintervalle siehe *Tabelle 46* in Anlage B.) Das Modell für unkonventionelles politisches Handeln zeigte erwartungsgemäß keinerlei bedeutsame direkte oder indirekte Effekte für die Variablen kognitiver Politisierung und wird daher nicht berichtet.

Obiger Abbildung ist erstens zu entnehmen, dass der positive Effekt politischen Interesses über die Bereitschaft, an politischen Wahlen teilzunehmen, vermittelt wurde. Der Einfluss subjektiver politischer Kompetenz wurde dagegen sequenziell über politisches Interesse sowie anschließend die Wahlbereitschaft mediiert. Darüber hinaus fand sich in der Regression für die Wahlbereitschaft ein negativer Effekt des (männlichen) Geschlechts (alle ergänzend benannten Zusammenhänge auf dem Signifikanzniveau $\alpha \leq .05$).

Zweitens hatte subjektive politische Kompetenz einen direkten, positiven Effekt auf konventionelle politische Aktivitäten. Darüber hinaus wurde der handlungsrelevante Anteil des politischen Interesses über das subjektive Kompetenzmaß auf konventionelles Handeln mediiert. Vor der ersten Befragung ausgeführte, konventionelle politische Aktivitäten beeinflussten sowohl beide Variablen kognitiver Politisierung auf direktem Weg als auch das subjektive Kompetenzmaß ergänzend indirekt über politisches Interesse. Die Bedeutung des vergangenen Handelns für erneut ausgeführte, konventionelle Tätigkeiten wurde ferner sowohl einstufig über subjektive politische Kompetenz als auch sequenziell über beide Variablen kognitiver Politisierung vermittelt. Zudem fanden sich in der Regression für politische

Kompetenz positive Einflüsse der Einnahmen sowie des (männlichen) Geschlechts. Ferner beförderte letztgenannte Variable das politische Interesse statistisch bedeutsam.

Hinsichtlich des nichtlegalen politischen Handelns zeigte sich ein direkter Effekt der subjektiven politischen Kompetenz, welche zudem als entscheidende Ingredienz des politischen Interesses in Bezug auf dessen Relevanz für nichtlegales Handeln hervortrat. Eine Mediation über das Verständnis für nichtlegale politische Handlungen war für die Variablen kognitiver Politisierung nicht festzustellen, da Letztere jeweils unbedeutend mit dem potenziellen Mediator zusammenhingen. Für das vor t_1 realisierte, nichtlegale politische Handeln hingegen wurde eine partielle Mediation über das Verständnis für derartige Aktivitäten ermittelt, wobei das Verhaltensmaß einen bedeutsamen Resteffekt auf das Kriterium behielt. Wie bereits oben berichtet, wiesen (männliches) Geschlecht und die Einnahmen in der Regression von subjektiver politischer Kompetenz positive Zusammenhänge auf. Letztere hatten ferner einen (im Konfidenzintervall nur marginal) bedeutsamen, negativen Effekt auf das Kriterium nichtlegales politisches Handeln.

4.5.2.6 Zusammenfassende Gegenüberstellung der Befunde und Zwischenfazit

Zusammenfassung. Eine kleine Einschränkung bei der Interpretation der Ergebnisse ist an dieser Stelle vorzunehmen: Gerade die Modelle für die Studierende ohne Migrationsgeschichte sind insgesamt besonders vorsichtig zu beurteilen, weil deren Panelstichproben sehr klein ausfielen und somit in Analysen mit fallweisem Ausschluss kaum signifikante Ergebnisse erzielt werden konnten. Außerdem deuteten sich, bedingt durch das enorm kleine Drei-Wellen-Panel, in Analysen von t_2 auf t_3 Multikollinearitätsprobleme an[80]. Dies anerkennend, lässt sich festhalten, dass – wie bei Studierenden mit türkischer Migrationsgeschichte – eher politisches Interesse als subjektive politische Kompetenz signifikant mit der Wahlbeteiligung verbunden war. Politisches Interesse wirkte hierbei (teilweise oder marginal) vermittelt über

---

[80] Dies betraf v. a. die Analyse mit Wahlbeteiligung als Kriterium (*VIF*s ≤ 7.15; für alle anderen Analysen: *VIF*s ≤ 4.91 ohne Berücksichtigung der Verhaltensabsicht bzw. *VIF*s ≤ 5.41 bei Berücksichtigung der Verhaltensabsicht). Wann Kollinearität ein Problem darstellt, ist nicht eindeutig bestimmbar (z. B. Backhaus et al. 2008; Rudolf/Müller 2004), sie liegt aber nach vielen Autoren erst ab *VIF*s > 10 vor (z. B. Brosius 2008; Cohen et al. 2010). Allerdings ist dies ein großzügiger Grenzwert und sollten bereits *VIF*s ≥ 5 nachdenklich stimmen (vgl. Urban/Mayerl 2006) – zumal die zentralen Variablen politisches Interesse und subjektive politische Kompetenz zwangsläufig stark miteinander korrelierten und der Konditionsindex mittlere Werte annahm (z. B. Brosius 2008). Die hohen *VIF*-Werte waren dabei gewiss auch den kleinen Analysestichproben geschuldet, da – *ceteris paribus* – mit größer werdender Stichprobe die Standardfehler kleiner werden und sich damit die *VIF*-Werte reduzieren (siehe auch Backhaus et al. 2008).
Wie für die migrantische Stichprobe und aufgrund teilweise schiefverteilter Daten (v. a. in den Kriterien) wurden daher alle (logistischen) Regressionsanalysen für die finalen Modelle unter Verwendung robuster Standardfehler wiederholt (MLR-Schätzer; vgl. Fußnote 59). Für die Befragten gab es in Bezug auf die interessierenden Variablen tatsächlich Abweichungen, welche in zwei Fällen subjektive politische Kompetenz betrafen: Konventionelles Handeln zu t_2 konnte mit marginalem Signifikanzniveau sowohl durch subjektive politische Kompetenz (*OR* = 2.25, *SE* = 0.46, *p* = .080) als auch durch vergangenes Verhalten (*OR* = 3.55, *SE* = 1.68, *p* = .094) erklärt werden; nichtlegales politisches Handeln im erweiterten t_3-Panel wurde ebenfalls durch das Kompetenzmaß (*OR* = 2.41, *SE* = 0.40, *p* = .029) und vergangenes Verhalten (*OR* = 21.92, *SE* = 0.67, *p* < .001) aufgeklärt. Weitere Unterschiede betrafen bzgl. konventionellen Handelns die Signifikanz vergangenen Verhaltens im Drei-Wellen-Panel (*OR* = 11.50, *SE* = 1.16, *p* = .034) sowie für das Kriterium unkonventionellen Handelns zwischen t_2 und t_3 für t_1-Prädiktoren das Geschlecht (*OR* = 0.21, *SE* = 0.63, *p* = .013; subjektive politische Kompetenz: *OR* = 2.59, *SE* = 0.35, *p* = .006; vergangenes Verhalten: *OR* = 1.64, *SE* = 0.22, *p* = .026) bzw. für t_2-Prädiktoren die Einnahmen (*OR* > 1.00, *SE* > 0.00, *p* = .033; vergangenes Verhalten: *OR* = 3.52, *SE* = 0.57, *p* = .029); und für nichtlegales Handeln das vergangene Verhalten im Drei-Wellen-Panel (*OR* = 12.16, *SE* = 1.09, *p* = .022).

die Handlungsbereitschaft auf tatsächliches Wählen. In beiden Stichproben hatte subjektive politische Kompetenz demgegenüber sequenzielle Effekte auf die Wahlbeteiligung über politisches Interesse und die Wahlbereitschaft.

Die Analysen für konventionelles politisches Handeln waren zwar nicht stets völlig identisch, legten aber den Schluss nahe, dass subjektive politische Kompetenz und nicht politisches Interesse die erklärende Variable darstellte (siehe auch Fußnote 80). Allerdings ließen sich in den Analysen unter Verwendung der FIML-Schätzungen keine Mediationen nachweisen und hatte das Kompetenzmaß unter Kontrolle auf in der Vergangenheit realisiertes, konventionelles politisches Verhalten höchstens statistisch marginal bedeutsame, direkte sowie positive Effekte. Die Befunde für Befragte ohne Migrationsgeschichte standen insofern im Gegensatz zur migrantischen Stichprobe, als dort erstens ausschließlich mediierte Beziehungen auftraten, welche stets über die Handlungsbereitschaft führten. Zweitens hatte subjektive politische Kompetenz einen ergänzenden, sequenziell über politisches Interesse und die Handlungsbereitschaft mediierten Effekt auf konventionelles Handeln, während unter Studierenden ohne Migrationsgeschichte subjektive politische Kompetenz ein bedeutsamerer sowie direkter Prädiktor für das Kriterium war und im Gegensatz zur migrantischen Stichprobe den Effekt politischen Interesses auf konventionelles politisches Handeln mediierte. Unter Befragten mit Migrationsgeschichte war somit die Handlungsbereitschaft ein wichtiger Mediator für die unabhängigen Variablen kognitiver Politisierung, nicht aber für Befragte ohne Migrationsgeschichte. Während unter Erstgenannten politisches Interesse die handlungsaktivierende Zutat einer politischen Kompetenz war, war unter Letztgenannten umgekehrt subjektive politische Kompetenz das handlungsentscheidende Substrat politischen Interesses, wenn es um konventionelle politische Aktivitäten ging.

Die Befunde für unkonventionelles politisches Handeln waren dagegen uneindeutig. Zwar hatte vergangenes Verhalten offenbar positive Effekte auf das entsprechende Kriterium (wenngleich unter Kontrolle auf Handlungsbereitschaften zum Teil nicht mehr aufzufinden). Die Variablen kognitiver Politisierung schienen dagegen unter Kontrolle auf andere Variablen beinahe durchgehend statistisch unbedeutend zu sein, während bei Studierenden mit türkischer Migrationsgeschichte zumindest politisches Interesse ein bedeutsamer Prädiktor war sowie erneut als jene Ingredienz der subjektiven politischen Kompetenz auftrat, welche diese in unkonventionelle politische Aktivität übersetzte.

Schließlich fanden sich hinsichtlich nichtlegaler politischer Aktivitäten teils positive Effekte kognitiver Politisierung: Während sich subjektive politische Kompetenz in der migrantischen Stichprobe zunächst in politisches Interesse übertragen musste, um nichtlegale politische Handlungen zu bewirken, so war es unter Befragten ohne Migrationsgeschichte umgekehrt politisches Interesse, welche sich zunächst in subjektiver politischer Kompetenz niederschlagen musste, um einen handlungsaktivierenden Effekt zu besitzen. Mediationen über das Verständnis für nichtlegale politische Handlungen waren nur partiell für vergangenes Verhalten erkennbar, nicht aber für kognitive Politisierung.

Obschon die Resultate der multiplen Regressions- als auch Mediationsanalysen keine völlig identischen Muster für Studierende mit türkischer Migrationsgeschichte sowie für Befragte ohne Migrationsgeschichte zeigten, so kann doch mit einiger Gewissheit geschlussfolgert werden, dass subjektive politische Kompetenz statistisch positiv bedeutsam vor allem für konventionelle politische Aktivitäten ist und somit einen reflexiven, langsamen Pfad zu politischem Handeln darstellt. Politisches Interesse dagegen stellt einen eher affektiven, spontan aktivierbaren Pfad zu politischem Handeln dar und ist für nahezu alle politischen Aktivitäten ein positiver Prädiktor. Die oben genannten Einschränkungen müssen nicht erneut aufgeführt werden, doch weisen die Unterschiede zwischen beiden Untersuchungsgruppen auf verschiedene Prozesse der Wirkung kognitiver auf behaviorale Politisierung, denn einerseits scheint kognitive Politisierung – wider Erwarten selbst bezüglich politischen Interesses – bei Studierenden ohne Migrationsgeschichte unbedeutend zu sein. Andererseits wirkt subjektive politische Kompetenz unter Studierenden mit türkischer Migrationsgeschichte im Gegensatz zur Vergleichsgruppe erstens nur insoweit auf politisches Handeln, als sich jene mit politischem Interesse überschneidet. Hinsichtlich konventioneller Aktivitäten kommt zweitens der bewussten Handlungsabsicht als Mittler zwischen kognitiver und behavioraler Politisierung zusätzliche Bedeutung zu. Demgegenüber vermittelt subjektive politische Kompetenz, abgesehen von der Wahlbeteiligung sowie unkonventionellem Handeln, bei der Vergleichsgruppe den Einfluss politischen Interesses direkt auf politisches Handeln.

Diskussion. Mit Blick auf die Wahlbeteiligung zeigte sich ein genereller Prozess, wonach subjektive politische Kompetenz sequenziell über politisches Interesse sowie eine Bereitschaft zum Wählen auf die Wahlbeteiligung wirkt. Offensichtlich erfordert die Abgabe der eigenen Stimme am Wahltag ein gewisses Maß an Handlungsplanung und ist insofern nicht völlig impulsiv und spontan, wie die proximalere Relevanz des politischen Interesses im Vergleich zur politischen Kompetenz zunächst vermuten lässt. Womöglich hat die Wahlbereitschaft für entsprechendes Handeln größere Bedeutung als für unkonventionelle Handlungen, weil Wahltermine in aller Regel lange im Voraus bekannt sind und man sich darauf einstellen kann, entweder wählen zu gehen oder dies zu unterlassen. Politisches Interesse ist in jedem Fall eine förderliche Voraussetzung für die tatsächliche Stimmabgabe.

Die ebenfalls vorhandene, aber unvermittelte Bedeutung des politischen Interesses für unkonventionelles Handeln bei Studierenden mit türkischer Migrationsgeschichte könnte im Vergleich zur Wahlbeteiligung am Charakter jener Aktivitäten liegen, welcher eine Relevanz von lang- oder mittelfristigen Handlungsabsichten zunichtemacht: Unkonventionelle politische Beteiligungsmöglichkeiten ergeben sich oftmals auch kurzfristig, wenn ein bestimmtes politisches Thema plötzlich und für die breite Öffentlichkeit unvorhersehbar die politische Tagesordnung bestimmt. Zwei Beispiele hierfür sind die Fälle von Karl-Theodor zu Guttenberg und Christian Wulff: Für viele gewiss unerwartet, gelangten pikante Details zu mutmaßlichem Fehlverhalten dieser Personen an die Öffentlichkeit. Bald wurde über Demonstrationen gegen den Bundespräsidenten oder für zu Guttenberg berichtet (siehe etwa Süddeutsche.de vom 05.03.2011 sowie vom 07.01.2012), welche die Teilnehmenden kaum lange im Voraus im eigenen Terminkalender fixiert gehabt haben dürften; ebenso waren Hochschulangehörige aufgerufen, eine Unterschriftenliste gegen Plagiate mit einem Aufruf an die deutsche Bundeskanzlerin zu unterzeichnen. So ergaben und ergeben sich spontan Möglichkeiten, auf unkonventionellen Wegen aktiv zu werden.

Es ist plausibel, dass Interesse an der jeweiligen politischen Thematik von entscheidender Bedeutung für tatsächliches politisches Handeln ist. Dies wiederum könnte den fehlenden Effekt kognitiver Politisierung, und insbesondere politischen Interesses, auf unkonventionelles politisches Handeln bei Studierenden ohne Migrationsgeschichte erklären: Während für konventionelle Aktivitäten – etwa wegen des größeren Verpflichtungscharakters – ein allgemeines Interesse an Politik erforderlich ist, zumal jene Handlungen in relativ festen Strukturen ablaufen, muss politisches Interesse zur Beteiligung an unkonventionellen Handlungen spezifischer sein, um zum Handeln zu motivieren. Dass allgemeines politisches Interesse unter Befragten mit türkischer Migrationsgeschichte dennoch einen direkten Effekt aufwies, könnte der Tatsache ihres Status' in Deutschland geschuldet sein: Als Mitglied einer ethnisch kulturellen Minderheit, die in Deutschland objektiv und subjektiv benachteiligt wird, muss unter Umständen zunächst ein allgemeines Interesse daran bestehen, was auf der politischen Ebene, von welcher man im Gegensatz zu Menschen ohne Migrationsgeschichte selbst in vielerlei Hinsicht ausgeschlossen ist, vor sich geht. Dieses Interesse, welches in den Regressionsanalysen für alle (v. a. legalen) Formen politischen Handelns positiv bedeutsam war, dürfte sehr wahrscheinlich ein spezielleres Interesse an spezifischen politischen Themen und Problemen begünstigen und (auch) bei Menschen mit türkischer Migrationsgeschichte auf das unkonventionelle Verhalten mediiert werden. Dieser mögliche Mediationszusammenhang konnte bedauerlicherweise nicht überprüft werden, da themenspezifische Maße weder für kognitive noch für behaviorale Politisierung erhoben respektive inhaltsspezifische Maße kognitiver Politisierung nicht als Prädiktoren gemessen wurden.

Andererseits könnte der fehlende Effekt des allgemeinen politischen Interesses in der Vergleichsgruppe den kleinen longitudinalen Stichproben geschuldet gewesen sein. Möglicherweise lag auch ein Suppressionseffekt vor und es gibt Variablen, welche nicht in den Regressionsanalysen berücksichtigt wurden sowie das Aufdecken eines Zusammenhanges zwischen politischem Interesse und behavioraler Politisierung verhinderten. Dies wäre denkbar und scheint angesichts teilweise fehlender signifikanter bivariater Zusammenhänge zwischen politischem Interesse und unkonventionellem Handeln nicht völlig abwegig, denn positive bivariate Korrelationen zwischen kognitiver Politisierung und unkonventionellen Aktivitäten wären zu erwarten gewesen (vgl. Kap. 2.2.2).

Wie bereits angedeutet wurde, scheint politisches Interesse eine Voraussetzung vor allem für die Minderheit zu sein, um überhaupt Beteiligung auf politischer Ebene innerhalb der Mehrheitsgesellschaft zu erwägen. Dies könnte einer allgemeinen Haltung entsprechen, als Mitglied einer oft marginalisierten Gruppe politisch etwas bewirken zu müssen – egal, auf welche Weise. Die Analysen für die zielspezifischen Handlungskriterien gaben zu dieser Annahme zwar keinen Anlass, doch wurden diese ausschließlich zur dritten Messung und somit lediglich für eine sehr kleine Stichprobe erfasst. Zumindest scheint politisches Interesse von wesentlicher Bedeutung in der migrantischen Gruppe zu sein: Je weniger man sich für Politik interessiert, desto geringer die Chance, sich politisch zu beteiligen – ganz unabhängig von anderen Voraussetzungen. Für seit mindestens drei Generationen in Deutschland verwurzelte Menschen dagegen ist Interesse offensichtlich nachrangig (abgesehen von der Wahlbeteiligung) und nur insofern bedeutsam, als subjektiv Kompetenz zum Verständnis von Politik sowie politische Handlungsfähigkeit vorhanden ist.

Hinsichtlich konventioneller politischer Aktivitäten reicht es unter Menschen mit türkischer Migrationsgeschichte offenbar nicht aus, sich politisch kompetent zu fühlen oder daneben politisches Interesse daran zu haben, was in der Gesellschaft, aus welcher man rechtlich und sozial vielfach ausgeschlossen wird, politisch vor sich geht. Die marginale Stellung der migrantischen Gruppe könnte erklären, dass subjektive politische Kompetenz und politisches Interesse jeweils noch über die Handlungsbereitschaft mediiert werden, denn der Nutzen solchen Handelns ist oft nicht direkt erkennbar, es sind gewiss höhere Hürden zu nehmen, als dies für Menschen ohne Migrationsgeschichte der Fall ist. Darauf deuteten die präsentierten Interviews ebenfalls hin, denn als Hemmfaktoren konventioneller politischer Aktivität traten etwa eigene Ausgrenzungserfahrungen auf sowie eine wahrgenommene Ausgrenzung der eigenen Gruppe, das Gefühl, in Deutschland als Mitglied dieser Minderheit keine Beteili-

4.5 Vergleichende Analysen für Studierende ohne Migrationsgeschichte

gungsmöglichkeiten zu besitzen oder über keine „Lobby" zu verfügen und teilweise selbst skeptisch beäugt zu werden, wenn man sich doch engagiert.

Wenngleich sich nur unter Befragten ohne Migrationsgeschichte die postulierte Beziehung zwischen politischer Kompetenz und konventionellem Handeln in unvermittelter Weise zeigte, sprechen die Befunde für Menschen mit türkischer Migrationsgeschichte nicht dagegen, dass subjektives Wissen und andere politische Kompetenzgefühle einen bedeutsamen Teil eines reflexiven Pfades zu konventioneller politischer Aktivität darstellen. Für diese Gruppe ist es offensichtlich wichtiger als für Personen ohne Migrationsgeschichte, ihre Beteiligung an kognitiv anspruchsvolleren politischen Tätigkeiten zunächst zu durchdenken und zu planen. Wie bereits ausgeführt, ist der Aufwand zur Teilnahme an solchen Tätigkeiten bei Letzteren geringer, da ihnen diese generell offen stehen. Dagegen sind Personen mit türkischer Migrationsgeschichte noch immer von zahlreichen gesellschaftlichen Bereichen ausgeschlossen. Daher werden diese Menschen im Hinblick auf konventionelle politische Tätigkeiten, welche mit eigenen Investitionen (v. a. Zeit, aber auch Rechtfertigung im Bekanntenkreis, dass man sich im deutschen politischen System engagiert und beispielsweise nicht in der türkischen „Community") sowie größerer Verbindlichkeit als unkonventionelle Aktivitäten verbunden sind, trotz subjektiver Befähigung zur Ausführung derartiger Handlungen nur dann aktiv, wenn sie dies durchdacht und sich als Ergebnis eines Reflexionsprozesses umso bestimmter für die Handlungsausübung entschieden haben.

Darüber hinaus sei daran erinnert, dass Studierende mit türkischer Migrationsgeschichte durchgehend größere subjektive politische Kompetenz aufwiesen als die Vergleichsgruppe. Ein höheres Maß subjektiver Kompetenz könnte die Kosten konventioneller Aktivitäten in den Vordergrund stellen, in jedem Fall aber die Bedeutung von Handlungsplanung stärker in das eigene Bewusstsein rücken. Bei einem höheren Ausgangsniveau subjektiver politischer Kompetenz mag die Zunahme politischer Kompetenz darüber hinaus politisches Interesse wecken, während – wie in der Vergleichsgruppe – bei geringerem Kompetenzempfinden zunächst politisches Interesse zur Stärkung subjektiver politischer Kompetenz beitragen muss, welche sich anschließend unvermittelt in (konventionelles) politisches Handeln umsetzt.

Beide Resultate passen einzeln nur teilweise zur Theorie des geplanten Verhaltens von Ajzen und Madden (1986), wonach – angewandt auf die eigene Forschungsarbeit – von subjektiver politischer Kompetenz (als Pendant zur subjektiven Verhaltenskontrolle) sowohl direkte als auch indirekte, über die Verhaltensintention mediierte Effekte auf tatsächliches (konventionelles politisches) Handeln zu erwarten gewesen wären. In der Summe stimmen diese Befunde jedoch mit dieser Theorie in Einklang, da sich beide Arten von Effekten aufdecken ließen, wenngleich mit unterschiedlicher Relevanz für die untersuchten Gruppen. Demnach handelt es sich jeweils um einen kühlen, kognitiven Handlungspfad, welcher bei Menschen ohne Migrationsgeschichte respektive bei Menschen mit vergleichsweise geringerer subjektiver Kompetenz insoweit durch einen impulsiven Aspekt ergänzt wird, als politisches Interesse den ersten Anstoß geben muss. Für Menschen mit türkischer Migrationsgeschichte bzw. für Menschen mit relativ größerer Kompetenz handelt es sich unter Umständen um einen „kühleren" kognitiven Pfad, da in solchen Fällen wahrgenommene Kompetenz die entscheidenden, stärker distalen Anstöße gibt und zudem beide Variablen kognitiver Politisierung zunächst in Handlungsintentionen zu übertragen sind. Andererseits ist dieser Pfad bei Studierenden mit Migrationsgeschichte, wie von Strack und Deutsch (2004; siehe auch Metcalfe/Mischel 1999) behauptet, insofern supplementär aktiv und ergänzt einen heißen, emotionalen Pfad zu politischem Handeln, als politisches Interesse einen proximaleren Einfluss auf konventionelles Handeln hat, als subjektive politische Kompetenz.

Die sporadisch gefundenen Effekte kognitiver Politisierung auf nichtlegales politisches Handeln, welche jedoch nicht über das Verständnis für solche Aktivitäten mediiert wurden, deuten ferner darauf hin, dass kognitive Politisierung eher allgemein politisches Handeln aktiviert, als dass es zur Anerkennung gesetzeswidriger Handlungen beiträgt. Unter Umständen handelte es sich bei den nichtlegalen Tätigkeiten, an welchen die Befragten beteiligt waren, um Handlungen, welche aus einer unvorhergesehenen Dynamik im Rahmen (unkonventioneller) politischer Beteiligung entstanden. Da kognitive Politisierung in der nichtmigrantischen Gruppe für unkonventionelles Handeln jedoch unbedeutend war, vermag diese Erklärung nur eingeschränkt zu befriedigen.

Fazit. Dennoch dürfte deutlich geworden sein, dass erstens kognitive Politisierung von herausragender Bedeutung zur Aktivierung politischen Handelns ist. Zweitens haben politisches Interesse und subjektive politische Kompetenz je nach Untersuchungsgruppe verschiedenartige, wechselseitige Einflüsse und müssen sich mitunter überschneiden, um den handlungsrelevanten Teil der je anderen Variablen zu mobilisieren. Für die Wahlbeteiligung sowie unter Studierenden mit türkischer Migrationsgeschichte für konventionelles politisches Handeln ist es drittens erforderlich, dass sich kognitive Politisierung zunächst in bewusste Handlungsabsichten umsetzt. Ob die differenzierten Weisen des Zusammenwirkens der Variablen kognitiver Politisierung sowie der Handlungsbereitschaften zur Handlungsausführung jedoch abhängig von dem (Nicht-)Vorhandensein einer (türkischen) Migrationsgeschichte, einem bestimmten Ausgangsniveau subjektiver politischer Kompetenz oder der Interaktion von beiden ist, muss nachfolgender Forschung überlassen werden[81].

4.5.3 Identifikation mit Deutschland und kognitive Politisierung bei Studierenden ohne Migrationsgeschichte

Um die Bedeutung kollektiver Identität für kognitive Politisierung bei Studierenden ohne Migrationsgeschichte im Ansatz eruieren zu können, wurde für diese Befragten (nur) die Identifikation mit Deutschland gemessen, da die drei anderen kollektiven Identitäten (ethnisch-kulturelle Identifikation mit Türken, separatistisch-türkische Identifikation, duale Identifikation) keinerlei persönliche Relevanz für die nichtmigrantische Vergleichsgruppe haben.

---

[81] Für die Regressionsmodelle der um t_2 erweiterten Stichprobe aus t_3 und den zusammengefassten Kriterien für konventionelles sowie für unkonventionelles politisches Handeln zeigte sich zumindest in den logistischen Regressionsanalysen (inkl. Verhaltensabsicht für konventionelles Handeln) in keiner der beiden Studierendengruppen eine signifikante Interaktion von subjektiver politischer Kompetenz mit politischem Interesse oder mit der Handlungsbereitschaft bzgl. konventionellen Handelns ($ps \geq .205$; Modellschritte: $\chi^2 < 1.58, ps \geq .209$; vgl. Fußnote 58); unter Studierenden ohne Migrationsgeschichte war unter diesen Variablen ausschließlich das Kompetenzmaß bei hoher subjektiver politischer Kompetenz (> 2) für konventionelles Handeln statistisch bedeutsam ($OR = 5.88$, $Wald = 4.75$, $p = .029$). In der migrantischen Stichprobe war bei hoher Kompetenz (> 2.34) neben der Handlungsbereitschaft ($OR = 2.15$, $Wald = 6.58$, $p = .010$) noch politisches Interesse ein (marginal) bedeutsamer Prädiktor ($OR = 2.55$, $Wald = 2.99$, $p = .084$) für konventionelles Handeln, während hier auch bei geringer subjektiver Kompetenz einerseits ein positiver Effekt der Handlungsbereitschaft auf konventionelles Handeln ($OR = 2.61$, $Wald = 5.01$, $p = .025$) sowie des politischen Interesses auf unkonventionelles Handeln vorlag ($OR = 4.44$, $Wald = 5.08$, $p = .024$). Wurde für Studierende mit türkischer Migrationsgeschichte ebenfalls am Skalenmittelpunkt aufgeteilt, änderte sich dieses Bild nicht wesentlich. In der Tendenz deutet dies darauf hin, dass sich die berichteten Muster eher bei höherer politischer Kompetenz zeigen, doch sind diese Befunde nach wie vor für beide Gruppen verschieden.

4.5 Vergleichende Analysen für Studierende ohne Migrationsgeschichte

Obschon nachfolgende Analysen somit nur eingeschränkt zum Vergleich taugen, ist es von Bedeutung zu erfahren, ob eine Identifikation mit Deutschland kognitive Politisierung bei Befragten ohne Migrationsgeschichte beeinflusste, und ob diese Zusammenhänge in der gleichen Weise auftraten, wie unter Befragten mit türkischer Migrationsgeschichte.

Tabelle 20: Produkt-Moment-Korrelationen zwischen Identifikation mit Deutschland und kognitiver Politisierung (nichtmigrantische Stichprobe; $ps \geq .255$)

	Identifikation mit Deutschland				
	$t_1 \rightarrow t_2$	$t_1 \rightarrow t_3$	$t_2 \rightarrow t_3$	$t_1 \rightarrow t_{2+3}$	$t_1 \rightarrow t_{2|3}$
Politisches Interesse	.12	.14	.00	.15	.08
Subjektive politische Kompetenz	.02	.04	-.08	.02	.04

Erläuterungen: $t_1 \rightarrow t_2$: Analysen mit Prädiktoren aus t_1 und t_2-Kriterium; $t_1 \rightarrow t_3$: Analysen mit Prädiktoren aus t_1 und t_3-Kriterium; $t_2 \rightarrow t_3$: Analysen mit Prädiktoren aus t_2 und t_3-Kriterium; $t_1 \rightarrow t_{2+3}$: Analysen mit Prädiktoren der um t_2 erweiterten Stichprobe aus t_3; $t_1 \rightarrow t_{2|3}$: Analysen mit t_1-Prädiktoren im Drei-Wellen-Panel.

Alle bivariaten Korrelationen zwischen der Identifikation mit Deutschland und politischem Interesse sowie subjektiver politischer Kompetenz waren statistisch unbedeutend (*Tabelle 20*). Auffällig war lediglich das negative Vorzeichen der Korrelation zwischen Identifikation mit Deutschland zu t_2 und dem Kompetenzmaß zu t_3.

4.5.3.1 Identifikation mit Deutschland als Prädiktor für politisches Interesse

Vorhersage des politischen Interesses in der um t_2 erweiterten Stichprobe aus t_3. Die Identifikation mit Deutschland war in der Analyse der erweiterten Stichprobe ein durchgehend insignifikanter Prädiktor ($ps \geq .234$). Lediglich subjektive politische Kompetenz als auch das Ausgangsniveau politischen Interesses hatten prognostischen Wert für das Kriterium. Ebenfalls war die Identifikation mit Deutschland in dem Drei-Wellen-Panel unbedeutend für politisches Interesse (vgl. alle finalen Modelle in *Tabelle 21*).

Vorhersage des politischen Interesses zu t_2. Durchgehend war die zu t_1 gemessene, subjektive politische Kompetenz ein bedeutsamer Prädiktor für politisches Interesse zu t_2. Keine andere Variable war in einem der Modellschritte von statistischer Relevanz, abgesehen von dem Ausgangsniveau des politischen Interesses. Die Identifikation mit Deutschland war ohne prognostischen Wert ($ps \geq .642$).

Vorhersage des politischen Interesses zu t_3 (t_1-Prädiktoren). Etwas anders verhielt es sich bei Betrachtung des politischen Interesses zu t_3: Neben subjektiver politischer Kompetenz ($\beta = .48$, $t_{42} = 3.49$, $p = .001$) hatte (männliches) Geschlecht im ersten Modell ebenfalls eine statistische Bedeutung ($\beta = .25$, $t_{42} = 2.04$, $p = .047$; Modellanpassung: $F_{6,42} = 8.50$, $p < .001$; $R^2 = .55$, $R^2_{adj} = .48$). Allerdings verlor das Geschlecht unter Einbezug der Identifikation mit Deutschland seinen prädiktiven Wert, während die Identifikation mit Deutschland wiederum erst unter Kontrolle auf das zu t_1 gemessene politische Interesse marginale Signifikanz erreichte. Auf dem Fünf-Prozentniveau statistisch bedeutsam war im finalen Modell ausschließlich das politische Interesse zu t_1. Allerdings hatte politisches Interesse aus t_1 umgekehrt keinerlei signifikanten Einfluss auf die Identifikation mit Deutschland zu t_3 ($\beta = .20$, $t_{41} = 1.22$, $p = .231$), sodass die kollektive Identifikation eine als kausal zu benennende Zunahme im politischen Interesse bewirkte.

Tabelle 21: Multiple Regressionsanalysen für Befragte ohne Migrationsgeschichte (Kriterium: *Politisches Interesse*)[1]

	$t_1 \to t_2$			$t_1 \to t_3$			$t_2 \to t_3$			$t_1 \to t_{2+3}$			$t_1 \to t_{2|3}$		
	β	t	p	β	t	p	β	t	p	β	t	p	β	t	p
Alter	.03	0.36	.724	.07	0.60	.554	.05	0.57	.577	.03	0.34	.732	.13	1.01	.324
Geschlecht (Frau/Mann)	.01	0.09	.930	.06	0.50	.621	.32	3.10	.005	-.01	-0.15	.884	.23	1.51	.146
Einnahmen	.03	0.29	.772	.03	0.24	.812	.15	1.59	.123	.05	0.63	.532	.01	0.07	.949
Religiosität	.03	0.36	.724	.01	0.05	.963	.04	0.43	.668	-.00	-0.01	.993	-.05	-0.43	.674
Politisches Handeln (Vergangenheit)	-.01	-0.14	.889	.12	0.97	.338	.07	0.72	.480	.03	0.41	.680	.18	1.21	.241
Politisches Interesse	.49	4.20	.000	.47	2.89	.006	.58	2.87	.008	.55	5.38	.000	.22	1.14	.269
Subjektive politische Kompetenz	.39	3.27	.002	.24	1.54	.131	.10	0.49	.626	.26	2.56	.013	.46	2.51	.021
Identifikation mit Deutschland	-.04	-0.47	.642	.20	1.94	.059	-.00	-0.04	.969	.09	1.20	.234	.04	0.32	.752
Freiheitsgrade & Modellgüte[2]	50	.654	.599	40	.648	.578	27	.805	.747	71	.654	.615	20	.738	.633

1 Ergebnisse des dritten Modellschritts. Erläuterungen: $t_1 \to t_2$: Analysen mit Prädiktoren aus t_1 und t_2-Kriterium; $t_1 \to t_3$: Analysen mit Prädiktoren aus t_1 und t_3-Kriterium; $t_2 \to t_3$: Analysen mit Prädiktoren aus t_2 und t_3-Kriterium; $t_1 \to t_{2+3}$: Analysen mit t_1-Prädiktoren für die um t_2 erweiterte Stichprobe aus t_3; $t_1 \to t_{2|3}$: Analysen mit t_1-Prädiktoren für Personen, die sowohl an t_2 als auch an t_3 teilnahmen (Drei-Wellen-Panel).
2 Angegeben ist zuerst die Anzahl der Freiheitsgrade *df*, anschließend R^2 sowie in der dritten Spalte das adjustierte R^2_{adj}.

4.5 Vergleichende Analysen für Studierende ohne Migrationsgeschichte

Tabelle 22: Multiple Regressionsanalysen für Befragte ohne Migrationsgeschichte (Kriterium: Subjektive politische Kompetenz)[1]

	$t_1 \rightarrow t_2$			$t_1 \rightarrow t_3$			$t_2 \rightarrow t_3$			$t_1 \rightarrow t_{2+3}$			$t_1 \rightarrow t_{2|3}$		
	β	t	p	β	t	p	β	t	p	β	t	p	β	t	p
Alter	-.04	-0.44	.662	.07	0.54	.595	.04	0.38	.710	.01	0.12	.908	.05	0.43	.672
Geschlecht (Frau/Mann)	.17	2.02	.049	.09	0.67	.505	.23	2.10	.045	.12	1.44	.155	.35	2.72	.013
Einnahmen	.10	1.19	.238	.01	0.06	.949	.12	1.16	.258	.08	1.01	.317	.06	0.56	.581
Religiosität	.01	0.13	.894	.07	0.65	.517	.25	2.56	.017	.00	0.03	.978	-.00	-0.03	.979
Politisches Handeln (Vergangenheit)	.08	0.96	.341	.05	0.42	.676	-.17	-1.60	.121	.08	1.04	.303	.16	1.28	.214
Politisches Interesse	.25	2.38	.021	.37	2.21	.033	.57	2.63	.014	.36	3.60	.001	-.01	-0.07	.945
Subjektive politische Kompetenz	.56	5.23	.000	.39	2.42	.020	.20	0.93	.363	.41	4.10	.000	.69	4.44	.000
Identifikation mit Deutschland	-.20	-2.33	.024	.06	0.56	.582	-.19	-1.85	.075	-.08	-1.15	.255	-.11	-0.96	.347
Freiheitsgrade & Modellgüte[2]	50	.721	.676	40	.626	.552	27	.773	.705	71	.670	.633	20	.810	.734

1 Ergebnisse des dritten Modellschritts. Erläuterungen: $t_1 \rightarrow t_2$: Analysen mit Prädiktoren aus t_1 und t_2-Kriterium; $t_1 \rightarrow t_3$: Analysen mit Prädiktoren aus t_1 und t_3-Kriterium; $t_2 \rightarrow t_3$: Analysen mit Prädiktoren aus t_2 und t_3-Kriterium; $t_1 \rightarrow t_{2+3}$: Analysen mit t_1-Prädiktoren für die um t_2 erweiterte Stichprobe aus t_3; $t_1 \rightarrow t_{2|3}$: Analysen mit t_1-Prädiktoren für Personen, die sowohl an t_2 als auch an t_3 teilnahmen (Drei-Wellen-Panel).
2 Angegeben ist zuerst die Anzahl der Freiheitsgrade df, anschließend R^2 sowie in der dritten Spalte das adjustierte R^2_{adj}.

Vorhersage des politischen Interesses zu t_3 (t_2-Prädiktoren). Wurden dagegen die t_2-Prädiktoren verwendet, war durchgehend (männliches) Geschlecht ein statistisch signifikanter Prädiktor für politisches Interesse, während subjektive politische Kompetenz zwar im ersten Schritt von Bedeutung war ($\beta = .59$, $t_{29} = 5.04$, $p < .001$; Modellanpassung: $F_{6,29} = 13.89$, $p < .001$; $R^2 = .74$, $R^2_{adj} = .69$), allerdings im dritten Modell zugunsten des Ausgangsniveaus politischen Interesses an statistischer Bedeutung verlor. Die Identifikation mit Deutschland war in keinem Schritt ein statistisch bedeutsamer Prädiktor ($ps \geq .543$).

4.5.3.2 Identifikation mit Deutschland als Prädiktor für politische Kompetenz

Vorhersage der subjektiven politischen Kompetenz in der um t_2 erweiterten Stichprobe aus t_3. Erneut war die Identifikation mit Deutschland in der erweiterten Analysestichprobe ein durchgehend insignifikanter Prädiktor ($ps \geq .255$). Ausschließlich politisches Interesse sowie das Ausgangsniveau subjektiver politischer Kompetenz waren signifikante Prädiktoren, wenngleich politisches Handeln erst im dritten Modell seinen Vorhersagewert verlor. Dies traf analog auf das Drei-Wellen-Panel zu, in welchem jedoch auch politisches Interesse im letzten Modell seine statistische Bedeutung verlor (vgl. die finalen Modelle in *Tabelle 21*).

Vorhersage der subjektiven politischen Kompetenz zu t_2. Die Vorhersage des zu t_2 vorhandenen Ausmaßes subjektiver politischer Kompetenz konnte im ersten Analyseschritt ausschließlich durch die Politisierungsvariablen erklärt werden (politisches Handeln: $\beta = .23$, $t_{52} = 2.32$, $p = .024$; politisches Interesse: $\beta = .53$, $t_{52} = 4.93$, $p < .001$; Modellanpassung: $F_{6,52} = 11.07$, $p < .001$; $R^2 = .56$, $R^2_{adj} = .51$). Der zweite Modellschritt war statistisch unbedeutend ($F_{1,51} = 0.83$, $p = .367$), allerdings erlangte die Identifikation mit Deutschland unter Kontrolle auf das Ausgangsniveau subjektiver politischer Kompetenz (negative) statistische Bedeutung. Darüber hinaus waren im finalen Modell (männliches) Geschlecht, politisches Interesse sowie subjektive politische Kompetenz (t_1) signifikante und positive Prädiktoren, während das vergangene Verhalten im dritten Schritt seine prognostische Bedeutung verlor. Der „Granger-Test" sprach für diese Einflussrichtung, da subjektive politische Kompetenz umgekehrt keinen Effekt auf die Identifikation mit Deutschland hatte ($\beta = -.20$, $t_{50} = -1.41$, $p = .165$).

Vorhersage der subjektiven politischen Kompetenz zu t_3 (t_1-Prädiktoren). Hinsichtlich der zu t_3 erfassten Kompetenz war durchgehend politisches Interesse ein signifikanter und positiver Prädiktor. In keinem Modell war eine andere Variable von statistischer Relevanz ($ps \geq .248$), abgesehen vom Ausgangsniveau subjektiver politischer Kompetenz im Gesamtmodell. Die Identifikation mit Deutschland war somit ebenfalls irrelevant ($ps \geq .582$).

Vorhersage der subjektiven politischen Kompetenz zu t_3 (t_2-Prädiktoren). Anders verhielt es sich mit den t_2-Prädiktoren: Im ersten Modell waren männliches Geschlecht ($\beta = .27$, $t_{29} = 2.34$, $p = .027$), Religiosität ($\beta = .28$, $t_{29} = 2.79$, $p = .009$) sowie politisches Interesse ($\beta = .70$, $t_{29} = 5.88$, $p < .001$; Modellanpassung: $F_{6,29} = 13.08$, $p < .001$; $R^2 = .73$, $R^2_{adj} = .67$) signifikante und positive Prädiktoren. Im zweiten Schritt war ferner die Identifikation mit Deutschland von negativer statistischer Relevanz ($\beta = -.20$, $t_{28} = -2.06$, $p = .049$; Modellanpassung: $F_{7,28} = 13.07$, $p < .001$; $R^2 = .77$, $R^2_{adj} = .71$). Im finalen Modell reduzierte sich allerdings die Signifikanz der kollektiven Identität auf marginales Niveau, wohingegen Geschlecht, Religiosität und politisches Interesse weiterhin signifikante Prädiktoren waren, nicht aber die subjektive politische Kompetenz (t_2). Wie bereits in obiger Analyse hatte das subjektive Kompetenzmaß aus t_2 keinen statistisch relevanten Einfluss auf die Identifikation mit Deutschland zu t_3 ($\beta = -.14$, $t_{28} = -0.51$, $p = .617$).

4.5.3.3 Potenzielle Mediatoren und Moderatoren

Allgemeine politische Effektivität („Politische Verdrossenheit")

Als Mediator kam das Maß für politische Verdrossenheit nicht infrage ($ps \geq .134$), denn unabhängig vom Kriterium war der vierte Modellschritt durchgehend insignifikant ($Fs \leq 2.29$, $ps \geq .134$). Dies traf ebenfalls auf die Prüfung von moderierten Zusammenhängen hin, denn in der erweiterten Stichprobe gab es keine statistisch bedeutsame Interaktion ($ps \geq .188$), sowohl für politisches Interesse als auch für subjektive politische Kompetenz war der fünfte Modellschritt insignifikant ($Fs \leq 1.77$, $ps \geq .188$).

Soziale Netze: Einbindung in deutsche Vereine

Ob die Befragten Freunde, Verwandte oder nähere Bekannte hatten, welche in deutschen Vereinen aktiv waren, war ohne jeglichen direkten Effekt auf politisches Interesse oder subjektive politische Kompetenz ($ps \geq .456$), der vierte Modellschritt war stets unbedeutend ($Fs < 0.57$, $ps \geq .456$). Wie bei den Befragten mit türkischer Migrationsgeschichte wurde diese Vereinsvariable nicht über die Identifikation mit Deutschland auf kognitive Politisierung mediiert. Es ließ sich ebenfalls für beide Kriterien kognitiver Politisierung keine statistisch bedeutsame Interaktion zwischen Identifikation mit Deutschland und Vereinsvariable identifizieren ($ps \geq .221$) – der fünfte Modellschritt war ohne statistische oder empirische Bedeutung ($Fs < 1.53$, $ps \geq .221$). Dreifach-Interaktionen aus kollektiver Effektivität, kollektiver Identität und Vereinsvariable waren ebenfalls nicht vorhanden ($ps \geq .799$; Modellschritte: $Fs < 0.59$, $ps \geq .626$).

4.5.3.4 Vergleichende Diskussion der Befunde

Bedauerlicherweise waren die Analysen für die Vergleichsgruppe aufgrund besonders kleiner Stichproben trotz sparsamer Modellierung enge Grenzen gesetzt, auch wegen fehlender, vergleichbarer Variablen für die verschiedenen kollektiven Identitäten. Analysen für die Drei-Wellen-Stichprobe waren zudem in beiden Gruppen kaum verlässlich durchführbar, sodass ersatzweise auf das erweiterte Panel zu blicken war. Selbst Analysen mit den zum dritten Messzeitpunkt erfassten Kriterien waren unter Verwendung der kollektiven Identitäten als Prädiktoren deswegen etwas vorsichtiger zu interpretieren, da eine relativ große Zahl von Variablen auf eine insgesamt kleine Stichprobe fiel. Unter Berücksichtigung dieser Einschränkungen lassen sich dennoch kurze, abschließende Feststellungen bezüglich direkter oder moderierter Effekte von kollektiven Identitäten auf kognitive Politisierung im Vergleich zwischen Befragten mit und solchen ohne Migrationsgeschichte treffen.

Zunächst sei nochmals für die migrantische Stichprobe zusammengefasst, dass eine separatistische türkische Identifikation insgesamt negativ auf (allgemeine) kognitive Politisierung wirkte. Dies galt besonders bei hoher wahrgenommener Effektivität des eigenen Kollektivs. Für eine duale Identifikation konnten kaum statistisch bedeutsame Zusammenhänge ermittelt werden, doch nahm es den Anschein, als trage ein größerer Anteil von Bekannten, welche in deutschen Vereinen engagiert sind, zu einem positiven Effekt dualer Identität auf subjektive politische Kompetenz bei.

Während die soeben benannten Maße kein Pendant unter Personen ohne Migrationsgeschichte haben, trifft dies auf die ethnisch-kulturelle Identifikation mit Türken sowie auf die Identifikation mit Deutschland als der übergeordneten sozialen Entität nicht zu: Letztere wurde für beide Gruppen erhoben und ist somit real vergleichbar. Erstere dagegen stellt für die Befragten mit türkischer Migrationsgeschichte eine Eigengruppenidentität dar – unter Personen ohne Migrationsgeschichte entspricht die Eigengruppe „den" Deutschen. Somit sind die Befunde der nichtmigrantischen Stichprobe jeweils mit zwei kollektiven Identitäten unter Menschen mit türkischer Migrationsgeschichte in Bezug zu setzen sowie zu vergleichen.

Für subjektive politische Kompetenz scheint eine Identifikation mit Deutschland gleichgerichtete Zusammenhänge zu besitzen und jene umso mehr zu vermindern, je größer diese ausfällt. Wenngleich dieser Effekt unter Befragten mit türkischer Migrationsgeschichte offenbar ergänzend an ein geringes Maß realen Sozialkapitals in Form von Bekannten in türkischen Vereinen gekoppelt ist, sprechen diese Befunde gegen Annahmen, eine kollektive Identifikation mit der Mehrheitsgesellschaft oder eine nationale Identität fördere stets kognitive Politisierung (siehe demgegenüber Cohrs 2003).

Gegen die simple Übertragung der sozialen Bewegungsforschung auf allgemeine kognitive Politisierung sprechen auch die Befunde für die ethnisch-kulturelle Identifikation, denn in Bezug auf subjektive politische Kompetenz hatte die kollektive Identifikation mit Türken als der relevanten Eigengruppe der Befragten mit Migrationsgeschichte eine negative Bedeutung für das Kompetenzmaß (gegeben geringes Sozialkapital in Form von in deutschen Vereinen engagierten Bekannten). Insofern ließen sich die Befunde für subjektive politische Kompetenz generalisieren und traten in mehr oder minder gleicher Weise auf, wenngleich im multivariaten Modell auch ein direkter und positiver Effekt der ethnisch-kulturellen Identität vorlag. Ebenfalls sei an den nicht kausal bestimmbaren, positiven Zusammenhang zwischen Identifikation mit Türken und subjektiver politischer Kompetenz, unter der Bedingung einer geringen Anzahl von in deutschen Vereinen aktiven Bekannten, hingewiesen.

Anders dagegen verhielt es sich mit politischem Interesse, für welches die Ergebnisse für Befragte ohne Migrationsgeschichte nur teilweise im Einklang mit den Resultaten für die Studierenden mit türkischer Migrationsgeschichte standen. In Bezug auf politisches Interesse wies die Identifikation mit Deutschland für erstgenannte Gruppe über den längeren Zeitraum zwischen der ersten und dritten Messung positive Bedeutung auf[82]. Während damit für Menschen ohne Migrationsgeschichte eine „national identity" in der Tat eher zu politischem Interesse beiträgt (vgl. Huddy/Kathib 2007), so trifft dies erneut nicht zu bei vorhandener Migrationsgeschichte: Wenn sich eine „nationale" Identität auf die eigene ethnisch-kulturelle Gruppe bezieht, so fördert dies womöglich das Interesse an dem Geschehen auf der politischen Bühne, weil es die eigene Bühne ist. Gehört man dagegen einer Minderheit an, fühlt sich möglicherweise als Gruppe nicht benachteiligt, dann scheint es am Interesse an Politik zu fehlen; dieses nimmt umso mehr mit steigender Identifikation mit Deutschland ab, je weniger man in der eigenen Gruppe in Vereinsnetzwerke eingebunden ist. Eine Identifikation mit der Mehrheitsgesellschaft könnte bei Studierenden mit türkischer Migrationsgeschichte eine Strategie der Abgrenzung von der eigenen Gruppe widerspiegeln, da man nichts mit

---

[82] Wurden analog zu den Analysen für die migrantische Stichprobe die tabellarisch ausgewiesenen Analysen in Mplus unter Verwendung robuster Standardfehler wiederholt (MLR-Schätzer), so war der zunächst marginale Effekt der Identifikation mit Deutschland auf politisches Interesse sogar signifikant ($\beta = .20$, $t_{40} = 2.10$, $p = .036$). Hinsichtlich der anderen Analysen gab es keine Veränderung in der Signifikanz des Identitätsmaßes.

Politik zu tun hat, welche mutmaßlich im eigenethnischen Kontext vor allem um die Integrationsproblematik kreist. Vielleicht wird tatsächlich eine individualisierte Erfolgsstrategie verfolgt und es werden politische Belange als für die eigene Person nicht zielführend betrachtet, weil das Ziel der persönliche Erfolg ist, welcher subjektiv unter Umständen eine Abgrenzung von der eigenen, benachteiligten Gruppe erfordert.

Dafür spricht auch der Befund der ethnisch-kulturellen Identität für Befragte mit Migrationsgeschichte, denn im multivariaten Modell zeigte diese Identifikation – analog zur Eigengruppenidentität unter nichtmigrantischen Studierenden – einen positiven Effekt auf politisches Interesse. Zugleich war bei hoher Identifikation mit Türken eine Einbindung in deutsche Vereinsnetze nachteilig für die Ausbildung von politischem Interesse. Andererseits hatte die Einbindung in türkische Vereine bei hoher Identifikation mit Deutschland positive Effekte auf politisches Interesse und förderte offenbar Neugier am Politischen.

Im Gegensatz zur migrantischen Stichprobe waren in der Vergleichsgruppe keine signifikanten Interaktionen zu ermitteln. Dies entspricht einander insoweit, als jene Maße, welche in der Studierendenstichprobe mit türkischer Migrationsgeschichte miteinander interagierten, nicht für die Vergleichsgruppe vorlagen, da es sich um spezifische Variablen mit Relevanz für Menschen mit türkischer Migrationsgeschichte handelte. Eine interessante Fortführung wäre es daher, ähnliche Maße beispielsweise für Deutsche in der Türkei zu erheben oder generell bei Menschen mit deutscher Migrationsgeschichte in anderen Ländern zu prüfen, ob es sich um grundsätzliche Prozesse der kognitiven (De-)Politisierung handelt.

Anliegen der Analysen für kollektive Identitäten war es, für kognitive Politisierung explorativ zu ermitteln, welche Bedeutung jene für die Erklärung dieser besitzen. Offensichtlich wirken kollektive Identitäten letzten Endes auf kognitive Politisierung. Die Befunde sind dabei nicht völlig unabhängig davon, um welches Kollektiv es sich handelt. Somit erweitern diese Erkenntnisse bestehende Forschung zu sozialen Bewegungen, denn nicht nur fördert eine kollektive Identifikation (gruppendienliches) politisches Handeln. Kollektive Identitäten beeinflussen zudem kognitive Politisierung – insbesondere erklären sie Veränderungen in der subjektiven politischen Kompetenz, wobei eine Identifikation mit der übergeordneten Entität offenbar nachteilig ist oder nur in Kombination mit eigenethnischen Netzwerkressourcen zumindest die Entwicklung von politischem Interesse begünstigt. Andererseits wirkt eine Identifikation mit der Eigengruppe förderlich auf politisches Interesse mithin Neugier am politischen Geschehen. Da bisher vor allem konkrete Bewegungsbeteiligung oder soziopolitisches Handeln im gesellschaftlichen Nahbereich erforscht wurde (z. B. Simon et al. 1998; Simon/Ruhs 2008; Stürmer/Simon 2004b), in vorliegender Arbeit jedoch genuin politische Aktivitäten betrachtet wurden, dürften kollektive Identitäten somit auch für generelles politisches Handeln mindestens indirekt bedeutsam sein. Hierbei wäre ein vielfältiges Zusammenwirken zu beachten, während die Haupteffekte vermuten ließen, dass eine Identifikation mit Deutschland im Migrationskontext indirekt über kognitive Politisierung negativ auf alle Formen politischen Handelns wirkt, während eine derartige Identifikation bei Personen ohne Migrationsgeschichte über subjektive politische Kompetenz zu verminderter konventioneller politischer Aktivität beitragen dürfte. Andererseits dürfte eine Identifikation mit dem „eigenen" Kollektiv indirekt die Chance der Wahlbeteiligung erhöhen oder bei Menschen mit türkischer Migrationsgeschichte auch unkonventionelle politische Betätigung begünstigen.

5 Ausblick: Ergebnisse, ihre Praxisrelevanz und offene Fragen

Zunächst wurde gezeigt, dass objektives politisches Wissen unter Kontrolle auf subjektive politische Kompetenz kaum direkte Handlungsrelevanz hat, während das objektive Kompetenzmaß vermittelt über subjektive Kompetenz auf konventionelles politisches Handeln wirkt. Somit ist politisches Wissen, wie die Analysen zur Relevanz subjektiver politischer Kompetenz für konventionelles politisches Handeln als auch die qualitativen Interviews nahelegten, eine entscheidende Vorbedingung für die Ausführung dieser Aktivitäten. Politisches Wissen zu vermitteln, bleibt somit eine wichtige Aufgabe politischer Bildung, welche einen aktiven, in den offiziellen politischen Strukturen engagierten Bürger zum Ziel hat. Allerdings ist es von größerer Wichtigkeit, das politische Kompetenzempfinden zu stärken, wie die Analysen gezeigt haben. Dies trifft in besonderem Maß für Menschen mit (türkischer) Migrationsgeschichte zu, denn einerseits haben diese oftmals ein geringeres Wissen über Politik in Deutschland (vgl. Greve et al. 2009). Andererseits darf dabei die Bedeutung politischen Interesses gerade im Migrationskontext nie vergessen werden, denn ohne dieses wirken auch politische Kompetenzen kaum handlungsaktivierend.

Obwohl sich die Befunde der migrantischen Stichprobe, welche eine herausragende Bedeutung politischen Interesses zeigten, nicht in gleicher Weise für Studierende ohne Migrationsgeschichte identifizieren ließen und somit für Studierende mit türkischer sowie Studierende ohne Migrationsgeschichte unterschiedliche Prozesse zu politischem Handeln führen, kann davon ausgegangen werden, dass konventionelle politische Tätigkeiten generell die Aktivierung eines reflexiven Handlungsstranges in Form politischer Kompetenzen voraussetzen. Demgegenüber konnte politisches Interesse lediglich in der migrantischen Stichprobe als bedeutsamer Prädiktor unkonventioneller politischer Beteiligung nachgewiesen werden, hatte aber letzten Endes hypothesenkonform größere Bedeutung für politisches Handeln. Wenn es Ziel politischer Sozialisation sein soll, Menschen mit Migrationsgeschichte zur Gestaltung des politischen Gemeinwesens und der Besetzung entsprechender Schlüsselpositionen zu motivieren, dann muss politisches Interesse geweckt werden, da dieses affektive und kognitive Pfade zu politischem Handeln miteinander verbindet (vgl. Hidi/Renninger/Krapp 2004). Zugleich sollte politisches Interesse möglicherweise auf einem höheren Ausgangsniveau politischer Kompetenz aufbauen. Menschen mit Migrationsgeschichte müssen für das politische Geschehen in Deutschland interessiert werden, damit sie sich einbinden; es sollten Möglichkeiten und Wege eröffnet werden, die offensichtlich erlebte Distanz zu überwinden sowie eigene Handlungsfähigkeiten, einschließlich vorhandener politischer Rechte, zu erkennen. Höhere Bildung dürfte hierzu eine Voraussetzung sein, denn zahlreiche Studien belegen die positive Bedeutung allgemeiner Bildung für Politisierung. Andererseits hat die Mehrheitsgesellschaft dafür Sorge zu tragen, dass alle Menschen eingebunden werden.

In der Summe konnte gezeigt werden, dass es sich bei politischem Interesse häufig um einen proximaleren Prädiktor politischen Verhaltens handelt, dass diese Variable als affektiver Pfad betrachtet werden kann, jedoch für komplexere politische Tätigkeiten um reflexive Prozesse ergänzt oder von diesen überlagert werden muss. Somit sprechen diese Befunde dafür, dass reflexiv sowie impulsiv aktivierbare Wege in differenzierter Weise zu unterschiedlichen (politischen) Aktivitäten führen, wie es etwa aus dem Modell von Strack und Deutsch (2004) abgeleitet werden kann. Zugleich weisen die Befunde darauf hin und ergänzen entsprechende andere Studien, dass die von Ajzen und Madden (1986) vorgeschlagene Theorie des geplanten Verhaltens einerseits vornehmlich für weniger leicht habitualisierbare Handlungen empirische Gültigkeit hat. Andererseits wirkt die subjektiv wahrgenommene Handlungskontrolle (in Form subjektiver politischer Kompetenz) tatsächlich sowohl direkt (Studierende ohne Migrationsgeschichte) als auch vermittelt über die Verhaltensintention (Studierende mit türkischer Migrationsgeschichte) auf politisches Handeln.

Kollektive Identitäten scheinen erstaunlicherweise unter vielen Bedingungen negative Effekte auf kognitive Politisierung zu haben, soweit es sich um Menschen mit türkischer Migrationsgeschichte handelt. Eine höhere Identifikation mit der übergeordneten Gesellschaft wirkt nicht nur vermittelt über (eine dadurch geringere) wahrgenommene Marginalisierung des ethnisch-kulturellen Kollektivs hemmend, sondern hat direkt negative Bedeutung. Während dies hinsichtlich subjektiver politischer Kompetenz für Menschen ohne Migrationsgeschichte ebenso zutrifft und auf einen allgemeinen Prozess deutet, wird politisches Interesse vor allem von der Identifikation mit der eigenen Bezugsgruppe stimuliert. Im Kontext von Migration in Deutschland bedeutet dies, dass niemandem seine ethnisch-kulturelle Identität genommen werden darf, sondern diese muss anerkannt und als produktiv sowie als Bereicherung bewertet werden. Assimilationsbestreben stellen folglich die falsche „Integrationsstrategie" dar, wie auch ein positiver Effekt der Anzahl Bekannter in türkischen Vereinen auf politisches Interesse bei hoher Identifikation mit Deutschland zeigt.

Allerdings kann eine Identifikation mit Türken depolitisierend wirken, wenn zugleich Kontakte zur Mehrheitsgesellschaft, mithin eine gewisse Einbindung in das soziale Leben in Deutschland, bestehen oder wenn diese Identifikation eine extreme Form der identifikatorischen Separierung von der Mehrheitsgesellschaft annimmt. Um Neugier am politischen Geschehen oder dem Anderen, dem Allgemeinen zu wecken, muss man sich mit dem Eigenen identifizieren, muss sich in der Gesamtgesellschaft positionieren und verankern, darf sich dabei von dieser aber nicht abgrenzen. Einzig eine duale Identität scheint – unter der ganz speziellen Bedingung einer „doppelten Dualität" – von ausschließlich positiver Bedeutung für kognitive Politisierung zu sein, zumindest im Hinblick auf subjektive politische Kompetenz. Das heißt eine Kombination aus migrantischer Herkunft und Beziehungsnetzen zu Personen, die in deutschen Vereinen aktiv sind, trägt bei zunehmender dualer Identifikation mit ethnisch-kultureller Gruppe und der Mehrheitsgesellschaft zu kognitiver Politisierung bei. Wenn es gelingt, dass Menschen mit Migrationsgeschichte von beiden Kulturen profitieren, dann werden subjektiv kompetente Mitmenschen und Mitbürger aus ihnen, die sich umso aktiver am politischen Prozess beteiligen sowie sich in diesen einbringen werden. Weil auf diese Weise ein eher rationaler Pfad zu politischem Handeln gestärkt wird, ist eine duale Identität gleichsam als bewusst gewählte Integrationsstrategie zu verstehen. Nichtanerkennung ethnisch-kultureller Vielfalt sowie Bestrebungen zur assimilatorischen „Verdeutschung" ist daher erneut eine Absage zu erteilen.

5 Ausblick: Ergebnisse, ihre Praxisrelevanz und offene Fragen

Diese Befunde ergänzen und erweitern bestehende Forschungen zu sozialen Bewegungen und kollektiven Identitäten nicht nur durch den Bezug auf kognitive Politisierung. Zunächst ist keineswegs (konstruktiver) Patriotismus oder eine nationale Identifikation per se kognitiv politisierend, wie mitunter behauptet wird (z. B. Cohrs 2005; Huddy/Khatib 2007). Vielmehr kann eine solche Identifikation gerade das eigene Kompetenzempfinden vermindern. Stattdessen ist eher die Identifikation mit der eigenen Gruppe von Relevanz, muss also der Kontext und die Einbettung des Individuums beachtet werden. Die bisher primär für soziopolitisches Handeln vorhandenen, positiven Befunde dualer Identifikation (z. B. Simon/Grabow 2010; Simon/Ruhs 2008) konnten somit erweitert werden auf die kognitiven Vorbedingungen genuin politischen Handelns.

Darüber hinaus konnte gezeigt werden, dass eine soziologische Betrachtung realen Sozialkapitals ohne die Berücksichtigung kollektiver Identitäten verkürzend ist, wie ebenso psychologisches Sozialkapital kaum ohne die Verfügbarkeit sozialer Netzwerke kognitiv politisierend wirkt. Bereits bei Bourdieu (1983) war die Bedeutung kollektiver Identifikation als Element sozialen Kapitals implizit angelegt – es zeigt sich, dass eine Kombination soziologischer und psychologischer Herangehensweisen lohnenswert ist und womöglich die Studien von Putnam (1993; 2000) ergänzen und dessen Thesen präzisieren können. Effekte (auch Haupteffekte) soziologischen wie psychologischen Sozialkapitals zeigen sich erst, wenn man deren interaktives Zusammenwirken beachtet.

Schließlich ergaben sich an mancher Stelle Schwierigkeiten oder von den prognostizierten Beziehungen abweichende Resultate und sollen diese Einschränkungen sowie Anregungen für weitere Forschung nicht unerwähnt bleiben. Zunächst betrifft dies die Sonderstellung objektiver politischer Analysefähigkeit: Diese ist offensichtlich qualitativ verschieden von politischem Wissen und weist selbst unter Kontrolle auf subjektive politische Kompetenz eigenständige, nicht mediierte Effekte auf vor allem konventionelles politisches Handeln auf. Dies stellt einerseits die große Bedeutung nachhaltiger politischer Bildungsarbeit im Sinne des Heranziehens eigenständig denkender, zu fundierter politischer Kritik fähiger Bürger heraus, da der Erwerb politischen Wissens analytische Kompetenzen nicht ersetzt. Andererseits wäre es von Vorteil, die Rolle der politischen Analysefähigkeit mittels weiterer, validierter Messinstrumente auf den Grund zu gehen, da diese Kompetenz stärker mit einer allgemeinen Kompetenz zu kritischem Denken verbunden sein könnte, als dies für politisches Wissen und dessen Überschneidung mit Allgemeinwissen zutrifft. In jedem Fall wäre eine Validierung und Erweiterung dieser Maße in nachfolgenden Untersuchungen vorteilhaft.

Mit Bezug auf die Frage, welche Bedeutung objektive politische Kompetenzen speziell für Studierende mit türkischer Migrationsgeschichte haben, muss ebenfalls eingestanden werden, dass sich diesbezügliche Aussagen auf eine Stichprobe von Psychologiestudierenden unabhängig vom Vorhandensein irgendeiner Migrationsgeschichte stützen. Obwohl die Gruppenvariable für Migrationsgeschichte keine moderierenden Einflüsse zu haben schien, könnte es einen Unterschied machen, ob es sich beispielsweise um Studierende mit italienischer oder türkischer Migrationsgeschichte handelt. Da sich zwischen Befragten mit türkischer und solchen ohne Migrationsgeschichte unterschiedliche Politisierungsprozesse identifizieren ließen, wäre dieser Aspekt in künftigen Studien aufzuhellen.

Daneben erschwerten kleine Stichproben mitunter statistische Analysen (insbesondere für inhalts- sowie zielspezifische Politisierung) und könnte dies ein Grund gewesen sein, dass sich nicht in allen Analysen die gleichen Befundmuster identifizieren ließen. Es war bedauerlicherweise nicht möglich, über drei Messungen hinweg beispielsweise die Wirkkette zwischen subjektiver politischer Kompetenz und politischem Interesse kausal zu untersuchen. Außerdem konnten indirekte Effekte kollektiver Identitäten über kausale Beeinflussung der kognitiven Politisierung auf tatsächliches Verhalten nicht geprüft werden. Darüber hinaus sollten die Beziehungen zwischen soziologischem und psychologischem Sozialkapital in weiteren Untersuchungen mittels ergänzender, umfangreicherer Maße für soziologisches Sozialkapital repliziert werden.

Bezüglich der nicht immer identischen Befundmuster in den jeweiligen Einzelanalysen könnte auch der Faktor Zeit bedeutsam gewesen sein, da gerade für politisches Handeln Gelegenheiten vorhanden sein müssen, wie dies vor allem bezüglich der Wahlbeteiligung evident ist. Es wurde der Versuch unternommen, auf eine erweiterte, mehrere Messungen kombinierende Stichprobe zurückzugreifen. Dies erlaubte in aller Regel den Einsatz recht komplexer statistischer Verfahren und scheint gerade zur Erklärung politischen Handelns hilfreich, weil so ein längerer Zeitraum Handlungschancen bieten konnte (siehe auch Gaiser/Gille/de Rijke 2010), doch werden dadurch auch Verzerrungen möglich. Die eigenen Befunde auf einer breiteren Basis unter Verwendung stets identischer Maße und über einen längeren Zeitraum sowie außerdem für eine allgemeine Bevölkerungsstichprobe abzusichern, bleibt eine Aufgabe für künftige Forschung.

Aus inhaltlicher Sicht sollte ergänzend folgenden drei Fragen nachgegangen werden: Erstens sollte geklärt werden, ob es sich bei den unterschiedlichen Mustern der Bewirkung politischen Handelns durch kognitive Politisierung um einen eher soziologischen Unterschied zwischen Studierenden ohne Migrationsgeschichte und solchen mit türkischer Migrationsgeschichte handelt (welcher freilich nicht unabhängig von psychologischen Prozessen wäre). Falls dies zutrifft, wäre ebenso zu ermitteln, ob die Befundmuster aus der migrantischen Untersuchungsgruppe exemplarisch für Menschen mit Migrationsgeschichte sind, oder ob diese Gruppe einen „Sonderfall" darstellt und demgegenüber die Muster für Studierende ohne Migrationsgeschichte auf andere Populationen übertragbar sind. Wenngleich die eigenen Befunde tendenziell auf einen soziologischen Unterschied hindeuteten (vgl. Fußnote 81), wäre zum anderen unabhängig davon zu prüfen, ob die Verschiedenheit dieser Befunde möglicherweise abhängig von einem bestimmten Ausgangsniveau subjektiver politischer Kompetenz ist.

Mit Blick auf Sozialkapital sollten nachfolgende Studien neben Menschen mit türkischer Migrationsgeschichte in Deutschland andere Migrantengruppen einbeziehen und wäre es wünschenswert, derartige Analysen in anderen Kontexten (zum Beispiel in den Niederlanden oder den USA) zu wiederholen. Ebenfalls sollten in diesen anderen Kontexten Menschen mit deutscher Migrationsgeschichte berücksichtigt werden, um die Generalisierbarkeit des Zusammenspielens der verschiedenen Sozialkapitalformen zu eruieren. Hierbei könnten auch inhalts- und zielspezifische Maße erfasst werden.

Vorläufig aber ist davon auszugehen, dass objektive politische Kompetenzen Vorbedingungen politischen Handelns sind und sich teilweise in subjektiver politischer Kompetenz widerspiegeln. Ein reflexiver, von Kompetenz getriebener Pfad, führt zu konventioneller politischer Beteiligung, während ein affektiver, Interesse gesteuerter Pfad nahezu stets als proximaleres Maß zu politischem Handeln beiträgt und mindestens für Wahlbeteiligung sowie Studierende mit türkischer Migrationsgeschichte entscheidend ist, um sich in der Mehrheitsgesellschaft ins politische Geschehen einzubringen. Die Identifikation mit der ethnisch-kulturellen Gruppe sollte nicht aufgegeben werden, darf jedoch keine separatistische Extremform annehmen und sollte dann mit einer höheren Verfügbarkeit von (indirekten) Beziehungen zu deutschen Vereinen einhergehen, wenn diese identifikatorische Verbundenheit mit der ethnisch-kulturellen Eigengruppe auch die Form einer dualen Identifikation annimmt. „Doppelt duale" Studierende stellen kompetentere künftige Interessenvertreter der benachteiligten Gruppe von Menschen mit türkischer Migrationsgeschichte dar und könnten durch die zu erwartende Akzeptanz in Mehrheitsgesellschaft und Eigengruppe auf besonders effektive Weise politische Veränderungen anstoßen sowie zu gesellschaftlichem Wandel beitragen.

Literatur

Abravanel, Martin D./Busch, Ronald J. (1975): Political competence, political trust, and the action orientations of university students. In: *Journal of Politics 37 (1)*, 57–82.
Achtenhagen, Frank/Baethge, Martin (2008): Kompetenzdiagnostik als Large-Scale-Assessment im Bereich der beruflichen Aus- und Weiterbildung. In: Prenzel, Manfred/Gogolin, Ingrid/Krüger, Heinz-Hermann (Hrsg.): *Kompetenzdiagnostik. Zeitschrift für Erziehungswissenschaft. Sonderheft 8|2007.* Wiesbaden: VS, 51–70.
Aiken, Leona S./West, Stephen G. (^{5}2003): *Multiple Regression: Testing and Interpreting Interactions.* Reprint. Newbury Park: Sage.
Ajzen, Icek (1991): The theory of planned behavior. In: *Organizational Behavior and Human Decision Processes 50 (2)*, 179–211.
Ajzen, Icek (2001): Nature and operation of attitudes. In: *Annual Review of Psychology 52*, 27–58.
Ajzen, Icek/Fishbein, Martin (1980): *Understanding Attitudes and Predicting Social Behavior.* Upper Saddle River: Prentice-Hall.
Ajzen, Icek/Madden, Thomas J. (1986): Prediction of goal-directed behavior: Attitudes, intentions, and perceived behavioral control. In: *Journal of Experimental Psychology 22 (5)*, 453–474.
Allison, Paul D. (1977): Testing for interaction in multiple regression. In: *The American Journal of Sociology 83 (1)*, 144–153.
Almond, Gabriel A./Verba, Sidney (1965): *The Civic Culture. Political Attitudes and Democracy in Five Nations.* Boston: Little, Brown and Co.
Amadeo, Jo-Ann/Torney-Purta, Judith/Lehmann, Rainer/Husfeldt, Vera/Nikolova, Roumiana (2002): *Civic Knowledge and Engagement. An IEA Study of Upper Secondary Students in Sixteen Countries.* Amsterdam: IEA.
Anderson, John R. (1995): *Learning and Memory. An Integrated Approach.* New York: Wiley & Sons.
Andreas, Heinz/Groß, Hermann/Jung, Günter/Schreiber, Bernd (2006): *Handlungswissen Politik. Lern- und Arbeitsheft für die Lernbausteine 4 und 5.* Troisdorf: Bildungsverlag EINS.
Aristoteles (^{2}2008): *Nikomachische Ethik.* Übersetzt und hrsg. von Ursula Wolf. Reinbek bei Hamburg: Rowohlt
Arnold, Nina/Fackelmann, Bettina/Graffius, Michael/Krüger, Frank/Talaska, Stefanie/Weißenfels, Tobias (2011): *Sprichst du Politik? Ergebnisse des Forschungsprojekts und Handlungsempfehlungen.* Berlin: FES.
Babka von Gostomski, Christian (2008): *Türkische, griechische, italienische und polnische Personen sowie Personen aus den Nachfolgestaaten des ehemaligen Jugoslawien in Deutschland. Erste Ergebnisse der Repräsentativbefragung „Ausgewählte Migrantengruppen in Deutschland 2006/2007" (RAM).* Working Paper 11 der Forschungsgruppe für Migration und Integration, hrsg. vom Bundesamt für Migration und Flüchtlinge. Nürnberg: BAMF.
Backhaus, Klaus/Erichson, Bernd/Plinke, Wulff/Weiber, Rolf (^{12}2008): *Multivariate Analysemethoden. Eine anwendungsorientierte Einführung.* Berlin/Heidelberg: Springer.
Badea, Constantina/Jetten, Jolanda/Iyer, Aarti/Er-Rafiy, Abdelatif (2011): Negotiating dual identities: The impact of group-based rejection on identification and acculturation. In: *European Journal of Social Psychology 41 (5)*, 586–595.

Baker, Reg/Blumberg, Stephen J./Brick, J. Michael/Couper, Mick P./Courtright, Melanie/Dennis, J. Michael/Dillman, Don/Frankel, Martin R./Garland, Philip/Groves, Robert M./Kennedy, Courtney/Krosnick, Jon/Lavrakas, Paul J./Lee, Sunghee/Link, Michael/Piekarski, Linda/Rao, Kumar/Thomas, Randall K./Zahs, Dan (2010): Research synthesis. AAPOR report on online panels. In: *Public Opinion Quarterly 74 (4)*, 711–781.

Bakshi-Hamm, Parminder/Lind, Inken (2008): Migrationshintergrund und Chancen an Hochschulen: Gesetzliche und aktuelle Statistiken. In: Lind, Inken/Löther, Andrea (Hrsg.): *Wissenschaftlerinnen mit Migrationshintergrund. (CEWS-Publik 12)* Bonn: CEWS, 11–24.

Balch, George I. (1974): Multiple indicators in survey research: The concept 'sense of political efficacy'. In: *Political Methodology 1 (2)*, 1–43.

Bandura, Albert (1977): Self-efficacy: Toward a unifying theory of behavioral change. In: *Psychological Review 84 (2)*, 191–215.

Bandura, Albert (1997): *Self-efficacy: The Exercise of Control*. New York: Freeman.

Bargel, Tino (1994): *Studierende und Politik im vereinten Deutschland*. Reihe: Bildung – Wissenschaft – Aktuell 3/1994. Sonderauswertung einer Erhebung zur Studiensituation an deutschen Universitäten und Fachhochschulen im WS 1992/93. Bonn: BMBF.

Bargel, Tino (2008): *Wandel politischer Orientierungen und gesellschaftlicher Werte der Studierenden. Studierendensurvey: Entwicklungen zwischen 1983 und 2007*. Bonn/Berlin: BMBF.

Bargel, Tino/Sandberger, Johann-Ulrich (1981): Politisches Engagement und gesellschaftspolitische Vorstellungen. In: Peisert, Hansgert/Bargel, Tino/Dippelhofer-Stiem, Barbara/Framheim, Gerhild/Lind, Georg/Sandberger, Johann-Ulrich/Walter, Hans-Gerhard: *Studium und Hochschulpolitik. Untersuchung über Informationsverhalten, Studiensituation und gesellschaftspolitische Vorstellungen von Studenten*. Bonn: Bundesminister für Bildung und Wissenschaft.

Bargh, John A. (1997): The automaticity of everyday life. In: Wyer, Robert S., Jr. (Ed.): *The Automaticity of Everyday Life. Advances in Social Cognition, Vol. X*. Mahwah: Erlbaum, 1–61.

Bargh, John A./Chartrand, Tanya L. (1999): The Unbearable Automaticity of Being. In: *American Psychologist 54 (7)*, 462–479.

Barnes, Samuel H./Kaase, Max/Allerbeck, Klaus R./Farah, Barbara G./Heunks, Felix/Inglehart, Ronald/Jennings, M. Kent/Klingemann, Hans D./Marsh, Alan/Rosenmayr, Leopold (1979): *Political Action. Mass Participation in Five Western Democracies*. Beverly Hills/London: Sage.

Baron, Reuben M./Kenny, David A. (1986): The moderator-mediator variable distinction in social psychological research: Conceptual, strategic, and statistical considerations. In: *Journal of Personality and Social Psychology 51 (6)*, 1173–1182.

Barrett, Martyn (2011): *The PIDOP Project*. Opening plenary paper presented at the Bologna PIDOP conference "Engaged Citizens? Political Participation and Civic Engagement Among Youth, Women, Minorities and Migrants", May 11th-12th, 2011, University of Bologna, Bologna, Italy. URL: http://epubs.surrey.ac.uk/3993/3/Bologna_PIDOP_talk_2011.pdf [Abruf: 16.01.2012].

Bauer, Petra (1993): *Ideologie und politische Beteiligung in der Bundesrepublik Deutschland*. Opladen: Westdeutscher Verlag.

Becker, Julia C./Tausch, Nicole/Spears, Russell/Christ, Oliver (2011): Committed dis(s)idents: Participation in radical collective action fosters disidentification with the broader in-group but enhances political identification. In: *Personality and Social Psychology Bulletin 37 (8)*, 1104–1116.

Bélanger, Emmanuelle/Verkuyten, Maykel (2010): Hyphenated identities and acculturation: Second-generation Chinese of Canada and The Netherlands. In: *Identity 10 (3)*, 141–163.

Bem, Daryl J. (1978): Self-perception theory. In: Berkowitz, Leonard (Ed.): *Cognitive Theories in Social Psychology: Papers from Advances in Experimental Social Psychology*. New York: Academic Press, 221–282.

Bender, Stefan/Seifert, Wolfgang (1996): Zuwanderer auf dem Arbeitsmarkt: Nationalitäten- und geschlechtsspezifische Unterschiede. In: *Zeitschrift für Soziologie 25 (6)*, 473–495.

Bender, Stefan/Seifert, Wolfgang (2000): Zur beruflichen und sozialen Integration der in Deutschland lebenden Ausländer. In: Alba, Richard/Schmidt, Peter/Wasmer, Martina (Hrsg.): *Deutsche und Ausländer: Freunde, Fremde oder Feinde? Empirische Befunde und theoretische Erklärungen.* Wiesbaden: Westdeutscher Verlag, 55–91.

Benet-Martínez, Verónica/Haritatos, Jana (2005): Bicultural identity integration (BII): Components and psychosocial antecedents. In: *Journal of Personality 73 (4)*, 1015–1049.

Berger, Peter L./Luckmann, Thomas (1967): *The Social Construction of Reality.* Garden City: Doubleday.

Berry, John W. (1997): Immigration, acculturation, and adaptation. In: *Applied Psychology: An International Review 46 (1)*, 5–68.

Berry, John W. (2001): A Psychology of Immigration. In: *Journal of Social Issues 57 (3)*, 615–631.

Berry, John W. (2011): Immigrant acculturation. Psychological and social adaptations. In: Azzi, Assaad E./Chryssochoou, Xenia/Klandermans, Bert/Simon, Bernd (Eds.): *Identity and Participation in Culturally Diverse Societies. A Multidisciplinary Perspective.* Malden: Wiley-Blackwell, 279–295.

Bertelsmann Stiftung (Hrsg.) (2009): *Zuwanderer in Deutschland. Ergebnisse einer repräsentativen Befragung von Menschen mit Migrationshintergrund.* Gütersloh: Bertelsmann.

Biedermann, Horst (2006): *Junge Menschen an der Schwelle politischer Mündigkeit. Partizipation: Patentrezept politischer Identitätsfindung?* Münster: Waxmann.

Bieri, Christine/Forrer, Esther (2003): Politische Kompetenzen junger Erwachsener in der Schweiz. In: Maag Merki, Katharina/Schuler, Patricia (Hrsg.): *Überfachliche Kompetenzen. Berichte aus dem Forschungsbereich Schulqualität & Schulentwicklung.* Zürich: FS&S, 33–55.

Birman, Dina (1994): Biculturalism and ethnic identity: An integrated model. In: *FOCUS: Notes from the Society for the Psychological Study of Ethnic Minority Issues 8 (1)*, 9–11.

Birnbaum, Michael H. (2004): Human research and data collection via the internet. In: *Annual Review of Psychology 55*, 803–832.

Bishop, George F. (1987): Context effects on self-perceptions of interest in government and public affairs. In: Hippler, Hans-Jürgen/Schwarz, Norbert/Sudman, Seymour (Eds.): *Social Information Processing and Survey Methodology.* New York: Springer, 179–199.

Bishop, George F./Oldendick, Robert W./Tuchfarber, Alfred (1984): What must my interest in politics be if I just told you "I don't know"? In: *Public Opinion Quarterly 48 (2)*, 510–519.

Böcker, Anita/Groenendijk, Kees (2006): Die sichtbare Hand der Politik oder die unsichtbare Hand des Marktes: Eine Analyse der türkischen Migration nach und aus Deutschland und den Niederlanden. In: Baringhorst, Sigrid/Hollifield, James F./Hunger, Uwe (Hrsg.): *Herausforderung Migration – Perspektiven der vergleichenden Politikwissenschaft.* Festschrift für Dietrich Thränhardt. Berlin: Lit, 167–194.

Boehnke, Klaus/Boehnke, Mandy (2005): Once a peacenik – always a peacenik? Results from a German six-wave, twenty-year longitudinal study. In: *Peace and Conflict: Journal of Peace Psychology 11 (3)*, 337–354.

Bohner, Gerd ([4]2003): Einstellungen. In: Stroebe, Wolfgang/Jonas, Klaus/Hewstone, Miles (Hrsg.): *Sozialpsychologie. Eine Einführung.* 1. Nachdruck. Übersetzt von Matthias Reiss. Berlin/Heidelberg: Springer, 265–315.

Böltken, Ferdinand (2000): Soziale Distanz und räumliche Nähe – Einstellungen und Erfahrungen im alltäglichen Zusammenleben von Ausländern und Deutschen im Wohngebiet. In: Alba, Richard/Schmidt, Peter/Wasmer, Martina (Hrsg.): *Deutsche und Ausländer: Freunde, Fremde oder Feinde? Empirische Befunde und theoretische Erklärungen.* Wiesbaden: Westdeutscher Verlag, 147–194.

Bommes, Michael (2010): Migration research in Germany: The emergence of a generalised research field in a reluctant immigration country. In: Thränhardt, Dietrich/Bommes, Michael (Eds.): *National Paradigms of Migration Research.* Göttingen: V&R unipress, 127–185.

Bonfadelli, Heinz/Bucher, Priska (2008): Teil I. Quantitative Perspektiven. In: Bonfadelli, Heinz/Bucher, Priska/Hanetseder, Christa/Hermann, Thomas/Ideli, Mustafa/Moser, Heinz: *Jugend, Medien und Migration. Empirische Ergebnisse und Perspektiven.* Wiesbaden: VS, 13–152.

Boos-Nünning, Ursula (2000): Gleichbehandlung durch Quotierung? Strategien zur beruflichen Eingliederung junger Zuwanderer. In: Forschungsinstitut der Friedrich-Ebert-Stiftung (Hrsg.): *Integration und Integrationsförderung in der Einwanderungsgesellschaft.* (Elektronische Version) Bonn: FES library, 73–89. URL: http://www.fes.de/fulltext/asfo/00713b.htm#E9E7 [Abruf: 16.01.2012].

Bortz, Jürgen (⁶2005): *Statistik für Human- und Sozialwissenschaftler.* Heidelberg: Springer.

Bortz, Jürgen/Döring, Nicola (⁴2006): *Forschungsmethoden und Evaluation für Human- und Sozialwissenschaftler.* Heidelberg: Springer.

Bourdieu, Pierre (1983): Ökonomisches Kapital, kulturelles Kapital, soziales Kapital. In: Kreckel, Reinhard (Hrsg.): *Soziale Ungleichheiten. Soziale Welt (Sonderband 2).* Übersetzt von Reinhard Kreckel. Göttingen: Schwartz, 183–198.

Brady, Henry E. (1999): Political participation. In: Robinson, John P./Shaver, Phillip R./Wrightsman, Lawrence S. (Eds.): *Measures of Political Attitudes. Vol. 2 of Measures of Social Psychological Attitudes.* San Diego: Academic Press, 737–801.

Brady, Henry E./Verba, Sidney/Schlozman, Kay Lehman (1995): Beyond SES: A resource model of political participation. In: *American Political Science Review 89 (2)*, 271–294.

Brettfeld, Katrin/Wetzels, Peter (²2008): *Muslime in Deutschland – Integration, Integrationsbarrieren, Religion sowie Einstellungen zu Demokratie, Rechtsstaat und politisch-religiös motivierter Gewalt. Ergebnisse von Befragungen im Rahmen einer multizentrischen Studie in städtischen Lebensräumen.* Hamburg/Berlin: BMI.

Brewer, Marilynn B. (2000): Research design and issues of validity. In: Reis, Harry T./Judd, Charles M. (Eds.): *Handbook of Research Methods in Social and Personality Psychology.* Cambridge/New York: Cambridge University Press, 3–16.

Brewer, Marilynn B./Silver, Michael D. (2000): Group distinctiveness, social identification, and collective mobilization. In: Stryker, Sheldon/Owens, Timothy J./White, Robert W. (Eds.): *Self, Identity, and Social Movements.* Minneapolis/London: University of Minnesota Press, 153–171.

Brosius, Felix (2008): *SPSS 16. Das mitp-Standardwerk.* Heidelberg: REDLINE.

Burdewick, Ingrid (2003): *Jugend – Politik – Anerkennung. Eine qualitative empirische Studie zur politischen Partizipation 11- bis 18-Jähriger.* Bonn: BpB.

Cacioppo, John T./Petty, Richard E./Kao, Chuan F./Rodriguez, Regina (1986): Central and peripheral routes to persuasion: An individual difference perspective. In: *Journal of Personality and Social Psychology 51 (5)*, 1032–1043.

Caglar, Ayse S. (1997): Hyphenated identities and the limits of 'culture'. In: Modood, Tariq/Werbner, Pnina (Eds.): *Multiculturalism in the New Europe. Racism, Identity and Community.* London/New York: Zed, 169–185.

Cameron, James E. (2004): A three-factor model of social identity. In: *Self and Identity 3 (3)*, 239–262.

Campbell, Angus/Converse, Philip E./Miller, Warren E./Stokes, Donald E. (Eds.) (1960): *The American Voter.* New York: Wiley.

Campbell, Angus/Gurin, Gerald/Miller, Warren E. (1954): *The Voter Decides.* Evanston/White Plains: Row, Peterson and Company.

Carle, Ursula (2007): *Kompetenz.* URL: http://wiki.bildungsserver.de/index.php/Kompetenz [Abruf: 16.01.2012].

Chaiken, Shelly (1980): Heuristic versus systematic information processing and the use of source versus message cues in persuasion. In: *Journal of Personality and Social Psychology 39 (5)*, 752–766.

Cheng, Chi-Ying/Lee, Fiona/Benet-Martínez, Verónica (2006): Assimilation and contrast effects in cultural frame switching: Bicultural identity integration and valence of cultural cues. In: *Journal of Cross-Cultural Psychology 37 (6)*, 742–760.

Chomsky, Noam (1965): *Aspects of the Theory of Syntax.* Cambridge: MIT Press.

Christ, Oliver/Schlüter, Elmar (2012): *Strukturgleichungsmodelle mit Mplus. Eine praktische Einführung.* München: Oldenbourg.

Chryssochoou, Xenia (2004): *Cultural Diversity. Its Social Psychology.* Malden/Oxford: Blackwell.

Chryssochoou, Xenia/Lyons, Evanthia (2011): Perceptions of (in)compatibility between identities and participation in the national polity of people belonging to ethnic minorities. In: Azzi, Assaad E./Chryssochoou, Xenia/Klandermans, Bert/Simon, Bernd (Eds.): *Identity and Participation in Culturally Diverse Societies. A Multidisciplinary Perspective.* Malden: Wiley-Blackwell, 69–88.

Claußen, Bernhard (1996): Die Politisierung des Menschen und die Instanzen der politischen Sozialisation: Problemfelder gesellschaftlicher Alltagspraxis und sozialwissenschaftlicher Theoriebildung. In: Claußen, Bernhard/Geißler, Rainer (Hrsg.): *Die Politisierung des Menschen. Instanzen der politischen Sozialisation. Ein Handbuch.* Opladen: Leske + Budrich, 15–48.

Claußen, Bernhard/Geißler, Rainer (Hrsg.) (1996): *Die Politisierung des Menschen. Instanzen der politischen Sozialisation. Ein Handbuch.* Opladen: Leske + Budrich.

Cohen, Jacob (1992): A power primer. In: *Psychological Bulletin 112 (1)*, 155–159.

Cohen, Jacob/Cohen, Patricia/West, Stephen G./Aiken, Leona S. (^{3}2010): *Applied Multiple Regression/Correlation Analysis for the Behavioral Sciences.* Reprint. New York/London: Routledge.

Cohrs, J. Christopher (2003): *Von konstruktiven Patrioten und schwarzen Schafen: Nationale Identifikation und Engagement gegen Fremdenfeindlichkeit.* Dissertation. Bielefeld: Universität Bielefeld.

Cohrs, J. Christopher (2005): Patriotismus – Sozialpsychologische Aspekte. In: *Zeitschrift für Sozialpsychologie 36 (1)*, 3–11.

Coleman, James S. (1988): Social capital in the creation of human capital. In: *American Journal of Sociology 94 (Supplement: Organizations and Institutions: Sociological and Economic Approaches to the Analysis of Social Structure)*, S95–S120.

Coleman, James S. (1994): *Foundations of Social Theory.* Paperback Edition. Cambridge/London: Belknap.

Converse, Philip E. (1972): Change in the American electorate. In: Campbell, Angus/Converse, Philipp E. (Eds.): *The Human Meaning of Social Change.* New York: Sage, 263–337.

Cronbach, Lee J./Furby, Lita (1970): How we should measure "change" – or should we? In: *Psychological Bulletin 74 (1)*, 68–80.

Cronbach, Lee J./Meehl, Paul E. (1955): Construct validity in psychological tests. In: *Psychological Bulletin 52 (4)*, 281–302.

DAAD [= Deutscher Akademischer Austauschdienst] (Hrsg.) (2010): *Wissenschaft weltoffen 2010. Daten und Fakten zur Internationalität von Studium und Forschung in Deutschland.* Bielefeld: Bertelsmann.

Dahrendorf, Ralf (^{16}2006): *Homo Sociologicus. Ein Versuch zur Geschichte, Bedeutung und Kritik der Kategorie der sozialen Rolle.* Wiesbaden: VS.

Deci, Edward L./Ryan, Richard M. (1985): *Intrinsic Motivation and Self-determination in Human Behavior.* New York: Plenum.

Delli Carpini, Michael X. (2009): The psychology of civic learning. In: Borgida, Eugene/Federico, Christopher M./Sullivan, John L. (Eds.): *The Political Psychology of Democratic Citizenship.* Oxford/New York: Oxford University Press, 23–51.

Delli Carpini, Michael X./Keeter, Scott (1991): Stability and change in the U.S. public's knowledge of politics. In: *Public Opinion Quarterly 55 (4)*, 583–612.
Delli Carpini, Michael X./Keeter, Scott (1996): *What Americans Know About Politics and Why it Matters.* New Haven/London: Yale University Press.
Demirović, Alex/Paul, Gerd (1996): *Demokratisches Selbstverständnis und die Herausforderung von rechts. Student und Politik in den neunziger Jahren.* Frankfurt am Main/New York: Campus.
Detjen, Joachim (2007): *Politische Bildung. Geschichte und Gegenwart in Deutschland.* München/Wien: Oldenbourg.
Detjen, Joachim (2008): Die Kompetenzdiskussion in der Politikdidaktik. In: *kursiv – Journal für politische Bildung 11 (3)*, 18–28.
Dewey, John (1913): *Interest and Effort in Education.* Cambridge: Riverside.
Diehl, Claudia (2001): Die Partizipationsmuster türkischer Migranten in Deutschland: Ergebnisse einer Gemeindestudie. In: *Zeitschrift für Ausländerrecht und Ausländerpolitik 21 (1)*, 29–35.
Diehl, Claudia (2002): *Die Partizipation von Migranten in Deutschland. Rückzug oder Mobilisierung?* Opladen: Leske + Budrich.
Diehl, Claudia/Blohm, Michael (2001): Apathy, adaptation or ethnic mobilisation? On the attitudes of a politically excluded group. In: *Journal of Ethnic and Migration Studies 27 (3)*, 401–420.
Diehl, Claudia/Blohm, Michael (2008): Die Entscheidung zur Einbürgerung. Optionen, Anreize und identifikative Aspekte. In: Kalter, Frank (Hrsg.): *Migration und Integration.* Kölner Zeitschrift für Soziologie und Sozialpsychologie, Sonderheft 48/2008. Wiesbaden: VS, 437–464.
Diehl, Claudia/Urbahn, Julia (1999): *Die soziale und politische Partizipation von Zuwanderern in der Bundesrepublik Deutschland.* (Elektronische Version) Bonn: FES library. URL: http://library.fes.de/fulltext/asfo/00258toc.htm [Abruf: 16.01.2012].
Diener, Katharina/Noack, Peter/Gniewosz, Burkhard (2011): *Prädiktoren politischer Partizipationsbereitschaft im Jugend- und jungen Erwachsenenalter.* Vortrag auf der BDP-Tagung Politische Psychologie in Mannheim.
Dippelhofer, Sebastian (2004): *Partizipation von Studierenden an Hochschulpolitik. Sekundäranalytische Befunde des 8. Konstanzer Studierendensurveys.* Hefte zur Bildungs- und Hochschulforschung 41. Konstanz: Arbeitsgruppe Hochschulforschung.
Dippelhofer, Sebastian (2008): *Studierende und Demokratie – ein ambivalentes Verhältnis? Theoretische und empirische Analysen.* Berlin: Logos.
DJI/infas [= Deutsches Jugendinstitut/infas] (2004): *Junge Menschen und Demokratie in Europa. Hauptstudie.* URL: http://213.133.108.158/surveys/docs/19/55/euyoupart_hauptstudie_fragebogen.pdf [Abruf: 16.01.2012].
Does, Karl-Josef (1975): *Studenten 1975. Ergebnisse einer Befragung unter Studenten zu Studium, Beruf, Politik und Hochschule.* Alfter: Konrad-Adenauer-Stiftung.
Does, Karl-Josef (1978): *Die Instabilität politischer Einstellungen Jugendlicher: Ein Problem politischer Sozialisation und Sozialisationsforschung. Eine empirische Studie.* Dissertation. St. Augustin: o. V.
Döring, Nicola ([2]2003): *Sozialpsychologie des Internet. Die Bedeutung des Internet für Kommunikationsprozesse, Identitäten, soziale Beziehungen und Gruppen.* Göttingen: Hogrefe.
Downs, Anthony (1957): *An Economic Theory of Democracy.* New York: Harper & Row.
Duyvené de Wit, Thom/Koopmans, Ruud (2005): The integration of ethnic minorities into political culture: The Netherlands, Germany and Great Britain compared. In: *Acta Politica 40 (1)*, 50–73.
Dzeyk, Waldemar (2001): *Ethische Dimensionen der Online-Forschung.* Technischer Report. URL: http://kups.ub.uni-koeln.de/2424/1/ethdimon.pdf [Abruf: 16.01.2012].

Ebner, Sandra/Wächter, Franziska/Zierold, Diana (2008): „Ich finde, Politik ist gar nicht so schlimm, wie alle Jugendlichen denken." Die Evaluation des Aktionsprogramms für mehr Jugendbeteiligung. In: *DJI Bulletin (81)*, 28/29.

Elias, Norbert (1969): *Die höfische Gesellschaft. Untersuchungen zur Soziologie des Königtums und der höfischen Aristokratie mit einer Einleitung: Soziologie und Geschichtswissenschaft*. Neuwied/Berlin: Luchterhand.

Enders, Craig K. (2001a). A primer on maximum likelihood algorithms available for use with missing data. In: *Structural Equation Modeling 8 (1)*, 128–141.

Enders, Craig K. (2001b). The impact of nonnormality on full information maximum-likelihood estimation for structural equation models with missing data. In: *Psychological Methods 6 (4)*, 352–370.

Engels, Dietrich (2004): *Armut, soziale Ausgrenzung und Teilhabe an Politik und Gesellschaft*. Köln: ISG.

Epstein, Seymour/Pacini, Rosemary/Denes-Raj, Veronika/Heier, Harriet (1996): Individual differences in intuitive-experiential and analytical-rational thinking styles. In: *Journal of Personality and Social Psychology 71 (2)*, 390–405.

Ergi, Irfan (^{2}2000): *Lebenssituation und politische Beteiligung von ArbeitsimmigrantInnen in der Bundesrepublik Deutschland. Möglichkeiten, Probleme und Formen, dargestellt am Beispiel von TürkInnen*. Marburg: Tectum.

Esser, Hartmut (1999): *Soziologie. Spezielle Grundlagen. Band 1: Situationslogik und Handeln*. Frankfurt am Main/New York: Campus.

Esser, Hartmut (2000a): *Soziologie. Spezielle Grundlagen. Band 3: Soziales Handeln*. Frankfurt am Main/New York: Campus.

Esser, Hartmut (2000b): *Soziologie. Spezielle Grundlagen. Band 4: Opportunitäten und Restriktionen*. Frankfurt am Main/New York: Campus.

Esser, Hartmut (2001): *Integration und ethnische Schichtung*. Arbeitspapiere – Mannheimer Zentrum für Europäische Sozialforschung (40). Mannheim: MZES.

Eysenck, Michael W. (1984): *A Handbook of Cognitive Psychology*. London/Hillsdale: Lawrence Erlbaum Associates.

Falter, Jürgen/Gabriel, Oscar W./Rattinger, Hans (Hrsg.) (2000): *Wirklich ein Volk? Die politischen Orientierungen von Ost- und Westdeutschen im Vergleich*. Opladen: Leske + Budrich.

Fazio, Russell H. (1990): Multiple processes by which attitudes guide behavior: The MODE model as an integrative framework. In: Zanna, Mark P. (Ed.): *Advances in Experimental Social Psychology, Vol. 23*. New York: Academic Press, 75–109.

Fend, Helmut (1991): *Identitätsentwicklung in der Adoleszenz. Lebensentwürfe, Selbstfindung und Weltaneignung in beruflichen, familiären und politisch-weltanschaulichen Bereichen. Entwicklungspsychologie der Adoleszenz in der Moderne, Bd. II*. Bern: Huber.

Fennema, Meindert/Tillie, Jean (2001): ‚Civic community', politische Partizipation und politisches Vertrauen. Ethnische Minderheiten in den Niederlanden. In: *Forschungsjournal NSB 14 (1)*, 42–58.

Fijalkowski, Jürgen/Gillmeister, Helmut (1997): *Ausländervereine – ein Forschungsbericht: Über die Funktion von Eigenorganisationen heterogener Zuwanderer in einer Aufnahmegesellschaft am Beispiel Berlins*. Berlin: Hitit.

Fine, Gary A./Kleinmann, Sherryl (1979): Rethinking subculture: An interactionist analysis. In: *American Journal of Sociology 85 (1)*, 1–20.

Finkel, Steven E. (1985): Reciprocal effects of participation and political efficacy: A panel analysis. In: *American Journal of Political Science 29 (4)*, 891–913.

Finkel, Steven E. (2008): In defense of the "wide" rational choice model of collective political action. In: Diekmann, Andreas/Eichner, Klaus/Schmidt, Peter/Voss, Thomas (Hrsg.): *Rational Choice: Theoretische Analysen und empirische Resultate*. Festschrift für Karl-Dieter Opp zum 70. Geburtstag. Wiesbaden: VS, 23–35.

Finkel, Steven E./Muller, Edward N. (1998): Rational choice and the dynamics of collective action: Evaluating alternative models. In: *American Political Science Review 92 (1)*, 37–49.

Finkel, Steven E./Muller, Edward N./Opp, Karl-Dieter (1989): Personal influence, collective rationality, and mass political action. In: *American Political Science Review 83 (3)*, 885–903.

Fischer, Arthur (1997): Engagement und Politik. In: Jugendwerk der Deutschen Shell (Hrsg.): *Jugend '97. Zukunftsperspektiven. Gesellschaftliches Engagement. Politische Orientierungen*. Opladen: Leske + Budrich, 303–341.

Fishbein, Martin/Ajzen, Icek (1975): *Belief, Attitude, Intention and Behavior: An Introduction to Theory and Research*. Reading: Addison-Wesley.

Fishbein, Martin/Ajzen, Icek (1981): Attitudes and voting behaviour: An application of the theory of reasoned action. In: Stephenson, Geoffrey M./Davis, James H. (Eds.): *Progress in Applied Social Psychology, Vol. 1*. Chichester: John Wiley & Sons, 253–313.

Fishbein, Martin/Bowman, Carol H./Thomas, Kerry/Jaccard, James J./Ajzen, Icek (1980): Predicting and understanding voting in British elections and American referenda: Illustrations of the theory's generality. In: Ajzen, Icek/Fishbein, Martin: *Understanding Attitudes and Predicting Social Behavior*. Upper Saddle River: Prentice-Hall, 196–216.

Foner, Nancy/Alba, Richard (2008): Immigrant religion in the U.S. and Western Europe: Bridge or barrier to inclusion? In: *International Migration Review 42 (2)*, 360–392.

Foroutan, Naika/Schäfer, Isabel (2009): Hybride Identitäten muslimischer Migranten. In: *Aus Politik und Zeitgeschichte (5)*, 11–18.

Frazier, Patricia A./Tix, Andrew P./Barron, Kenneth E. (2004): Testing moderator and mediator effects in counseling psychology research. In: *Journal of Counseling Psychology 51 (1)*, 115–134.

Frey, Dieter/Stahlberg, Dagmar/Gollwitzer, Peter M. (^{2}1993): Einstellung und Verhalten: Die Theorie des überlegten Handelns und die Theorie des geplanten Verhaltens. In: Frey, Dieter/Irle, Martin (Hrsg.): *Theorien der Sozialpsychologie. Band I: Kognitive Theorien*. Bern: Huber, 361–398.

Fuchs, Dieter (1995): Die Struktur politischen Handelns in der Übergangsphase. In: Klingemann, Hans-Dieter/Erbring, Nils D. (Hrsg.): *Zwischen Wende und Wiedervereinigung. Analysen zur politischen Kultur in West- und Ost-Berlin*. Opladen: Westdeutscher Verlag, 135–147.

Fürstenau, Sara/Niedrig, Heike (2007): Hybride Identitäten? Selbstverortung jugendlicher TransmigrantInnen. In: *Diskurs Kindheits- und Jugendforschung 2 (3)*, 247–262.

Fuß, Daniel/Boehnke, Klaus (2003): Die Friedensbewegung und ihre Folgen für das politische Engagement zur Jahrtausendwende? In: Witte, Erich H. (Hrsg.): *Sozialpsychologie politischer Prozesse. Beiträge des 18. Hamburger Symposions zur Methodologie der Sozialpsychologie*. Lengerich: Pabst, 167–185.

Gabriel, Oscar W. (2004): Politische Partizipation. In: van Deth, Jan W. (Hrsg.): *Deutschland in Europa. Ergebnisse des European Social Survey 2002-2003*. Wiesbaden: VS, 317–338.

Gabriel, Oscar W. (^{3}2008): Politische Einstellungen und politische Kultur. In: Gabriel, Oscar W./Kropp, Sabine (Hrsg.): *Die EU-Staaten im Vergleich. Strukturen, Prozesse, Politikinhalte*. Wiesbaden: VS, 181–214.

Gabriel, Oscar W./Kunz, Volker/Roßteutscher, Sigrid/van Deth, Jan W. (2002): *Sozialkapital und Demokratie. Zivilgesellschaftliche Ressourcen im Vergleich*. Wien: WUV.

Gabriel, Oscar W./Maier, Jürgen (2009): Politische Soziologie in Deutschland – Forschungsfelder, Analyseperspektiven, ausgewählte empirische Befunde. In: *Politische Vierteljahresschrift 50 (3)*, 506–538.

Gabriel, Oscar W./Vetter, Angelika (1999): Politische Involvierung und politische Unterstützung im vereinigten Deutschland – Eine Zwischenbilanz. In: Plasser, Fritz/Gabriel, Oscar W./Falter, Jürgen W./Ulram, Peter A. (Hrsg.): *Wahlen und politische Einstellungen in Deutschland und Österreich*. Frankfurt am Main: Lang, 191–239.

Gabriel, Oscar W./Völkl, Kerstin (^{3}2008): Politische und soziale Partizipation. In: Gabriel, Oscar W./Kropp, Sabine (Hrsg.): *Die EU-Staaten im Vergleich. Strukturen, Prozesse, Politikinhalte*. Wiesbaden: VS, 268–298.

Gaiser, Wolfgang/de Rijke, Johann (2006): Gesellschaftliche und politische Beteiligung. In: Gille, Martina/Sardei-Biermann, Sabine/Gaiser, Wolfgang/de Rijke, Johann (Hrsg.): *Jugendliche und junge Erwachsene in Deutschland. Lebensverhältnisse, Werte und gesellschaftliche Beteiligung 12- bis 29-Jähriger*. Wiesbaden: VS, 213–275.

Gaiser, Wolfgang/de Rijke, Johann (2010): Gesellschaftliche und politische Beteiligung Jugendlicher und junger Erwachsener in Deutschland. In: Betz, Tanja/Gaiser, Wolfgang/Pluto, Liane (Hrsg.): *Partizipation von Kindern und Jugendlichen. Forschungsergebnisse, Bewertungen, Handlungsmöglichkeiten*. Schwalbach/Ts.: Wochenschau, 35–56.

Gaiser, Wolfgang/de Rijke, Johann/Spannring, Reingard (2010): Youth and political participation – empirical results for Germany within a European context. In: *Young: Nordic Journal of Youth Research 18 (4)*, 427–450.

Gaiser, Wolfgang/de Rijke, Johann/Wächter, Franziska (2009): Politikdistanz? Jugendliche und Politik im Spiegel der Jugendforschung. In: *kursiv – Journal für politische Bildung 12 (1)*, 18–27.

Gaiser, Wolfgang/Gille, Martina/de Rijke, Johann (2006): Politische Beteiligung von Jugendlichen und jungen Erwachsenen. In: Hoecker, Beate (Hrsg.): *Politische Partizipation zwischen Konvention und Protest. Eine studienorientierte Einführung*. Opladen: Barbara Budrich, 211–234.

Gaiser, Wolfgang/Gille, Martina/de Rijke, Johann (2010): Bürgerschaftliches Engagement und Verantwortungsübernahme bei 18- bis 33-Jährigen. Ergebnisse des DJI-Survey 2007. In: Betz, Tanja/Gaiser, Wolfgang/Pluto, Liane (Hrsg.): *Partizipation von Kindern und Jugendlichen. Forschungsergebnisse, Bewertungen, Handlungsmöglichkeiten*. Schwalbach/Ts.: Wochenschau, 57–75.

Gaiser, Wolfgang/Gille, Martina/de Rijke, Johann/Sardei-Biermann, Sabine (2005): Zur Entwicklung der Politischen Kultur bei deutschen Jugendlichen in West- und Ostdeutschland. Ergebnisse des DJI-Jugendsurvey von 1992 bis 2003. In: Merkens, Hans/Zinnecker, Jürgen (Hrsg.): *Jahrbuch Jugendforschung. 5. Ausgabe 2005*. Wiesbaden: VS, 163–198.

Gaitanides, Stefan (2003): Partizipation von Migrant/innen und ihren Selbstorganisationen. In: Regiestelle E&C der Stiftung SPI (Hrsg.): *Zielgruppenkonferenz für Akteure und Akteurinnen aus E&C-Gebieten. Interkulturelle Stadt(teil)politik. Dokumentation der Veranstaltung vom 8. und 9. Dezember 2003 Berlin*. Berlin: SPI, 24–33. URL: http://www.eundc.de/pdf/63004.pdf [Abruf: 16.01.2012].

Galonska, Christian/Berger, Maria/Koopmans, Ruud (2004): *Über schwindende Gemeinsamkeiten: Ausländer- versus Migrantenforschung. Die Notwendigkeit eines Perspektivenwechsels zur Erforschung ethnischer Minderheiten in Deutschland am Beispiel des Projekts „Die Qualität der multikulturellen Demokratie in Amsterdam und Berlin"*. Discussion Paper SP IV 2004-401. Berlin: WZB.

Galston, William A. (2001): Political knowledge, political engagement, and civic education. In: *Annual Review of Political Science 4*, 127–234.

Gamson, William A. (1968): *Power and Discontent*. Homewood: Dorsey.

Gamson, William A. (1971): Political trust and its ramifications. In: Abcarian, Gilbert/Soule, John W. (Eds.): *Social Psychology and Political Behavior: Problems and Prospects*. Columbus: Merrill, 40–55.

Gamson, William A. (1992): *Talking Politics*. New York: Cambridge University Press.

Garson, G. David (2011): *Ordinal Regression.* URL: http://faculty.chass.ncsu.edu/garson/PA765/ordinalreg.htm [Abruf: 16.01.2012].
Gestring, Norbert/Janßen, Andrea/Polat, Ayca (2006): *Prozesse der Integration und Ausgrenzung. Türkische Migranten der zweiten Generation.* Wiesbaden: VS.
Gettier, Edmund L. (1963): Is justified true belief knowledge? In: *Analysis 23 (6),* 121–123.
Gidengil, Elisabeth/Blais, André/Nevitte, Neil/Nadeau, Richard (2004): *Citizens.* Vancouver: UBC.
Gille, Martina/Krüger, Winfried (2000): Die Bedeutung des Politischen bei jungen Migranten und jungen Deutschen. In: Gille, Martina/Krüger, Winfried (Hrsg.): *Unzufriedene Demokraten. Politische Orientierungen der 16- bis 29jährigen im vereinigten Deutschland.* Opladen: Leske + Budrich, 399–422.
Gille, Martina/Krüger, Winfried/de Rijke, Johann (2000): Politische Orientierungen. In: Gille, Martina/Krüger, Winfried (Hrsg.): *Unzufriedene Demokraten. Politische Orientierungen der 16- bis 29jährigen im vereinigten Deutschland.* Opladen: Leske + Budrich, 205–265.
Glatzer, Wolfgang (2004): *Integration und Partizipation junger Ausländer vor dem Hintergrund ethnischer und kultureller Identifikation. Ergebnisse des Integrationssurveys des BiB.* Materialien zur Bevölkerungswissenschaft (105c). Wiesbaden: BiB.
Glotz, Peter/Malanowski, Wolfgang (1982): *Student heute. Angepaßt? Ausgestiegen?* Reinbek bei Hamburg: Rowohlt.
Goldberg, Andreas/Mourinho, Dora (1995): Empirischer Nachweis von Diskriminierung gegenüber ausländischen Arbeitnehmern beim Zugang zum Arbeitsmarkt: Erfahrungsbericht für Deutschland. In: Goldberg, Andreas/Mourinho, Dora/Kulke, Ursula: *Arbeitsmarkt-Diskriminierung gegenüber ausländischen Arbeitnehmern in Deutschland.* International Migration Papers 7, hrsg. von der Internationalen Arbeitsorganisation (ILO). Genf: ILO, 1–54.
Gollwitzer, Mario/Schmitt, Manfred (2006): *Sozialpsychologie. Workbook.* Weinheim: Beltz.
Görl, Tilo/Holtmann, Dieter (2007): Politische Einstellungen und Beteiligung am politischen Leben. In: Sturzbecher, Dietmar/Holtmann, Dieter (Hrsg.): *Werte, Familie, Politik, Gewalt – Was bewegt die Jugend?* Berlin: Lit, 58–81.
Gosling, Samuel D./Vazire, Simine/Srivastava, Sanjay/John, Oliver P. (2004): Should we trust web-based studies? A comparative analysis of six preconceptions about internet questionnaires. In: *American Psychologist 59 (2),* 93–104.
GPJE [= Gesellschaft für Politikdidaktik- und politische Jugend- und Erwachsenenbildung] (^{2}2004): *Nationale Bildungsstandards für den Fachunterricht in der Politischen Bildung an Schulen. Ein Entwurf.* Schwalbach/Ts.: Wochenschau.
Grabow, Olga (in Vorbereitung): *Soziale Integration und politische Partizipation von russisch sprechenden Immigranten.* Doktorarbeit. Kiel: Christian-Albrechts-Universität zu Kiel.
Granato, Mona (2003): Jugendliche mit Migrationshintergrund – auch in der beruflichen Bildung geringere Chancen? In: Auernheimer, Georg (Hrsg.): *Schieflagen im Bildungssystem. Die Benachteiligung der Migrantenkinder.* Opladen: Leske + Budrich, 113–135.
Granato, Mona/Kalter, Frank (2001): Die Persistenz ethnischer Ungleichheit auf dem deutschen Arbeitsmarkt. Diskriminierung oder Unterinvestition in Humankapital? In: *Kölner Zeitschrift für Soziologie und Sozialpsychologie 53 (3),* 497–520.
Granger, Clive W. J. (1969): Investigating causal relations by econometric models and cross-spectral methods. In: *Econometrica 37 (3),* 424–438.
Granger, Clive W. J. (1988): Some recent developments in a concept of causality. In: *Journal of Econometrics 39 (1–2),* 199–211.
Granovetter, Mark S. (1973): The strength of weak ties. In: *American Journal of Sociology 78 (6),* 1360–1380.
Granovetter, Mark S. (1983): The strength of weak ties: A network theory revisited. In: *Sociological Theory 1,* 201–233.

Greve, Anke/Köller, Olaf/Lehmann, Rainer/Radalewski, Melanie/Wilhelm, Oliver (2009): *Bereitstellung eines pilotierten und normierten Aufgabenpools für ein standardisiertes Testsystem zum Ausbildungsstand von Teilnehmenden am Orientierungskurs im Rahmen des Zuwanderungsgesetzes (ZuwG) 2008 sowie eines Itempools für ein standardisiertes Testsystem im Rahmen des Einbürgerungstests. Abschlussbericht.* Berlin: IQB.

Grob, Urs (2006): Entwicklung und Stabilität von konventionellem politischem Interesse in langfristiger Perspektive. Ergebnisse aus der LifE-Studie. In: Ittel, Angela/Merkens, Hans (Hrsg.): *Veränderungsmessung und Längsschnittstudien in der empirischen Erziehungswissenschaft.* Wiesbaden: VS, 61–92.

Grob, Urs (2007): Schulklima und politische Sozialisation In: *Zeitschrift für Pädagogik 53 (6)*, 774–799.

Grob, Urs/Maag Merki, Katharina (2001): *Überfachliche Kompetenzen. Theoretische Grundlegung und empirische Erprobung eines Indikatorensystems.* Bern: Lang.

Grönlund, Kimmo/Milner, Henry (2006): The determinants of political knowledge in a comparative perspective. In: *Scandinavian Political Studies 29 (4)*, 386–406.

Hadjar, Andreas/Becker, Rolf (2006a): Bildungsexpansion und Wandel des politischen Interesses in Westdeutschland zwischen 1980 und 2002. In: *Politische Vierteljahresschrift 47 (1)*, 12–34.

Hadjar, Andreas/Becker, Rolf (2006b): Politisches Interesse und politische Partizipation. In: Hadjar, Andreas/Becker, Rolf (Hrsg.): *Die Bildungsexpansion. Erwartete und unerwartete Folgen.* Wiesbaden: VS, 179–204.

Hadjar, Andreas/Becker, Rolf (2007): Unkonventionelle politische Partizipation im Zeitverlauf. Hat die Bildungsexpansion zu einer politischen Mobilisierung beigetragen? In: *Kölner Zeitschrift für Soziologie und Sozialpsychologie 59 (3)*, 410–439.

Halm, Dirk/Sauer, Martina (2005): *Freiwilliges Engagement von Türkinnen und Türken in Deutschland.* Essen: Stiftung Zentrum für Türkeistudien.

Haritatos, Jana/Benet-Martínez, Verónica (2002): Bicultural identities: The interface of cultural, personality, and socio-cognitive processes. In: *Journal of Research in Personality 36 (6)*, 598–606.

Harrell, Frank E., Jr. (2001): *Regression Modeling Strategies. With Applications to Linear Models, Logistic Regression, and Survival Analysis.* New York: Springer.

Hartmann, Michael (2004): *Elitesoziologie. Eine Einführung.* Frankfurt am Main/New York: Campus.

Haug, Sonja/Müssig, Stephanie/Stichs, Anja (2009): *Muslimisches Leben in Deutschland.* Nürnberg: BAMF.

Hayes, Andrew F./Preacher, Kristopher J./Myers, Teresa A. (2011): Mediation and the estimation of indirect effects in political communication research. In: Bucy, Erik P./Holbert, R. Lance (Eds.): *Sourcebook for Political Communication Research. Methods, Measures, and Analytical Techniques.* New York: Routledge, 434–465.

Herbart, Johann F. (1806): *Allgemeine Pädagogik. Aus dem Zwecke der Erziehung abgeleitet.* Göttingen: Röwer.

Heß-Meining, Ulrike (2000): Interesse an politischem Engagement und Formen gesellschaftlich-politischer Beteiligung. In: Weidacher, Alois (Hrsg.): *In Deutschland zu Hause. Politische Orientierungen griechischer, italienischer, türkischer und deutscher junger Erwachsener.* Opladen: Leske + Budrich, 191–224.

Hidi, Suzanne/Renninger, K. Ann (2006): The four-phase model of interest development. In: *Educational Psychologist 41 (2)*, 111–127.

Hidi, Suzanne/Renninger, K. Ann/Krapp, Andreas (2004): Interest, a motivational construct that combines affective and cognitive functioning. In: Dai, David Yun/Sternberg, Robert J. (Eds.): *Motivation, Emotion and Cognition: Integrative Perspectives on Intellectual Functioning and Development.* Mahwah: Erlbaum, 89–115.

Hirschman, Albert O. (1970): *Exit, Voice, and Loyalty. Responses to Decline in Firms, Organizations, and States.* Cambridge/London: Harvard University Press.

Hirschman, Albert O. (1993): Exit, voice, and the fate of the German Democratic Republic: An essay in conceptual history. In: *World Politics 45 (2)*, 173–202.

Hoecker, Beate (2006): Politische Partizipation: systematische Einführung. In: Hoecker, Beate (Hrsg.): *Politische Partizipation zwischen Konvention und Protest. Eine studienorientierte Einführung.* Opladen: Barbara Budrich, 3–20.

Hoffmann-Lange, Ursula (1992): *Eliten, Macht und Konflikt.* Opladen: Leske + Budrich.

Hoffmann-Lange, Ursula/Krebs, Dagmar/de Rijke, Johann (1995): Kognitive politische Mobilisierung und politisches Vertrauen. In: Hoffmann-Lange, Ursula (Hrsg.): *Jugend und Demokratie in Deutschland. DJI-Jugendsurvey 1.* Opladen: Leske + Budrich, 359–387.

Hofmann, Wilhelm/Friese, Malte/Strack, Fritz (2009): Impulse and self-control from a dual-systems perspective. In: *Perspectives on Psychological Science 4 (2)*, 162–176.

Hopf, Christel/Hopf, Wulf (1997): *Familie, Persönlichkeit, Politik. Eine Einführung in die politische Sozialisation.* Weinheim/München: Juventa.

Hopkins, Nick (2011): Dual identities and their recognition: Minority group members' perspectives. In: *Political Psychology 32 (2)*, 251–270.

Hopkins, Nick/Kahani-Hopkins, Vered (2004): Identity construction and British Muslims' political activity: Beyond rational actor theory. In: *British Journal of Social Psychology 43 (3)*, 339–356.

Hornsey, Matthew J./Hogg, Michael A. (2000): Subgroup relations: A comparison of mutual intergroup differentiation and common ingroup identity models of prejudice reduction. In: *Personality and Social Psychology Bulletin 26 (2)*, 242–256.

Hoskins, Bryony/Villalba, Ernesto/van Nijlen, Daniel/Barber, Carolyn (2008): *Measuring Civic Competence in Europe. A Composite Indicator Based on IEA Civic Education Study 1999 for 14 Years Old in School.* Luxembourg: OPOCE.

Howe, Paul (2003): Electoral participation and the knowledge deficit. In: *Electoral Insight 5 (2)*, 20–25.

Howe, Paul (2006): Political knowledge and electoral participation in the Netherlands: comparisons with the Canadian case. In: *International Political Science Review 27 (2)*, 137–166.

Hu, Li-tze/Bentler, Peter M. (1999): Cutoff criteria for fit indexes in covariance structure analysis: Conventional criteria versus new alternatives. In: *Structural Equation Modeling 6 (1)*, 1–55.

Huddy, Leonie (2001): From social to political identity: A critical examination of social identity theory. In: *Political Psychology 22 (1)*, 127–156.

Huddy, Leonie (2003): Group identity and political cohesion. In: Sears, David O./Huddy, Leonie/Jervis, Robert (Eds.): *Oxford Handbook of Political Psychology.* Oxford: Oxford University Press, 511–558.

Huddy, Leonie/Khatib, Nadia (2007): American patriotism, national identity, and political involvement. In: *American Journal of Political Science 51 (1)*, 63–77.

Hyman, Herbert H. (1968): Reference Groups. In: Sills, David (Ed.): *International Encyclopedia of the Social Sciences, Vol. 13.* New York: Free Press, 353–359.

Hyman, Herbert H./Singer, Eleanor (Eds.) (1968): *Readings in Reference Group Theory and Research.* New York: Free Press.

Ingrisch, Michaela (1997): *Politisches Wissen, politisches Interesse und politische Handlungsbereitschaft bei Jugendlichen aus den alten und neuen Bundesländern. Eine Studie zum Einfluß von Medien und anderen Sozialisationsbedingungen.* Regensburg: Roderer.

Ireland, Patrick (2000): Die politische Partizipation der Einwanderer in Westeuropa: Die Macht der Institutionen. In: van Deth, Jan W./König, Thomas (Hrsg.): *Europäische Politikwissenschaft: Ein Blick in die Werkstatt.* Frankfurt am Main/New York: Campus, 249–280.

Isserstedt, Wolfgang/Kandulla, Maren (2010): *Internationalisierung des Studiums – Ausländische Studierende in Deutschland – Deutsche Studierende im Ausland. Ergebnisse der 19. Sozialerhebung des Deutschen Studentenwerks durchgeführt durch HIS Hochschul-Informations-System.* Bonn/Berlin: BMBF.

Isserstedt, Wolfgang/Middendorff, Elke/Kandulla, Maren/Borchert, Lars/Leszczensky, Michael (2010): *Die wirtschaftliche und soziale Lage der Studierenden in der Bundesrepublik Deutschland 2009. 19. Sozialerhebung des Deutschen Studentenwerks durchgeführt durch HIS Hochschul-Informations-System.* Bonn/Berlin: BMBF.

James, William (1950): *The Principles of Psychology. Vol. I.* Authorized Edition of the work first published in 1890. New York: Dover.

Janas, Sylvia/Preiser, Siegfried (1999): Politikverdrossenheit bei jungen Erwachsenen. In: Moser, Helmut (Hrsg.): *Sozialisation und Identitäten – Politische Kultur im Umbruch? Zeitschrift für Psychologie 7 (Sonderheft).* Bonn: DPV, 93–119.

Jennings, M. Kent (1996): Political knowledge over time and across generations. In: *Public Opinion Quarterly 60 (2)*, 228–252.

Jennings, Kent M./van Deth, Jan W./Barnes, Samuel H./Fuchs, Dieter/Heunks, Felix J./Inglehart, Ronald/Kaase, Max/Klingemann, Hans-Dieter/Thomassen, Jacques J. A. (Eds.) (1990): *Continuities in Political Action. A Longitudinal Study of Political Orientations in Three Western Democracies.* Berlin/New York: de Gruyter.

Johann, David (2008): Probleme der befragungsbasierten Messung von Faktenwissen. In: *Sozialwissenschaften und Berufspraxis 31 (1)*, 53–65.

Johann, David (2012): Specific political knowledge and citizens' participation: Evidence from Germany. In: *Acta Politica 47 (1)*, 42-66.

Joppke, Christian (1999): *Immigration and the Nation-State. The United States, Germany, and Great Britain.* Oxford/New York: Oxford University Press.

Jugert, Philipp/Benbow, Alison/Noack, Peter/Diener, Katharina (2011): Politische Partizipation und soziales Engagement unter jungen Deutschen, Türken und Spätaussiedlern: Befunde aus einer qualitativen Untersuchung mit Fokusgruppen. In: *Politische Psychologie 1 (1)*, 36–53.

Jungk, Sabine (2002): *Politische und soziale Partizipation von Migrantinnen und Migranten und ihren Selbstorganisationen – Möglichkeiten der Mitwirkung, Inanspruchnahme und Chancen in Deutschland.* Vortrag auf der Tagung Politische und Soziale Partizipation von MigrantInnen am 18.11.2002 in Düsseldorf. URL: http://www.navend.de/html/veranstaltungen/duesseldorf/jungk.htm [Abruf: 16.01.2012].

Kaas, Leo/Manger, Christian (2010): *Ethnic Discrimination in Germany's Labour Market: A Field Experiment.* IZA Discussion Paper No. 474. Bonn: IZA.

Kaase, Max (1990): Mass Participation. In: Jennings, Kent M./van Deth, Jan W./Barnes, Samuel H./Fuchs, Dieter/Heunks, Felix J./Inglehart, Ronald/Kaase, Max/Klingemann, Hans-Dieter/Thomassen, Jacques J. A. (Eds.): *Continuities in Political Action. A Longitudinal Study of Political Orientations in Three Western Democracies.* Berlin/New York: de Gruyter, 23–64.

Kaase, Max (1992): Politische Beteiligung. In: Schmidt, Manfred G. (Hrsg.): *Die westlichen Länder. Lexikon der Politik, Bd. 3*, hrsg. von Dieter Nohlen. München: C. H. Beck, 340–346.

Kaase, Max/Marsh, Alan (1979): Political action. A theoretical perspective. In: Barnes, Samuel H./Kaase, Max/Allerbeck, Klaus R./Farah, Barbara G./Heunks, Felix/Inglehart, Ronald/Jennings, M. Kent/Klingemann, Hans D./Marsh, Alan/Rosenmayr, Leopold: *Political Action. Mass Participation in Five Western Democracies.* Beverly Hills/London: Sage, 27–56.

Kahneman, Daniel (2003): Maps of bounded rationality: Psychology for behavioral economics. In: *American Economic Review 93 (5)*, 1449–1475.
Kahneman, Daniel (2011): *Thinking, Fast and Slow*. New York: Farrar, Straus and Giroux
Kaiser, Henry F./Rice, John (1974): Little jiffy, mark IV. In: *Educational and Psychological Measurement 34 (1)*, 111–117.
Kant, Immanuel ([5]1998): Grundlegung zur Metaphysik der Sitten. In: Kant, Immanuel: *Schriften zur Ethik und Religionsphilosophie. Werke in sechs Bänden, Bd. IV.* Hrsg. von Wilhelm Scheidel. Sonderausgabe. Darmstadt: Wissenschaftliche Buchgesellschaft, 7–102.
Kastoryano, Riva (1991): Integration and collective identities of immigrants in France and Germany. In: *Journal of Ethnic Studies 19 (3)*, 51–64.
Kelava, Augustin/Moosbrugger, Helfried (2007): Deskriptivstatistische Evaluation von Items (Itemanalyse) und Testwertverteilung. In: Moosbrugger, Helfried/Kelava, Augustin (Hrsg.): *Testtheorie und Fragebogenkonstruktion*. Heidelberg: Springer, 72–98.
Kelly, Caroline (1993): Group identification, intergroup perceptions and collective action. In: Stroebe, Wolfgang/Hewstone, Miles (Eds.): *European Review of Social Psychology, Vol. 4*. Chichester: Wiley & Sons, 59–83.
Kerr, David/Sturman, Linda/Schulz, Wolfram/Burge, Bethan (2010): *ICCS 2009 European Report: Civic Knowledge, Attitudes, and Engagement Among Lower-Secondary School Students in 24 European Countries*. Amsterdam: IEA.
Klandermans, Bert (1997): *The Social Psychology of Protest*. Oxford: Blackwell.
Klandermans, Bert/de Weerd, Marga (2000): Group identification and political protest. In: Stryker, Sheldon/Owens, Timothy J./White, Robert W. (Eds.): *Self, Identity, and Social Movements*. Minneapolis/London: University of Minnesota Press, 68–90.
Klandermans, Bert/Mayer, Nonna (2006): Political demand and supply. In: Klandermans, Bert/Mayer, Nonna (Eds.): *Extreme Right Activists in Europe. Through the Magnifying Glass*. London/New York: Routledge, 42–50.
Klandermans, Bert/Oegema, Dirk (1987): Potentials, networks, motivations, and barriers: Steps towards participation in social movements. In: *American Sociological Review 52 (4)*, 519–531.
Klandermans, Bert/van der Toorn, Jojanneke/van Stekelenburg, Jacquelien (2008): Embeddedness and identity: How immigrants turn grievances into action. In: *American Sociological Review 73 (6)*, 992–1012.
Klein, Markus (2006): Jugend und politischer Protest. Eine Analyse im Kontext aller Partizipationsformen. In: Roller, Edeltraud/Brettschneider, Frank/van Deth, Jan W. (Hrsg.): *Jugend und Politik: „Voll normal!" Der Beitrag der politischen Soziologie zur Jugendforschung*. Wiesbaden: VS, 291–314.
Klieme, Eckhard/Hartig, Johannes (2008): Kompetenzkonzepte in den Sozialwissenschaften und im erziehungswissenschaftlichen Diskurs. In: Prenzel, Manfred/Gogolin, Ingrid/Krüger, Heinz-Hermann (Hrsg.): *Kompetenzdiagnostik. Zeitschrift für Erziehungswissenschaft. Sonderheft 8|2007*. Wiesbaden: VS, 11–29.
Kline, Rex B. ([3]2011): *Principles and Practice of Structural Equation Modeling*. New York: Guilford.
Klingemann, Hans D./Pappi, Franz U. (1972): *Politischer Radikalismus. Theoretische und methodische Probleme der Radikalismusforschung, dargestellt am Beispiel einer Studie anlässlich der Landtagswahl 1970 in Hessen*. München/Wien: Oldenbourg.
Kober, Ulrich (2009): Demokratieorientierung und Partizipationspotenziale von Zuwanderern. In: Bertelsmann Stiftung (Hrsg.): *Demokratie und Integration in Deutschland. Politische Führung und Partizipation aus Sicht von Menschen mit und ohne Migrationshintergrund*. Gütersloh: Bertelsmann, 131–140.
Koch, Jeffrey W. (1993): Assessments of group influence, subjective political competence, and interest group membership. In: *Political Behavior 15 (4)*, 309–325.

Koestner, Richard/Losier, Gaëtan F. (2004): Distinguishing three ways of being internally motivated: A closer look at introjections, identification, and intrinsic motivation. In: Deci, Edward L./Ryan, Richard M. (Eds.): *Handbook of Self-Determination Research*. Rochester, NY: The University of Rochester Press, 101–121.

Koopmans, Ruud/Statham, Paul (1999): Challenging the liberal nation-state? Postnationalism, multiculturalism, and the collective claims making of migrants and ethnic minorities in Britain and Germany. In: *American Journal of Sociology 105 (3)*, 652–696.

Kornelius, Bernhard (2009): Demokratie und Integration in Deutschland. Politische Führung und Partizipation aus Sicht von Menschen mit und ohne Migrationsghintergrund. Ergebnisse einer repräsentativen Befragung in Deutschland. In: Bertelsmann Stiftung (Hrsg.): *Demokratie und Integration in Deutschland. Politische Führung und Partizipation aus Sicht von Menschen mit und ohne Migrationsghintergrund*. Gütersloh: Bertelsmann, 11–130.

Krammer, Reinhard (2008): Kompetenzen durch Politische Bildung. Ein Kompetenz-Strukturmodell. In: Forum Politische Bildung (Hrsg.): *Informationen zur Politischen Bildung 29*. Innsbruck: Studien-Verlag, 5–14.

Krampen, Günter (1986): Selbstkonzept eigener politischer Kompetenzen. Messung durch eine Kurzskala und einige Korrelate. In: *Politische Psychologie Aktuell 5 (2)*, 19–25.

Krampen, Günter (1990): Sequenzanalytische Befunde zur Entwicklung politischer Handlungsorientierung im Jugendalter. In: *Zeitschrift für Entwicklungspsychologie und Pädagogische Psychologie 22 (4)*, 325–340.

Krampen, Günter (1991a): *Entwicklung politischer Handlungsorientierungen im Jugendalter. Ergebnisse einer explorativen Längsschnittsequenz-Studie*. Göttingen: Hogrefe.

Krampen, Günter (1991b): Political participation in an action-theory model of personality: Theory and empirical evidence. In: *Political Psychology 12 (1)*, 1–25.

Krampen, Günter (^{2}2000a): *Handlungstheoretische Persönlichkeitspsychologie. Konzeptuelle und empirische Beiträge zur Konstrukterhellung*. Göttingen: Hogrefe.

Krampen, Günter (2000b): Transition of adolescent political action orientations to voting behavior in early adulthood in view of a social-cognitive action theory model of personality. In: *Political Psychology 21 (2)*, 277–297.

Krapp, Andreas (2004): An educational-psychological theory of interest and its relation to SDT. In: Deci, Edward L./Ryan, Richard M. (Eds.): *Handbook of Self-Determination Research*. Rochester: The University of Rochester Press, 405–427.

Krapp, Andreas/Ryan, Richard M. (2002): Selbstwirksamkeit und Lernmotivation. In: Jerusalem Matthias/Hopf, Diether (Hrsg.): *Selbstwirksamkeit und Motivationsprozesse in Bildungsinstitutionen. Zeitschrift für Pädagogik, 44 (Beiheft)*, 54–82.

Krimmel, Iris (2000): Politische Beteiligung in Deutschland – Strukturen und Erklärungsfaktoren. In: Falter, Jürgen/Gabriel, Oscar W./Rattinger, Hans (Hrsg.): *Wirklich ein Volk? Die politischen Orientierungen von Ost- und Westdeutschen im Vergleich*. Opladen: Leske + Budrich, 611–639.

Kroh, Martin (2006): Das politische Interesse Jugendlicher: Stabilität oder Wandel? In: Roller, Edeltraud/Brettschneider, Frank/van Deth, Jan W. (Hrsg.): *Jugend und Politik: „Voll normal!" Der Beitrag der politischen Soziologie zur Jugendforschung*. Wiesbaden: VS, 185–207.

Kruse, Jan (2010): *Reader „Einführung in die Qualitative Interviewforschung"*. Freiburg i. Br.: o. V.

Kuckartz, Udo/Dresing, Thorsten/Rädiker, Stefan/Stefer, Claus (2007): *Qualitative Evaluation. Der Einstieg in die Praxis*. Wiesbaden: VS.

Kühberger, Christoph (2009): Welches Wissen benötigt die politische Bildung? In: Forum Politische Bildung (Hrsg.): *Informationen zur Politischen Bildung 30*. Innsbruck: Studien-Verlag, 52–56.

Kuhn, Hans P. (2006): Explaining gender differences in adolescent political and civic identity. The impact of the self-concept of political competence and value orientation. In: Sliwka, Anne/Diedrich, Martina/Hofer, Manfred (Eds.): *Citizenship Education, Theory – Research – Practice*. Münster: Waxmann, 59–72.

Kühnel, Steffen/Leibold, Jürgen (2000): Die anderen und wir: Das Verhältnis zwischen Deutschen und Ausländern aus der Sicht der in Deutschland lebenden Ausländer. In: Alba, Richard/Schmidt, Peter/Wasmer, Martina (Hrsg.): *Deutsche und Ausländer: Freunde, Fremde oder Feinde? Empirische Befunde und theoretische Erklärungen*. Wiesbaden: Westdeutscher Verlag, 111–146.

Kunz, Volker/Westle, Bettina/Roßteutscher, Sigrid (2008a): Dimensionen und die Messung sozialen Kapitals. In: Westle, Bettina/Gabriel, Oscar W. (Hrsg.): *Sozialkapital. Eine Einführung*. Baden-Baden: Nomos, 41–50.

Kunz, Volker/Westle, Bettina/Roßteutscher, Sigrid (2008b): Sozialkapital in Deutschland. In: Westle, Bettina/Gabriel, Oscar W. (Hrsg.): *Sozialkapital. Eine Einführung*. Baden-Baden: Nomos, 51–72.

LaFromboise, Teresa/Coleman, Hardin L. K./Gerton, Jennifer (1993): Psychological impact of biculturalism: Evidence and theory. In: *Psychological Bulletin 114 (3)*, 395–412.

Lambert, Ronald D./Curtis, James E./Kay, Barry J./Brown, Steven D. (1988): The social sources of political knowledge. In: *Canadian Journal of Political Science 21 (2)*, 359–374.

Lane, Robert E. (^{3}1969): *Political Life: Why People Get Involved in Politics*. New York: Free Press.

Leighley, Jan E. (1995): Attitudes, opportunities and incentives: A field essay on political participation. In: *Political Research Quarterly 48 (1)*, 181–209.

Lin, Nan (1999): Building a network theory of social capital. In: *Connections 22 (1)*, 28–51.

Lowrance, Sherry R. (2006): Identity, grievances, and political action: Recent evidence from the Palestinian community in Israel. In: *International Political Science Review 27 (2)*, 167–190.

Lüdemann, Christian (2001): Politische Partizipation, Anreize und Ressourcen. Ein Test verschiedener Handlungsmodelle und Anschlußtheorien am ALLBUS. In: Koch, Achim/Wasmer, Martina/Schmidt, Peter (Hrsg.): *Politische Partizipation in der Bundesrepublik Deutschland. Empirische Befunde und theoretische Erklärungen*. Opladen: Leske + Budrich, 43–71.

Lüdtke, Oliver/Robitzsch, Alexander/Trautwein, Ulrich/Köller, Olaf (2007): Umgang mit fehlenden Werten in der psychologischen Forschung. Probleme und Lösungen. In: *Psychologische Rundschau 58 (2)*, 103–117.

Luke, Carmen/Luke, Allan (1999): Theorizing interracial families and hybrid identity: An Australian Perspective. In: *Educational Theory 49 (2)*, 223–249.

Luskin, Robert C./Bullock, John G. (2011): "Don't know" means "don't know". DK responses and the public's level of political knowledge. In: *Journal of Politics 73 (2)*, 547–557.

MacKinnon, David P. (2008): *Introduction to Statistical Mediation Analysis*. New York/London: Erlbaum.

MacKinnon, David P./Krull, Jennifer L./Lockwood, Chondra M. (2000): Equivalence of the mediation, confounding and suppression effect. In: *Prevention Science 1 (4)*, 173–181.

Maier, Jürgen (2000): Politisches Interesse und politisches Wissen in Ost- und Westdeutschland. In: Falter, Jürgen/Gabriel, Oscar W./Rattinger, Hans (Hrsg.): *Wirklich ein Volk? Die politischen Orientierungen von Ost- und Westdeutschen im Vergleich*. Opladen: Leske + Budrich, 141–171.

Massing, Peter/Schattschneider, Jessica S. (2005): Aufgaben zu den Standards für die politische Bildung. In: GPJE (Hrsg.): *Testaufgaben und Evaluationen in der politischen Bildung*. Schwalbach/Ts.: Wochenschau, 23–40.

Mayring, Philipp (^{8}2003): *Qualitative Inhaltsanalyse. Grundlagen und Techniken*. Weinheim/Basel: Beltz.

McCullagh, Peter (1998): The proportional odds model. In: Armitage, Peter/Colton, Theodore (Eds.): *Encyclopedia of Biostatistics, Vol. 5. PRI-SPH*. Chichester: Wiley, 3560–3563.

Meier-Braun, Karl-Heinz (2007): Der lange Weg ins Einwanderungsland Deutschland. In: Frech, Siegfried/Meier-Braun, Karl-Heinz (Hrsg.): *Die offene Gesellschaft. Zuwanderung und Integration*. Schwalbach/Ts.: Wochenschau Verlag, 21–39.
Merkens, Hans (^{4}2005): 4.4 Auswahlverfahren, Sampling, Fallkonstruktion. In: Flick, Uwe/von Kardorff, Ernst/Steinke, Ines (Hrsg.): *Qualitative Forschung. Ein Handbuch*. Reinbek bei Hamburg: Rowohlt, 286–299.
Merton, Robert K./Lazarsfeld, Paul F. (Eds.) (1950): *Studies in the Scope and Method of "The American Soldier."* Glencoe: Free Press.
Metcalfe, Janet/Mischel, Walter (1999): A hot/cool-systems analysis of delay of gratification: Dynamics of willpower. In: *Psychological Review 106 (1)*, 3–19.
Mey, Günter/Mruck, Katja (2010): Interviews. In: Mey, Günter/Mruck, Katja (Hrsg.): *Handbuch Qualitative Sozialforschung in der Psychologie*. Wiesbaden: VS, 423–435.
Milbrath, Lester W./Goel, M. Lal (^{2}1977): *Political Participation. How and Why Do People Get Involved in Politics?* Chicago: Rand McNally.
Mondak, Jeffery J. (1999): Reconsidering the measurement of political knowledge. In: *Political Analysis 8 (1)*, 57–82.
Moosbrugger, Helfried (2007): Item-Response-Theorie (IRT). In: Moosbrugger, Helfried/Kelava, Augustin (Hrsg.): *Testtheorie und Fragebogenkonstruktion*. Heidelberg: Springer, 215–259.
Moosbrugger, Helfried/Schermelleh-Engel, Karin (2007): Exploratorische (EFA) und Konfirmatorische Faktorenanalyse (CFA). In: Moosbrugger, Helfried/Kelava, Augustin (Hrsg.): *Testtheorie und Fragebogenkonstruktion*. Heidelberg: Springer, 307–324.
Moskalenko, Sophia/McCauley, Clark (2009): Measuring political mobilization: The distinction between activism and radicalism. In: *Terrorism and Political Violence 21 (2)*, 239–260.
Muller, Edward N. (1982): An explanatory model for differing types of participation. In: *European Journal of Political Research 10 (1)*, 1–16.
Muller, Edward N./Godwin, R. Kenneth (1984): Democratic and aggressive political participation: Estimation of a nonrecursive model. In: *Political Behavior 6 (2)*, 129–146.
Mummendey, Amélie/Kessler, Thomas/Klink, Andreas/Mielke, Rosemarie (1999): Strategies to cope with negative social identity: Predictions by social identity theory and relative deprivation theory. In: *Journal of Personality and Social Psychology 76 (2)*, 229–245.
Muthén, Bengt O. (^{3}2004): *Mplus Technical Appendices*. Los Angeles: Muthén & Muthén.
Muthén, Linda K./Muthén, Bengt O. (^{6}2010): *Mplus User's Guide*. Los Angeles: Muthén & Muthén.
Nauck, Bernhard (2008): Akkulturation: Theoretische Ansätze und Perspektiven in Psychologie und Soziologie. In: Kalter, Frank (Hrsg.): *Migration und Integration. Kölner Zeitschrift für Soziologie und Sozialpsychologie, Sonderheft 48*. Wiesbaden: VS, 108–133.
Neller, Katja (^{2}2002a): Politische Informiertheit. In: Greiffenhagen, Martin/Greiffenhagen, Silvia (Hrsg.): *Handwörterbuch zur politischen Kultur der Bundesrepublik Deutschland*. Opladen: Westdeutscher Verlag, 363–370.
Neller, Katja (^{2}2002b): Politisches Interesse. In: Greiffenhagen, Martin/Greiffenhagen, Silvia (Hrsg.): *Handwörterbuch zur politischen Kultur der Bundesrepublik Deutschland*. Opladen: Westdeutscher Verlag, 489–493.
Newton, Kenneth/Giebler, Heiko (2008): *Patterns of Participation: Political and Social Participation in 22 Nations*. Discussion Paper SP IV 2008-201. Berlin: WZB.
Niedermayer, Oskar (2001): *Bürger und Politik. Politische Orientierungen und Verhaltensweisen der Deutschen. Eine Einführung*. Wiesbaden: Westdeutscher Verlag.
Nohl, Arnd-Michael/Weiß, Anja (2009): Jenseits der Greencard: Ungesteuerte Migration Hochqualifizierter. In: *Aus Politik und Zeitgeschichte (44)*, 12–18.

Norman, Donald A./Shallice, Tim (1986): Attention to action: Willed and automatic control of behavior. In: Davidson, Richard J./Schwartz, Gary E./Shapiro, David (Eds.): *Consciousness and Self-Regulation, Vol. 4*. New York: Plenum, 1–18.
Norris, Pippa (2007): Political activism: new challenges, new opportunities. In: Boix, Carles/Stokes, Susan C. (Eds.): *The Oxford Handbook of Comparative Politics*. Oxford: Oxford University Press, 628–649.
Norušis, Marija J. (2010): *PASW Statistics 18 Advanced Statistical Procedures*. Upper Saddle River: Prentice Hall.
Oakes, Penelope J./Haslam, Alexander S./Turner, John C. (1994): *Stereotyping and Social Reality*. Oxford/Cambridge: Blackwell.
Oesterreich, Detlef (2003): The impact of political knowledge and democratic competencies on desirable aims of civic education. Results from the German contribution to the IEA Civic Education Project. In: *Journal of Social Science Education 4 (1)*.
Olson, Mancur, Jr. (1968): *Die Logik des kollektiven Handelns. Kollektivgüter und die Theorie der Gruppen*. Tübingen: Mohr.
Opp, Karl-Dieter (1989): *The Rationality of Political Protest. A Comparative Analysis of Rational Choice Theory*. Boulder: Westview.
Opp, Karl-Dieter (2009): *Theories of Political Protest and Social Movements. A Multidisciplinary Introduction, Critique, and Synthesis*. New York: Routledge.
Otto, Lukas/Bacherle, Patrick (2011): Politisches Interesse Kurzskala (PIKS) – Entwicklung und Validierung. In: *Politische Psychologie 1 (1)*, 19–35.
Paakunainen, Kari/Sloam, James/Zuba, Reinhard/Spannring, Reingard (2004): *Political Participation of Young People in Europe – Development of Indicators for Comparative Research in the European Union (EUYOUPART). Deliverable 7: Guidelines for In-Depth Interviews, Focus Groups and Qualitative Data Analysis – 'The Red Lines and Focus of the Work'*. URL: http://www.dji.de/bibs/D7Guidelines_Qualitative_Work.pdf [Abruf: 16.01.2012].
Park, Robert E. (1928): Human migration and the marginal man. In: *American Journal of Sociology 33 (6)*, 881–893.
Parry, Geraint/Moyser, George/Day, Neil (1992): *Political Participation and Democracy in Britain*. Cambridge: Cambridge University Press.
Patzelt, Werner J. (^{5}2003): *Einführung in die Politikwissenschaft. Grundriß des Faches und studiumbegleitende Orientierung*. Passau: Wissenschaftsverlag Richard Rothe.
Peisert, Hansgert/Bargel, Tino/Dippelhofer-Stiem/Barbara/Framheim, Gerhild/Lind, Georg/Sandberger, Johann-Ulrich/Walter, Hans-Gerhard (1981): *Studium und Hochschulpolitik. Untersuchung über Informationsverhalten, Studiensituation und gesellschaftspolitische Vorstellungen von Studenten*. Bonn: Bundesminister für Bildung und Wissenschaft.
Petty, Richard E./Cacioppo, John T. (1986): *Communication and Persuasion: Central and Peripheral Routes to Attitude Change*. New York: Springer.
Phinney, Jean S. (1990): Ethnic identity in adolescents and adults: Review of research. In: *Psychological Bulletin 108 (3)*, 499–514.
Phinney, Jean S./Devich-Navarro, Mona (1997): Variations in bicultural identification among African American and Mexican American adolescents. In: *Journal of Research on Adolescence 7 (1)*, 3–32.
Phinney, Jean S./Ong, Anthony D. (2007): Conceptualization and measurement of ethnic identity: Current status and future directions. In: *Journal of Counseling Psychology 54 (3)*, 271–281.
Pickel, Gert (2002): *Jugend und Politikverdrossenheit. Zwei politische Kulturen im Deutschland nach der Vereinigung?* Opladen: Leske + Budrich.
Platon (1999): *Theätet*. (Griechisch/deutsch.) Übersetzt und hrsg. von Ekkehard Martens. Stuttgart: Reclam.

Polletta, Francesca/Jasper, James M. (2001): Collective identity and social movements. In: *Annual Review of Sociology 27*, 283–305.

Preacher, Kristopher J./Hayes, Andrew F. (2004): SPSS and SAS procedures for estimating indirect effects in simple mediation models. In: *Behavior Research Methods, Instruments, and Computers 36 (4)*, 717–731.

Preacher, Kristopher J./Hayes, Andrew F. (2008): Asymptotic and resampling strategies for assessing and comparing indirect effects in multiple mediator models. In: *Behavior Research Methods 40 (3)*, 879–891.

Preiser, Siegfried/Krause, Peter (2003): Politisches Engagement, Selbstkonzept und elterliche Erziehungsstile – ein Beitrag zur latenten politischen Sozialisation. In: Witte, Erich H. (Hrsg.): *Sozialpsychologie politischer Prozesse. Beiträge des 18. Hamburger Symposions zur Methodologie der Sozialpsychologie.* Lengerich: Pabst, 13–33.

Price, Vincent (1999): Political information. In: Robinson, John P./Shaver, Phillip R./Wrightsman, Lawrence S. (Eds.): *Measures of Political Attitudes. Vol. 2 of Measures of Social Psychological Attitudes.* San Diego: Academic Press, 591–639.

Putnam, Robert D. (1993): *Making Democracy Work. Civic Traditions in Modern Italy.* Princeton: Princeton University Press.

Putnam, Robert D. (1995): Tuning In, Tuning Out: The Strange Disappearance of Social Capital in America. In: *PS: Political Science and Politics 28 (4)*, 664–683.

Putnam, Robert D. (2000): *Bowling Alone. The Collapse and Revival of American Community.* New York: Simon & Schuster.

Rattinger, Hans (2009): *Einführung in die Politische Soziologie.* München: Oldenbourg.

Reber, Arthur S./Reber, Emily S. (^{3}2001): *The Penguin Dictionary of Psychology.* London: Penguin.

Reef, Mary Jo/Knoke, David (1999): Political alienation and efficacy. In: Robinson, John P./Shaver, Phillip R./Wrightsman, Lawrence S. (Eds.): *Measures of Political Attitudes. Vol. 2 of Measures of Social Psychological Attitudes.* San Diego: Academic Press, 413–464.

Reicher, Stephen D./Drury, John (2011): Collective identity, political participation, and the making of the social self. In: Azzi, Assaad E./Chryssochoou, Xenia/Klandermans, Bert/Simon, Bernd (Eds.): *Identity and Participation in Culturally Diverse Societies. A Multidisciplinary Perspective.* Malden: Wiley-Blackwell, 158–175.

Reicher, Stephen/Spears, Russell/Haslam, Alexander (2010): The social identity approach in social psychology. In: Wetherell, Margaret/Mohanty, Chandra T. (Eds.): *The SAGE Handbook of Identities.* London: Sage, 45–62.

Reichert, Frank (2010): Political competences and political participation: On the role of "objective" political knowledge, political reasoning, and subjective political competence in early adulthood. In: *Journal of Social Science Education 9 (4)*, 63–81.

Reinders, Heinz (2001): *Politische Sozialisation Jugendlicher in der Nachwendezeit. Forschungsstand, theoretische Perspektiven und empirische Evidenzen.* Opladen: Leske + Budrich.

Reinders, Heinz (2003): Politische Sozialisation in der Adoleszenz. Eine Re-Interpretation quantitativer Längsschnittuntersuchungen in Deutschland. In: *Zeitschrift für Entwicklungspsychologie und Pädagogische Psychologie 35 (2)*, 98–110.

Reinders, Heinz (2005): *Qualitative Interviews mit Jugendlichen führen. Ein Leitfaden.* München/Wien: Oldenbourg.

Reips, Ulf-Dietrich (2002): Standards for internet-based experimenting. In: *Experimental Psychology 49 (4)*, 243–256.

Renninger, K. Ann (2009): Interest and identity development in instruction: An inductive model. In: *Educational Psychologist 44 (2)*, 105–118.

Richter, Dagmar (2008): Kompetenzdimension Fachwissen. Zur Bedeutung und Auswahl von Basiskonzepten. In: Weißeno, Georg (Hrsg.): *Politikkompetenz. Was Unterricht zu leisten hat.* Bonn: BpB, 152–168.

Riegel, Lisa/Wächter, Franziska (2004): *EUYOUPART, WP6. National Report: D8.* URL: http://www.dji.de/bibs/D8national_working_paper_germany.pdf [Abruf: 16.01.2012].

Rippl, Susanne (^{7}2008): Politische Sozialisation. In: Hurrelmann, Klaus/Grundmann, Matthias/Walper, Sabine (Hrsg.): *Handbuch Sozialisationsforschung.* Weinheim/Basel: Beltz, 443–457.

Roccas, Sonia/Brewer, Marilynn B. (2002): Social identity complexity. In: *Personality and Social Psychology Review 6 (2),* 88–106.

Rosenthal, Robert/Rosnow, Ralph L. (^{2}1991): *Essentials of Behavioral Research. Methods and Data Analysis.* New York: McGraw-Hill.

Rost, Jürgen (^{2}2004): *Lehrbuch Testtheorie – Testkonstruktion.* Bern: Huber.

Roßteutscher, Sigrid/Westle, Bettina/Kunz, Volker (2008): Das Konzept des Sozialkapitals und Beiträge zentraler Klassiker. In: Westle, Bettina/Gabriel, Oscar W. (Hrsg.): *Sozialkapital. Eine Einführung.* Baden-Baden: Nomos, 11–40.

Roth, Hans-Joachim (2009): Lebenssituation und politische Positionierung von Jugendlichen mit Migrationshintergrund – einige Thesen. In: *Aus Politik und Zeitgeschichte (5),* 31–33.

Rucht, Dieter/Heitmeyer, Wilhelm (2008): Mobilisierung von und für Migranten. In: Roth, Roland/Rucht, Dieter (Hrsg.): *Die Sozialen Bewegungen in Deutschland seit 1945.* Frankfurt am Main/New York: Campus, 573–592.

Rudmin, Floyd W./Ahmadzadeh, Vali (2001): Psychometric critique of acculturation psychology: The case of Iranian migrants in Norway. In: *Scandinavian Journal of Psychology 42 (1),* 41–56.

Rudolf, Matthias/Müller, Johannes (2004): *Multivariate Verfahren. Eine praxisorientierte Einführung mit Anwendungsbeispielen in SPSS.* Göttingen: Hogrefe.

Ruhs, Daniela (2009): *Duale Identität. Konsequenzen und Antezedenzien im Kontext gesellschaftlicher Partizipation.* Hamburg: Kovač.

Russell, Bertrand (1912): *The Problems of Philosophy.* London: Williams and Norgate.

Ryan, Richard M./Deci, Edward L. (2000): Self-determination theory and the facilitation of intrinsic motivation, social development, and well-being. In: *American Psychologist 55 (1),* 68–78.

Ryan, Richard M./Deci, Edward L. (2004): Overview of self-determination theory: An organismic dialectical perspective. In: Deci, Edward L./Ryan, Richard M. (Eds.): *Handbook of Self-Determination Research.* Softcover Edition. Rochester: The University of Rochester Press, 3–33.

Rychen, Dominique S. (2004): Key competencies for all: An overarching conceptual frame of reference. In: Rychen, Dominique S./Tiana, Alejandro (Eds.): *Developing Key Competencies in Education: Some Lessons from International and National Experience.* Paris: UNESCO International Bureau of Education, 5–34.

Rychen, Dominique S./Salganik, Laura H. (2003): A holistic model of competence. In: Rychen, Dominique S./Salganik, Laura H. (Eds.): *Key Competencies for a Successful Life and Well-Functioning Society.* Göttingen: Hogrefe & Huber, 41–62.

Sander, Wolfgang (2005): Theorie der politischen Bildung: Geschichte – didaktische Konzeptionen – aktuelle Tendenzen und Probleme. In: Sander, Wolfgang (Hrsg.): *Handbuch politische Bildung.* Bonn: BpB, 13–47.

Sander, Wolfgang (^{3}2008): *Politik entdecken – Freiheit leben. Didaktische Grundlagen politischer Bildung.* Schwalbach/Ts.: Wochenschau.

Santel, Bernhard (2002): Außen vor? – Zur politischen Partizipation von Zuwanderern in Deutschland. In: Krüger-Potratz, Marianne/Reich, Hans H./Santel, Bernhard (Hrsg.): *Integration und Partizipation in der Einwanderungsgesellschaft.* Beiträge der Akademie für Migration und Integration, Heft 5, hrsg. von der Otto Benecke-Stiftung e. V. Osnabrück: Universitätsverlag Rasch, 11–25.

Santel, Bernhard (2006): In der Realität angekommen: Die Bundesrepublik Deutschland als Einwanderungsland. In: *Politische Bildung (3)*, 9–25.

Santel, Bernhard (2008): Deutschland: Definition „Migrationshintergrund". In: *Migration und Bevölkerung (10)*, 2.

Saroglou, Vassilis/Galand, Philippe (2004): Identities, values, and religion: A study among Muslim, other immigrant, and native Belgian young adults after the 9/11 attacks. In: *Identity 4 (2)*, 97–132.

Sauer, Martina (2007): Integrationsprobleme, Diskriminierung und soziale Benachteiligung junger türkeistämmiger Muslime. In: von Wensierski, Hans-Jürgen/Lübcke, Claudia (Hrsg.): *Junge Muslime in Deutschland. Lebenslagen, Aufwachsprozesse und Jugendkulturen*. Opladen/Farmington Hills: Barbara Budrich, 339–356.

Schatz, Robert T./Staub, Ervin/Lavine, Howard (1999): On the varieties of national attachment: Blind versus constructive patriotism. In: *Political Psychology 20 (1)*, 151–174.

Schiefele, Hans/Prenzel, Manfred/Krapp, Andreas/Heiland, Alfred/Kasten, Hartmut (1983): *Zur Konzeption einer pädagogischen Theorie des Interesses*. München/Neubiberg: Universität der Bundeswehr.

Schiefele, Ulrich (1991): Interest, learning, and motivation. In: *Educational Psychologist 26 (3–4)*, 299–323.

Schmid, Christine (2004): *Politisches Interesse von Jugendlichen. Eine Längsschnittuntersuchung zum Einfluss von Eltern, Gleichaltrigen, Massenmedien und Schulunterricht*. Wiesbaden: DUV.

Schmidt, Carsten O. (1999): Kolumbien und Deutschland – Politische Einstellungen und Handlungen: Eine Vergleichsstudie unter kolumbianischen und deutschen Studierenden. In: Moser, Helmut (Hrsg.): *Sozialisation und Identitäten – Politische Kultur im Umbruch? Zeitschrift für Psychologie 7 (Sonderheft)*. Bonn: DPV, 137–152.

Schneekloth, Ulrich (2006): Politik und Gesellschaft: Einstellungen, Engagement, Bewältigungsprobleme. In: Shell Deutschland Holding (Hrsg.): *Jugend 2006. Eine pragmatische Generation unter Druck*. Frankfurt am Main: Fischer, 103–144.

Schneekloth, Ulrich (2010): Jugend und Politik: Aktuelle Entwicklungstrends und Perspektiven. In: Shell Deutschland Holding (Hrsg.): *Jugend 2010. Eine pragmatische Generation behauptet sich*. Frankfurt am Main: Fischer, 129–164.

Schneewind, Klaus A./Pekrun, Reinhard (1994): Theorien der Erziehungs- und Sozialisationspsychologie. In: Schneewind, Klaus A. (Hrsg.): *Psychologie der Erziehung und Sozialisation. Enzyklopädie der Psychologie, Themenbereich D: Praxisgebiete, Serie I: Pädagogische Psychologie, Bd. 1: Psychologie der Erziehung und Sozialisation*. Göttingen: Hogrefe, 3–39.

Schreier, Margrit (2010): Fallauswahl. In: Mey, Günter/Mruck, Katja (Hrsg.): *Handbuch Qualitative Sozialforschung in der Psychologie*. Wiesbaden: VS, 238–251.

Schubert, Hans-Joachim (2006): Integration, Ethnizität und Bildung. Die Definition ethnischer Identität Studierender türkischer Herkunft. In: *Berliner Journal für Soziologie 16 (3)*, 291–312.

Schulz, Winfried (2001): Politische Mobilisierung durch Mediennutzung? Beziehungen zwischen Kommunikationsverhalten, politischer Kompetenz und Partizipationsbereitschaft. In: Koch, Achim/Wasmer, Martina/Schmidt, Peter (Hrsg.): *Politische Partizipation in der Bundesrepublik Deutschland. Empirische Befunde und theoretische Erklärungen*. Opladen: Leske + Budrich, 169–194.

Schulz, Wolfram (2005): *Political Efficacy and Expected Political Participation among Lower and Upper Secondary Students. A Comparative Analysis with Data from the IEA Civic Education Study*. Paper prepared for the ECPR General Conference. URL: http://iccs.acer.edu.au/uploads/File/papers/ECPR2005_SchulzW_EfficacyParticipation.pdf [Abruf: 16.01.2012].

Schulz, Wolfram/Ainley, John/Fraillon, Julian/Kerr, David/Losito, Bruno (2010a): *ICCS 2009 International Report: Civic Knowledge, Attitudes, and Engagement Among Lower-Secondary School Students in 38 Countries*. Amsterdam: IEA.

Schulz, Wolfram/Ainley, John/Fraillon, Julian/Kerr, David/Losito, Bruno (2010b): *Initial Findings from the IEA International Civic and Citizenship Education Study*. Amsterdam: IEA.

Schulz, Wolfram/Ainley, John/van de gaer, Eva (2010): *Preparedness for active citizenship among lower secondary students in international comparison*. IEA Research Conference 2010. URL: http://iccs.acer.edu.au/uploads/File/papers/IRCpaper_ICCS_ActiveCitizenship(Gothenburg%201-3%20July).pdf [Abruf: 16.01.2012].

Schulz, Wolfram/Sibberns, Heiko (Eds.) (2004): *IEA Civic Education Study. Technical Report*. Amsterdam: IEA.

Schulze, Erika/Soja, Eva-Maria (2003): Verschlungene Bildungspfade. Über Bildungskarrieren von Jugendlichen mit Migrationshintergrund. In: Auernheimer, Georg (Hrsg.): *Schieflagen im Bildungssystem. Die Benachteiligung der Migrantenkinder*. Opladen: Leske + Budrich, 197–210.

Schwarz, Norbert/Schuman, Howard (1997): Political knowledge, attribution, and inferred interest in politics: The operation of buffer items. In: *International Journal of Public Opinion Research 9 (2)*, 191–195.

Sedlmeier, Peter (1996): Jenseits des Signifikanztests-Rituals: Ergänzungen und Alternativen. In: *Methods of Psychological Research Online 1 (4)*, 41–63.

Seifert, Wolfgang (1992): Die zweite Ausländergeneration in der Bundesrepublik. Längsschnittbeobachtungen in der Berufseinstiegsphase. In: *Kölner Zeitschrift für Soziologie und Sozialpsychologie 44 (4)*, 677–696.

Seifert, Wolfgang (2000): *Geschlossene Grenzen – offene Gesellschaften? Migrations- und Integrationsprozesse in westlichen Industrienationen*. Frankfurt am Main: Campus.

Selting, Margregt/Auer, Peter/Barth-Weingarten, Dagmar/Bergmann, Jörg/Bergmann, Pia/Birkner, Karin/Couper-Kuhlen, Elizabeth/Deppermann, Arnulf/Gilles, Peter/Günthner, Susanne/Hartung, Martin/Kern, Friederike/Mertzlufft, Christine/Meyer, Christian/Morek, Miriam/Oberzaucher, Frank/Peters, Jörg/Quasthoff, Uta/Schütte, Wilfried/Stukenbrock, Anja/Uhmann, Susanne (2009): Gesprächsanalytisches Transkriptionssystem 2 (GAT 2). In: *Gesprächsforschung – Online-Zeitschrift zur verbalen Interaktion 10*, 353–402.

Şen, Faruk (2002): Türkische Minderheit in Deutschland. In: *Informationen zur politischen Bildung (277)*, 53–61.

Sener, Tulin (2008): Civic engagement of Turkish youth in Germany. In: *Journal of Social Science Education 6 (2)*, 59–66.

Shell Deutschland Holding (Hrsg.) (2006): *Jugend 2006. Eine pragmatische Generation unter Druck*. Frankfurt am Main: Fischer.

Shell Deutschland Holding (Hrsg.) (2010): *Jugend 2010. Eine pragmatische Generation behauptet sich*. Frankfurt am Main: Fischer.

Shikano, Susumu (2006): Bootstrap und Jackknife. In: Behnke, Joachim/Gschwend, Thomas/Schindler, Delia/Schnapp, Kai-Uwe (Hrsg.): *Methoden der Politikwissenschaft. Neuere qualitative und quantitative Analyseverfahren*. Baden-Baden: Nomos, 69–79.

Shingles, Richard D. (1981): Black consciousness and political participation: The missing link. In: *American Political Science Review 75 (1)*, 76–91.

Shingles, Richard D. (1987): *New Measures of Subjective Political Efficacy and Political Trust*. ANES Pilot Study Report (nes 002272). URL: http://www.electionstudies.org/resources/papers/documents/nes002272.pdf [Abruf: 16.01.2012].

Simmel, Georg (1908): *Soziologie. Untersuchungen über die Formen der Vergesellschaftung*. Berlin: Duncker & Humblot.

Simon, Bernd (2004): *Identity in Modern Society: A Social Psychological Perspective.* Oxford: Blackwell.

Simon, Bernd (2007): *Fortsetzungsantrag zu SI 428/13-1.* Kiel: Christian-Albrechts-Universität.

Simon, Bernd (2010): *Fortsetzungsantrag zu SI 428/13-3.* Kiel: Christian-Albrechts-Universität

Simon, Bernd (2011): Collective identity and political engagement. In: Azzi, Assaad E./Chryssochoou, Xenia/Klandermans, Bert/Simon, Bernd (Eds.): *Identity and Participation in Culturally Diverse Societies. A Multidisciplinary Perspective.* Malden: Wiley-Blackwell, 137–157.

Simon, Bernd/Grabow, Olga (2010): The politicization of migrants: Further evidence that politicized collective identity is a dual identity. In: *Political Psychology 31 (5)*, 717–738.

Simon, Bernd/Klandermans, Bert (2001): Politicized collective identity. A social psychological analysis. In: *American Psychologist 56 (1)*, 319–331.

Simon, Bernd/Reichert, Frank (2010): Identity and Politicization: The Voice of Migrants in Germany. Paper presented at the 33rd Annual Scientific Meeting of the International Society of Political Psychology. URL: http://www.allacademic.com/meta/p411947_index.html [Abruf: 16.01.2012].

Simon, Bernd/Reichert, Frank/Grabow, Olga (under review): When dual identification becomes a liability: Identity and political radicalism among migrants. Unpublished Manuscript.

Simon, Bernd/Ruhs, Daniela (2008): Identity and politicization among Turkish migrants in Germany: The role of dual identification. In: *Journal of Personality and Social Psychology 95 (6)*, 1354–1366.

Simon, Bernd/Stürmer, Stefan (2003): Respect for group members: Intragroup determinants of collective identification and group-serving behavior. In: *Personality and Social Psychology Bulletin 29 (2)*, 183–193.

Simon, Bernd/Stürmer, Stefan/Loewy, Michael/Weber, Ulrike/Freytag, Peter/Habig, Corinna/Kampmeier, Claudia/Spahlinger, Peter (1998): Collective identification and social movement participation. In: *Journal of Personality and Social Psychology 74 (3)*, 646–658.

Simon, Bernd/Stürmer, Stefan/Steffens, Kerstin (2000): Helping individuals or group members? The role of individual and collective identifications in AIDS volunteerism. In: *Personality and Social Psychology Bulletin 26 (4)*, 497–506.

Simon, Bernd/Trötschel, Roman ([5]2007): Das Selbst und die soziale Identität. In: Jonas, Klaus/Stroebe, Wolfgang/Hewstone, Miles (Hrsg.): *Sozialpsychologie. Eine Einführung.* Heidelberg: Springer, 147–185.

Simon, Herbert A. (1959): Theories of decision-making in economics and behavioral science. In: *American Economic Review 49 (3)*, 253–283.

Simon, Herbert A. (1986): Rationality in psychology and economics. In: *Journal of Business 59 (4), Part 2: The Behavioral Foundations of Economic Theory.* Proceedings of a Conference, edited by Robin M. Hogarth, Melvin W. Reder, S209–S224.

Simon, Herbert A. (1995): Rationality in political behavior. In: *Political Psychology 16 (1) (Special Issue: Political Economy and Political Psychology)*, 253–283.

Sloman, Steven A. (1996): The empirical case for two systems of reasoning. In: *Psychological Bulletin 119 (1)*, 3–22.

Sohr, Sven/Boehnke, Klaus/Stromberg, Claudia (1997): „Politische Persönlichkeiten" – eine aussterbende Spezies? In: Palentien, Christian/Hurrelmann, Klaus (Hrsg.): *Jugend und Politik. Ein Handbuch für Forschung, Lehre und Praxis.* Neuwied: Luchterhand, 206–235.

Spannring, Reingard (2008a): Understanding (non-)participation: Forms, meanings and reasons. In: Spannring, Reingard/Ogris, Günther/Gaiser, Wolfgang (Eds.): *Youth and Political Participation in Europe. Results of the Comparative Study EUYOUPART.* Opladen/Farmington Hills: Barbara Budrich, 55–86.

Spannring, Reingard (2008b): Young people's multidimensional relationship with politics: Qualitative and quantitative findings. In: Spannring, Reingard/Ogris, Günther/Gaiser, Wolfgang (Eds.): *Youth and Political Participation in Europa. Results of the Comparative Study EUYOUPART*. Opladen/Farmington Hills: Barbara Budrich, 29–54.

Srivastava, Sanjay/John, Oliver P./Gosling, Samuel D./Potter, Jeff (2003): Development of personality in early and middle adulthood: Set like plaster or persistent change? In: *Journal of Personality and Social Psychology 84 (5)*, 1041–1053.

Stanovich, Keith E./West, Richard F. (2000): Individual differences in reasoning: Implications for the rationality debate? In: *Behavioral and Brain Sciences 23 (5)*, 645–665.

Statistisches Bundesamt (2011a): *Bevölkerung und Erwerbstätigkeit. Bevölkerung mit Migrationshintergrund. Ergebnisse des Mikrozensus 2010*. Wiesbaden: Statistisches Bundesamt.

Statistisches Bundesamt (2011b): *Bildung und Kultur. Studierende an Hochschulen*. Wiesbaden: Statistisches Bundesamt.

Steinbrecher, Markus (2009): *Politische Partizipation in Deutschland*. Baden-Baden: Nomos.

Stolle, Dietlind (2007): Social capital. In: Dalton, Russell J./Klingemann, Hans-Dieter (Eds.): *The Oxford Handbook of Political Behavior*. The Oxford Handbooks of Political Science, Vol. 3. Oxford: Oxford University Press, 655–674.

Stolle, Dietlind/Gidengil, Elisabeth (2010): What do women really know? A gendered analysis of varieties of political knowledge. In: *Perspectives on Politics 8 (1)*, 93–109.

Stonequist, Everett V. (1935): The problem of marginal man. In: *American Journal of Sociology 41 (1)*, 1–12.

Strack, Fritz/Deutsch, Roland (2004): Reflective and impulsive determinants of social behavior. In: *Personality and Social Psychology Review 8 (3)*, 220–247.

Strack, Fritz/Deutsch, Roland/Krieglmeyer, Regina (2009): The two horses of behavior: Reflection and impulse. In: Morsella, Ezequiel/Bargh, John A./Gollwitzer, Peter M. (Eds.): *Oxford Handbook of Human Action*. Oxford/New York: Oxford University Press, 104–117.

Stürmer, Stefan/Simon, Bernd (2004a): Collective action: Towards a dual-pathway model. In: *European Review of Social Psychology 15*, 59–99.

Stürmer, Stefan/Simon, Bernd (2004b): The role of collective action in social movement participation: A panel study in the context of the German gay movement. In: *Personality and Social Psychology Bulletin 30 (3)*, 263–277.

Stürmer, Stefan/Simon, Bernd (2009): Pathways to collective protest: Calculation, identification, or emotion? A critical analysis of the role of group-based anger in social movement participation. In: *Journal of Social Issues 65 (4)*, 681–705.

Stürmer, Stefan/Simon, Bernd/Loewy, Michael I./Jörger, Heike (2003): The dual-pathway model of of social movement participation: The case of the fat acceptance movement. In: *Social Psychology Quarterly 66 (1)*, 71–82.

Süddeutsche.de (2011): *Pro-Guttenberg-Demonstration. „Gutti war zu gut für Euch."* Ausgabe vom 05.03.2011. URL: http://www.sueddeutsche.de/bayern/pro-guttenberg-demonstrationen-gutti-war-zu-gut-fuer-euch-1.1068350 [Abruf: 14.01.2012].

Süddeutsche.de (2012): *Bundespräsident Wulff in der Kritik. Koalition weist Nachfolgersuche von sich*. Ausgabe vom 07.01.2012. URL: http://www.sueddeutsche.de/politik/bundespraesident-in-der-kritik-merkel-und-roesler-in-engem-kontakt-ueber-wulff-nachfolger-1.1252492 [Abruf: 14.01.2012].

SVR [= **Sachverständigenrat deutscher Stiftungen für Integration und Migration**] (2010): *Einwanderungsgesellschaft 2010. Jahresgutachten 2010 mit Integrationsbarometer*. Berlin: SVR.

Tajfel, Henri (1978a): Social categorization, social identity and social comparison. In: Tajfel, Henri (Ed.): *Differentiation between Social Groups. Studies in the Social Psychology of Intergroup Relations*. London/New York: Academic Press, 61–67.

Tajfel, Henri (1978b): The achievement of group differentiation. In: Tajfel, Henri (Ed.): *Differentiation between Social Groups. Studies in the Social Psychology of Intergroup Relations*. London/New York: Academic Press, 77-98.
Tajfel, Henri (1981): *Human Groups and Social Categories*. Cambridge: Cambridge University Press.
Tajfel, Henri/Turner, John C. (1979): An integrative theory of intergroup conflict. In: Austin, Williams G./Worchel, Stephen (Eds.): *The Social Psychology of Intergroup Relations*. Montery: Brooks/Cole, 33–48.
Tajfel, Henri/Turner, John C. (^{2}1986): The social identity theory of intergroup behavior. In: Worchel, Stephen/Austin, Williams G. (Eds.): *Psychology of Intergroup Relations*. Chicago: Nelson-Hall, 7–24.
Tausch, Nicole/Becker, Julia C./Spears, Russell/Christ, Oliver/Saab, Rim/Singh, Purnima/Siddiqui, Roomana N. (2011): Explaining radical group behavior: Developing emotion and efficacy routes to normative and nonnormative collective action. In: *Journal of Personality and Social Psychology 101 (1)*, 129–148.
Taylor, Aaron B./MacKinnon, David P./Tein, Jenn-Yun (2008): Tests of the three-path mediated effect. In: *Organizational Research Methods 11 (2)*, 241–269.
Taylor, Charles (1995): Ursprünge des neuzeitlichen Selbst. In: Michalski, Krzysztof (Hrsg.): *Identität im Wandel. Castelgandolfo-Gespräche 1995*. Stuttgart: Klett-Cotta, 11–23.
Thaler, Richard H. (1986): The Psychology and Economics Conference Handbook: Comments on Simon, on Einhorn and Hogarth, and on Tversky and Kahneman. In: *Journal of Business 59 (4), Part 2: The Behavioral Foundations of Economic Theory*. Proceedings of a Conference, edited by Robin M. Hogarth, Melvin W. Reder, S279–S284.
Thielsch, Meinald T. (2008): *Ästhetik von Websites. Wahrnehmung von Ästhetik und deren Beziehung zu Inhalt, Usability und Persönlichkeitsmerkmalen*. Münster: MV Wissenschaft.
Thomas, William I./Thomas, Dorothy S. (1928): *The Child in America. Behavior Problems and Programs*. New York: Knopf.
Thränhardt, Dietrich (2000): Integrationsprozesse in der Bundesrepublik Deutschland. In: Forschungsinstitut der Friedrich-Ebert-Stiftung (Hrsg.): *Integration und Integrationsförderung in der Einwanderungsgesellschaft*. (Elektronische Version) Bonn: FES library, 13–46. URL: http://www.fes.de/fulltext/asfo/00713a02.htm#E9E2 [Abruf: 16.01.2012].
Thränhardt, Dietrich (2004): Immigrant cultures, state policies and social capital formation in Germany. In: *Journal of Comparative Policy Analysis 6 (2)*, 159–183.
Tiana, Alejandro (2004): Developing key competencies in education systems: some lessons from international studies and national experiences. In: Rychen, Dominique S./Tiana, Alejandro (Eds.): *Developing Key Competencies in Education: Some Lessons from International and National Experience*. Paris: UNESCO International Bureau of Education, 35–80.
Torney, Judith V./Oppenheim, Abraham N./Farnen, Russell F. (1975): *Civic Education in Ten Countries. An Empirical Study*. Stockholm: Almqvist & Wiksell International.
Torney-Purta, Judith (1995): Psychological theory as a basis for political socialization research. Individuals' construction of knowledge. In: *Perspectives on Political Science 24 (1)*, 23–33.
Torney-Purta, Judith (2002): Patterns in the civic knowledge, engagement, and attitudes of European adolescents: The IEA civic education study. In: *European Journal of Education 38 (2)*, 129–141.
Torney-Purta, Judith/Lehmann, Rainer/Oswald, Hans/Schulz, Wolfram (2001): *Citizenship and Education in Twenty-eight Countries. Civic Knowledge and Engagement at Age Fourteen*. Amsterdam: IEA.
Tulving, Endel (2000): Concepts of memory. In: Tulving, Endel/Craik, Fergus I. M. (Eds.): *The Oxford Handbook of Memory*. Oxford/New York: Oxford University Press, 33–43.

Turner, John C. (1981): Some considerations in generalizing experimental social psychology. In: Stephenson, Geoffrey M./Davis, James H. (Eds.): *Progress in Applied Social Psychology, Vol. 1.* Chichester: John Wiley & Sons, 3–34.
Turner, John C. (1982): Towards a cognitive redefinition of the social group. In: Tajfel, Henri (Ed.): *Social Identity and Intergroup Relations.* Cambridge: Cambridge University Press, 15–40.
Turner, John C./Hogg, Michael A./Oakes, Penelope J./Reicher, Stephen D./Wetherell, Margaret S. (1987): *Rediscovering the Social Group. A Self-Categorization Theory.* Oxford/New York: Blackwell.
Uehlinger, Hans-Martin (1988): *Politische Partizipation in der Bundesrepublik.* Opladen: Westdeutscher Verlag.
Urban, Dieter/Mayerl, Jochen (^{2}2006): *Regressionsanalyse: Theorie, Technik und Anwendung.* Wiesbaden: VS.
van Deth, Jan W. (1990): Interest in politics. In: Jennings, Kent M./van Deth, Jan W./Barnes, Samuel H./Fuchs, Dieter/Heunks, Felix J./Inglehart, Ronald/Kaase, Max/Klingemann, Hans-Dieter/Thomassen, Jacques J. A. (Eds.): *Continuities in Political Action. A Longitudinal Study of Political Orientations in Three Western Democracies.* Berlin/New York: de Gruyter, 275–312.
van Deth, Jan W. (2000a): Das Leben, nicht die Politik ist wichtig. In: Niedermayer, Oskar/Westle, Bettina (Hrsg.): *Demokratie und Partizipation.* Opladen: Westdeutscher Verlag, 115–135.
van Deth, Jan W. (2000b): Interesting but irrelevant: Social capital and the saliency of politics in Western Europe. In: *European Journal of Political Research 37 (2)*, 115–147.
van Deth, Jan W. (2001): Soziale und politische Beteiligung: Alternativen, Ergänzungen oder Zwillinge? In: Koch, Achim/Wasmer, Martina/Schmidt, Peter (Hrsg.): *Politische Partizipation in der Bundesrepublik Deutschland. Empirische Befunde und theoretische Erklärungen.* Opladen: Leske + Budrich, 195–219.
van Deth, Jan W. (2002): The proof of the pudding: Social capital, democracy, and citizenship. In: van Deth, Jan W./Mayer, Nonna/Newton, Kenneth/Norris, Pippa/Dekker, Paul (Eds.): *Social Capital in Democratic Politics.* Exeter: University of Exeter, 7–33.
van Deth, Jan W. (^{4}2003): Vergleichende politische Partizipationsforschung. In: Berg-Schlosser, Dirk/Müller-Rommel, Ferdinand (Hrsg.): *Vergleichende Politikwissenschaft.* Opladen: Leske + Budrich, 167–187.
van Deth, Jan W. (2004): Politisches Interesse. In: van Deth, Jan W. (Hrsg.): *Deutschland in Europa. Ergebnisse des European Social Survey 2002-2003.* Wiesbaden: VS, 275–292.
van Deth, Jan W./Elff, Martin (2004): Politicisation, economic development and political interest in Europe. In: *European Journal of Political Research 43 (3)*, 477–508.
van Egmond, Marcel/de Graaf, Nan D./van der Eijk, Cees (1998): Electoral participation in the Netherlands: Individual and contextual influences. In: *European Journal of Political Research 34(2)*, pp. 281–300.
van Stekelenburg, Jacquelien/Klandermans, Bert (2007): Individuals in movements. A social psychology of contention. In: Klandermans, Bert/Roggeband, Conny (Eds.): *Handbook of Social Movements across Disciplines.* New York: Springer, 157–204.
van Stekelenburg, Jacquelien/Klandermans, Bert (2010): The social psychology of protest. In: *Sociopedia.isa.* URL: http://www.surrey.ac.uk/politics/research/researchareasofstaff/isppsummeracademy/instructors/Social%20Psychology%20of%20Protest,%20Van%20Stekelenburg%20&%20Klandermans.pdf [Abruf: 16.01.2012].
van Zomeren, Martijn/Postmes, Tom/Spears, Russell (2008): Toward an integrative social identity model of collective action: A quantitative research synthesis of three socio-psychological perspectives. In: *Psychological Bulletin 134 (4)*, 504–535.

van Zomeren, Martijn/Spears, Russell/Fischer, Agneta H./Leach, Colin W. (2004): Put your money where your mouth is! Explaining collective action tendencies through group-based anger and group efficacy. In: *Journal of Personality and Social Psychology 87 (5)*, 649–664.
Verba, Sidney/Nie, Norman H. (1972): *Participation in America. Political Democracy and Social Equality*. New York: Harper & Row.
Verba, Sidney/Nie, Norman H./Kim, Jae-On (1978): *Participation and Political Equality. A Seven-Nation Comparison*. Cambridge: Cambridge University Press.
Verba, Sidney/Schlozman, Kay Lehman/Brady, Henry E. (1995): *Voice and Equality. Civic Volunteerism in American Politics*. Cambridge: Harvard University Press.
Verkuyten, Maykel (2005): *The Social Psychology of Ethnic Identity*. Hove/New York: Psychology Press.
Verkuyten, Maykel (2011): Religious identity and socio-political participation. Muslim minorities in Western Europe. In: Azzi, Assaad E./Chryssochoou, Xenia/Klandermans, Bert/Simon, Bernd (Eds.): *Identity and Participation in Culturally Diverse Societies. A Multidisciplinary Perspective*. Malden: Wiley-Blackwell, 32–48.
Verkuyten, Maykel/Yildiz, Ali A. (2007): National (dis)identification and ethnic and religious identity: A study among Turkish-Dutch Muslims. In: *Personality and Social Psychology Bulletin 33 (10)*, 1448–1462.
Verkuyten, Maykel/Yildiz, Ali A. (2010): Religious identity consolidation and mobilization among Turkish Dutch Muslims. In: *European Journal of Social Psychology 40 (3)*, 436–447.
Vetter, Angelika (1997): *Political Efficacy – Reliabilität und Validität. Alte und neue Meßmodelle im Vergleich*. Wiesbaden: DUV.
Vetter, Angelika (^{2}2002): Politische Kompetenz. In: Greiffenhagen, Martin/Greiffenhagen, Silvia (Hrsg.): *Handwörterbuch zur politischen Kultur der Bundesrepublik Deutschland*. Opladen: Westdeutscher Verlag, 379–382.
Vetter, Angelika (2006): Jugend und ihre subjektive politische Kompetenz. In: Roller, Edeltraud/Brettschneider, Frank/van Deth, Jan W. (Hrsg.): *Jugend und Politik: „Voll normal!" Der Beitrag der politischen Soziologie zur Jugendforschung*. Wiesbaden: VS, 241–267.
Vetter, Angelika/Maier, Jürgen (2005): Mittendrin statt nur dabei? Politisches Wissen, politisches Interesse und politisches Kompetenzgefühl in Deutschland, 1994-2002. In: Gabriel, Oscar W./Falter, Jürgen W./Rattinger, Hans (Hrsg.): *Wächst zusammen, was zusammengehört? Stabilität und Wandel politischer Einstellungen im wiedervereinigten Deutschland*. Baden-Baden: Nomos, 51–90.
Visser, Penny S./Holbrook, Allyson/Krosnick, Jon A. (2008): Knowledge and attitudes. In: Donsbach, Wolfgang/Traugott, Michael W. (Eds.): *The SAGE Handbook of Public Opinion Research*. Cambridge/New York: Sage, 127–140.
Visser, Penny S./Krosnick, Jon A./Lavrakas, Paul J. (2000): Survey research. In: Reis, Harry T./Judd, Charles M. (Eds.): *Handbook of Research Methods in Social and Personality Psychology*. Cambridge/New York: University Press, 223–251.
Wächter, Franziska (2005): *EUYOUPART, WP 8/D15. National Report: Germany*. München: DJI.
Wasmer, Martina/Koch, Achim (2000): Ausländer als Bürger 2. Klasse? Einstellungen zur rechtlichen Gleichstellung von Ausländer. In: Alba, Richard/Schmidt, Peter/Wasmer, Martina (Hrsg.): *Deutsche und Ausländer: Freunde, Fremde oder Feinde? Empirische Befunde und theoretische Erklärungen*. Wiesbaden: Westdeutscher Verlag, 256–293.
Watermann, Rainer/Buhl, Monika (2003): Zur Einführung in den Themenschwerpunkt: Schule und politische Sozialisation. In: *Zeitschrift für Soziologie der Erziehung und Sozialisation 23 (4)*, 340–342.
Watts, Meredith W. (1973): Efficacy, trust and commitment to the political process. In: *Social Science Quarterly 54 (3)*, 623–631.

Watts, Meredith W. (2001): Aggressive political behavior: Predisposition and protest behavior. East and west, then and now. In: Koch, Achim/Wasmer, Martina/Schmidt, Peter (Hrsg.): *Politische Partizipation in der Bundesrepublik Deutschland. Empirische Befunde und theoretische Erklärungen.* Opladen: Leske + Budrich, 109–130.

Weber, Max (^{3}1947): *Grundriss der Sozialökonomik. III. Abteilung: Wirtschaft und Gesellschaft. 1. Halbband.* Tübingen: Mohr.

Weber, Max (^{5}1976): *Wirtschaft und Gesellschaft. Grundriss der Verstehenden Soziologie.* 1. Halbband, hrsg. von Johannes Winckelmann. Tübingen: Mohr.

Weidacher, Alois (2000): Migrationsspezifische Bedingungen und soziokulturelle Orientierungen. In: Weidacher, Alois (Hrsg.): *In Deutschland zu Hause. Politische Orientierungen griechischer, italienischer, türkischer und deutscher junger Erwachsener.* Opladen: Leske + Budrich, 67–128.

Weinert, Franz E. (2001): Concept of competence: A conceptual clarification. In: Rychen, Dominique S./Salganik, Laura H. (Eds.): *Defining and Selecting Key Competencies.* Göttingen: Hogrefe & Huber, 45–65.

Weiss, Karin/Rebenstorf, Hilke (2003): Bildungswege, politische Partizipation und Demokratieverständnis – Junge Menschen in Brandenburg. In: *Zeitschrift für Soziologie der Erziehung und Sozialisation 23 (2)*, 127–146.

Weißeno, Georg (2005): Testaufgaben für die politische Bildung – Ergebnisse einer Pilotstudie. In: GPJE (Hrsg.): *Testaufgaben und Evaluationen in der politischen Bildung.* Schwalbach/Ts.: Wochenschau, 41–60.

Weißeno, Georg (2008): Politikkompetenz. Neue Aufgaben für Theorie und Praxis. In: Weißeno, Georg (Hrsg.): *Politikkompetenz. Was Unterricht zu leisten hat.* Bonn: BpB, 11–20.

Weißeno, Georg (2009): Nachwort: Politische Zuwanderung auch für Zuwanderer. In: Greve, Anke/Köller, Olaf/Lehmann, Rainer/Radalewski, Melanie/Wilhelm, Oliver: *Bereitstellung eines pilotierten und normierten Aufgabenpools für ein standardisiertes Testsystem zum Ausbildungsstand von Teilnehmenden am Orientierungskurs im Rahmen des Zuwanderungsgesetzes (ZuwG) 2008 sowie eines Itempools für ein standardisiertes Testsystem im Rahmen des Einbügerungstests. Abschlussbericht.* Berlin: IQB, 64–70.

Welker, Frank (2007): *Politische Partizipation von Studierenden. Ergebnisse einer empirisch-analytischen Studie.* Marburg: Tectum.

Westholm, Anders/Montero, José Ramón/van Deth, Jan W. (2007): Introduction: Citizenship, involvement, and democracy in Europe. In: van Deth, Jan W./Montero, José Ramón/Westholm, Anders (Eds.): *Citizenship and Involvement in European Democracies. A Comparative Perspective.* London/New York: Routledge, 1–32.

Westle, Bettina (^{2}1994): Politische Partizipation. In: Gabriel, Oscar W./Brettschneider, Frank (Hrsg.): *Die EU-Staaten im Vergleich. Strukturen, Prozesse, Politikinhalte.* Opladen: Westdeutscher Verlag, 137–173.

Westle, Bettina (2001): Politische Partizipation und Geschlecht. In: Koch, Achim/Wasmer, Martina/Schmidt, Peter (Hrsg.): *Politische Partizipation in der Bundesrepublik Deutschland. Empirische Befunde und theoretische Erklärungen.* Opladen: Leske + Budrich, 131–168.

Westle, Bettina (2005): Politisches Wissen und Wahlen. In: Falter, Jürgen W./Gabriel, Oscar W./Weßels, Bernhard (Hrsg.): *Wahlen und Wähler. Analysen aus Anlass der Bundestagswahl 2002.* Wiesbaden: VS, 484–512.

Westle, Bettina (2006): Politisches Interesse, subjektive politische Kompetenz und politisches Wissen – Eine Fallstudie mit Jugendlichen im Nürnberger Raum. In: Roller, Edeltraud/Brettschneider, Frank/van Deth, Jan W. (Hrsg.): *Jugend und Politik: „Voll normal!" Der Beitrag der politischen Soziologie zur Jugendforschung.* Wiesbaden: VS, 209–240.

Westle, Bettina (2009): Politisches Wissen als Grundlage der Entscheidung bei der Bundestagswahl 2005. In: Kühnel, Steffen/Niedermayer, Oskar/Westle, Bettina (Hrsg.): *Wähler in Deutschland. Sozialer und politischer Wandel, Gender und Wahlverhalten*. Wiesbaden: VS, 366–398.

Westle, Bettina/Johann, David (2010): Das Wissen der Europäer/innen über die Europäische Union. In: Faas, Thorsten/Arzheimer, Kai/Roßteutscher, Sigrid (Hrsg.): *Information – Wahrnehmung – Emotion. Politische Psychologie in der Wahl- und Einstellungsforschung*. Wiesbaden: VS, 353–374.

Westle, Bettina/Kunz, Volker/Roßteutscher, Sigrid (2008): Sozialkapital im internationalen Vergleich. In: Westle, Bettina/Gabriel, Oscar W. (Hrsg.): *Sozialkapital. Eine Einführung*. Baden-Baden: Nomos, 73–156.

White, Jenny B. (1997): Turks in the New Germany. In: *American Anthropoligist 99 (4)*, 754–769.

Widmaier, Benedikt (2009): Soziales Lernen und Politische Bildung. Oder: Wie entsteht politische Partizipation? In: *kursiv – Journal für politische Bildung 12 (1)*, 54–60.

Widmaier, Benedikt (2011): Lassen sich Aktive Bürgerschaft und Bürgerschaftliche Kompetenzen messen? Europäische Planungsdaten für Lebenslanges Lernen und Politische Bildung. In: Widmaier, Benedikt/Nonnenmacher, Frank (Hrsg.): *Active Citizenship Education. Internationale Anstöße für die Politische Bildung*. Schwalbach/Ts.: Wochenschau, 45–64.

Wiedemann, Claudia (2006): Politische Partizipation von Migranten und Migrantinnen. In: Hoecker, Beate (Hrsg.): *Politische Partizipation zwischen Konvention und Protest. Eine studienorientierte Einführung*. Opladen: Barbara Budrich, 261–286.

Wildenmann, Rudolf/Kaase, Max (1968): *„Die unruhige Generation." Eine Untersuchung zu Politik und Demokratie in der Bundesrepublik*. Mannheim: Universität Mannheim.

Wiley, Shaun/Deaux, Kay (2011): The bicultural identity performance of immigrants. In: Azzi, Assaad E./Chryssochoou, Xenia/Klandermans, Bert/Simon, Bernd (Eds.): *Identity and Participation in Culturally Diverse Societies. A Multidisciplinary Perspective*. Malden: Wiley-Blackwell, 49–68.

Woellert, Franziska/Kröhnert, Steffen/Sippel, Lilli/Klingholz, Reiner (2009): *Ungenutzte Potenziale. Zur Lage der Integration in Deutschland*. Berlin: Berlin-Institut.

Wright, Stephen C./Taylor, Donald M./Moghaddam, Fathali M. (1990): The relationship of perceptions and emotions to behavior in the face of collective inequality. In: *Social Justice Research 4 (3)*, 229–250.

Wüst, Andreas M. (2003): Das Wahlverhalten eingebürgerter Personen in Deutschland. In: *Aus Politik und Zeitgeschichte (52)*, 29–38.

Wüst, Andreas M. (2007): Wahlverhalten und politische Repräsentation von Migranten. In: Frech, Siegfried/Meier-Braun, Karl-Heinz (Hrsg.): *Die offene Gesellschaft. Zuwanderung und Integration*. Schwalbach/Ts.: Wochenschau, 145–173.

Wyer, Robert S./Srull, Thomas K. (1986): Human cognition in its social context. In: *Psychological Review 93 (3)*, 322–359.

Yu, Ching-Yun (2002): *Evaluating Cutoff Criteria of Model Fit Indices for Latent Variable Models with Binary and Continuous Outcomes*. Dissertation. Los Angeles: University of California.

Zagefka, Hanna/Nigbur, Dennis (2009): Akkulturation und Integration ethnischer Gruppen. In: Beelmann, Andreas/Jonas, Kai J. (Hrsg.): *Diskriminierung und Toleranz. Psychologische Grundlagen und Anwendungsperspektiven*. Wiesbaden: VS, 173–192.

Zaller, John (1992): *The Nature and Origins of Mass Opinion*. Cambridge/New York/Oakleigh: Cambridge University Press.

Zick, Andreas (2010): *Psychologie der Akkulturation. Neufassung eines Forschungsbereiches*. Wiesbaden: VS.

Anlagen

A Erhebungsinstrumente

Alle Erhebungsinstrumente (Abschnitt A) sind online abrufbar über die Webseite des Oldenbourg Verlages (www.oldenbourg-verlag.de). Die Erhebungsinstrumente stehen im Internet unter den unten angegebenen Kapitelangaben bzw. Dateinamen als pdf-Dateien zur Verfügung.

Die Fragebogen in den Anlagen A–1 bis A–4 sind als Screenshots abgebildet. Eventuelle Dopplungen von Items in diesen Screenshots innerhalb desselben Fragebogens sind beabsichtigt und dienen der besseren Darstellung von Filter- oder Auswahlfragen.

Bei inhaltlichen oder weiterführenden Fragen zu den Erhebungsinstrumenten der Anlage A wenden Sie sich bitte an den Autor.

A–1   Fragebogen t_1 (Version für türkische Migrationsgeschichte)

A–2   Fragebogen t_2 (Version für türkische Migrationsgeschichte)

A–3   Fragebogen t_3 (Version für türkische Migrationsgeschichte)

A–4   Fragebogen t_W (Version für türkische Migrationsgeschichte)

A–5   Testbogen der Teilstudie zu politischem Wissen

A–6   Interviewleitfaden

A–7   Datenschutzbrief

A–8   Postskript zum Interview (Muster)

B Tabellenanhang

Tabelle 23: Mittelwerte, Standardabweichungen, Fallanzahl und Cronbachs Alpha der zentralen Indizes (t_1)[1]

	Türkische Migrationsgeschichte				Keine Migrationsgeschichte				Mittelwertvergleich	
	α	M	SD	n	α	M	SD	n	t-Wert	Cohens d
Politisches Interesse (0...4)	–	2.48	1.16	461	–	2.37	1.10	445	1.41	0.09
Subjektive politische Kompetenz (0...4)	.85	2.34	1.01	463	.86	2.21	0.99	444	2.04	0.14¶
Wahlbeteiligung (0/1)[3,5]	–	0.91	0.28	205	–	0.99	0.12	445	-3.62	-0.31‡
Konventionelle Handlungen (0/1)[2,3]	.57	0.19	0.39	463	.66	0.26	0.44	445	-2.31	-0.15‡
Unkonventionelle Handlungen (0...5)[2,6]	.62	1.44	1.33	462	.49	1.76	1.22	445	-3.74	-0.25‡
Nichtlegale Handlungen (0/1)[2,3]	.74	0.13	0.33	441	.70	0.18	0.38	445	-2.09	-0.14¶
Wahlbereitschaft (0...4)	–	3.30	1.31	462	–	3.86	0.57	443	-8.22	-0.55‡
Bereitschaft zu konventionellen Handlungen (0...4)	.61‡	1.32	1.18	424	.53‡	1.25	1.09	430	0.85	0.06
Bereitschaft zu unkonventionellen Handlungen (0...4)	.81	2.09*	1.10	448	.79	2.07*	0.96	436	0.30	0.02
Verständnis für nichtlegale Handlungen (0...4)	.87	1.02	1.01	458	.85	1.39	0.96	444	-5.64	-0.38‡
Identifikation mit Deutschland (0...4)	.85	2.55	0.93	463	.83	3.13	0.87	286	-8.58	-0.65‡
Identifikation mit Türken (0...4)	.82	2.34	1.02	463						
Separatistische Identifikation (0...4)	.89	2.40	1.21	463						
Duale Identifikation (0...4)	.72	2.34	0.98	463						
Religiosität (0...4)	.82‡	2.38	1.47	462	.84‡	1.27	1.28	439	12.08	0.81‡
Kollektive Marginalisierung (0...4)	.87	2.31	1.02	463						
Kollektive Effektivität/Politische Verdrossenheit[4] (0...4)	.33‡	2.31	1.02	462	–	1.72	1.23	444	0.33	0.02
Bekannte in deutschen Vereinen (0...4)	–	1.45	0.99	458	–	1.55	0.98	442	-1.49	-0.10
Bekannte in türkischen Vereinen (0...4)	–	1.59	1.08	459						

1 Spannweite (Minimum und Maximum) in Klammern. Für Zwei-Item-Konstrukte ist statt Cronbachs α die Produkt-Moment-Korrelation r angegeben. Varianzunterschiede sind nicht separat ausgewiesen.
2 Theoriegeleiteter Index als dichotomen oder ordinal skalierten Variablen. Cronbachs α (auf Basis eines Summenscores) ist daher als Gütemaß nur bedingt aussagekräftig.
3 Der Mittelwert entspricht dem prozentualen Anteil von Personen, welcher mindestens eine entsprechende Handlung ausgeführt hat.
4 Kollektive Effektivität für Personen mit türkischer Migrationsgeschichte; für Befragte ohne Migrationsgeschichte Werte für politische Verdrossenheit. Mittelwertvergleich auf Basis des umgepolten Indexes der politischen Verdrossenheit.
5 Mittelwertvergleich nur für Personen mit deutscher Staatsbürgerschaft. (46% vs. 99%, inkl. Personen ohne deutsche Staatsbürgerschaft; $t_{513} = -22.29, p < .001, d = -1.48$.)
6 Mdn = 1 für Befragte mit türkischer Migrationsgeschichte; Mdn = 2 für Befragte ohne Migrationsgeschichte (beide Mediane gemäß Wilcoxon-Test bedeutsam vom hypothetischen Median 2.5 verschieden); Mann-Whitney-U-Test für Unterschiede zwischen beiden Stichproben signifikant (z = 4.12, p < .000).
* Mittelwert ist nicht signifikant vom Skalenmittelpunkt verschieden (p < .05, zweiseitige Testung).
Signifikante Mittelwertunterschiede zwischen den Gruppen und signifikante Korrelationen für Zwei-Item-Indizes: ‡: p < .001, †: p < .01, ¶: p < .05.

Tabelle 24: Mittelwerte, Standardabweichungen, Fallanzahl und Cronbachs Alpha der zentralen Indizes (t_2)[1]

	Türkische Migrationsgeschichte				Keine Migrationsgeschichte				Mittelwertvergleich	
	α	M	SD	n	α	M	SD	n	t-Wert	Cohens d
Politisches Interesse (0...4)	–	2.59	1.12	178	–	2.34	1.11	79	1.64	0.22
Subjektive politische Kompetenz (0...4)	.84	2.46	0.95	175	.80	2.10*	0.88	79	2.82	0.38[†]
Wahlbeteiligung (0/1)[3]	–	0.74	0.44	72	–	0.86	0.35	43	-1.66	-0.32
Konventionelle Handlungen (0/1)[2,3]	.66	0.25	0.44	175	.51	0.23	0.42	79	0.40	0.05
Unkonventionelle Handlungen (0...5)[2,6]	.63	1.17	1.29	175	.59	1.51	1.30	79	-1.95	-0.26
Nichtlegale Handlungen (0/1)[2,3,4]	.30	0.06	0.24	171	.67	0.21	0.41	78	-2.97	-0.41[†]
Wahlbereitschaft (0...4)	–	3.55	1.02	174	–	3.81	0.67	79	-2.63	-0.36[¶]
Bereitschaft zu konventionellen Handlungen (0...4)	.83	1.56	1.15	168	.74	1.21	0.90	79	2.58	0.35[¶]
Bereitschaft zu unkonventionellen Handlungen (0...4)	.80	2.23	1.03	172	.86	2.23*	1.06	79	0.02	0.00
Verständnis für nichtlegale Handlungen (0...4)	.88	1.37	1.02	171	.88	1.69	0.94	79	-2.36	-0.32[¶]
Identifikation mit Deutschland (0...4)	.86	2.61	0.92	179	.88	2.52	0.95	78	0.71	0.10
Identifikation mit Türken (0...4)	.87	2.22	1.05	178						
Separatistische Identifikation (0...4)	.91	2.21	1.25	178						
Duale Identifikation (0...4)	.85	2.40	1.15	178						
Religiosität (0...4)	.86[‡]	2.16*	1.48	178	.83[‡]	1.05	1.33	79	5.98	0.81[‡]
Kollektive Marginalisierung (0...4)	.90	2.30	1.06	177						
Kollektive Effektivität/Politische Verdrossenheit[5] (0...4)	.40[‡]	2.38	1.00	177	.63	1.49	0.84	79	-1.02	-0.14

1 Spannweite (Minimum und Maximum) in Klammern. Für Zwei-Item-Konstrukte ist statt Cronbachs α die Produkt-Moment-Korrelation r ausgewiesen. Varianzunterschiede sind nicht separat ausgewiesen.
2 Theoriegeleiteter Index aus dichotomen oder ordinal skalierten Variablen. Cronbachs α (auf Basis eines Summenscores) ist daher als Gütemaß nur bedingt aussagekräftig.
3 Der Mittelwert entspricht dem prozentualen Anteil von Personen, welcher mindestens eine entsprechende Handlung ausgeführt hat.
4 Einige Items mit fehlender Varianz, weswegen in der migrantischen Stichprobe lediglich vier, in der nichtmigrantischen Stichprobe fünf Items in den Index einflossen.
5 Kollektive Effektivität für Personen mit türkischer Migrationsgeschichte; für Befragte ohne Migrationsgeschichte Werte für politische Verdrossenheit. Mittelwertvergleich auf Basis des umgepolten Indexes der politischen Verdrossenheit.
6 *Mdn* = 1 in beiden Stichproben (beide Mediane gemäß Wilcoxon-Test bedeutsam vom hypothetischen Median 2.5 verschieden); Mann-Whitney-U-Test für Unterschiede zwischen beiden Stichproben signifikant (z = 2.14, p = .032).
* Mittelwert ist *nicht* signifikant vom *Skalenmittelpunkt* verschieden (p < .05, zweiseitige Testung).
Signifikante Mittelwertunterschiede *zwischen den Gruppen* und signifikante Korrelationen für Zwei-Item-Indizes wie folgt: [‡]: p < .001, [†]: p < .01, [¶]: p < .05.

Tabelle 25: Mittelwerte, Standardabweichungen, Fallanzahl und Cronbachs Alpha der zentralen Indizes (t_3)[1]

	Türkische Migrationsgeschichte				Keine Migrationsgeschichte				Mittelwertvergleich	
	α	M	SD	n	α	M	SD	n	t-Wert	Cohens d
Politisches Interesse (0...4)	.83‡	2.50	1.01	90	.87‡	2.27	0.95	64	1.46	0.24
Subjektive politische Kompetenz (0...4)	.86	2.51	0.97	90	.87	2.06*	0.97	64	2.81	0.46†
Wahlbeteiligung (0/1)[3]	–	0.74	0.44	39	–	0.91	0.29	34	-1.95	-0.46
Konventionelle Handlungen (0/1)[2,3]	.67	0.22	0.42	90	.43	0.14	0.35	63	1.27	0.21
Unkonventionelle Handlungen (0...5)[2,6]	.66	0.91	1.22	90	.71	1.05	1.29	63	-0.67	-0.11
Nichtlegale Handlungen (0/1)[2,3,4]	.84	0.08	0.27	89	.65	0.13	0.34	62	-0.98	-0.16
Identifikation mit Deutschland (0...4)	.87	2.62	1.00	90	.86	2.68	0.80	65	-0.47	-0.08
Identifikation mit Türken (0...4)	.90	2.23*	1.15	90						
Separatistische Identifikation (0...4)	.70‡	2.17*	1.10	90						
Duale Identifikation (0...4)	.55‡	2.60	1.12	90						
Politisches Interesse (T) (0...4)	–	2.54	1.18	90						
Subjektive politische Kompetenz (T) (0...4)	.83	2.43	1.01	90						
Wahlbeteiligung (T) (0/1)[3]	–	0.18	0.39	39						
Konventionelle Handlungen (T) (0/1)[3,5]	.83	0.09	0.29	90						
Unkonventionelle Handlungen (T) (0/1)[3,5]	–	0.14	0.35	90						
Nichtlegale Handlungen (T) (0/1)[3,5]	.83	0.03	0.18	89						

1 Spannweite (Minimum und Maximum) in Klammern. Für Zwei-Item-Konstrukte ist statt Cronbachs α die Produkt-Moment-Korrelation r ausgewiesen. Varianzunterschiede sind nicht separat ausgewiesen. Variablen mit Vermerk „(T)" beziehen sich auf ziel- oder inhaltsspezifischen Kriterien von Politisierung (bzgl. Menschen mit türkischer Migrationsgeschichte).
2 Theoriegeleiteter Index aus dichotomen oder ordinal skalierten Variablen. Cronbachs α (auf Basis eines Summenscores) ist daher als Gütemaß nur bedingt aussagekräftig.
3 Der Mittelwert entspricht dem prozentualen Anteil von Personen, welcher mindestens eine entsprechende Handlung ausgeführt hat.
4 Einige Items mit fehlender Varianz, weswegen in der migrantischen Stichprobe lediglich vier, in der nichtmigrantischen Stichprobe fünf Items in den Index einflossen.
5 Bezogen auf jene reduzierten Teilstichproben von Personen, welche sich überhaupt auf eine entsprechende Weise engagiert hatten, waren mit dem Ziel, etwas für Türken in Deutschland zu tun, 24% an Wahlen beteiligt, 40% auf konventionelle sowie 30% auf unkonventionelle Weise aktiv und 43% durch nichtlegales Handeln am politischen Geschehen beteiligt (das Ausmaß konventionellen sowie nichtlegalen Handelns unterschied sich dann nicht mehr signifikant vom Skalenmittelpunkt von 50%). Die restlichen Personen waren ausschließlich aus anderen Gründen politisch aktiv.
6 Mdn = 0 für Befragte ohne Migrationsgeschichte; Mdn = 1 für Befragte mit türkischer Migrationsgeschichte; (beide Mediane gemäß Wilcoxon-Test bedeutsam vom hypothetischen Median 2.5 verschieden); Mann-Whitney-U-Test für Unterschiede zwischen beiden Stichproben insignifikant ($z = 0.63$, $p = .532$).
* Mittelwert ist *nicht* signifikant vom *Skalenmittelpunkt* verschieden ($p < .05$, zweiseitige Testung).
Signifikante Mittelwertunterschiede *zwischen den Gruppen* und signifikante Korrelationen für Zwei-Item-Indizes wie folgt: ‡: $p < .001$, †: $p < .01$, *: $p < .05$.

Tabelle 26: Interkorrelationen der Indizes für Studierende mit türkischer und ohne Migrationsgeschichte im Querschnitt (t_1)[1]

	01	02	03	04	05	06	07	08	09	10	11[2]	12	13	14
01 Alter		.15‡	.36‡	—	—	—	.11¶	.13‡	.10¶	.07	.09	.02	-.02	-.01
02 Geschlecht (Frau/Mann)	.06		.20‡	—	—	—	.26‡	.32‡	.03	.17‡	-.01	.03	-.06	.09
03 Einnahmen	.29‡	.04		—	—	—	.15†	.21‡	.04	.17‡	.14†	.06	.01	.06
04 Prozentuale Aufenthaltsdauer in Deutschland	-.35‡	-.10¶	-.13†		.07	—	—	—	—	—	—	—	—	—
05 Deutsche Staatsbürgerschaft (nein/ja)	-.06	-.07	.01	.33‡		—	—	—	—	—	—	—	—	—
06 Subjektive deutsche Sprachkenntnisse	-.08	-.01	.06	.27‡	.07		—	—	—	—	—	—	—	—
07 Politisches Interesse	.15†	.19‡	.10¶	-.06	.01	.15†		.78‡	.04	.38‡	.30‡	.07	.6‡	.52‡
08 Subjektive politische Kompetenz	.20‡	.22‡	.16‡	.01	.04	.19‡	.73‡		.03	.46‡	.27‡	.07	.3†	.57‡
09 Wahlbeteiligung	.08	-.01	.02	-.05	—[3]	.03	.20†	.24‡		.02	.02	.05	.25‡	.00
10 Konventionelle Handlungen	.10¶	.06	.07	-.05	-.03	.01	.36‡	.40‡	.10		.18‡	.06	.7	.56‡
11 Unkonventionelle Handlungen[3]	.13‡	-.05	.08	.08	.16‡	.15†	.37‡	.39‡	.21†	.27‡		.36‡	.3†	.28‡
12 Nichtlegale Handlungen	.14†	.01	.09	-.04	.08	.03	.17†	.21‡	.09	.10¶	.26‡		-.06	.09
13 Wahlbereitschaft	-.06	-.08	.01	.14‡	.29‡	.11†	.21‡	.19‡	.19‡	.14‡	.25‡	.05		.19‡
14 Bereitschaft zu konventionellen Handlungen	.15‡	.14†	.01	-.12†	-.05	.07	.46‡	.46‡	.04	.50‡	.30‡	.12¶	.25‡	
15 Bereitschaft zu unkonventionellen Handlungen	.11¶	-.11¶	.05	.08	.10¶	.12†	.40‡	.37‡	.20†	.22‡	.67‡	.21‡	.32‡	.47‡
16 Verständnis für nichtlegale Handlungen	.01	.06	.11¶	.05	.19‡	.09	.20‡	.20‡	.11	.12‡	.30‡	.42‡	.9	.10¶
17 Identifikation mit Deutschland	-.07	-.06	-.05	.25‡	.17‡	.26‡	.12¶	.14‡	.11	.06	.11¶	.05	.27‡	.17‡
18 Identifikation mit Türken	-.21‡	.14†	-.16‡	.18‡	-.05	-.06	-.02	-.09	-.01	-.09	-.08	-.15†	-.08	-.03
19 Separatistische Identifikation	-.14‡	.13†	-.13‡	-.14‡	-.22‡	-.17‡	-.08	-.14‡	-.11	-.07	-.17‡	-.15‡	-.19‡	-.06
20 Duale Identifikation	-.04	-.03	-.09	.19‡	.07	.19‡	.03	.08	.08	-.05	.02	-.03	.14‡	.10
21 Religiosität	-.20‡	.01	-.22‡	.19‡	-.12†	-.09	-.20‡	-.19‡	-.02	-.14‡	-.12¶	-.24‡	-.9	-.05
22 Kollektive Marginalisierung	.01	.05	-.07	.14†	.02	.07	.14†	.17‡	.06	.04	.08	-.01	-.20	.04
23 Kollektive Effektivität[4]	-.03	-.01	.02	.01	.09	-.06	-.01	.02	.03	.04	.05	-.03	.13†	.14†
24 Bekannte in deutschen Vereinen	.04	-.00	.03	.01	.02	.08	.19‡	.18‡	.05	.17‡	.25‡	.07	.17‡	.21‡
25 Bekannte in türkischen Vereinen	-.12¶	.10¶	-.05	.02	-.09	-.05	.11¶	.05	.01	.15‡	.13†	-.06	.05	.12¶
26 Migrationsgeschichte (ja/nein)	-.06	.04	.05			.11‡	-.05	-.07†	.18‡	.08¶	.14‡	.07¶	.27‡	-.03

— *Fortsetzung von Tabelle 26 auf der folgenden Seite* —

Tabelle 26 (Fortsetzung)

	15	16	17	18	19	20	21	22	23[a]	24	25
01 Alter	-.01	-.08	.02	–	–	–	.05	–	.00	-.03	–
02 Geschlecht (Frau/Mann)	-.06	-.03	.06	–	–	–	-.13†	–	.03	.22†	–
03 Einnahmen	.09	.06	.09	–	–	–	-.08	–	-.03	.09	–
04 Prozentuale Aufenthaltsdauer in Deutschland	–	–	–	–	–	–	–	–	–	–	–
05 Deutsche Staatsbürgerschaft (nein/ja)	–	–	–	–	–	–	–	–	–	–	–
06 Subjektive deutsche Sprachkenntnisse	–	–	–	–	–	–	–	–	–	–	–
07 Politisches Interesse	.37‡	.11¶	.19‡	–	–	–	.07	–	-.13†	.18‡	–
08 Subjektive politische Kompetenz	.34‡	.09	.20‡	–	–	–	.11¶	–	-.14†	.18‡	–
09 Wahlbeteiligung	.07	.06	.15¶	–	–	–	.05	–	-.03	.05	–
10 Konventionelle Handlungen	.16†	-.01	-.01	–	–	–	.13†	–	-.12†	.26‡	–
11 Unkonventionelle Handlungen[3]	.67‡	.36‡	-.01	–	–	–	-.04	–	-.05	.11†	–
12 Nichtlegale Handlungen	.28‡	.43‡	-.13¶	–	–	–	-.05	–	.09	.04	–
13 Wahlbereitschaft	.19‡	.01	.17‡	–	–	–	.03	–	-.07	.05	–
14 Bereitschaft zu konventionellen Handlungen	.48‡	.07	.19‡	.63‡	–	–	.12¶	–	-.17‡	.23‡	–
15 Bereitschaft zu unkonventionellen Handlungen	.33‡	.40‡	.01	.07	-.15†	–	.04	–	-.09	.17†	–
16 Verständnis für nichtlegale Handlungen	–	-.01	-.19‡	.47‡	.38‡	.09¶	-.15†	–	.05	-.01	–
17 Identifikation mit Deutschland	.16¶	-.01	–	.28‡	.26‡	.01	.15†	–	-.09	.10	–
18 Identifikation mit Türken	-.10¶	-.13¶	-.11¶	.15†	.00	.10¶	–	–	–	–	–
19 Separatistische Identifikation	-.15†	-.15¶	-.47‡	-.07	-.11¶	.01	–	–	–	–	–
20 Duale Identifikation	.06	-.01	.48‡	.33‡	.25‡	.02	–	–	–	–	–
21 Religiosität	-.10¶	-.34‡	-.03	–	–	–	–	–	-.08	.11†	–
22 Kollektive Marginalisierung	.12†	.11¶	-.22‡	–	–	–	.12¶	–	–	–	–
23 Kollektive Effektivität[4]	.12¶	-.02	.15†	–	–	–	.18‡	.01	–	-.17†	–
24 Bekannte in deutschen Vereinen	.22‡	-.01	.14†	–	–	–	-.01	-.09	-.01	–	–
25 Bekannte in türkischen Vereinen	.11¶	-.09	-.02	–	–	–	.30‡	.13†	.13†	.42‡	–
26 Migrationsgeschichte (ja/nein)	-.01	.19‡	.30‡	–	–	–	-.37‡	–	-.01	.05	–

1 Unterhalb der Diagonalen Interkorrelationen für Befragte mit türkischer Migrationsgeschichte, oberhalb der Diagonalen für Personen ohne Migrationsgeschichte. Soweit nicht anders vermerkt, sind Produkt-Moment-Korrelationen nach Pearson angegeben (für dichotome Indizes punktbiseriale Korrelationen r_{pb}; n variiert zwischen 203 und 463 Befragten mit türkischer Migrationsgeschichte bzw. zwischen 280 und 445 Personen ohne Migrationsgeschichte; Schwankungen bedingt durch Freiwilligkeit des Antwortens [siehe auch Anm. 3]; für Befragte ohne Migrationsgeschichte wurde zudem nicht von Anbeginn die Identifikation mit Deutschland erfasst).
2 Angegeben ist die Rangkorrelation nach Spearman (r_{Sp}).
3 Die Wahlbeteiligung wurde nur für Befragte mit deutscher Staatsbürgerschaft analysiert.
4 Für Befragte ohne Migrationsgeschichte sind die Korrelationen mit politischer Verdrossenheit angegeben. Korrelation mit der Gruppenvariablen auf Basis des umgepolten Indexes der politischen Verdrossenheit.
Signifikante Korrelationen sind wie folgt gekennzeichnet: ‡: $p < .001$, †: $p < .01$, ¶: $p < .05$.

Tabelle 27: Interkorrelationen der Indizes für Studierende mit türkischer und ohne Migrationsgeschichte im Querschnitt (t_2)[1]

	01	02	03	04	05	06	07	08	09	10[2]	11	12	13	14
01 Alter		.17	.34†	.97‡	–	.18	.16	.10	.02	-.02	.06	-.03	.03	-.03
02 Geschlecht (Frau/Mann)	.01		.17	.23	–	.31†	.40‡	.14	.19	-.03	.06	.06	.20	-.10
03 Einnahmen	.46‡	.01		.34†	–	.22	.31†	-.05	-.07	.05	-.03	.01	.24*	-.08
04 Prozentuale Aufenthaltsdauer in Deutschland	-.27‡	-.14	-.13		–	–	–	–	-.03	–	.13	.14	.18	.14
05 Deutsche Staatsbürgerschaft (nein/ja)	.05	-.15¶	.00	.30‡		–	–	–	–	–	–	–	–	–
06 Politisches Interesse	.20†	.14	.21†	.07	.01		.81‡	.30¶	.44‡	.28¶	.13	.08	.42¶	.18
07 Subjektive politische Kompetenz	.27‡	.16¶	.22†	.10	.04	.70‡		.24	.32†	.22	.13	.09	.43¶	.14
08 Wahlbeteiligung	.17	-.03	.14	-.20	-.01	.33†	.23		.08	.34¶	.24	.56‡	.36¶	.36¶
09 Konventionelle Handlungen	.19¶	-.06	.11	.07	-.02	.29‡	.38‡	.25¶		.26¶	.17	-.00	.47‡	.22
10 Unkonventionelle Handlungen[2]	-.01	-.09	.15¶	.08	.09	.43‡	.33‡	.22	.26‡		.54‡	.18	.42‡	.77‡
11 Nichtlegale Handlungen	.02	-.10	.02	-.18†	.01	.18¶	.15¶	.06	-.03	.29‡		-.02	.18	.35†
12 Wahlbereitschaft	-.03	-.14	.06	.06	.15	.21†	.04	.56¶	.09	.11	.06		.25¶	.25†
13 Bereitschaft zu konventionellen Handlungen	.13	.04	.18¶	-.13	-.08	.41‡	.48‡	.28‡	.65‡	.32‡	.12	.21†		.52‡
14 Bereitschaft zu unkonventionellen Handlungen	.05	-.11	.12	.01	.05	.34‡	.35‡	.22	.22†	.63‡	.21†	.18†	.45‡	
15 Verständnis für nichtlegale Handlungen	.02	.08	.04	.07	.15	.24‡	.26‡	-.13	.11	.29‡	.20†	.04	.13†	.31‡
16 Identifikation mit Deutschland	.06	-.05	.08	.20†	.17¶	-.03	.04	.08	.02	.02	.01	.07	.05	.03
17 Identifikation mit Türken	-.19¶	.22†	-.14	.15	-.01	.02	-.08	-.15	.07	.13	-.12	-.11	.05	-.13
18 Separatistische Identifikation	-.13	.17¶	-.10	-.07	-.18¶	.01	-.08	-.17	.06	-.14	-.12	-.17¶	.04	-.11
19 Duale Identifikation	.02	.02	-.03	.16¶	-.02	.05	.04	.01	.12	-.03	-.12	.15	.13	-.01
20 Religiosität	-.18¶	.04	-.22†	.19¶	-.06	-.10	-.14	-.11	.00	-.17†	-.21†	-.06	-.05	-.28‡
21 Kollektive Marginalisierung	-.07	.08	-.07	.19¶	.05	.28‡	.29‡	-.04	.17†	.10	.10	-.01	.11	.09
22 Kollektive Effektivität[3]	.02	-.01	.10	-.12	.05	.20†	.12	.28†	.21†	.04	-.08	.11	.28‡	.06
23 Migrationsgeschichte (ja/nein)	.01	.04	.17†	–	–	-.10	-.18†	.15	-.03	.14‡	.22‡	.14	-.15†	-.00

– *Fortsetzung von Tabelle 27 auf der folgenden Seite* –

Tabelle 27 (Fortsetzung)

	15	16	17	18	19	20	21	22³
01 Alter	.06	.05	–	–	–	-.14	–	.04
02 Geschlecht (Frau/Mann)	.14	-.03	–	–	–	-.32†	–	-.09
03 Einnahmen	-.06	-.04	–	–	–	-.13	–	-.15
04 Prozentuale Aufenthaltsdauer in Deutschland	.16	.08	–	–	–	-.24	–	.05
05 Deutsche Staatsbürgerschaft (nein/ja)	–	–	–	–	–	–	–	–
06 Politisches Interesse	.13	.03	–	–	–	.06	–	-.30†
07 Subjektive politische Kompetenz	.10	-.05	–	–	–	.04	–	-.28¶
08 Wahlbeteiligung	.00	.20	–	–	–	-.13	–	-.52‡
09 Konventionelle Handlungen	.22	.12	–	–	–	.20	–	-.27¶
10 Unkonventionelle Handlungen²	.60‡	-.19	–	–	–	-.09	–	-.16
11 Nichtlegale Handlungen	.61‡	-.25¶	–	–	–	-.25¶	–	-.06
12 Wahlbereitschaft	-.13	.23¶	–	–	–	-.06	–	-.30†
13 Bereitschaft zu konventionellen Handlungen	.16	.02	–	–	–	.00	–	-.50‡
14 Bereitschaft zu unkonventionellen Handlungen	.46‡	-.03	–	–	–	-.02	–	-.33†
15 Verständnis für nichtlegale Handlungen	–	-.33‡	–	–	–	-.24¶	–	-.03
16 Identifikation mit Deutschland	-.16¶	–	–	–	–	.21	–	-.22
17 Identifikation mit Türken	-.01	-.09	–	–	–	–	–	–
18 Separatistische Identifikation	-.00	-.41‡	.73‡	–	–	–	–	–
19 Duale Identifikation	-.07	.37	.13	-.01	–	–	–	–
20 Religiosität	-.33‡	.03	.51‡	.49‡	.23†	–	–	-.05
21 Kollektive Marginalisierung	.29‡	-.30‡	.21¶	.29‡	-.06	.18¶	–	–
22 Kollektive Effektivität³	-.05	-.12	.16¶	.12	.07	.13	.11	–
23 Migrationsgeschichte (ja/nein)	.15¶	-.05	–	–	–	-.34‡	–	.06

1 Unterhalb der Diagonalen Interkorrelationen für Befragte mit türkischer Migrationsgeschichte, oberhalb der Diagonalen für Personen ohne Migrationsgeschichte. Soweit nicht anders vermerkt, sind Produkt-Moment-Korrelationen nach Pearson angegeben (für dichotome Indizes punktbiseriale Korrelationen r_{pb}; n variiert zwischen 163 und 181 Befragten mit türkischer Migrationsgeschichte bzw. zwischen 56 und 79 Personen ohne Migrationsgeschichte; Schwankungen bedingt durch Freiwilligkeit des Antwortens und geringer Stichproben für Wahlbeteiligung, da Letztere nur angegeben wurde, sofern die Möglichkeit zur Beteiligung an Wahlen bestand).
2 Angegeben ist die Rangkorrelation nach Spearman (r_{SP}).
3 Für Befragte ohne Migrationsgeschichte sind die Korrelationen mit politischer Verdrossenheit angegeben. Korrelation mit der Gruppenvariablen auf Basis des umgepolten Indexes der politischen Verdrossenheit.
Signifikante Korrelationen sind wie folgt gekennzeichnet: ‡: $p < .001$, †: $p < .01$, ¶: $p < .05$.

B Tabellenanhang

Tabelle 28: Bivariate Korrelationen der potenziellen Prädiktoren/Mediatoren mit den Kriterien behavioraler Politisierung[1]

	$t_1 \to t_2$			$t_1 \to t_3$			$t_2 \to t_3$			$t_1 \to t_W$		
	W	K	U	N	W	K	U	N	W	K	U	N
Alter	.17	.19†	-.01	.02	-.04	.30†	.14	-.04	-.08	.30†	.20	-.00	.14			
Geschlecht (Frau/Mann)	-.03	-.06	-.09	-.10	.01	.05	.11	-.20	.01	.05	.11	-.20	.00			
Einnahmen	.13	.07	.21†	.11	.26	.32†	.32†	.07	.25	.28†	.27†	.00	.10			
Prozentuale Aufenthaltsdauer in Deutschland	-.20	.07	.08	-.18†	-.07	.00	.05	.10	-.00	.05	-.03	.08	-.04			
Deutsche Staatsbürgerschaft (nein/ja)	.11	-.02	.14	-.02	-.01	.15	.19	.18	.04	.12	.16	.29†	–[3]			
Subjektive deutsche Sprachkenntnisse	-.17	.07	.05	-.05	-.03	-.01	.21	.10	–	–	–	–	–[3]			
Politisches Interesse	.27‡	.31‡	.38‡	.16†	.28	.33†	.50‡	.25†	.27	.35†	.55‡	.19	.24			
Subjektive politische Kompetenz	.02	.34‡	.29‡	.14	.15	.34†	.44‡	.20	.21	.30†	.53‡	.18	.17			
Politisches Handeln (in der Vergangenheit)[2]	–	.44‡	.52‡	.22‡	–	.30†	.65‡	.30†	–	.40‡	.69‡	.33†	–			
Handlungsbereitschaft	.45‡	.41‡	.40‡	.20†	.53‡	.51‡	.39‡	.32†	.61‡	.28†	.57‡	.25†	.12			

	$t_1 \to t_{2;3}$			$t_1 \to t_{2+3}$			$t_1 \to t_{3M}$			$t_2 \to t_{3M}$		
	W	K	U	N	W	K	U	N	W	K	U	N
Alter	.04	.22†	.03	-.02	-.04	.35†	.20	-.05	-.21	.14	.15	.04	-.23	.15	.15	.05
Geschlecht (Frau/Mann)	.01	-.04	-.00	-.16†	.01	-.10	.01	-.22	-.02	.13	-.00	-.13	-.02	.13	-.00	-.13
Einnahmen	.10	.04	.19†	.10	.24	.25†	.26†	.08	-.06	-.11	.15	.06	-.16	.08	.12	-.02
Prozentuale Aufenthaltsdauer in Deutschland	-.15	.09	.18†	-.09	-.14	.04	.05	.09	.14	.10	.06	.08	.12	.09	.02	.07
Deutsche Staatsbürgerschaft (nein/ja)	.17	.04	.15†	.04	.32†	.21	.18	.17	-.02	.06	.04	.10	.01	.04	.07	.20
Subjektive deutsche Sprachkenntnisse	-.06	.10	.01	.01	.03	.00	-.03	.10	-.23	-.18	.08	.06	–			
Politisches Interesse	.22†	.35†	.38‡	.21†	.39†	.47†	.42‡	.26†	.40†	.11	.23†	.18	.36†	.11	.18	.13
Subjektive politische Kompetenz	.02	.34‡	.28‡	.17†	.20	.38†	.28†	.21	.35†	.11	.22†	.11	.30	.02	.25†	.11
Vergangenes politisches Handeln[2]	–	.36‡	.52‡	.26‡	–	.41‡	.51‡	.30†	–	.27†	.34‡	.24†	–	.24†	.43‡	-.03
Handlungsbereitschaft[2]	.48‡	.47‡	.37‡	.26‡	.62‡	.48‡	.31‡	.37†	.20	.42†	.25†	.21	.16	.17	.34†	.10

[1] Punktbiseriale Korrelationen (r_{pb}) für dichotome Kriterien bzw. Rangkorrelationen nach Spearman (r_{SP}) für ordinale Kriterien (n schwankt zwischen 34 und 186). Weitere Erläuterungen: $t_1 \to t_W$: Analysen mit Prädiktoren aus t_1 und t_W-Kriterium; $t_1 \to t_2$: Analysen mit Prädiktoren aus t_1 und t_2-Kriterium; $t_1 \to t_3$: Analysen mit Prädiktoren aus t_1 und t_3-Kriterium; $t_2 \to t_3$: Analysen mit Prädiktoren aus t_2 und t_3-Kriterium; $t_1 \to t_{2+3}$: Analysen für zusammengefasste Verhaltensvariable mit der um t_2 erweiterten Stichprobe aus t_3 und t_1-Prädiktoren; $t_1 \to t_{2;3}$: Analysen für zusammengefasste Verhaltensvariable sowie t_1-Prädiktoren im Drei-Wellen-Panel; $t_1 \to t_{3M}$: Analysen mit Prädiktoren aus t_1 und zielspezifischem t_3-Kriterium (Handeln, um etwas für Türken in Deutschland zu tun; Variante I); $t_2 \to t_{3M}$: Analysen mit Prädiktoren aus t_2 und zielspezifischem t_3-Kriterium (Handeln, um etwas für Türken in Deutschland zu tun; Variante I).
W = Wahlbeteiligung, K = konventionelles politisches Handeln, U = unkonventionelles politisches Handeln, N = nichtlegales politisches Handeln.
[2] Jeweils dem Kriterium inhaltlich entsprechendes, behaviorales Politisierungsmaß.
[3] Korrelation nicht angegeben, da Konstante (Bundestagswahlbeteiligung nur bei Besitz der deutschen Staatsbürgerschaft möglich; Sprachkenntnisse ohne Variabilität).
[4] Es wurden nur für die Wahlbeteiligung Daten erhoben.
Signifikante Korrelationen sind wie folgt gekennzeichnet: ‡: $p < .001$, †: $p < .01$, ⁎: $p < .05$.

Tabelle 29: Ergebnisse der Mediationsanalysen für das Kriterium *Wahlbeteiligung* (direkte und indirekte Effekte)[1]

	$t_1 \rightarrow t_2$				$t_1 \rightarrow t_3$				$t_2 \rightarrow t_3$				$t_1 \rightarrow t_{2/3}$			
	B	SE	p	CI	B	SE	p	CI	B	SE	p	CI	B	SE	p	CI
r_{12}	0.73	0.06	.000	0.64 0.86	0.73	0.06	.000	0.64 0.87	0.63	0.08	.000	0.50 0.80	0.73	0.06	.000	0.54 0.86
a_1-Pfad	0.21	0.09	.012	0.05 0.39	0.21	0.09	.012	0.05 0.38	0.32	0.11	.003	0.11 0.53	0.21	0.09	.014	0.05 0.39
a_2-Pfad	0.08	0.10	.458	-0.13 0.27	0.08	0.10	.458	-0.13 0.27	-0.21	0.12	.084	-0.43 0.03	0.08	0.10	.461	-0.12 0.28
b-Pfad	0.48	0.09	.000	0.32 0.63	0.41	0.15	.007	-0.06 0.63	0.65	0.22	.003	0.04 0.97	0.43	0.16	.007	-0.03 0.70
c_1-Pfad	0.40	0.23	.081	-0.06 0.85	0.18	0.30	.548	-0.44 0.75	-0.03	0.29	.928	-0.48 0.52	0.18	0.39	.635	-0.47 1.05
c_2-Pfad	-0.36	0.30	.237	-1.04 0.20	-0.14	0.43	.742	-1.10 0.60	0.30	0.44	.487	-1.43 0.86	0.14	0.61	.821	-1.56 0.86
d_1-Pfad	0.50	0.23	.028	0.09 0.98	0.27	2.45	.912	-0.40 0.88	0.18	0.27	.494	-0.28 0.62	0.28	0.37	.459	-0.54 1.14
d_2-Pfad	-0.33	0.31	.291	-1.01 0.25	-0.11	2.90	.969	-1.17 0.63	0.17	0.44	.694	-1.51 0.73	0.17	0.61	.781	-1.55 0.88
$a_1 \cdot b$-Pfad	0.10	0.04	.013	0.03 0.19	0.09	0.05	.083	±0.00 0.19	0.21	0.10	.043	0.04 0.43	0.09	0.05	.066	0.01 0.21
$a_2 \cdot b$-Pfad	0.04	0.05	.453	-0.05 0.14	0.03	0.05	.547	-0.06 0.14	-0.13	0.09	.160	-0.34 0.03	0.03	0.05	.512	-0.05 0.15
Güte[2]	1.74		.15	.95	1.74		.15	.51	0.99		.12	.65	1.74		.15	.74

	$t_1 \rightarrow t_{2/3}$ (kleines Panel[3])				$t_1 \rightarrow t_w$			
	B	SE	p	CI	B	SE	p	CI
r_{12}	0.56	0.10	.000	0.40 0.79	0.73	0.10	.000	0.58 0.97
a_1-Pfad	0.38	0.28	.165	-0.09 0.77	0.03	0.10	.788	-0.22 0.21
a_2-Pfad	-0.24	0.29	.410	-0.61 0.16	0.14	0.15	.353	-0.10 0.47
b-Pfad	0.50	0.27	.068	-0.38 0.82	0.22	0.64	.737	-1.16 1.09
c_1-Pfad	0.23	1.21	.851	-0.68 1.10	0.27	0.29	.349	-0.33 0.79
c_2-Pfad	0.21	1.48	.888	-1.22 1.14	-0.06	0.36	.865	-0.75 0.61
d_1-Pfad	0.42	1.39	.764	-0.47 1.17	0.28	0.28	.325	-0.32 0.77
d_2-Pfad	0.09	1.51	.953	-1.32 0.99	-0.03	0.35	.927	-0.64 0.72
$a_1 \cdot b$-Pfad	0.19	1.34	.887	-0.05 0.51	0.01	0.07	.932	-0.13 0.16
$a_2 \cdot b$-Pfad	-0.12	1.61	.941	-0.47 0.07	0.03	0.11	.797	-0.33 0.79
Güte[2]	0.54		.21	.75	0.56		.05	.18

1 Konfidenzintervalle für $\alpha = .05$ (untere Grenze links, Obergrenze rechts). Weitere Erläuterungen: $t_1 \rightarrow t_2$: Analysen mit Prädiktoren aus t_1 und t_2-Kriterium; $t_1 \rightarrow t_3$: Analysen mit Prädiktoren aus t_1 und t_3-Kriterium; $t_2 \rightarrow t_3$: Analysen mit Prädiktoren aus t_2-Prädiktoren) sowie t_1-Prädiktoren; für $t_1 \rightarrow t_w$ wurden $n = 121$ Fälle ohne fehlende Verhaltensvariable (mit fehlenden Werten für nicht an allen drei Messungen beteiligte Personen) sowie t_1-Prädiktoren; für $t_1 \rightarrow t_w$ wurden $n = 121$ Fälle ohne fehlende t_1-Prädiktorwerte berücksichtigt, die vor der Bundestagswahl 2009 an t_1 teilnahmen und die deutsche Staatsbürgerschaft besaßen (t_w-Kriterium; Prädiktoren ohne Variabilität ausgeschlossen). Für Analysen mit t_3-Prädiktoren: $n = 452$; für Analysen mit t_2-Prädiktoren: $n = 176$ (soweit nicht anders vermerkt; Analyse für $t_1 \rightarrow t_{2+3}$ in Kap. 4.2.4)
2 Angegeben ist zuerst WRMR, in der zweiten Spalte R_M^2 für den Mediator und zuletzt R_K^2 für das Kriterium.
3 Analyse für $n = 79$ Personen ohne fehlende Prädiktorwerte, welche an allen drei Messungen teilnahmen. (Werte für Personen ohne Möglichkeit zur Wahlbeteiligung geschätzt auf FIML-Basis; bei fallweisem Ausschluss inhaltlich identische Befunde mit $WRMR = 0.49$, $R_M^2 = .35$, $R_K^2 = .79$.)

B Tabellenanhang

Tabelle 30: Ergebnisse der Mediationsanalysen für das Kriterium *Konventionelles politisches Handeln* (direkte und indirekte Effekte)[1]

	$t_1 \to t_2$				$t_1 \to t_3$				$t_2 \to t_3$				$t_1 \to t_{2+3}$			
	B	SE	p	CI	B	SE	p	CI	B	SE	p	CI	B	SE	p	CI
r_{12}	0.73	0.06	.000	0.64 0.86	0.73	0.06	.000	0.64 0.85	0.63	0.08	.000	0.50 0.81	0.73	0.06	.000	0.64 0.86
a_1-Pfad	0.25	0.06	.000	0.13 0.37	0.25	0.06	.000	0.13 0.37	0.14	0.10	.149	-0.04 0.33	0.25	0.06	.000	0.13 0.37
a_2-Pfad	0.33	0.08	.000	0.19 0.49	0.33	0.08	.000	0.18 0.48	0.52	0.13	.000	0.24 0.76	0.33	0.08	.000	0.19 0.49
b-Pfad	0.31	0.10	.001	0.12 0.50	0.46	0.14	.001	0.19 0.73	0.21	0.19	.285	-0.17 0.59	0.38	0.09	.000	0.20 0.56
c_1-Pfad	0.13	0.14	.354	-0.15 0.38	0.07	0.23	.753	-0.38 0.51	0.41	0.21	.047	-0.02 0.80	0.18	0.13	.165	-0.08 0.42
c_2-Pfad	0.13	0.15	.367	-0.15 0.43	0.02	0.23	.942	-0.46 0.44	-0.18	0.29	.541	-0.76 0.38	0.05	0.14	.693	-0.21 0.32
d_1-Pfad	0.21	0.13	.122	-0.07 0.45	0.19	0.22	.395	-0.26 0.61	0.44	0.21	.032	0.01 0.81	0.27	0.12	.028	0.02 0.51
d_2-Pfad	0.24	0.14	.089	-0.03 0.52	0.17	0.23	.461	-0.30 0.60	-0.07	0.24	.773	-0.57 0.38	0.18	0.13	.169	-0.08 0.44
a_1b-Pfad	0.08	0.03	.010	0.03 0.15	0.12	0.04	.006	0.05 0.22	0.03	0.04	.403	-0.01 0.15	0.10	0.03	.003	0.04 0.17
a_2b-Pfad	0.10	0.04	.015	0.04 0.20	0.15	0.06	.010	0.06 0.29	0.11	0.11	.331	-0.07 0.37	0.13	0.05	.005	0.05 0.23
Güte[2]	1.74		.26	.35	1.74		.26	.47	0.99		.29	.32	1.74		.26	.43

	$t_1 \to t_{2+3}$				$t_1 \to t_{2+3}$ (kleines Panel)[3]			
	B	SE	p	CI	B	SE	p	CI
r_{12}	0.73	0.06	.000	0.64 0.86	0.56	0.10	.000	0.41 0.79
a_1-Pfad	0.25	0.06	.000	0.13 0.37	0.43	0.17	.012	0.05 0.74
a_2-Pfad	0.33	0.08	.000	0.19 0.49	0.23	0.21	.268	-0.15 0.66
b-Pfad	0.36	0.13	.006	0.11 0.61	0.41	0.16	.011	0.07 0.69
c_1-Pfad	0.27	0.21	.206	-0.17 0.65	0.29	0.26	.271	-0.23 0.79
c_2-Pfad	-0.02	0.23	.924	-0.50 0.41	0.00	0.26	.990	-0.52 0.50
d_1-Pfad	0.36	0.21	.083	-0.09 0.73	0.46	0.25	.068	-0.13 0.91
d_2-Pfad	0.10	0.23	.677	-0.36 0.53	0.10	0.27	.724	-0.46 0.61
a_1b-Pfad	0.09	0.04	.019	0.03 0.18	0.18	0.10	.064	0.02 0.40
a_2b-Pfad	0.12	0.05	.029	0.03 0.25	0.09	0.11	.382	-0.05 0.38
Güte[2]	1.74		.26	.48	0.54		.33	.55

1 Konfidenzintervalle für $\alpha = .05$ (untere Grenze links, Obergrenze rechts). Weitere Erläuterungen: $t_1 \to t_2$: Analysen mit Prädiktoren aus t_1 und t_2-Kriterium; $t_1 \to t_3$: Analysen mit Prädiktoren aus t_1 und t_3-Kriterium; $t_2 \to t_3$: Analysen mit Prädiktoren aus t_2 und t_3-Kriterium; $t_1 \to t_{2+3}$: Analysen für zusammengefasste Verhaltensvariable mit der um t_2 erweiterten Stichprobe aus t_1 und t_1-Prädiktoren. Für Analysen mit t_1-Prädiktoren: $n = 452$; für Analysen mit t_2-Prädiktoren: $n = 176$ (soweit nicht anders vermerkt).
2 Angegeben ist zuerst *WRMR*, in der zweiten Spalte R_M^2 für den Mediator und zuletzt R_K^2 für das Kriterium.
3 Analyse für $n = 79$ Personen ohne fehlende Prädiktorenwerte, welche an allen drei Messungen teilnahmen.

Tabelle 31: Ergebnisse der Mediationsanalysen für das Kriterium *Unkonventionelles politisches Handeln* (direkte und indirekte Effekte)[1]

	$t_1 \rightarrow t_2$				$t_2 \rightarrow t_3$				$t_1 \rightarrow t_{2+3}$			
	B	SE	p	CI	B	SE	p	CI	B	SE	p	CI
r_{12}	0.73	0.06	.000	0.64 0.85	0.63	0.08	.000	0.50 0.81	0.73	0.06	.000	0.54 0.86
a_1-Pfad	0.28	0.06	.000	0.17 0.40	0.16	0.08	.055	-0.00 0.33	0.28	0.06	.000	0.17 0.40
a_2-Pfad	0.18	0.07	.013	0.05 0.33	0.30	0.10	.004	0.09 0.50	0.18	0.07	.013	0.05 0.33
b-Pfad	0.34	0.08	.000	0.16 0.49	0.54	0.09	.000	0.36 0.72	0.29	0.09	.001	0.0 0.46
c_1-Pfad	0.25	0.08	.002	0.07 0.40	0.32	0.14	.025	0.01 0.57	0.32	0.10	.001	0.1 0.50
c_2-Pfad	-0.10	0.11	.332	-0.30 0.11	0.05	0.18	.768	-0.31 0.41	-0.08	0.13	.558	-0.4 0.16
d_1-Pfad	0.35	0.08	.000	0.18 0.48	0.41	0.15	.007	0.06 0.67	0.40	0.09	.000	0.20 0.57
d_2-Pfad	-0.04	0.11	.693	-0.24 0.19	0.22	0.19	.238	-0.16 0.58	-0.02	0.13	.866	-0.28 0.21
$a_1 \cdot b$-Pfad	0.10	0.03	.002	0.04 0.16	0.09	0.05	.055	+0.00 0.18	0.08	0.03	.005	0.03 0.15
$a_2 \cdot b$-Pfad	0.06	0.03	.044	0.01 0.14	0.16	0.07	.014	0.05 0.31	0.05	0.03	.066	0.01 0.13
Güte[2]	1.65		.22	.33	0.94		.18	.64	1.74		.22	.44

	$t_1 \rightarrow t_{2+3}$ (kleines Panel)[3]							
	B	SE	p	CI	B	SE	p	CI
r_{12}	0.73	0.06	.000	0.64 0.86	0.56	0.10	.000	0.41 0.81
a_1-Pfad	0.28	0.06	.000	0.16 0.40	0.46	0.14	.001	0.17 0.72
a_2-Pfad	0.18	0.08	.015	0.04 0.33	-0.12	0.16	.468	-0.42 0.21
b-Pfad	0.24	0.15	.100	-0.05 0.53	0.25	0.19	.188	-0.17 0.58
c_1-Pfad	0.28	0.16	.085	-0.03 0.56	0.34	0.19	.083	-0.10 0.67
c_2-Pfad	-0.08	0.27	.768	-0.70 0.36	-0.06	0.26	.817	-0.61 0.43
d_1-Pfad	0.35	0.16	.024	0.05 0.65	0.45	0.18	.014	-0.02 0.75
d_2-Pfad	-0.04	0.25	.888	-0.60 0.40	-0.09	0.25	.730	-0.62 0.39
$a_1 \cdot b$-Pfad	0.07	0.04	.123	-0.01 0.17	0.11	0.09	.215	-0.05 0.32
$a_2 \cdot b$-Pfad	0.04	0.03	.201	-0.00 0.14	-0.03	0.05	.580	-0.19 0.04
Güte[2]	1.74		.22	.48	0.54		.30	.46

1 Konfidenzintervalle für $\alpha = .05$ (untere Grenze links, Obergrenze rechts). Weitere Erläuterungen: $t_1 \rightarrow t_2$: Analysen mit Prädiktoren aus t_1 und t_2-Kriterium; $t_1 \rightarrow t_3$: Analysen mit Prädiktoren aus t_1 und t_3-Kriterium; $t_2 \rightarrow t_3$: Analysen mit Prädiktoren aus t_2 und t_3-Kriterium; $t_1 \rightarrow t_{2+3}$: Analysen für zusammengefasste Verhaltensvariable mit der um t_2 erweiterten Stichprobe aus t_3 und t_1-Prädiktoren; $t_1 \rightarrow t_{2\cap3}$: Analysen für zusammengefasste Verhaltensvariable (mit fehlenden Werten für nicht an allen drei Messungen beteiligte Personen) sowie t_1-Prädiktoren. Für Analysen mit t_1-Prädiktoren: $n = 452$; für Analysen mit t_2-Prädiktoren: $n = 176$ (soweit nicht anders vermerkt). „+0.00" bedeutet, dass der Wert größer als Null ist; „-0.00" heißt, der Wert ist kleiner als Null (entsprechend der dritten Nachkommastelle).

2 Angegeben ist zuerst WRMR, in der zweiten Spalte R_M^2 für den Mediator und zuletzt R_K^2 für das Kriterium.

3 Analyse für $n = 79$ Personen ohne fehlende Prädiktorenwerte, welche an allen drei Messungen teilnahmen.

Tabelle 32: Ergebnisse der Mediationsanalysen für das Kriterium *Nichtlegales politisches Handeln* (direkte und indirekte Effekte)[1]

	$t_1 \rightarrow t_2$				$t_1 \rightarrow t_3$				$t_1 \rightarrow t_{2+3}$				$t_1 \rightarrow t_{2/3}$			
	B	SE	p	CI	B	SE	p	CI	B	SE	p	CI	B	SE	p	CI
r_{12}	0.73	0.06	.000	0.64 0.86	0.73	0.05	.000	0.64 0.86	0.73	0.06	.000	0.64 0.86	0.73	0.05	.000	0.62 0.84
a_1-Pfad	0.10	0.12	.413	-0.01 0.21	0.10	0.06	.080	-0.01 0.21	0.10	0.06	.074	-0.01 0.21	0.10	0.05	.067	+0.00 0.22
a_2-Pfad	0.10	0.15	.520	-0.03 0.24	0.10	0.07	.162	-0.04 0.24	0.10	0.07	.155	-0.04 0.23	0.10	0.07	.177	-0.14 0.23
b_1-Pfad	0.30	0.19	.118	-0.05 0.67	0.50	0.19	.010	0.16 0.91	0.34	0.12	.005	0.10 0.57	0.63	0.10	.000	0.38 0.81
c_1-Pfad	0.30	0.56	.596	-0.01 0.55	0.52	0.17	.002	0.24 0.90	0.44	0.11	.000	0.21 0.66	0.51	0.19	.008	0.03 0.77
c_2-Pfad	0.15	0.68	.821	-0.26 0.44	-0.05	0.21	.823	-0.57 0.32	0.02	0.16	.929	-0.35 0.30	-0.08	0.20	.702	-0.56 0.22
d_1-Pfad	0.33	0.14	.023	0.02 0.58	0.57	0.17	.001	0.29 0.97	0.47	0.16	.004	0.24 0.69	0.57	0.18	.002	0.25 0.94
d_2-Pfad	0.18	0.17	.275	-0.20 0.46	+0.00	0.21	.994	-0.50 0.37	0.05	0.22	.823	-0.30 0.33	-0.02	0.23	.946	-0.53 0.39
a_1b-Pfad	0.03	0.50	.953	-0.00 0.11	0.05	0.04	.177	+0.00 0.15	0.03	0.02	.148	0.00 0.09	0.06	0.04	.088	+0.00 0.14
a_2b-Pfad	0.03	0.61	.963	-0.01 0.11	0.05	0.04	.243	-0.01 0.16	0.03	0.03	.224	-0.01 0.10	0.06	0.05	.200	-0.15 0.14
Güte[2]	1.74		.10	.46	1.74		.10	.98	1.74		.09	.55	1.74		.10	.98

[1] Konfidenzintervalle für $\alpha = .05$ (untere Grenze links, Obergrenze rechts). Weitere Erläuterungen: $t_1 \rightarrow t_2$: Analysen mit Prädiktoren aus t_1 und t_2-Kriterium; $t_1 \rightarrow t_3$: Analysen für zusammengefasste Verhaltensvariable mit der um t_2 erweiterten Stichprobe aus t_3 und t_1-Prädiktoren; $t_1 \rightarrow t_{2/3}$: Analysen für zusammengefasste Verhaltensvariable (mit fehlenden Werten für nicht an allen drei Messungen beteiligte Personen) sowie t_1-Prädiktoren. Verbleibende Modelle aufgrund kleiner Stichprobengröße und wegen Ungleichverteilung(en) nicht schätzbar. Für Analysen mit t_1-Prädiktoren: $n = 452$; für Analysen mit t_2-Prädiktoren: $n = 176$ (soweit nicht anders vermerkt). „+0.00" bedeutet, dass der Wert größer als Null ist; „-0.00" heißt, der Wert ist kleiner als Null (entsprechend der dritten Nachkommastelle).
[2] Angegeben ist zuerst *WRMR*, in der zweiten Spalte R_M^2 für den Mediator und zuletzt R_K^2 für das Kriterium.

Tabelle 33: Mediationsanalysen für das Kriterium *Konventionelles politisches Handeln* (unter Kontrolle auf vorangegangenes Verhalten)[1]

	$t_1 \rightarrow t_2$				$t_1 \rightarrow t_3$				$t_2 \rightarrow t_3$				$t_1 \rightarrow t_{2|3}$			
	B	SE	p	CI	B	SE	p	CI	B	SE	p	CI	B	SE	p	CI
r_{12}	0.73	0.06	.000	0.64 0.86	0.73	0.06	.000	0.64 0.85	0.63	0.08	.000	0.50 0.81	0.73	0.06	.000	0.53 0.86
r_{13}	0.15	0.02	.000	0.12 0.20	0.15	0.02	.000	0.12 0.20	0.11	0.04	.001	0.05 0.19	0.15	0.02	.000	0.11 0.20
r_{23}	0.15	0.02	.000	0.11 0.18	0.15	0.02	.000	0.11 0.18	0.13	0.03	.000	0.08 0.19	0.15	0.02	.000	0.11 0.18
a_1-Pfad	0.20	0.06	.001	0.08 0.31	0.20	0.06	.001	0.08 0.31	0.12	0.08	.129	-0.04 0.27	0.20	0.06	.001	0.08 0.31
a_2-Pfad	0.20	0.07	.007	0.05 0.34	0.20	0.07	.008	0.05 0.34	0.28	0.11	.012	0.06 0.51	0.20	0.07	.007	0.06 0.35
a_3-Pfad	1.10	0.15	.000	0.83 1.41	1.09	0.17	.000	0.81 1.38	1.48	0.17	.000	1.17 1.80	1.09	0.15	.000	0.32 1.38
b-Pfad	0.25	0.11	.019	0.04 0.46	0.49	0.14	.000	0.22 0.75	0.05	0.21	.812	-0.35 0.47	0.31	0.14	.025	0.04 0.58
c_1-Pfad	0.12	0.13	.383	-0.16 0.37	0.07	0.23	.743	-0.38 0.52	0.42	0.20	.038	-0.01 0.80	0.26	0.22	.218	-0.18 0.65
c_2-Pfad	0.09	0.15	.536	-0.19 0.39	0.03	0.23	.887	-0.45 0.45	-0.20	0.29	.496	-0.78 0.37	-0.05	0.23	.828	-0.53 0.38
c_3-Pfad	0.50	0.25	.043	-0.03 0.95	-0.20	0.43	.639	-1.06 0.60	0.65	0.45	.146	-0.37 1.41	0.36	0.44	.417	-0.47 1.24
d_1-Pfad	0.17	0.13	.205	-0.11 0.41	0.17	0.23	.460	-0.28 0.61	0.43	0.20	.036	0.00 0.80	0.33	0.21	.126	-0.12 0.71
d_2-Pfad	0.14	0.15	.340	-0.14 0.44	0.13	0.26	.611	-0.36 0.55	-0.18	0.26	.483	-0.71 0.31	0.01	0.23	.966	-0.46 0.44
d_3-Pfad	0.77	0.23	.001	0.29 1.19	0.33	0.86	.701	-0.53 1.15	0.72	0.43	.093	-0.23 1.43	0.69	0.41	.095	-0.4 1.52
a_1b-Pfad	0.05	0.03	.051	0.01 0.11	0.10	0.04	.010	0.04 0.19	0.01	0.03	.838	-0.04 0.09	0.06	0.03	.057	0.01 0.14
a_2b-Pfad	0.05	0.03	.105	0.01 0.12	0.10	0.05	.043	0.02 0.20	0.01	0.07	.833	-0.09 0.18	0.06	0.04	.117	0.01 0.16
a_3b-Pfad	0.27	0.12	.026	0.06 0.55	0.53	0.19	.004	0.23 0.91	0.07	0.31	.813	-0.54 0.69	0.34	0.16	.034	0.05 0.66
Güte[2]	1.53		.37	.38	1.53		.37	.48	0.91		.54	.35	1.53		.37	.49

	$t_1 \rightarrow t_{2|3}$ (kleines Panel[3])			
	B	SE	p	CI
r_{12}	0.56	0.10	.000	0.41 0.79
r_{13}	0.12	0.05	.017	0.03 0.22
r_{23}	0.09	0.04	.010	0.03 0.17
a_1-Pfad	0.35	0.17	.042	-0.01 0.66
a_2-Pfad	0.17	0.19	.380	-0.18 0.56
a_3-Pfad	1.02	0.32	.001	0.46 1.67
b-Pfad	0.33	0.17	.045	-0.01 0.64
c_1-Pfad	0.28	0.26	.289	-0.26 0.76
c_2-Pfad	-0.01	0.26	.975	-0.53 0.49
c_3-Pfad	0.46	0.44	.305	-0.50 1.29
d_1-Pfad	0.40	0.40	.317	-0.23 0.86
d_2-Pfad	0.05	0.43	.913	-0.50 0.56
d_3-Pfad	0.80	0.45	.075	-0.23 1.56
a_1b-Pfad	0.12	0.08	.158	-0.00 0.33
a_2b-Pfad	0.06	0.08	.493	-0.05 0.29
a_3b-Pfad	0.34	0.22	.119	0.03 0.87
Güte[2]	0.56		.44	.57

1 Konfidenzintervalle für $\alpha = .05$ (untere Grenze links, Obergrenze rechts). Weitere Erläuterungen: $t_1 \rightarrow t_2$: Analysen mit Prädiktoren aus t_1 und t_2-Kriterium; $t_1 \rightarrow t_3$: Analysen mit Prädiktoren aus t_1 und t_3-Kriterium; $t_2 \rightarrow t_3$: Analysen mit Prädiktoren aus t_2 und t_3-Kriterium; $t_1 \rightarrow t_{2|3}$: Analysen für zusammengefasste Verhaltensvariable (mit fehlenden Werten für nicht an allen drei Messungen beteiligte Personen) sowie t_1-Prädiktoren. Für Analysen mit t_1-Prädiktoren: $n = 452$; für Analysen mit t_2-Prädiktoren: $n = 176$ (soweit nicht anders vermerkt). „+0.00" bedeutet, dass der Wert größer als Null ist; „-0.00" heißt, der Wert ist kleiner als Null (entsprechend der dritten Nachkommastelle; Analyse für $t_1 \rightarrow t_{2+3}$ in Kap. 4.2.4).
2 Angegeben ist zuerst *WRMR*, in der zweiten Spalte R_M^2 für den Mediator und zuletzt R_K^2 für das Kriterium.
3 Analyse für $n = 79$ Personen ohne fehlende Prädiktorenwerte, welche an allen drei Messungen teilnahmen.

Tabelle 34: Mediationsanalysen für das Kriterium *Unkonventionelles politisches Handeln* (unter Kontrolle auf vorangegangenes Verhalten)[1]

	$t_1 \to t_2$				$t_1 \to t_3$				$t_2 \to t_3$				$t_1 \to t_{3|3}$			
	B	SE	p	CI	B	SE	p	CI	B	SE	p	CI	B	SE	p	CI
r_{12}	0.73	0.06	.000	0.64 0.85	0.73	0.06	.000	0.64 0.85	0.63	0.08	.000	0.50 0.81	0.73	0.06	.000	0.64 0.86
r_{13}	0.52	0.07	.000	0.40 0.67	0.52	0.07	.000	0.40 0.66	0.54	0.09	.000	0.37 0.74	0.52	0.07	.000	0.41 0.66
r_{23}	0.43	0.06	.000	0.33 0.55	0.43	0.05	.000	0.33 0.54	0.33	0.08	.000	0.19 0.49	0.43	0.05	.000	0.33 0.55
a_1-Pfad	0.17	0.05	.001	0.06 0.27	0.17	0.05	.001	0.06 0.26	-0.03	0.08	.690	-0.19 0.13	0.17	0.05	.001	0.06 0.27
a_2-Pfad	0.05	0.06	.402	-0.07 0.18	0.05	0.06	.403	-0.08 0.18	0.27	0.10	.005	0.08 0.45	0.05	0.07	.412	-0.07 0.18
a_3-Pfad	0.47	0.03	.000	0.40 0.53	0.47	0.03	.000	0.40 0.53	0.46	0.05	.000	0.36 0.55	0.47	0.03	.000	0.40 0.53
b-Pfad	0.13	0.10	.218	-0.08 0.31	0.07	0.14	.623	-0.24 0.31	0.35	0.12	.003	0.11 0.56	-0.04	0.17	.818	-0.40 0.28
c_1-Pfad	0.23	0.08	.005	0.05 0.38	0.27	0.14	.049	-0.01 0.54	0.23	0.15	.130	-0.12 0.49	-0.15	0.15	.101	-0.07 0.54
c_2-Pfad	-0.15	0.11	.145	-0.36 0.06	0.01	0.18	.937	-0.39 0.33	0.09	0.18	.621	-0.28 0.45	-0.15	0.27	.586	-0.76 0.31
c_3-Pfad	0.32	0.07	.000	0.18 0.46	0.31	0.09	.000	0.15 0.50	0.28	0.09	.001	0.11 0.46	0.43	0.13	.001	0.19 0.71
d_1-Pfad	0.25	0.08	.001	0.08 0.39	0.28	0.13	.030	0.04 0.54	0.22	0.16	.167	-0.14 0.49	0.25	0.20	.215	-0.07 0.55
d_2-Pfad	-0.15	0.11	.160	-0.35 0.06	0.02	0.18	.922	-0.37 0.34	0.18	0.18	.309	-0.18 0.54	-0.15	0.30	.616	-0.76 0.30
d_3-Pfad	0.38	0.06	.000	0.27 0.49	0.34	0.08	.000	0.19 0.50	0.44	0.07	.000	0.31 0.58	0.41	0.12	.001	0.19 0.64
a_1b-Pfad	0.02	0.02	.257	-0.01 0.06	0.01	0.02	.644	-0.04 0.06	-0.01	0.03	.718	-0.09 0.04	-0.01	0.03	.826	-0.08 0.04
a_2b-Pfad	0.01	0.01	.584	-0.01 0.05	+0.00	0.01	.774	-0.01 0.04	0.09	0.05	.062	0.02 0.22	-0.00	0.02	.890	-0.05 0.02
a_3b-Pfad	0.06	0.05	.222	-0.04 0.15	0.03	0.06	.624	-0.11 0.15	0.16	0.06	.007	0.05 0.28	-0.02	0.08	.818	-0.18 0.13
Güte[2]	1.73			.41	1.73			.46	0.87			.70	1.80			.59

	$t_1 \to t_{2|3}$ (kleines Panel[3])			
	B	SE	p	CI
r_{12}	0.56	0.10	.000	0.41 0.81
r_{13}	0.44	0.14	.001	0.22 0.77
r_{23}	0.26	0.11	.016	0.07 0.49
a_1-Pfad	0.26	0.11	.023	0.04 0.50
a_2-Pfad	-0.12	0.12	.307	-0.35 0.12
a_3-Pfad	0.47	0.09	.000	0.28 0.63
b-Pfad	-0.11	0.20	.572	-0.52 0.28
c_1-Pfad	0.29	0.20	.143	-0.14 0.64
c_2-Pfad	-0.11	0.26	.669	-0.65 0.38
c_3-Pfad	0.49	0.15	.001	0.14 0.76
d_1-Pfad	0.26	0.20	.191	-0.17 0.62
d_2-Pfad	-0.10	0.26	.709	-0.62 0.40
d_3-Pfad	0.44	0.14	.001	0.13 0.68
a_1b-Pfad	-0.03	0.06	.602	-0.18 0.05
a_2b-Pfad	0.01	0.04	.696	-0.02 0.16
a_3b-Pfad	-0.05	0.10	.572	-0.24 0.14
Güte[2]	0.59			.58

1 Konfidenzintervalle für $\alpha = .05$ (untere Grenze links, Obergrenze rechts). Weitere Erläuterungen: $t_1 \to t_2$: Analysen mit Prädiktoren aus t_1 und t_2-Kriterium; $t_1 \to t_3$: Analysen mit Prädiktoren aus t_1 und t_3-Kriterium; $t_2 \to t_3$: Analysen mit Prädiktoren aus t_2 und t_3-Kriterium; $t_1 \to t_{2|3}$: Analysen für zusammengefasste Verhaltensvariable (mit fehlenden Werten für nicht an allen drei Messungen beteiligte Personen) sowie t_1-Prädiktoren. Für Analysen mit t_1-Prädiktoren: $n = 452$; für Analysen mit t_2-Prädiktoren: $n = 176$ (soweit nicht anders vermerkt). „+0.00" bedeutet, dass der Wert größer als Null ist; „-0.00" heißt, der Wert ist kleiner als Null (entsprechend der dritten Nachkommastelle; Analyse für $t_1 \to t_{2+3}$ in Kap. 4.2.4).
2 Angegeben ist zuerst *WRMR*, in der zweiten Spalte R_M^2 für den Mediator und zuletzt R_K^2 für das Kriterium
3 Analyse für $n = 79$ Personen ohne fehlende Prädiktorenwerte, welche an allen drei Messungen teilnahmen.

Tabelle 35: Multivariates Modell zur Erklärung politischen Handelns $(t_1 \rightarrow t_{2+3})^1$

	B	SE	p	CI
Kriterium: Politisches Interesse				
Subjektive politische Kompetenz	0.76	0.05	.000	0.67 | 0.85
Kriterium: Wahlbereitschaft				
Politisches Interesse	0.19	0.09	.037	+0.00 | 0.38
Subjektive politische Kompetenz	0.01	0.11	.907	-0.19 | 0.23
Subjektive politische Kompetenz (indirekter Effekt I)[2]	0.15	0.07	.040	+0.00 | 0.29
Kriterium: Bereitschaft zu konventionellem politischem Handeln				
Konventionelles Handeln in Vergangenheit	1.08	0.14	.000	0.80 | 0.31
Politisches Interesse	0.18	0.07	.010	0.04 | 0.31
Subjektive politische Kompetenz	0.20	0.08	.015	0.05 | 0.37
Subjektive politische Kompetenz (indirekter Effekt I)[2]	0.14	0.05	.011	0.03 | 0.24
Kriterium: Verständnis für nichtlegales politisches Handeln				
Nichtlegales Handeln in Vergangenheit	1.04	0.15	.000	0.76 | 1.34
Politisches Interesse	0.05	0.06	.367	-0.06 | 0.17
Subjektive politische Kompetenz	-0.02	0.07	.819	-0.15 | 0.12
Subjektive politische Kompetenz (indirekter Effekt I)[2]	0.04	0.05	.375	-0.04 | 0.13
Kriterium: Wahlbeteiligung				
Wahlbereitschaft	0.45	0.08	.000	0.28 | 0.61
Politisches Interesse	0.21	0.24	.387	-0.27 | 0.68
Subjektive politische Kompetenz	-0.28	0.31	.368	-0.93 | 0.28
Subjektive politische Kompetenz (indirekter Effekt I)[2]	0.16	0.19	.394	-0.20 | 0.54
Politisches Interesse (indirekter Effekt II)[3]	0.09	0.04	.043	0.01 | 0.18
Subjektive politische Kompetenz (indirekter Effekt II)[3]	0.01	0.05	.906	-0.09 | 0.11
Subjektive politische Kompetenz (indirekter Effekt III)[4]	0.07	0.03	.047	0.01 | 0.14
Kriterium: Konventionelles politisches Handeln				
Bereitschaft zu konventionellem Handeln	0.38	0.11	.000	0.17 | 0.58
Konventionelles Handeln in Vergangenheit	0.35	0.32	.278	-0.33 | 0.91
Politisches Interesse	0.14	0.16	.385	-0.16 | 0.46
Subjektive politische Kompetenz	0.08	0.18	.651	-0.26 | 0.45
Subjektive politische Kompetenz (indirekter Effekt I)[2]	0.10	0.12	.388	-0.12 | 0.35
Konventionelles Handeln in Vergangenheit (indirekter Effekt II)[3]	0.41	0.13	.002	0.19 | 0.69
Politisches Interesse (indirekter Effekt II)[3]	0.07	0.03	.041	0.02 | 0.15
Subjektive politische Kompetenz (indirekter Effekt II)[3]	0.07	0.04	.049	0.02 | 0.17
Subjektive politische Kompetenz (indirekter Effekt III)[4]	0.05	0.03	.042	0.01 | 0.11
Kriterium: Unkonventionelles politisches Handeln				
Unkonventionelles Handeln in Vergangenheit	0.60	0.12	.000	0.36 | 0.79
Politisches Interesse	0.38	0.14	.007	0.08 | 0.64
Subjektive politische Kompetenz	-0.07	0.18	.673	-0.43 | 0.26
Subjektive politische Kompetenz (indirekter Effekt I)[2]	0.29	0.11	.008	0.06 | 0.49
Kriterium: Nichtlegales politisches Handeln				
Verständnis für nichtlegales Handeln	0.31	0.16	.054	+0.00 | 0.63
Nichtlegales Handeln in Vergangenheit	0.73	0.75	.331	-0.63 | 2.01
Politisches Interesse	0.46	0.23	.040	-0.07 | 0.86
Subjektive politische Kompetenz	-0.11	0.41	.798	-0.99 | 0.49
Subjektive politische Kompetenz (indirekter Effekt I)[2]	0.35	0.17	.043	-0.04 | 0.67
Nichtlegales Handeln in Vergangenheit (indirekter Effekt II)[3]	0.32	0.18	.073	0.02 | 0.74
Politisches Interesse (indirekter Effekt II)[3]	0.02	0.02	.459	-0.01 | 0.09
Subjektive politische Kompetenz (indirekter Effekt II)[3]	-0.01	0.03	.841	-0.07 | 0.04
Subjektive politische Kompetenz (indirekter Effekt III)[4]	0.01	0.02	.465	-0.01 | 0.07

1 Konfidenzintervalle für $\alpha = .05$ (untere Grenze links, Obergrenze rechts). Prädiktoren jeweils in der linken Spalte für das zuvor benannte Kriterium. „+0.00" bedeutet, dass der Wert größer als Null ist; „-0.00" heißt, der Wert ist kleiner als Null (entsprechend der dritten Nachkommastelle). Modellgütemaße im Text ($n = 451$).
2 Indirekter Effekt I über den Mediator politisches Interesse.
3 Indirekter Effekt II über den Mediator Handlungsbereitschaft bzw. Verständnis für nichtlegales Handeln.
4 Indirekter Effekt III: Sequenzielle Mediation mit politischem Interesse als erstem sowie Handlungsbereitschaft bzw. Verständnisvariable als zweitem Mediator.

Tabelle 36: Mediationsanalysen für zielspezifische Wahlbeteiligung als Kriterium[1]

	$t_1 \to t_{3M}$ (Modell I)				$t_2 \to t_{3M}$ (Modell I)				$t_1 \to t_{3M^*}$ (Modell I)			
	B	SE	p	KI	B	SE	p	KI	B	SE	p	KI
r_{12}	0.73	0.06	.000	0.64　0.86	0.63	0.09	.000	0.50　0.80	0.73	0.05	.000	0.64　0.87
a_1-Pfad	0.21	0.09	.012	0.05　0.39	0.32	0.88	.714	0.09　3.38	0.21	0.09	.012	0.05　0.40
a_2-Pfad	0.08	0.10	.465	-0.13　0.28	-0.21	1.05	.845	-3.91　0.05	0.08	0.10	.463	-0.12　0.28
b-Pfad	0.24	0.16	.128	-0.14　0.52	0.53	1.80	.770	-0.19　1.14	0.46	0.14	.001	-0.21　0.67
c_1-Pfad	0.50	0.31	.101	-0.27　0.66	0.39	6.27	.951	-0.26　25.74	0.11	0.44	.811	-1.21　0.78
c_2-Pfad	0.06	1.42	.965	-0.06　1.04	0.27	7.24	.971	-26.18　1.04	0.29	0.59	.626	-2.02　0.75
d_1-Pfad	0.21	3.80	.957	-0.22　0.77	0.56	0.53	.289	0.09　1.31	0.21	5.70	.971	-2.15　0.90
d_2-Pfad	0.52	4.46	.907	-0.09　1.09	0.16	0.65	.808	-0.84　0.77	0.32	6.67	.962	-2.13　0.79
a_1b-Pfad	0.05	0.04	.218	-0.01　0.16	0.17	5.63	.976	-0.00　19.24	0.10	0.05	.057	+0.00　0.20
a_2b-Pfad	0.02	0.03	.574	-0.03　0.11	-0.11	6.46	.987	-22.77　0.02	0.04	0.06	.537	-0.08　0.14
Güte[2]	1.74		.15	.68	0.99		.12	.82	1.74		.15	.88

[1] Analysen für zielspezifische t_3-Kriterien: Handeln, um etwas für Türken in Deutschland zu tun (für genauere Informationen siehe Text). Konfidenzintervalle für $\alpha = .05$ (untere Grenze links, Obergrenze rechts). Weitere Erläuterungen: $t_1 \to t_{3M}$: Analysen mit t_1-Prädiktoren und t_3-Kriterium (Variante I); $t_2 \to t_{3M}$: Analysen mit t_2-Prädiktoren aus t_2 und zielspezifischem t_3-Kriterium (Variante I); $t_1 \to t_{3M^*}$: Analysen mit t_2-Prädiktoren aus t_2 und zielspezifischem t_3-Kriterium (Variante II). Für Analysen mit t_1-Prädiktoren: $n = 452$; für Analysen mit t_2-Prädiktoren: $n = 176$. „+0.00" bedeutet, dass der Wert größer als Null ist; „-0.00" heißt, der Wert ist kleiner als Null (entsprechend der dritten Nachkommastelle).
[2] Angegeben ist zuerst WRMR, in der zweiten Spalte R_M^2 für den Mediator und zuletzt R_K^2 für das Kriterium.

Tabelle 37: Mediationsanalysen für zielspezifisches, konventionelles politisches Handeln als Kriterium[1]

	$t_1 \rightarrow t_{3M}$ (Modell I)				$t_2 \rightarrow t_{3M}$ (Modell I)				$t_1 \rightarrow t_{3M*}$ (Modell I)				$t_2 \rightarrow t_{3M*}$ (Modell I)			
	B	SE	p	KI	B	SE	p	KI	B	SE	p	KI	B	SE	p	KI
r_{12}	0.73	0.06	.000	0.64 0.85	0.63	0.08	.000	0.50 0.81	0.73	0.06	.000	0.64 0.86	0.63	0.08	.000	0.50 0.81
a_1-Pfad	0.25	0.06	.000	0.13 0.37	0.14	0.10	.149	-0.04 0.33	0.25	0.06	.000	0.13 0.38	0.14	0.12	.243	-0.06 0.33
a-Pfad	0.33	0.08	.000	0.18 0.48	0.52	0.13	.000	0.24 0.76	0.33	0.08	.000	0.18 0.49	0.52	0.16	.001	0.26 0.78
b-Pfad	0.79	0.16	.000	0.53 1.14	0.42	0.22	.056	-0.02 0.86	0.80	0.16	.000	0.51 1.15	0.48	0.24	.046	-0.04 0.94
c_1-Pfad	-0.13	0.45	.766	-0.83 0.82	0.33	0.31	.288	-0.19 0.93	-0.10	0.44	.818	-0.78 0.82	0.39	0.34	.253	-0.23 0.96
c_2-Pfad	-0.11	0.46	.814	-1.11 0.64	-0.67	0.38	.078	-1.42 0.13	-0.14	0.47	.757	-1.11 0.63	-0.70	0.45	.116	-1.2 0.14
d_1-Pfad	0.06	2.11	.976	-0.82 1.00	0.06	0.05	.261	-0.01 0.22	0.10	0.44	.817	-0.60 1.01	-0.45	0.32	.163	-0.6 1.04
d_2-Pfad	0.16	2.52	.950	-0.81 1.01	0.22	0.14	.115	-0.01 0.56	0.12	0.46	.793	-0.83 0.87	-0.45	0.36	.216	-1.13 0.30
a_1b-Pfad	0.20	0.06	.001	0.11 0.35	0.39	0.31	.206	-0.12 0.98	0.20	0.06	.001	0.10 0.35	0.07	0.08	.385	-0.01 0.23
a_2b-Pfad	0.26	0.08	.002	0.13 0.48	-0.46	0.33	.167	-1.05 0.24	0.27	0.09	.002	0.13 0.48	0.25	0.18	.157	0.0 0.65
Güte[2]	1.74			.86	0.99			.39	1.74			.86	0.99			.44

	$t_1 \rightarrow t_{3M}$ (Modell II)				$t_2 \rightarrow t_{3M}$ (Modell II)				$t_1 \rightarrow t_{3M*}$ (Modell II)				$t_2 \rightarrow t_{3M*}$ (Modell II)			
	B	SE	p	KI	B	SE	p	KI	B	SE	p	KI	B	SE	p	KI
r_{12}	0.73	0.06	.000	0.64 0.85	0.63	0.08	.000	0.50 0.81	0.73	0.06	.000	0.64 0.86	0.63	0.08	.000	0.50 0.81
r_{13}	0.15	0.02	.000	0.11 0.20	0.11	0.04	.001	0.05 0.19	0.15	0.02	.000	0.11 0.20	0.11	0.04	.002	0.0 0.19
r_{23}	0.15	0.02	.000	0.11 0.18	0.13	0.03	.000	0.08 0.19	0.15	0.02	.000	0.12 0.18	0.13	0.03	.000	0.0 0.19
a_1-Pfad	0.20	0.06	.001	0.08 0.31	0.12	0.08	.129	-0.04 0.27	0.20	0.06	.001	0.09 0.31	0.12	0.08	.125	-0.0 0.27
a_2-Pfad	0.20	0.07	.007	0.05 0.33	0.28	0.11	.012	0.06 0.51	0.20	0.07	.008	0.06 0.35	0.28	0.11	.012	0.0 0.51
a_3-Pfad	1.09	0.15	.000	0.81 1.38	1.48	0.17	.000	1.17 1.80	1.09	0.14	.000	0.81 1.38	1.48	0.17	.000	1.14 1.79
b-Pfad	0.73	0.18	.000	0.40 1.09	0.26	0.22	.223	-0.11 0.75	0.75	0.18	.000	0.42 1.12	0.32	0.24	.181	-0.11 0.84
c_1-Pfad	-0.14	0.44	.752	-0.85 0.81	0.34	0.31	.267	-0.21 0.93	-0.11	0.43	.807	-0.78 0.81	0.40	0.32	.216	-0.24 0.96
c_2-Pfad	-0.14	0.47	.764	-1.18 0.65	-0.70	0.39	.074	-1.43 0.16	-0.17	0.48	.722	-1.18 0.64	-0.72	0.43	.094	-1.53 0.20
c_3-Pfad	0.42	0.62	.496	-0.85 1.59	0.66	0.67	.325	-1.13 1.68	0.35	0.62	.575	-0.86 1.46	0.65	0.64	.312	-0.97 1.59
d_1-Pfad	+0.00	0.55	.994	-0.79 0.93	0.37	0.30	.211	-0.12 0.95	0.05	0.41	.911	-0.60 0.94	0.44	0.32	.169	-0.18 0.99
d_2-Pfad	+0.00	1.54	.998	-7.20 0.69	-0.62	0.37	.093	-1.29 0.19	-0.03	0.48	.955	-1.08 0.74	-0.63	0.40	.120	-1.40 0.20
d_3-Pfad	1.22	7.84	.876	0.31 49.77	1.05	0.64	.098	-0.55 2.07	1.17	0.75	.118	0.07 2.14	1.13	0.62	.067	-0.49 2.06
a_1b-Pfad	0.15	0.05	.006	0.06 0.28	0.03	0.03	.356	-0.01 0.16	0.15	0.06	.007	0.07 0.29	0.04	0.04	.296	-0.01 0.16
a_2b-Pfad	0.14	0.07	.034	0.04 0.31	0.08	0.08	.353	-0.02 0.32	0.15	0.07	.030	0.04 0.31	0.09	0.09	.324	-0.02 0.38
a_3b-Pfad	0.80	0.23	.001	0.44 1.36	0.39	0.32	.218	-0.16 1.11	0.82	0.23	.000	0.43 1.35	0.48	0.36	.182	-0.15 1.29
Güte[2]	1.53			.87	0.91			.54	1.53			.87	0.91			.47

[1] Analysen für zielspezifische t_3-Kriterien: Handeln, um etwas für Türken in Deutschland zu tun (oben: Modell I; unten: Modell II; für genauere Informationen siehe Text). Konfidenzintervalle für $\alpha = .05$ (untere Grenze links, Obergrenze rechts; n variiert zwischen 172 und 452). Weitere Erläuterungen: $t_1 \rightarrow t_{3M}$: Analysen mit t_1-Prädiktoren und t_3-Kriterium (Variante I); $t_2 \rightarrow t_{3M}$: Analysen mit t_2-Prädiktoren aus t_2 und zielspezifischem t_3-Kriterium (Variante I); $t_1 \rightarrow t_{3M*}$: Analysen mit t_1-Prädiktoren und t_3-Kriterium (Variante II); $t_2 \rightarrow t_{3M*}$: Analysen mit t_2-Prädiktoren aus t_2 und zielspezifischem t_3-Kriterium (Variante II). „+0.00" bedeutet, dass der Wert größer als Null ist; „-0.00" heißt, der Wert ist kleiner als Null (entsprechend der dritten Nachkommastelle).

[2] Angegeben ist zuerst *WRMR*, in der zweiten Spalte R_U^2 für den Mediator und zuletzt R_{kr}^2 für das Kriterium.

Tabelle 38: Mediationsanalysen für zielspezifisches, unkonventionelles politisches Handeln als Kriterium[1]

	$t_1 \rightarrow t_{3M}$ (Modell I)				$t_2 \rightarrow t_{3M}$ (Modell I)				$t_1 \rightarrow t_{3M*}$ (Modell I)				$t_2 \rightarrow t_{3M*}$ (Modell I)			
	B	SE	p	KI	B	SE	p	KI	B	SE	p	KI	B	SE	p	KI
r_{12}	0.73	0.06	.000	0.64 0.86	0.63	0.08	.000	0.50 0.80	0.73	0.06	.000	0.64 0.86	0.63	0.08	.000	0.50 0.80
a_1-Pfad	0.28	0.06	.000	0.17 0.40	0.16	0.09	.058	-0.00 0.33	0.28	0.06	.000	0.17 0.40	0.16	0.18	.355	-0.20 0.33
a_2-Pfad	0.18	0.07	.013	0.04 0.32	0.30	0.11	.004	0.09 0.50	0.18	0.07	.014	0.03 0.32	0.30	0.22	.168	-0.10 0.51
b-Pfad	0.33	0.18	.064	-0.04 0.65	0.52	0.16	.002	0.16 0.82	0.39	0.19	.037	-0.02 0.74	0.48	0.23	.033	0.08 0.77
c_1-Pfad	0.19	0.18	.290	-0.13 0.58	-0.05	0.34	.888	-0.81 0.53	0.33	0.20	.100	-0.03 0.75	0.05	1.23	.969	-0.48 0.59
c_2-Pfad	-0.00	0.25	.998	-0.54 0.47	0.26	0.36	.470	-0.39 1.03	0.05	0.27	.848	-0.51 0.53	0.53	1.50	.724	-0.06 1.27
d_1-Pfad	0.28	0.45	.534	-0.01 0.60	0.04	0.34	.918	-0.76 0.61	0.44	0.18	.014	0.11 0.81	0.13	0.34	.710	-0.22 0.66
d_2-Pfad	0.06	0.56	.916	-0.48 0.51	0.42	0.36	.246	-0.22 1.19	0.13	0.27	.646	-0.43 0.61	0.68	0.34	.048	0.12 1.45
a_1b-Pfad	0.09	0.06	.091	-0.00 0.21	0.08	0.05	.102	+0.00 0.21	0.11	0.06	.057	+0.00 0.24	0.08	1.23	.949	+0.00 0.20
a_2b-Pfad	0.06	0.05	.179	+0.00 0.17	0.16	0.08	.041	0.03 0.34	0.07	0.05	.141	+0.00 0.20	0.15	1.52	.924	0.02 0.31
Güte[2]	1.74		.22	.36	0.99		.18	.42	1.74		.22	.73	0.99		.18	.73

	$t_1 \rightarrow t_{3M}$ (Modell II)				$t_2 \rightarrow t_{3M}$ (Modell II)				$t_1 \rightarrow t_{3M*}$ (Modell II)				$t_2 \rightarrow t_{3M*}$ (Modell II)			
	B	SE	p	KI	B	SE	p	KI	B	SE	p	KI	B	SE	p	KI
r_{12}	0.73	0.06	.000	0.64 0.86	0.63	0.08	.000	0.50 0.81	0.73	0.06	.000	0.64 0.86	0.63	0.08	.000	0.50 0.80
r_{13}	0.52	0.07	.000	0.40 0.66	0.54	0.10	.000	0.37 0.74	0.52	0.07	.000	0.40 0.64	0.54	0.10	.000	0.36 0.74
r_{23}	0.43	0.05	.000	0.33 0.55	0.33	0.08	.000	0.19 0.50	0.43	0.06	.000	0.33 0.54	0.33	0.08	.000	0.18 0.50
a_1-Pfad	0.17	0.05	.001	0.06 0.27	-0.03	0.10	.741	-0.20 0.13	0.17	0.05	.001	0.07 0.27	-0.03	0.08	.690	-0.20 0.13
a_2-Pfad	0.05	0.06	.406	-0.08 0.18	0.27	0.11	.018	0.07 0.45	0.05	0.06	.398	-0.07 0.18	0.27	0.10	.006	0.08 0.46
a_3-Pfad	0.47	0.03	.000	0.41 0.53	0.46	0.05	.000	0.36 0.56	0.47	0.03	.000	0.40 0.53	0.46	0.05	.000	0.36 0.55
b-Pfad	0.21	0.19	.261	-0.17 0.56	0.35	0.34	.304	-0.08 0.78	0.17	0.19	.364	-0.22 0.52	0.21	0.22	.354	-0.26 0.62
c_1-Pfad	0.18	0.18	.338	-0.16 0.57	-0.13	0.46	.785	-0.91 0.46	0.30	0.20	.135	-0.06 0.52	-0.08	0.34	.816	-0.84 0.47
c_2-Pfad	-0.03	0.25	.911	-0.57 0.44	0.29	0.48	.541	-0.37 1.07	-0.00	0.27	.997	-0.54 0.48	0.58	0.35	.096	-0.01 1.36
c_3-Pfad	0.18	0.16	.248	-0.15 0.47	0.24	0.31	.435	-0.03 0.51	0.13	0.13	.012	0.06 0.59	0.40	0.14	.004	0.14 0.68
d_1-Pfad	0.21	0.50	.673	-0.11 0.59	-0.14	0.40	.737	-0.92 0.46	0.34	0.68	.618	+0.00 0.75	-0.09	0.35	.802	-0.85 0.47
d_2-Pfad	-0.02	0.60	.975	-0.56 0.44	0.38	0.42	.366	-0.25 1.17	+0.00	0.78	.999	-0.58 0.49	0.64	0.34	.064	-0.06 1.41
d_3-Pfad	0.28	0.15	.070	-0.05 0.54	0.40	0.10	.000	0.20 0.58	0.42	0.15	.004	0.09 0.66	0.49	0.10	.000	0.30 0.68
a_1b-Pfad	0.18	0.18	.305	-0.02 0.11	-0.01	0.31	.970	-0.11 0.04	0.03	0.03	.390	-0.03 0.10	-0.01	0.03	.802	-3.09 0.03
a_2b-Pfad	0.01	0.02	.619	-0.02 0.08	0.09	0.33	.777	-0.01 0.28	0.01	0.02	.640	-0.01 0.08	0.06	0.07	.405	-3.06 0.21
a_3b-Pfad	0.10	0.09	.263	-0.08 0.26	0.24	0.31	.435	-0.04 0.37	0.08	0.09	.367	-0.10 0.24	0.09	0.10	.367	-.11 0.30
Güte[2]	1.80		.46	.38	0.91		.45	.46	1.80		.46	.78	0.91		.45	.85

1 Analysen für zielspezifische t_3-Kriterien: Handeln, um etwas für Türken in Deutschland zu tun (oben: Modell I; unten: Modell II; für genauere Informationen siehe Text). Konfidenzintervalle für $\alpha = .05$ (untere Grenze links, Obergrenze rechts; n variiert zwischen 172 und 452). Weitere Erläuterungen: $t_1 \rightarrow t_{3M}$: Analysen mit t_1-Prädiktoren und t_3-Kriterium (Variante I); $t_2 \rightarrow t_{3M}$: Analysen mit t_2-Prädiktoren aus t_2 und zielspezifischem t_3-Kriterium (Variante I); $t_1 \rightarrow t_{3M*}$: Analysen mit t_1-Prädiktoren und t_3-Kriterium (Variante II); $t_2 \rightarrow t_{3M*}$: Analysen mit t_2-Prädiktoren aus t_2 und zielspezifischem t_3-Kriterium (Variante II). „+0.00" bedeutet, dass der Wert größer als Null ist; „-0.00" heißt, der Wert ist kleiner als Null (entsprechend der dritten Nachkommastelle).
2 Angegeben ist zuerst $WRMR$, in der zweiten Spalte R_{κ}^2 für den Mediator und zuletzt R_{κ}^2 für das Kriterium.

Tabelle 39: Bivariate Korrelationen der (potenziellen) Prädiktoren, Mediatoren und Moderatoren mit den Kriterien kognitiver Politisierung[1]

	$t_1 \to t_2$		$t_1 \to t_3$		$t_2 \to t_3$		$t_1 \to t_{2+3}$		$t_2 \to t_{2|3}$		$t_1 \to t_{3M}$		$t_2 \to t_{3M}$	
Alter	.20†	.27‡	.22†	.24†	.25¶	.28‡	.20¶	.24†	.27‡	.33‡	.05	.10	.04	.11
Geschlecht (Frau/Mann)	.14	.16¶	.17	.20	.17	.20	.17¶	.19†	.12	.16	-.03	-.05	-.03	-.05
Einnahmen	.15¶	.20†	.29†	.25‡	.28¶	.25¶	.17¶	.17¶	.32‡	.24†	.08	.16	.08	.20
Prozentuale Aufenthaltsdauer in Deutschland	.07	.10	.04	.11	.03	.08	.07	.11	.05	.11	.25¶	.19	.27‡	.13
Deutsche Staatsbürgerschaft (nein/ja)	.04	.07	.06	.06	.15	.10	.02	.05	.14	.10	.07	-.11	.13	-.08
Subjektive deutsche Sprachkenntnisse	.04	.12	.00	.15	—	—	.07	.16¶	-.06	.07	.02	-.04	—	—
Religiosität	-.05	-.11	-.20	-.15	-.25¶	-.22¶	-.07	-.08	-.19	-.24¶	.07	.17	.08	.13
Politisches Handeln (in der Vergangenheit)[2]	.44‡	.48‡	.44‡	.52‡	.34†	.33‡	.44‡	.48‡	.52‡	.61‡	.23‡	.41‡	.21	.29†
Politisches Interesse	.75‡	.64‡	.61‡	.58‡	.59‡	.63‡	.76‡	.64‡	.74‡	.67‡	.22‡	.40‡	.41‡	.50‡
Subjektive politische Kompetenz	.58‡	.73‡	.65‡	.69‡	.69‡	.75‡	.63‡	.73‡	.67‡	.78‡	.24‡	.37‡	.27‡	.46‡
Identifikation mit Deutschland	.06	.09	.28‡	.14	.12	.04	.10	.09	.24‡	.17	.10	.20	.15	.13
Identifikation mit Türken	.08	-.06	-.15	-.14	-.16	-.16	.04	-.04	-.08	-.21	.13	.18	.09	.10
Separatistische Identifikation	-.02	-.15	-.27‡	-.21¶	-.27‡	-.23‡	-.05	-.12	-.25‡	-.30‡	-.06	-.03	-.04	.04
Duale Identifikation	.07	.11	.05	-.04	-.09	-.12	.07	.09	.07	.01	.10	.21¶	.07	.16
Bekannte in deutschen Vereinen	.04	.19¶	.20	.19	—	—	.07	.17¶	.16	.27¶	-.09	-.02	—	—
Bekannte in türkischen Vereinen	.07	-.03	.01	.01	—	—	.09	.03	-.04	-.13	.02	.10	—	—
Kollektive Marginalisierung	.30‡	.30‡	.16	.22‡	.12	.16	.27‡	.29‡	.25‡	.25‡	.12	.24‡	.21	.25¶
Kollektive Effektivität	.08	.04	.09	.16	.18	.18	.09	.08	.08	.09	.13	.22‡	.11	.16

[1] Linke Spalte: politisches Interesse; rechte Spalte: subjektive politische Kompetenz. Soweit nicht anders vermerkt, sind Produkt-Moment-Korrelationen nach Pearson (r) angegeben bzw. für dichotome Indizes punktbiseriale Korrelationen (r_{pb}); n variiert zwischen 79 und 189. Weitere Erläuterungen: $t_1 \to t_2$: Analysen mit Prädiktoren aus t_1 und t_2-Kriterium; $t_1 \to t_3$: Analysen mit Prädiktoren aus t_1 und t_3-Kriterium; $t_2 \to t_3$: Analysen mit Prädiktoren aus t_2 und t_3-Kriterium; $t_1 \to t_{2+3}$: Analysen für zusammengefasste Verhaltensvariable sowie t_1-Prädiktoren im Drei-Wellen-Panel; $t_1 \to t_{3M}$: Analysen mit Prädiktoren aus t_1 und inhaltsspezifischem t_3-Kriterium (Politik, die speziell Menschen mit türkischer Migrationsgeschichte betrifft); $t_2 \to t_{3M}$: Analysen mit Prädiktoren aus t_2 und inhaltsspezifischem t_3-Kriterium (Politik, die speziell Menschen mit türkischer Migrationsgeschichte betrifft).

[2] Angegeben ist die Rangkorrelation nach Spearman (r_{SP}).

Signifikante Korrelationen sind wie folgt gekennzeichnet: ‡: $p < .001$, †: $p < .01$, ¶: $p < .05$.

Tabelle 40: Multivariates Modell zur Erklärung kognitiver Politisierung $(t_1 \rightarrow t_{2+3})^1$

	B	SE	p	CI	
Korrelation der Kriterien					
Politisches Interesse*Subjektive politische Kompetenz	0.17	0.03	.000	0.12	0.22
Kriterium: Kollektive Marginalisierung (R^2 = .21)					
Identifikation mit Deutschland	-0.32	0.07	.000	-0.44	-0.19
Identifikation mit Türken	0.16	0.07	.019	0.03	0.30
Separatistische Identifikation	0.08	0.06	.213	-0.05	0.21
Duale Identifikation	0.09	0.05	.084	-0.01	0.19
Kriterium: Politisches Interesse (R^2 = .69)					
Kollektive Marginalisierung	0.13	0.06	.020	0.02	0.24
Kollektive Effektivität	0.22	0.10	.027	0.03	0.41
Bekannte in deutschen Vereinen	0.15	0.11	.154	-0.06	0.36
Bekannte in türkischen Vereinen	-0.45	0.14	.001	-0.71	-0.18
Identifikation mit Deutschland	-0.39	0.12	.001	-0.62	-0.16
Identifikation mit Deutschland (indirekter Effekt)[2]	-0.41	0.02	.039	-0.08	-0.00
Identifikation mit Deutschland*Bekannte in türkischen Vereinen[3]	0.20	0.05	.000	0.11	0.30
Identifikation mit Türken	0.16	0.09	.088	-0.02	0.34
Identifikation mit Türken (indirekter Effekt)[2]	0.02	0.01	.092	-0.19	+0.00
Identifikation mit Türken*Bekannte in deutschen Vereinen[3]	-0.09	0.05	.052	-0.00	0.05
Separatistische Identifikation	0.04	0.11	.718	-0.05	0.21
Separatistische Identifikation (indirekter Effekt)[2]	-0.07	0.04	.062	-0.14	+0.00
Duale Identifikation	-0.02	0.06	.707	-0.01	0.19
Kriterium: Subjektive politische Kompetenz (R^2 = .72)					
Kollektive Marginalisierung	0.16	0.05	.001	0.07	0.25
Kollektive Effektivität	0.25	0.09	.007	0.07	0.44
Bekannte in deutschen Vereinen	0.28	0.10	.007	0.08	0.48
Bekannte in türkischen Vereinen	-0.26	0.12	.031	-0.50	-0.02
Identifikation mit Deutschland	-0.27	0.10	.009	-0.47	-0.07
Identifikation mit Deutschland (indirekter Effekt)[2]	-0.05	0.02	.006	-0.09	-0.02
Identifikation mit Deutschland*Bekannte in türkischen Vereinen[3]	0.10	0.04	.023	0.01	0.19
Identifikation mit Türken	0.22	0.08	.009	0.05	0.38
Identifikation mit Türken (indirekter Effekt)[2]	0.03	0.01	.047	0.00	0.05
Identifikation mit Türken*Bekannte in deutschen Vereinen[3]	-0.19	0.04	.000	-0.27	-0.11
Separatistische Identifikation	0.06	0.10	.536	-0.14	0.27
Separatistische Identifikation*Kollektive Effektivität[3]	-0.08	0.04	.019	-0.15	-0.01
Duale Identifikation	-0.04	0.07	.524	-0.18	0.09
Duale Identifikation*Bekannte in deutschen Vereinen[3]	0.06	0.03	.029	0.01	0.12

1 Konfidenzintervalle für α = .05 (untere Grenze links, Obergrenze rechts). Prädiktoren jeweils in der linken Spalte für das zuvor benannte Kriterium. „+0.00" bedeutet, dass der Wert größer als Null ist; „-0.00" heißt, der Wert ist kleiner als Null (entsprechend der dritten Nachkommastelle). Modellgütemaße im Text (n = 441).
2 Indirekter Effekt über den Mediator kollektive Marginalisierung.
3 Interaktionsterm aus dem Produkt der am Mittelwert zentrierten Variablen.

Tabelle 41: Korrelationen der Prädiktoren/Mediatoren mit den Kriterien behavioraler Politisierung (Befragte ohne Migrationsgeschichte)[1]

	$t_1 \rightarrow t_2$				$t_1 \rightarrow t_3$				$t_2 \rightarrow t_3$			
	W	K	U	N	W	K	U	N	W	K	U	N
Alter	.07	-.00	.00	.00	.14	.28¶	.08	.08	.11	.05	-.04	-.04
Geschlecht (Frau/Mann)	.14	.19	-.03	-.03	.23	.09	-.20	-.20	.23	.09	-.20	-.20
Einnahmen	-.10	.03	.09	.09	.10	.22	.04	.04	.18	-.01	.40¶	.40¶
Politisches Interesse	.34¶	.23‡	.23‡	.23‡	.42¶	.29¶	.16	.16	.54¶	.21	.31	.31
Subjektive politische Kompetenz	.27	.32‡	.17	.17	.32	.38¶	.26¶	.26¶	.52¶	.10	.31	.31
Politisches Handeln (in der Vergangenheit)[2]	–	.30¶	.68‡	.68‡	–	.41‡	.43‡	.43‡	–	.47¶	.66‡	.66‡
Handlungsbereitschaft[2]	.52‡	.26¶	.61‡	.61‡	.46‡	.40‡	.42‡	.42‡	.54‡	.32	.66‡	.66‡

	$t_1 \rightarrow t_{2+3}$				$t_1 \rightarrow t_{2|3}$				$t_1 \rightarrow t_W$			
	W	K	U	N	W	K	U	N	W	K	U	N
Alter	-.05	.12	-.04	-.04	.05	-.15	.04	.04	-.07			
Geschlecht (Frau/Mann)	.05	.14	-.11	-.11	.19	.22	-.27	-.27	.02		–[3]	
Einnahmen	.04	.10	-.06	-.06	.05	-.17	.11	.11	.04			
Politisches Interesse	.17¶	.23¶	.04	.04	.53‡	.16	.08	.08	.07			
Subjektive politische Kompetenz	.15	.35‡	.10	.10	.43¶	.19	.11	.11	.13			
Politisches Handeln (in der Vergangenheit)[2]	–	.32‡	.40‡	.40‡	–	.38¶	.23	.23	–			
Handlungsbereitschaft[2]	.46‡	.32‡	.40‡	.40‡	.85‡	.35‡	.33¶	.33¶	.55‡			

1 Punktbiseriale Korrelationen (r_{pb}) für dichotome Kriterien bzw. Rangkorrelationen nach Spearman (r_{SP}) für ordinale Kriterien (n variiert zwischen 16 und 131). Weitere Erläuterungen: $t_1 \rightarrow t_W$: Analysen mit Prädiktoren aus t_1 und t_W-Kriterium; $t_1 \rightarrow t_2$: Analysen mit Prädiktoren aus t_1 und t_2-Kriterium; $t_1 \rightarrow t_3$: Analysen mit Prädiktoren aus t_1 und t_3-Kriterium; $t_2 \rightarrow t_3$: Analysen mit Prädiktoren aus t_2 und t_3-Kriterium; $t_1 \rightarrow t_{2+3}$: Analysen für zusammengefasste Verhaltensvariable mit der um t_2 erweiterten Stichprobe aus t_3 und t_1-Prädiktoren; $t_1 \rightarrow t_{2|3}$: Analysen für zusammengefasste Verhaltensvariable sowie t_1-Prädiktoren im Drei-Wellen-Panel. W = Wahlbeteiligung, K = konventionelles politisches Handeln, U = unkonventionelles politisches Handeln, N = nichtlegales politisches Handeln.
2 Jeweils dem Kriterium inhaltlich entsprechendes, behaviorales Politisierungsmaß.
3 Es wurden nur für die Wahlbeteiligung Daten erhoben.
Signifikante Korrelationen sind wie folgt gekennzeichnet: ‡: $p < .001$, †: $p < .01$, ¶: $p < .05$.

Tabelle 42: Mediationsanalysen für die Vergleichsgruppe ohne Migrationsgeschichte für das Kriterium Wahlbeteiligung¹

	$t_1 \to t_2$				$t_1 \to t_3$				$t_2 \to t_3$				$t_1 \to t_W$			
	B	SE	p	CI		B	SE	p	CI		B	SE	p	CI		B	SE	p	CI	
r_{12}	0.73	0.06	.000	0.64	0.85	0.73	0.06	.000	0.64	0.85	0.65	0.11	.000	0.48	0.91	0.78	0.06	.000	0.65	0.92
a_1-Pfad	0.08	0.04	.023	0.01	0.15	0.08	0.04	.023	0.01	0.15	0.03	0.19	.882	-0.33	0.43	0.07	0.04	.047	-0.00	0.14
a_2-Pfad	0.02	0.04	.603	-0.06	0.11	0.02	0.04	.603	-0.06	0.11	0.03	0.20	.881	-0.39	0.41	0.03	0.04	.491	-0.05	0.12
b-Pfad	0.47	0.56	.402	-1.75	1.50	0.15	0.68	.828	-0.41	1.89	0.35	0.69	.618	-0.30	2.22	0.67	0.55	.219	-0.88	1.47
c_1-Pfad	0.28	0.36	.446	-0.40	1.02	0.51	0.35	.153	-0.11	1.36	0.84	0.82	.306	-0.03	2.74	-0.19	0.32	.563	-0.88	0.34
c_2-Pfad	0.19	0.42	.643	-0.68	0.93	-0.12	0.52	.812	-1.00	0.96	-0.20	1.08	.885	-3.74	1.05	0.43	0.32	.188	-0.21	0.98
d_1-Pfad	0.31	0.37	.391	-0.85	0.09	0.52	0.34	.131	-0.10	1.28	0.85	0.82	.297	0.19	3.30	-0.14	1.54	.929	-0.79	0.44
d_2-Pfad	0.20	0.42	.625	0.07	1.14	-0.12	0.52	.817	-1.03	0.94	-1.19	1.11	.866	-3.95	0.93	0.45	1.78	.802	-0.13	0.95
a_1b-Pfad	0.04	0.05	.449	-0.03	0.11	0.01	0.06	.834	-0.03	0.19	0.01	0.15	.947	-0.07	0.66	0.05	0.05	.318	-0.06	0.15
a_2b-Pfad	0.01	0.05	.817	-0.05	0.07	+0.00	0.04	.932	-0.02	0.14	0.01	0.16	.947	-0.24	0.42	0.02	0.03	.543	-0.04	0.10
Güte²	1.53	.04	.37			1.53	.04	.94			0.76	.01	.97			1.33	.05	.24		

1 Konfidenzintervalle für α = .05 (untere Grenze links, Obergrenze rechts). Weitere Erläuterungen: $t_1 \to t_2$: Analysen mit Prädiktoren aus t_1 und t_2-Kriterium; $t_1 \to t_3$: Analysen mit Prädiktoren aus t_1 und t_3-Kriterium; $t_2 \to t_3$: Analysen mit Prädiktoren aus t_2 und t_3-Kriterium. Die Modelle für $t_1 \to t_{2I3}$ (s. o.) können aufgrund des kleinen Stichprobenumfanges und der starken Ungleichverteilung in der abhängigen Variablen nicht geschätzt werden. Für $t_1 \to t_W$ werden nur $n = 350$ Personen ohne fehlende t_1-Prädiktorwerte berücksichtigt, welche vor der Bundestagswahl 2009 an t_1 teilnahmen (t_W-Kriterium). Sonst ist $n = 433$ für Analysen mit t_1-Prädiktoren; für Analysen mit t_2-Prädiktoren: $n = 75$. „+0.00" bedeutet, dass der Wert größer als Null ist; „-0.00" heißt, der Wert ist kleiner als Null (entsprechend der dritten Nachkommastelle; Analyse für $t_1 \to t_{2+3}$ in Kap. 4.5.2.5).

2 Angegeben ist zuerst WRMR, in der zweiten Spalte R^2_M für den Mediator und zuletzt R^2_K für das Kriterium.

Tabelle 43: Mediationsanalysen für die Vergleichsgruppe ohne Migrationsgeschichte für das Kriterium *Konventionelles politisches Handeln*[1]

	$t_1 \to t_2$				$t_1 \to t_3$				$t_2 \to t_3$				$t_1 \to t_{23}$ (kleines Parcel[3])			
	B	SE	p	CI	B	SE	p	CI	B	SE	p	CI	B	SE	p	CI
r_{12}	0.73	0.06	.000	0.64 0.86	0.73	0.06	.000	0.64 0.86	0.65	0.11	.000	0.49 0.92	0.54	0.16	.000	0.29 0.93
r_{13}	0.16	0.02	.000	0.12 0.20	0.16	0.02	.000	0.12 0.20	0.19	0.04	.000	0.11 0.29	0.09	0.06	.138	-0.01 0.22
r_{23}	0.17	0.02	.000	0.13 0.21	0.17	0.02	.000	0.13 0.21	0.10	0.03	.001	0.05 0.16	0.08	0.04	.039	0.03 0.20
a_1-Pfad	0.19	0.06	.001	0.08 0.30	0.19	0.06	.001	0.08 0.30	+0.00	0.24	.997	-0.33 0.29	0.05	0.23	.829	-0.33 0.56
a_2-Pfad	0.34	0.07	.000	0.20 0.46	0.33	0.07	.000	0.19 0.46	0.26	0.23	.261	-0.06 0.58	0.54	0.27	.045	-0.01 1.01
a_3-Pfad	0.92	0.12	.000	0.68 1.15	0.93	0.12	.000	0.70 1.16	0.91	0.40	.022	0.43 1.46	0.92	0.47	.048	0.14 1.93
b-Pfad	-0.00	0.24	.997	-0.50 0.44	0.33	0.29	.261	-0.31 0.90	0.52	0.44	.235	-0.07 1.08	0.08	0.66	.899	-1.30 1.26
c_1-Pfad	-0.06	0.23	.801	-0.57 0.35	0.01	0.33	.974	-0.77 0.55	0.48	0.85	.571	-0.73 1.46	0.10	0.45	.823	-0.77 0.99
c_2-Pfad	0.47	0.28	.095	-0.09 1.01	0.19	0.39	.630	-0.44 1.21	-0.75	1.00	.453	-2.54 0.43	-0.09	0.73	.898	-1.23 1.27
c_3-Pfad	0.41	0.41	.316	-0.60 1.06	0.19	0.69	.779	-1.94 1.25	0.58	1.56	.711	-0.87 1.69	0.96	1.04	.355	-1.23 2.82
d_1-Pfad	-0.06	0.37	.883	-0.55 0.35	0.07	0.33	.824	-0.75 0.60	0.47	0.58	.425	-0.90 1.45	0.11	0.43	.808	-0.70 0.95
d_2-Pfad	0.46	0.83	.576	-0.08 0.95	0.30	0.36	.401	-0.26 1.26	-0.60	0.82	.464	-2.49 0.78	-0.05	0.51	.924	-1.30 0.76
d_3-Pfad	0.41	2.10	.846	-0.61 1.14	0.50	0.68	.461	-1.82 1.48	1.07	0.67	.114	-0.12 2.46	1.04	0.73	.157	-1.54 2.07
a_1b-Pfad	0.00	0.05	.997	-0.10 0.09	0.06	0.06	.317	-0.04 0.21	0.00	0.53	.999	-0.24 0.22	+0.00	0.17	.981	-0.25 0.32
a_2b-Pfad	0.00	0.08	.997	-0.18 0.15	0.11	0.10	.278	-0.08 0.33	0.13	0.56	.813	-0.04 0.49	0.05	0.40	.911	-0.79 0.84
a_3b-Pfad	-0.00	0.23	.997	-0.47 0.40	0.31	0.27	.263	-0.26 0.85	0.47	1.25	.704	0.01 1.27	0.08	0.72	.916	-1.41 1.28
Güte[2]	1.35		.47	.28	1.35		.46	.37	0.67		.37	.53	0.57		.64	.47

[1] Konfidenzintervalle für $\alpha = .05$ (untere Grenze links, Obergrenze rechts). Weitere Erläuterungen: $t_1 \to t_2$: Analysen mit Prädiktoren aus t_1 und t_2-Kriterium; $t_1 \to t_3$: Analysen mit Prädiktoren aus t_1 und t_3-Kriterium; $t_2 \to t_3$: Analysen mit Prädiktoren aus t_2 und t_3-Kriterium. Für Analysen mit t_1-Prädiktoren: $n = 433$; für Analysen mit t_2-Prädiktoren: $n = 75$ (soweit nicht anders vermerkt). „+0.00" bedeutet, dass der Wert größer als Null ist; „-0.00" heißt, der Wert ist kleiner als Null (entsprechend der dritten Nachkommastelle; Analyse für $t_1 \to t_{2+3}$ in Kap. 4.5.2.5).
[2] Angegeben ist zuerst *WRMR*, in der zweiten Spalte R_M^2 für den Mediator und zuletzt R_K^2 für das Kriterium.
[3] Analyse mit der zusammengefassten Verhaltensvariablen als Kriterium für $n = 35$ Personen ohne fehlende Prädiktorenwerte, welche an allen drei Messungen teilnahmen. Analysen für die zusammengefasste Verhaltensvariable (mit fehlenden Werten für Personen, die nicht an allen drei Messungen befragt wurden) sowie t_1-Prädiktoren

Tabelle 44: Mediationsanalysen für die Vergleichsgruppe ohne Migrationsgeschichte für das Kriterium *Unkonventionelles politisches Handeln*[1]

	$t_1 \rightarrow t_2$				$t_1 \rightarrow t_3$				$t_2 \rightarrow t_3$				$t_1 \rightarrow t_{2;3}$ (kleines Panel[3])			
	B	SE	p	CI	B	SE	p	CI	B	SE	p	CI	B	SE	p	CI
r_{12}	0.73	0.06	.000	0.64 0.86	0.73	0.05	.000	0.64 0.85	0.65	0.10	.000	0.48 0.88	0.54	0.16	.000	0.29 0.92
r_{13}	0.40	0.06	.000	0.30 0.53	0.40	0.06	.000	0.29 0.52	0.44	0.15	.003	0.17 0.78	0.41	0.20	.037	0.08 0.86
r_{23}	0.31	0.05	.000	0.22 0.42	0.31	0.05	.000	0.21 0.42	0.30	0.11	.007	0.09 0.53	0.35	0.15	.023	0.10 0.70
a_1-Pfad	0.12	0.05	.014	0.02 0.22	0.12	0.05	.013	0.02 0.22	-0.07	0.15	.623	-0.35 0.21	-0.08	0.34	.822	-0.54 0.41
a_2-Pfad	0.09	0.06	.099	-0.02 0.21	0.09	0.06	.097	-0.02 0.21	0.09	0.19	.625	-0.29 0.43	0.32	0.42	.453	-0.36 0.85
a_3-Pfad	0.48	0.03	.000	0.43 0.54	0.48	0.03	.000	0.43 0.54	0.61	0.08	.000	0.48 0.84	0.55	0.14	.000	0.29 0.85
b-Pfad	0.15	0.13	.258	-0.12 0.39	0.28	0.19	.141	-0.12 0.62	0.55	0.71	.438	0.23 4.21	0.37	0.64	.559	-0.58 1.05
c_1-Pfad	0.12	0.16	.452	-0.20 0.42	-0.24	0.22	.268	-0.73 0.14	0.30	0.41	.463	-0.21 0.94	0.26	0.79	.746	-1.07 1.15
c_2-Pfad	-0.12	0.18	.518	-0.47 0.25	0.52	0.19	.005	0.19 0.91	-0.05	0.49	.924	-1.00 0.51	-0.07	1.02	.944	-1.43 1.23
c_3-Pfad	0.51	0.10	.000	0.32 0.70	0.16	0.13	.212	-0.09 0.40	0.11	0.58	.856	-2.81 0.44	-0.01	0.51	.980	-0.65 0.84
d_1-Pfad	0.14	0.16	.381	-0.18 0.43	-0.20	0.21	.349	-0.69 0.18	0.26	1.68	.875	-4.00 2.10	0.23	0.52	.663	-0.87 1.20
d_2-Pfad	-0.10	0.18	.564	-0.45 0.26	0.51	0.18	.006	0.19 0.91	0.01	2.08	.998	-6.07 4.01	0.05	0.56	.933	-1.05 1.20
d_3-Pfad	0.58	0.07	.000	0.44 0.71	0.28	0.09	.003	0.08 0.45	0.44	0.22	.045	0.08 0.75	0.19	0.29	.511	-0.33 0.78
a_1b-Pfad	0.02	0.02	.350	-0.01 0.07	0.03	0.03	.257	-0.01 0.11	-0.04	0.28	.890	-0.28 0.14	-0.03	0.48	.953	-0.48 0.16
a_2b-Pfad	0.01	0.02	.421	-0.01 0.07	0.03	0.03	.327	-0.01 0.10	0.05	0.36	.885	-0.17 0.37	0.12	0.69	.865	-0.12 1.00
a_3b-Pfad	0.07	0.06	.257	-0.06 0.19	0.13	0.09	.141	-0.06 0.30	0.34	0.60	.572	0.14 3.49	0.21	0.41	.612	-0.26 0.59
Güte[2]	1.27		.51	.55	1.25		.51	.40	0.62		.58	.71	0.56		.49	.37

1 Konfidenzintervalle für $\alpha = .05$ (untere Grenze links, Obergrenze rechts). Weitere Erläuterungen: $t_1 \rightarrow t_2$: Analysen mit Prädiktoren aus t_1 und t_2-Kriterium; $t_1 \rightarrow t_3$: Analysen mit Prädiktoren aus t_1 und t_3-Kriterium; $t_2 \rightarrow t_3$: Analysen mit Prädiktoren aus t_2 und t_3-Kriterium. Für Analysen mit t_1-Prädiktoren: $n = 433$; für Analysen mit t_2-Prädiktoren: $n = 75$ (soweit nicht anders vermerkt). „+0.00" bedeutet, dass der Wert größer als Null ist; „-0.00" heißt, der Wert ist kleiner als Null (entsprechend der dritten Nachkommastelle; Analyse für $t_1 \rightarrow t_{2+3}$ in Kap. 4.5.2.5).
2 Angegeben ist zuerst *WRMR*, in der zweiten Spalte R_M^2 für den Mediator und zuletzt R_K^2 für das Kriterium.
3 Analyse mit der zusammengefassten Verhaltensvariablen als Kriterium für $n = 35$ Personen ohne fehlende Prädiktorenwerte, welche an allen drei Messungen teilnahmen. Analysen für die zusammengefasste Verhaltensvariable (mit fehlenden Werten für Personen, die nicht an allen drei Messungen befragt wurden) sowie t_1-Prädiktoren

Tabelle 45: Mediationsanalysen für die Vergleichsgruppe ohne Migrationsgeschichte für das Kriterium *Nichtlegales politisches Handeln*[1]

	$t_1 \rightarrow t_2$					$t_1 \rightarrow t_3$					$t_2 \rightarrow t_3$					$t_1 \rightarrow t_{2+3}$				
	B	SE	p	CI		B	SE	p	CI		B	SE	p	CI		B	SE	p	CI	
r_{12}	0.73	0.06	.000	0.64	0.86	0.73	0.06	.000	0.64	0.86	0.65	0.11	.000	0.49	0.92	0.54	0.16	.000	0.29	0.92
r_{13}	0.02	0.02	.261	-0.02	0.06	0.02	0.02	.262	-0.02	0.06	0.05	0.05	.362	-0.05	0.15	0.07	0.07	.314	-0.05	0.22
r_{23}	0.02	0.02	.317	-0.02	0.05	0.02	0.02	.317	-0.02	0.05	0.04	0.04	.249	-0.03	0.12	0.03	0.06	.585	-0.08	0.13
a_1-Pfad	0.09	0.06	.158	-0.03	0.20	0.09	0.06	.159	-0.03	0.20	0.06	0.16	.701	-0.27	0.36	0.11	0.21	.592	-0.30	0.71
a_2-Pfad	-0.00	0.07	.979	-0.15	0.14	-0.00	0.07	.979	-0.15	0.14	-0.07	0.20	.722	-0.44	0.33	0.16	0.26	.544	-0.41	0.63
a_3-Pfad	1.05	0.11	.000	0.84	1.27	1.05	0.11	.000	0.84	1.27	1.40	0.21	.000	1.02	1.83	1.29	0.27	.000	0.79	1.86
b-Pfad	0.59	0.12	.000	0.35	0.83	0.15	0.21	.476	-0.22	0.53	0.31	0.36	.391	-0.54	0.92	0.66	0.36	.068	-0.35	1.17
c_1-Pfad	0.08	0.23	.727	-0.40	0.51	0.05	0.30	.869	-0.57	0.58	0.16	0.41	.702	-0.42	1.14	0.09	0.36	.800	-0.77	0.66
c_2-Pfad	0.14	0.25	.571	-0.37	0.63	0.40	0.24	.093	-0.20	0.78	0.42	0.55	.451	-0.91	1.23	0.25	0.43	.558	-0.82	0.89
c_3-Pfad	0.48	0.32	.143	-0.21	1.04	1.07	0.31	.000	0.57	1.78	0.65	0.95	.497	-1.61	2.50	0.27	0.78	.731	-1.23	1.72
d_1-Pfad	0.13	0.23	.570	-0.35	0.56	0.06	0.31	.842	-0.60	0.57	0.18	0.44	.689	-0.34	1.08	0.17	0.28	.548	-0.43	0.66
d_2-Pfad	0.14	0.25	.570	-0.38	0.62	0.40	0.25	.111	-0.16	0.78	0.39	0.58	.496	-0.85	1.16	0.35	0.34	.294	-0.44	0.92
d_3-Pfad	1.08	0.68	.113	0.38	1.56	1.23	0.33	.000	0.53	1.83	1.08	0.82	.185	-1.00	2.16	1.11	0.57	.051	-0.40	1.98
a_1b-Pfad	0.05	0.04	.195	-0.02	0.14	0.01	0.03	.613	-0.02	0.05	0.02	0.09	.839	-0.12	0.29	0.08	0.23	.740	-0.10	0.79
a_2b-Pfad	-0.00	0.05	.980	-0.09	0.08	0.00	0.02	.989	-0.03	0.03	-0.02	0.12	.854	-0.36	0.16	0.10	0.26	.691	-0.35	0.71
a_3b-Pfad	0.62	0.14	.000	0.37	0.91	0.16	0.22	.467	-0.05	0.15	0.43	0.52	.404	-0.82	1.30	0.84	0.49	.086	-0.24	1.62
Güte[2]	1.31		.21		.53	1.31		.21		.63	0.66		.39		.56	0.57		.59		.68

1 Konfidenzintervalle für α = .05 (untere Grenze links, Obergrenze rechts). Weitere Erläuterungen: $t_1 \rightarrow t_2$: Analysen mit Prädiktoren aus t_1 und t_2-Kriterium; $t_1 \rightarrow t_3$: Analysen mit Prädiktoren aus t_1 und t_3-Kriterium; $t_2 \rightarrow t_3$: Analysen mit Prädiktoren aus t_2 und t_3-Kriterium. Für Analysen mit t_1-Prädiktoren: n = 433; für Analysen mit t_2-Prädiktoren: n = 75 (soweit nicht anders vermerkt). „+0.00" bedeutet, dass der Wert größer als Null ist; „-0.00" heißt, der Wert ist kleiner als Null (entsprechend der dritten Nachkommastelle; Analyse für $t_1 \rightarrow t_{2+3}$ in Kap. 4.5.2.5).

2 Angegeben ist zuerst *WRMR*, in der zweiten Spalte R_M^2 für den Mediator und zuletzt R_K^2 für das Kriterium.

3 Analyse mit der zusammengefassten Verhaltensvariablen als Kriterium für n = 35 Personen ohne fehlende Prädiktorenwerte, welche an allen drei Messungen teilnahmen. Analyse für die zusammengefasste Verhaltensvariable (mit fehlenden Werten für Personen, die nicht an allen drei Messungen befragt wurden) sowie t_1-Prädiktoren können nicht geschätzt werden.

Tabelle 46: Modelle zur Erklärung politischen Handelns durch kognitive Politisierung für Studierende ohne Migrationsgeschichte $(t_1 \rightarrow t_{2+3})$[1]

Prädiktoren für das:	B	SE	p	CI
	Modell: Wahlbeteiligung (WRMR = 0.00)			
Kriterium: *Politisches Interesse* ($R^2 = .60$)				
Subjektive politische Kompetenz	0.87	0.04	.000	0.80|0.94
Kriterium: *Wahlbereitschaft* ($R^2 = .04$)				
Politisches Interesse	0.08	0.04	.023	0.01|0.15
Subjektive politische Kompetenz	0.02	0.04	.604	-0.06|0.11
Subjektive politische Kompetenz (indirekter Effekt I)[2]	0.07	0.03	.024	0.01|0.13
Kriterium: *Wahlbeteiligung* ($R^2 = .20$)				
Wahlbereitschaft	0.46	0.23	.052	0.06|0.98
Politisches Interesse	0.18	0.26	.472	-0.46|0.62
Subjektive politische Kompetenz	0.14	0.30	.633	-0.34|0.77
Subjektive politische Kompetenz (indirekter Effekt I)[2]	0.16	0.22	.475	-0.39|0.55
Politisches Interesse (indirekter Effekt II)[4]	0.04	0.02	.087	0.01|0.09
Subjektive politische Kompetenz (indirekter Effekt II)[4]	0.01	0.03	.683	-0.02|0.08
Subjektive politische Kompetenz (indirekter Effekt III)[5]	0.03	0.02	.089	0.01|0.08
Prädiktoren für das:	**Modell: Konventionelles Handeln** (WRMR = 0.00)			
Kriterium: *Politisches Interesse* ($R^2 = .19$)				
Konventionelles Handeln in Vergangenheit	0.85	0.11	.000	0.64|1.06
Kriterium: *Subjektive politische Kompetenz* ($R^2 = .65$)				
Politisches Interesse	0.60	0.03	.000	0.53|0.66
Konventionelles Handeln in Vergangenheit	0.41	0.08	.000	0.26|0.56
Konventionelles Handeln in Vergangenheit (indirekter Effekt I)[2]	0.51	0.07	.000	0.37|0.65
Kriterium: *Subjektive politische Kompetenz* ($R^2 = .27$)				
Subjektive politische Kompetenz	0.51	0.21	.018	0.08|0.94
Politisches Interesse	-0.05	0.18	.794	-0.43|0.28
Konventionelles Handeln in Vergangenheit	0.39	0.43	.360	-0.54|1.16
Konventionelles Handeln in Vergangenheit (indirekter Effekt I)[2]	-0.04	0.15	.796	-0.38|0.23
Politisches Interesse (indirekter Effekt II)[3]	0.30	0.13	.022	0.05|0.57
Konventionelles Handeln in Vergangenheit (indirekter Effekt II)[3]	0.21	0.09	.026	0.05|0.43
Konventionelles Handeln in Vergangenheit (indirekter Effekt III)[6]	0.26	0.12	.033	0.05|0.53
Prädiktoren für das:	**Modell: Nichtlegales Handeln** (WRMR = 0.83)			
Kriterium: *Subjektive politische Kompetenz* ($R^2 = .62$)				
Politisches Interesse	0.65	0.03	.000	0.59|0.71
Kriterium: *Verständnis für nichtlegales politisches Handeln* ($R^2 = .21$)				
Nichtlegales Handeln in Vergangenheit	1.06	0.11	.000	0.85|1.27
Subjektive politische Kompetenz	-0.00	0.07	.979	-0.15|0.14
Politisches Interesse	0.09	0.06	.159	-0.03|0.21
Politisches Interesse (indirekter Effekt I)[3]	-0.00	0.05	.979	-0.10|0.09
Kriterium: *Nichtlegales politisches Handeln* ($R^2 = .54$)				
Verständnis für politisches Handeln	0.48	0.11	.000	0.25|0.68
Nichtlegales Handeln in Vergangenheit	0.78	0.26	.003	0.27|1.29
Subjektive politische Kompetenz	0.34	0.17	.047	+0.00|0.66
Politisches Interesse	-0.08	0.18	.646	-0.45|0.26
Politisches Interesse (indirekter Effekt I)[3]	0.22	0.11	.052	0.01|0.44
Nichtlegales Handeln in Vergangenheit (indirekter Effekt II)[4]	0.50	0.12	.000	0.27|0.74
Politisches Interesse (indirekter Effekt II)[4]	0.04	0.03	.212	-0.01|0.11
Subjektive politische Kompetenz (indirekter Effekt II)[4]	-0.00	0.04	.981	-0.08|0.07
Politisches Interesse (indirekter Effekt III)[5]	-0.00	0.03	.981	-0.05|0.05

1 Konfidenzintervalle für α = .05 (untere Grenze links, Obergrenze rechts). Prädiktoren jeweils in der linken Spalte für das zuvor benannte Kriterium. „+0.00" bedeutet, dass der Wert größer als Null ist; „-0.00" heißt, der Wert ist kleiner als Null (entsprechend der dritten Nachkommastelle). Modellgütemaße im Text ($n = 433$).
2 Indirekter Effekt über den Mediator politisches Interesse.
3 Indirekter Effekt über den Mediator subjektive politische Kompetenz.
4 Indirekter Effekt über den Mediator Handlungsbereitschaft/Verständnis für nichtlegales politisches Handeln.
5 Sequenzielle Mediation: politisches Interesse als erster, Handlungsbereitschaft als zweiter Mediator.
6 Sequenzielle Mediation: politisches Interesse als erster, subjektive politische Kompetenz als zweiter Mediator.

Tabelle 47: Bivariate Korrelationen der Prädiktoren, Mediatoren und Moderatoren mit den Kriterien kognitiver Politisierung für Befragte ohne Migrationsgeschichte[1]

	$t_1 \to t_2$		$t_1 \to t_3$		$t_2 \to t_3$		$t_1 \to t_{2+3}$		$t_1 \to t_{2|3}$	
Alter	.14	.14	.25¶	.28¶	.16	.15	.20¶	.24¶	.18	.13
Geschlecht (Frau/Mann)	.31†	.40‡	.42‡	.41‡	.42‡	.41‡	.31†	.39‡	.51†	.51†
Einnahmen	.33†	.32†	.28¶	.29¶	.21	.16	.33‡	.33‡	.25	.27
Religiosität	.02	.03	-.07	.08	-.08	.15	-.00	.05	-.10	.05
Politisches Handeln (Vergangenheit)[2]	.32†	.35†	.33†	.28¶	.27	.18	.33‡	.33‡	.38¶	.39¶
Politisches Interesse	.73‡	.67‡	.72‡	.68‡	.83‡	.76‡	.75‡	.71‡	.70‡	.63‡
Subjektive politische Kompetenz	.71‡	.74‡	.70‡	.73‡	.79‡	.79‡	.70‡	.74‡	.75‡	.77‡
Identifikation mit Deutschland	.12	.02	.14	.04	.00	-.08	.15	.02	.08	.04
Bekannte in deutschen Vereinen	.03	-.04	.12	.21	–		.10	.13	-.01	-.04
Politische Verdrossenheit	-.14	-.04	-.18	-.09	-.34¶	-.17	-.11	-.02	-.29	-.18

1 Linke Spalte: politisches Interesse; rechte Spalte: subjektive politische Kompetenz. Soweit nicht anders vermerkt, sind Produkt-Moment-Korrelationen nach Pearson angegeben (für dichotome Indizes punktbiseriale Korrelationen r_{pb}; n variiert zwischen 36 und 105). Weitere Erläuterungen: $t_1 \to t_2$: Analysen mit Prädiktoren aus t_1 und t_2-Kriterium; $t_1 \to t_3$: Analysen mit Prädiktoren aus t_1 und t_3-Kriterium; $t_2 \to t_3$: Analysen mit Prädiktoren aus t_2 und t_3-Kriterium; $t_1 \to t_{2+3}$: Analysen für zusammengefasste Verhaltensvariable mit der um t_2 erweiterten Stichprobe aus t_3 und t_1-Prädiktoren; $t_1 \to t_{2|3}$: Analysen für zusammengefasste Verhaltensvariable sowie t_1-Prädiktoren im Drei-Wellen-Panel.
2 Angegeben ist die Rangkorrelation nach Spearman (r_{SP}).
Signifikante Korrelationen sind wie folgt gekennzeichnet: ‡: $p < .001$, †: $p < .01$, ¶: $p < .05$.

www.ingramcontent.com/pod-product-compliance
Lightning Source LLC
Chambersburg PA
CBHW080357030426
42334CB00024B/2906